Georg Busolt

Der zweite athenische Bund und die auf der Autonomie beruhende hellenische Politik von der Schlacht bei Knidos bis zum Frieden des Eubulos

Mit einer Einleitung zur Bedeutung der Autonomie in hellenischen Bundesverfassungen

Georg Busolt

Der zweite athenische Bund und die auf der Autonomie beruhende hellenische Politik von der Schlacht bei Knidos bis zum Frieden des Eubulos
Mit einer Einleitung zur Bedeutung der Autonomie in hellenischen Bundesverfassungen

ISBN/EAN: 9783742861436

Hergestellt in Europa, USA, Kanada, Australien, Japan

Cover: Foto ©ninafisch / pixelio.de

Manufactured and distributed by brebook publishing software (www.brebook.com)

Georg Busolt

Der zweite athenische Bund und die auf der Autonomie beruhende hellenische Politik von der Schlacht bei Knidos bis zum Frieden des Eubulos

DER

ZWEITE ATHENISCHE BUND

UND

DIE AUF DER AUTONOMIE BERUHENDE, HELLENISCHE POLITIK

VON DER

SCHLACHT BEI KNIDOS BIS ZUM FRIEDEN DES EUBULOS.

MIT EINER EINLEITUNG:

ZUR

BEDEUTUNG DER AUTONOMIE IN HELLENISCHEN BUNDESVERFASSUNGEN

VON

GEORG BUSOLT.

Besonderer Abdruck aus dem siebenten Supplementbande der Jahrbücher für classische Philologie.

LEIPZIG,
DRUCK UND VERLAG VON B. G. TEUBNER.
1874.

Die Seitenzahlen sind die des siebenten Supplementbandes der Jahrbücher für classische Philologie.

SEINEM HOCHVEREHRTEN LEHRER

HERRN

Dr. K. W. NITZSCH
PROFESSOR DER GESCHICHTE AN DER UNIVERSITAT ZU BERLIN

IN DANKBARKEIT

DER VERFASSER.

Vorwort.

In einer Zeit, in welcher wir Deutsche die Zersplitterung in eine Vielheit zum gröszten Theil für sich leistungsunfähiger Staatswesen überwunden haben und in einem groszen politischen Aufgaben gewachsenen Bundessysteme vereinigt sind, wird naturgemäsz namentlich der deutsche Geschichtsforscher veranlaszt seinen Blick auf die entsprechenden Verhältnisse eines Volkes zu werfen, dessen Geschichte wie die des deutschen die Aufgabe hatte eine Entwickelung aus der Unzahl von kleinen, in beständigen Fehden unter einander ihre Kraft aufreibenden Politien zur nationalen, auf föderativer Basis beruhenden Einheit darzustellen. Das deutsche Volk hat, soweit es sich bisher übersehen läszt, seine Aufgaben zum groszen Theil gelöst oder schreitet in der Lösung derselben erfolgreich vor. Nicht so die Hellenen. Erfüllt von einem nationalen Gefühle der Ueberlegenheit und Zusammengehörigkeit gegenüber den Nicht-Hellenen, den Barbaren, waren sie doch von einem durch die geographische Gestaltung des Landes begünstigten, ausgeprägten particularistischen Geiste durchdrungen, der das Interesse des eigenen besondern Gemeinwesens über das allgemein-hellenische setzte. So vermochten die Hellenen nicht durch eigene Kraft die vielen selbstständigen Gemeinwesen zu einer leistungsfähigen, föderativen Bildung zu vereinigen. Die Versuche der Lakedaemonier, Athener, Thebaner scheiterten einerseits an der engherzigen Politik ihrer leitenden Staatsmänner, welche einseitig das Interesse ihrer eigenen Stadt, des Vorortes, gegenüber dem der Bundesgenossen hervorhoben, und nicht 'das Gemeinsame' zur Grundlage ihrer Politik machten, andererseits an der durch dieses Verhalten der Hegemonie gesteigerten, stets wachsenden, autonomistischen Reaction der Bundesgenossen.

Das traurige Resultat der politischen Geschichte der Hellenen ist daher die Schlacht bei Chaeronea. Die Niederlage der Deutschen hätte wahrscheinlich einen Rheinbund zur Folge gehabt, die der Hellenen bezeichnete einen groszen hellenischen Bund unter der Hegemonie ihrer Sieger, der Makedonen. Die politische Kraft der Hellenen war so weit gebrochen, dasz sie nicht mehr in dem Masze Selbstständigkeit zu erringen vermochten, wie es die Möglichkeit einer unabhängigen, allgemein-hellenischen Föderation voraussetzt.

Das Ziel der folgenden Untersuchungen ist eine Geschichte der Entwickelung und Krisis derjenigen bundesstaatlichen Bildungen bei den Hellenen, von welchen eine nationale Einigung ausgehen konnte, die den Kern einer solchen zu bilden fähig waren. Zwar bewogen theilweise äusserliche Gründe mit Forschungen zur Geschichte des zweiten athenischen Seebundes zu beginnen, doch machen eine Reihe nicht unwesentlicher Momente gerade Untersuchungen über die Föderations-Verhältnisse dieser Epoche geeignet, eine sichere Grundlage für die ferneren Forschungen zu bilden. Dazu gehört unter Anderem auch der Umstand, dass die unvermeidliche Basis aller grossen politischen Verhandlungen dieser Periode die Frage der Autonomie ist, wodurch natürlich das Quellenmaterial für diese Zeit die reichste Ausbeute zur Bestimmung des so wichtigen Begriffes der Autonomie von Bundesmitgliedern darbietet. Dann erscheinen die Anfänge etwa des peloponnesischen Bundes, die in das sechste Jahrhundert fallen, beinahe selbstverständlich in der Ueberlieferung in so undeutlichen und schwankenden Umrissen, dass es nahe liegt erst die Bundesverhältnisse einer spätern Zeit eingehend zu durchforschen, um dann auf Grund einer Vorstellung solcher Verhältnisse in die dunkelern Partien zurückzugehen und in diese schwierigere Materie erfolgreicher einzudringen.

Sollte im Folgenden die Durchführung einer von den bisher geltenden Auffassungen gänzlich abweichenden Beurtheilung und Darstellung einer Reihe von wichtigen Ereignissen im Besondern und der politischen Verhältnisse dieses Abschnittes der griechischen Geschichte überhaupt gelungen sein, so würde dieses Resultat die Rechtfertigung der Veröffentlichung dieser Forschungen in unserer an Literatur so reichen Zeit enthalten.

Königsberg, September 1874.

Georg Busolt.

Zur Bedeutung der Autonomie in hellenischen Bundesverfassungen.

Der Begriff der Autonomie hat in der politischen Geschichte der Hellenen, namentlich von der Gründung des ersten athenischen Bundes (477) bis in die Zeit Philipps eine hervorragende Bedeutung. Seit dem Frieden des Antalkidas sind Bestimmungen über die Autonomie die unvermeidliche Basis aller grossen politischen Verhandlungen. Es wird daher eine Untersuchung unumgänglich, welche feststellt, was die Hellenen unter Autonomie verstanden und welche Vorstellungen sie mit diesem Begriffe verbanden. Die Aufgabe dieser keineswegs auf Vollständigkeit des Materials Anspruch machenden Untersuchung besteht nur darin, die Bedeutung der Autonomie im Allgemeinen festzustellen oder zur Klärung von deren Auffassung etwas Wesentliches beizutragen. Es wäre ein solches Resultat nicht nur für eine Geschichte des zweiten athenischen Bundes, sondern für die der Hellenen überhaupt von nicht geringer Bedeutung. Diese Auseinandersetzung schien um so mehr geboten als selbst Grote und Arnold Schaefer die Bedeutung der Autonomie unrichtig auffassen, wodurch die Beurtheilung einer Reihe von Ereignissen (z. B. des antalkidischen Friedens) und der athenischen, lakedaemonischen, thebanischen Politik im Ganzen wesentlich beeinflusst wird.

Jedes freie Staatswesen giebt sich selbst Gesetze, ist αὐτόνομος. αὐτονομία bezeichnet das Wesen politischer Selbstständigkeit. Aus diesem an sich einfachen Inhalte des Begriffes entwickelte sich allmählig ein engerer Begriff, derjenige einer bundesgenössischen Autonomie. Es entstand dieser neue Terminus unter dem Einflusse und auf Grund der verschiedenen Versuche die einzelnen, kleinen, mehr oder weniger lose verknüpften, hellenischen Gemeinwesen zu einem grösseren staatlichen Organismus auf föderativer Basis zu verbinden. Diese Unionsbestrebungen stiessen, selbst wenn sie am Anfange mit einer gewissen, durch grosse Ereignisse bedingten nationalen Begeisterung aufgenommen wurden, nach einiger Zeit stets auf eine ebenso zähe und lebhafte, wie sich steigernde Opposition. Verbunden mit politischen Fehlern des führenden Staates musste diese Opposition die Katastrophe des Bundessystems herbeiführen.

Der tiefe Gegensatz zwischen 'centrifugalen' und 'centripetalen' Tendenzen, welchen die Hellenen nicht überwinden konnten, bezeichnet einen ihrer Hauptcharakterzüge und findet in demselben nicht zum geringsten Theil seine Erklärung. Der Hellene setzte trotz des lebhaften Gefühles der Zusammengehörigkeit des hellenischen Namens gegenüber den Nicht-Hellenen, den Barbaren, die Selbständigkeit eines auch noch so kleinen Gemeinwesens über alle nationalen Anforderungen. Nur selten, in Zeiten grosser Bewegung und allgemeiner Gefahr trat dieser charakteristische Particularismus vor dem höhern Gedanken einer grosshellenischen Politik zurück. Der Hauptgrund, weshalb die Versuche der Spartaner, Athener, Thebaner, eine das ganze Hellas umfassende Föderation zu bilden, scheiterten, war einerseits die Reaction der Bundesgenossen gegen die Beschränkung ihrer Selbständigkeit durch den Bund, besonders den führenden Staat, andrerseits die Engherzigkeit der leitenden Staatsmänner des Vorortes, welche aus ihrem Lokalpatriotismus nicht herauszutreten vermochten. Ihr Streben bestand nicht sowohl darin, dass sie die beiden in entschieden ausgeprägter Abgeschlossenheit, sich gegenüberstehenden Elemente der hellenischen Symmachien, Vorort und Bundesgenossen[1]), nach gemeinsamen Interessen zu vereinigen suchten, sondern vielmehr in einer einseitigen Hervorhebung der Interessen des führenden Staates.

Auch die Bundespolitik des Perikles, Agesilaos, Epaminondas hatte keinen andern Charakter, und erst, als es zu spät war, bekam man in den Kreisen des Isokrates und Demosthenes für eine Politik der Gemeinsamkeit der Interessen einiges Verständniss. vgl. Dem. Ol. II, 9: πᾶcι ταὐτὰ cυμφέρειν μετέχουcιν. Ps. Dem. v. d. Anordnung 8, Isokr. v. Frd. 172: cυμμαχικῶc ἐπιcτατεῖν.

Obwohl die kleinen Politien Griechenlands durch die Einsicht

---

1) Schon die Benennung einer Bundesgenossenschaft lässt dieses charakteristische Merkmal äusserlich, aber recht deutlich hervortreten. Nach der bei den Hellenen geläufigen Bezeichnung würde man das deutsche Bundessystem nicht als 'deutsches Reich', oder wie früher als 'deutscher Bund' bezeichnen, sondern es 'die Preussen und ihre Bundesgenossen' nennen. Es giebt keinen Ausdruck, welcher 'Ἀθηναῖοι καὶ οἱ cύμμαχοι in einen solchen gemeinsamen Namen zusammenfasst. Wenn es bei Schriftstellern statt Λακεδαιμόνιοι καὶ οἱ cύμμαχοι bisweilen und zwar ungenau Πελοποννήcιοι heisst, so steht in allen officiellen Urkunden der präcisere Ausdruck Λακεδαιμόνιοι καὶ οἱ cύμμαχοι vgl. Thuk. IV, 118. 119. V, 18. VIII, 18. 37. 58. Nur so lange die thebanische Bundesgenossenschaft sich auf Boeotien beschränkte und im Wesentlichen mit Boeotien identisch war, kommt Βοιωτοί vor. Als Theben über Boeotien hinausging und eine grössere Bundesgenossenschaft bildete, bezeichnete man dieselbe mit Θηβαῖοι καὶ οἱ cύμμαχοι. Von den cυμμαχίαι, wesentlich politischen Verbünden, sind die κοινά zu unterscheiden, welche sämmtlich zugleich eine religiöse Bedeutung haben. Das κοινόν Βοιωτῶν beruht auf einer ursprünglichen Stammeseinheit der Boioter, welche in einem Gemeinwesen auf religiöser Basis ihren Ausdruck fand. Dagegen ist die cυμμαχία der Thebaner eine politische Verbindung von Gemeinwesen, die ein religiöses Band nicht als solche erfordert.

ihrer Ohnmacht dahin gedrängt werden mussten, in einer Föderation einen festern Halt gegen Angriffe einer auswärtigen Grossmacht oder eines bedeutenderen hellenischen Staates zu suchen, so konnte man sich doch schwer entschliessen selbst um den Preis des Daseins als besonderer Politie überhaupt, auf einen Theil der vollen Selbstständigkeit zu Gunsten einer Bundesgewalt zu verzichten. Dass ein solcher Verzicht nöthig war ist ohne Weiteres klar,· denn die Möglichkeit eines leistungsfähigen Bundes beruht darauf, dass seine Mitglieder einen Theil der Gesetzgebung auf die Bundesgewalt übertragen und als Einzelstaaten auf die Selbstbestimmung innerhalb der Competenz der Bundesgewalt verzichten. Autonomie im vollen Sinne des Wortes ist mit der Stellung als Bundesgenosse unvereinbar. Dennoch wollte jede Bundesstadt autonom heissen, wie jeder Fürst eines deutschen Staates souverän sein will. So entwickelte sich — ähnlich wie es späterhin bei der Bedeutung des Begriffes φόρος sich zeigen wird — allmählig eine engere Bedeutung von Autonomie, nach welcher auch ein Bundesmitglied autonom heissen konnte. Man gewöhnte sich im Verlaufe der verschiedenen föderalen Bildungen die Entäusserung gewisser staatlicher Rechte als mit dem Begriffe der Autonomie oder einer selbständigen Politie vereinbar zu betrachten. Neben der Autonomie im vollen Sinne des Wortes gab es eine bundesgenössische Autonomie, ohne dass man der Entstehung des engern Begriffes gemäss denselben von dem weitern durch einen besondern Ausdruck unterschied.

Bisher übersah man, dass sich überhaupt eine solche bundesgenössische Autonomie neben derjenigen im vollen Sinne des Wortes entwickelt hatte, und fasste stets Autonomie so auf, als ob darunter volle Selbstständigkeit verstanden würde, obwohl sich daraus für die Beurtheilung der Bundesgenossenschaften überhaupt und die einzelner Ereignisse (z. B. der Ausführung des Friedens des Antalkidas) schwer zu beseitigende Widersprüche ergaben. Im Folgenden soll nun die Realität des Begriffes einer bundesgenössischen von vollständiger Unabhängigkeit zu unterscheidenden Autonomie nachgewiesen und gezeigt werden, welche Rechte mindestens ein Bundesmitglied als Einzelstaat haben musste, um autonom zu heissen. Würde man diese Untersuchung einfach so führen, dass man die Rechte des auf Autonomie beruhenden lakedaemonischen oder zweiten athenischen Bundes feststellte, so hätte man noch nicht genügende Sicherheit, ob man wirklich den Minimalinhalt von Rechten, den die Autonomie eines Bundesstaates erfordert, erkannt hat, denn es könnte, was in der That der Fall, der lakedaemonische Bund seinen Mitgliedern mehr Rechte einräumen, als es ihre Autonomie durchaus erforderte.[1])

---

1) Aehnlich wie der Begriff der Autonomie zwischen gänzlicher Unabhängigkeit und dem Minimum von Rechten schwankt, die ein autonomer Bundesstaat absolut haben musste, ist der Begriff von σύμμαχος und συμμαχία ein sehr dehnbarer. Diese Dehnbarkeit war, wie Grote

Die Realität des Begriffes einer bundesgenössischen Autonomie kann leicht durch eine ganze Reihe von Stellen erwiesen werden, da dieselben jedoch weiterhin so wie so in Betracht kommen, so möge hier Folgendes genügen.

Es heisst Thuk. I, 97 in dem Berichte über die Gründung des ersten athenischen Bundes: Ἀθηναῖοι ἡγούμενοι αὐτονόμων τῶν ϲυμμάχων καὶ ἀπὸ κοινῶν ϲυνόδων βουλευόντων τοϲάδε ἐπῆλθον πολέμῳ κτλ. Thukydides nennt also die athenischen Bundesgenossen autonom, obwohl aus ihm selbst hervorgeht, dass die Bundesgenossen Flottencontingente zu stellen oder Bundessteuern zu zahlen haben und sich der Führung Athens überlassen müssen. vgl. Thuk. II, 19 und die Urkunde V, 18: τὰϲ δὲ πόλειϲ φερούϲαϲ τὸν φόρον τὸν ἐπ' Ἀριϲτείδου αὐτονόμουϲ εἶναι κτλ. Die lakedaemonischen Bundesgenossen hatten eine ganze Reihe von Verpflichtungen an den Bund und an den Vorort, sie waren jedoch autonom wie aus den Urkunden bei Thuk. V, 77 und 79 hervorgeht: ταὶ δὲ ἄλλαι πόλιεϲ ταὶ ἐν Πελοποννάϲῳ κοινανεόντων τᾶν ϲπονδᾶν καὶ τᾶν ϲυμμαχιᾶν αὐτόνομοι κτλ. Späterhin in der Zeit des antalkidischen Friedens ist die auf der Forderung der Autonomie beruhende Politik der Lakedaemonier nur dadurch vollständig und richtig zu erklären, dass ihre Bundesgenossen rechtlich und formell autonom waren.

Auch im zweiten athenischen Bunde wurde einerseits den einzelnen Bundesstaaten ein gewisses Quantum von Verpflichtungen auferlegt, andrerseits ihre Autonomie anerkannt, vgl. das Psephisma aus dem Archontenjahre des Nausinikos bei Rangabé, Antiqu. Hell. II, 40 und 50 und bei Schaefer in dessen Abh. 'De sociis Atheniensium': Ἐάν τιϲ βούληται Ἀθηναίων ϲύμμαχοϲ εἶναι καὶ τῶν ϲυμμάχων ἐξεῖναι αὐτῷ ἐλευθέρῳ ὄντι καὶ αὐτονόμῳ κτλ.

Es geht hieraus zur Genüge hervor, dass es eine besondere bundesgenössische Autonomie gab, es wird sich weiterhin darum handeln die Rechte festzustellen, welche ein Bundesmitglied mindestens haben musste, um als solches autonom zu sein.

Da, worauf schon der Name hindeutet, eine hellenische Bundes-

---

bemerkt, recht nach Wunsch der griechischen Staatsmänner, ϲύμμαχοϲ im engern Sinne des Wortes ist das Mitglied eines mehr oder weniger in festen, gemeinsamen, staatlichen Formen organisirten Bundes. Im weitern Sinne bezeichnet dieser Begriff die Zugehörigkeit zu einer Vereinigung von Staaten überhaupt, gleichviel ob dieselbe nur zu einem einzelnen Zwecke bestimmt ist und nach Erreichung desselben auseinandergeht oder über den einzelnen Zweck hinaus fortdauert und in bundesstaatlichen Formen organisirt ist. Hier handelt es sich zunächst nur um ϲυμμαχία im engern Sinne. Da jedoch häufig auch von ϲυμμαχία im weitern die Rede sein wird, so sollen der kürzern Bezeichnung wegen in diesem Sinne ϲύμμαχοϲ und ϲυμμαχία mit 'Verbündeter' und 'Bündniss', in jener engern Bedeutung mit 'Bundesgenosse' und 'Bund' bezeichnet werden.

genosseuschaft wesentlich eine Kampfgenossenschaft ist, so beginnen wir mit der Erörterung der Stellung, welche autonome Bundesgenossen in allen auf den Krieg bezüglichen Angelegenheiten einnahmen.

I. Nach Xen. Hell. VI, 3. 7 sagt ein athenischer Gesandter auf dem Congresse zu Sparta i. J. 371: Die Lakedaemonier verlangen die Durchführung des Grundsatzes αὐτονόμους τὰς πόλεις χρὴ εἶναι, sie selbst aber handeln am meisten der Autonomie zuwider, denn cυντίθεcθε ὦ ἄνδρες Λακεδαιμόνιοι πρὸς τὰς cυμμαχίδας πόλεις τοῦτο πρῶτον, ἀκολουθεῖν ὅποι ὃν ὑμεῖς ἡγῆcθε, ποιεῖcθε δὲ πολεμίους οὐκ ἀνακοινούμενοι τοῖς cυμμάχοις καὶ ἐπὶ τούτους ἡγεῖcθε.

Es scheint nach dieser Aeusserung das ἀκολουθεῖν, ὅποι ἄν τις ἡγῆται der Autonomie zuwider zu sein, allein dieses ist nicht der Fall. Die Schädigung der Autonomie involvirt vielmehr der Nachsatz. ἀκολουθεῖν, ὅποι κτλ. bezieht sich nur auf den unbedingten Gehorsam nach erfolgter Kriegserklärung (λελύcθαι τὰς cπονδὰς), vgl. Thuk. V, 60 und 66: ἠκολούθουν οἱ cύμμαχοι ὡς Ἆγις ἡγεῖτο διὰ τὸν νόμον auf dem Rückzuge von Argos, ferner Xen. Hell. IV, 2. 9. VI, 5. 10 und weitergehende Formel der unterthänigen Bundesgenossen II, 2. 20.

Unbedingter Gehorsam war zur Aufrechterhaltung der Disciplin und Actionsfähigkeit eines Bundesheeres durchaus nothwendig, er musste mit der bundesgenössischen Autonomie vereinbar sein, wenn der Bund überhaupt leistungsfähig sein wollte. In der That hielt man einen solchen Gehorsam mit der Autonomie vereinbar. Thukydides erzählt V, 60, wie auf dem Rückzuge des Agis die Bundesgenossen, obwohl ihnen die Anordnungen des Agis nicht genehm sind, dennoch ihnen folgen διὰ τὸν νόμον. Wenige Capitel darauf (V, 71 und 79) giebt dann Thukydides die Urkunden, in welchen die Peloponnesier als autonome Mitglieder des Bundes bezeichnet werden.

Der zweite athenische Bund beruht zweifellos auf dem Grundsatze der Autonomie der Bundesmitglieder, und doch gab es hier eine ähnliche Bestimmung. Es heisst in einem Psephisma für einen Streithaufen Akarnanen: Βοηθήcαντες cυνκατέττατον μετ' Ἀθηναίων καθ' ὅτι cτρατηγὸς παραγγέλλοι. (Monatsberichte der Berliner Akademie. 1856 S. 146, v. 12).

Der Vorwurf des athenischen Gesandten bezieht sich vielmehr darauf, dass die Lakedaemonier ohne, wie es das Bundesrecht vorschrieb,[1]) die Bundesgenossen zu befragen, sich und die Bundesgenossen in Kriege verwickelten, dann bei einer Bedrohung des Bundesgebietes durch feindliche Angriffe die bundesgenössischen Contingente aufboten und die weitern auf den Krieg bezüglichen Maass-

---

1) Thuk. 1, 67 fg. 125. Xen. Hell. III, 4, 2. III, 2, 20 und Isokr. Plat. 31.

regeln trafen, wobei ihnen nach den Bundesgesetzen die Bundesgenossen unbedingt Folge zu leisten hatten. Religiöse Bedenken bildeten allein einen genügenden Grund dem Aufgebote des Vorortes nicht zu folgen.¹) Wenn nun die Bundesgenossen an dem Beschlusse Krieg zu führen nicht theilnahmen und gegen jede Stadt ins Feld ziehen mussten, welche der führende Staat als Feind erklärt hatte, so kam dieses der Verpflichtung: τοὺς αὐτοὺς Λακεδαιμονίοις φίλους καὶ ἐχθροὺς νομίζειν gleich, welches ein wesentliches Kennzeichen unterthäniger Bundesgenossen war. Die autonomen Bundesgenossen der Lakedaemonier (d. h. im Wesentlichen die Peloponnesier) schwören nur ἀκολουθεῖν ὅποι κτλ., die unterthänigen (wie eine Zeit lang Athen und eine Reihe von Seestädten) ausserdem noch τοὺς αὐτοὺς Λακεδαιμονίοις κτλ., vgl. Xen. Hell. II, 2. 20.

Autonome Bundesgenossen haben nothwendig, ausser in den vorhergesehenen Fällen, das Recht, an Beschlüssen über einen Bundeskrieg theilzunehmen. Wäre der Vorort für sich berechtigt gewesen Krieg zu erklären, so würden die Bundesgenossen bei der Häufigkeit der Kriege in jenen Zeiten zu einer schweren, sklavischen Stellung herabgedrückt sein, da jeder Feldzug bedeutende persönliche und reale Lasten erforderte. In enger Verbindung mit dem Rechte, an Beschlüssen über Krieg sich zu betheiligen, steht die Mitwirkung bei Friedensverhandlungen und bei Abschluss von Verträgen überhaupt, sofern dieselben den Bund als solchen betreffen. vgl. Thuk. I, 97: Ἀθηναῖοι ἡγούμενοι αὐτονόμων τῶν συμμάχων καὶ ἀπὸ κοινῶν συνόδων βουλευόντων τοσάδε ἐπῆλθον πολέμῳ καὶ διαχειρίσει πραγμάτων κτλ. Ueber die Bedeutung von πράγματα im politischen Sinne vgl. Polyb. VII, 12. 2. Thuk. III, 28. 62. 72 u. s. w. Ueber einzelne Fälle der Theilnahme autonomer Bundesgenossen an Friedensverhandlungen und an Berathungen über Verträge mit auswärtigen Mächten überhaupt, vgl. Thuk. IV, 118—119. V, 18. 29. VIII, 18. 36. 137. Xen. Hell. V, 2. 12 und 18. II, 2. 20.

Es kommt ohne Zweifel noch in Frage, welcher Art die Theilnahme sein muss. An jener Stelle bei Xenophon (Hell. VI, 3. 7) steht ἀνακοινοῦσθαι d. h. 'mit Jemandem etwas in Gemeinschaft treiben,' dann 'Jemandem etwas zur Berathung mittheilen,' ohne dass derselbe mehr als berathende Stimme hat, aber auch 'Jemandem etwas zur Entscheidung mittheilen.' Im lakedaemonischen Bunde wird Krieg und Friede bei freier Berathung und Stimmabgabe aller Bundesgenossen beschlossen, die Majorität des Bundestages ist

---

1) Ueber religiöse Bedenken vgl. Thuk. V, 30 θεῶν ἢ ἡρώων κώλυμα. Xen. Hell. II, 4. 30. IV, 2. 16. V, 2. 2. Wurde ein Theil des Bundesgebietes plötzlich angegriffen oder einem Angriff ausgesetzt, so war natürlich ein Beschluss des Bundesrathes über den Kriegsfall unnöthig, der Vorort bot einfach ohne Verletzung der Autonomie die Contingente auf. vgl. Xen. Hell. II, 3. 13 und 25. II, 4. 30. III, 5. 5. 5. 8. Thuk. V, 4. 64. Diod. XV, 35 und 36.

entscheidend, vgl. Thuk. I. 67 fg. 125. IV, 16. 117 fg. V, 2 und 20. 17 und 29. Xen. Hell. II, 2. 20. III, 4. 2. Isokr. Plat. 31.

Es ist unbekannt, wie weit im ersten athenischen Bunde der Beschluss der bundesgenössischen Tagsatzung von entscheidender Bedeutung war. Thukydides sagt: ἀπὸ κοινῶν cυνόδων βουλευόντων (I, 97). Dass βουλεύειν nur vorberathen bedeuten kann, ohne dass ein solcher Rath entscheidende Geltung hat, ersieht man sowohl aus dem βουλεύειν der athenischen βουλή, über deren Beschlüsse die Volksversammlung entschied, als auch aus Schol. zu Aesch. v. d. Trugges. 759. Aesch. g. Ktes. 66 fg. v. d. Trugges. 53 fg. 60 fg.

Im zweiten athenischen Bunde hatte, wie sich zeigen wird, die Vertretung der Bundesgenossen nur berathende Stimme.

Was die Beschwörung der für den Bund als solchen geltenden Verträge betrifft, so erfordert die Autonomie nicht, dass jedes einzelne Bundesmitglied den Schwur leistet. Im lakedaemonischen Bunde schwört bald der Vorort allein für sämmtliche Bundesgenossen (ὑπὲρ πάντων τῶν cυμμάχων beim Frieden von 371, vgl. Xen. Hell. VI, 3. 19) bald schwören neben dem Vorort einzelne Mitglieder der Bundesgenossenschaft (so beim Waffenstillstand des Jahres 423, vgl. Thuk. IV, 118). Während im Jahre 371 die Lakedaemonier für sich selbst und alle ihre Bundesgenossen schwören, leistet auf der andern Seite jedes Mitglied des athenischen Bundes den Eid einzeln für sich, vgl. Xen. Hell. VI, 3. 19. Es mag dieses als Ersatz für die weniger einflussreiche Theilnahme an dem Zustandekommen von Friedensverträgen den Bundesgenossen zugestanden sein, denn dadurch wurde die Möglichkeit gegeben, dass ein Bundesmitglied Schwierigkeiten machte den Schwur zu leisten, wodurch es die Gültigkeit des Vertrages für sich in Frage stellte.[1])

---

1) Der Friede vom Juni 371 bestimmt, dass alle Städte grosse und kleine autonom sein sollen. Bei der Beschwörung desselben scheint in dem Verfahren der Lakedaemonier ein offener Widerspruch zu liegen, den man nur durch die Annahme einer rohen, sich über alles Recht hinwegsetzenden Politik der Lakedaemonier erklären konnte. Die Lakedaemonier leisten nämlich den Eid 'für sich und alle ihre Bundesgenossen', lassen aber nicht zu, dass die Thebaner dasselbe thun. Indessen ist dieser Widerspruch nur ein scheinbarer. Die Lakedaemonier schwören als Führer einer anerkannten, autonomen Bundesgenossenschaft, die Thebaner wollen als Leiter einer unterthänigen und darum als unberechtigt erklärten Symmachie schwören. Würde Theben für alle boeotischen Städte geschworen haben, und dieser Eid als gültig anerkannt sein, so hätte man dadurch die Thebaner als Führer ihres Bundes und weiterhin ihre Bundesgenossenschaft selbst als zu Recht bestehend anerkannt. Theben stand aber an der Spitze einer unterthänigen Bundesgenossenschaft, während der Friede bestimmte, alle Städte sollen autonom sein. Grote versteht bei dieser Gelegenheit unter Autonomie volle Selbständigkeit, findet so natürlich keine Lösung des Widerspruches und sieht sich daher veranlasst den Lakedaemoniern eine Politik der ganz

II. Man findet in jener Rede des athenischen Gesandten bei den Friedensverhandlungen des Jahres 371 ein weiteres Moment zur Bestimmung der Autonomie, wenn es heisst: ἔτι δὲ πάντων ἐναντιώτατον τῇ αὐτονομίᾳ καθίστατε ἔνθα μὲν δεκαρχίας ἔνθα δὲ τριακονταρχίας.

Die Lakedaemonier brachten es nämlich durch Einschüchterungen, den Druck ihrer Kriegsmacht und Intriguen dahin, dass in vielen Staaten die demokratische Verfassung in eine streng oligarchische verändert wurde, vgl. Thuk. I, 19. Xen. Hell. II, 3. 1. Lys. g. Erat. 72—75. Diod. XIV, 13. Es war dieses ein Eingriff in die selbständige Bestimmung der Verfassungsform. Ein autonomer Bundesstaat hatte nothwendig 'τὴν ἐξουσίαν πολιτεύεςθαι πολιτείαν ἣν ἂν βούληται', vgl. die Grundsätze des zweiten athenischen Bundes in dem Psephisma aus dem Archontenjahre des Nausinikas bei Rangabé II, 40 und 50. Der Verlust dieses Rechtes war ein wesentliches Merkmal einer unterthänigen Bundesgemeinde. Ein Volksbeschluss für das nicht-autonome Erythrae (Rangabé II, Nr. 375) aus der Zeit des ersten Bundes schreibt genau den Wahlmodus der Bule und sogar den Eid der Buleuten vor: ἀποκληρεῖν ἀπὸ κυάμων βουλὴν ἕνα καὶ εἴκοςι καὶ ἑκατὸν ἄνδρας μὴ ἔλλαττον ἢ τριάκοντα ἔτη γεγονότας· βουλεύειν δὲ μὴ ἐντὸς τετάρρων ἐτῶν. τὴν δὲ βουλὴν ὀμνύναι· βουλεύςω ὡς ἂν ἐμοὶ ἄριςτα εἶναι δοκῇ πάντα Ἐρυθραίων τῷ πλήθει καὶ Ἀθηναίων καὶ τῶν ςυμμάχων καὶ οὐκ ἀποςτήςομαι οὔτ' αὐτὸς ἐγὼ οὔτ' ἄλλον ἐάςω κτλ.

III. Ebensowenig wie hinsichtlich der Wahl der Verfassungsform durfte der autonome Bundesstaat in der selbstständigen Verwaltung der Gemeindeangelegenheiten in dieser Form beschränkt werden. Er musste das Recht haben selbstständig seinen Staatshaushalt zu regeln, das Steuersystem zu ordnen, eigene Gerichtsbarkeit zu üben, für die öffentliche Sicherheit durch eigene Polizei zu sorgen. Ein hauptsächliches Kennzeichen der unterthänigen Bundesgenossen des ersten athenischen Bundes bestand darin, dass sie ihre Processe in Athen vor athenischen Gerichten zu führen und eine Menge athenischer Beamten für die Verwaltung und öffentliche Sicherheit aufzunehmen hatten, wodurch der Vorort tief in die innere Gemeindeverwaltung eingriff, vgl. den Volksbeschluss über die Erythraeer bei Rangabé Nr. 375, wo athenische πρυτάνεις in den Städten erwähnt werden. Isokr. Panath. 97: πλεῖςτοι μὲν οὖν κατηγοροῦςιν ἀμφοῖν τοῖν πολέοιν (Athen und Sparta) ὅτι — — οὐκ εἴαςαν τὰς πόλεις αὐτονόμους εἶναι καὶ διοικῆςαι τὰ ςφέτερα αὐτῶν, ὅπως ἑκάςτῃ ςυνέφερεν, ἀλλ' ὥςπερ αἰχμαλώτους εἰληφυῖαι διελόμενοι κατεδουλώςαντο πάςας αὐτάς. Daher bestimmt

---

rohen, offenen Willkür und der unverhüllten, schamlosen Gewalt vorzuwerfen. Nach unserer Auseinandersetzung wird man die lakedaemonische Politik ganz anders beurtheilen.

das die Grundsätze des zweiten athenischen Bundes enthaltende Psephisma v. 10: μήτε ἄρχοντα ὑποδέχεςθαι κτλ.

Damit hängt znsammen, dass in eine autonome Stadt ausser in dem Falle, dass ein feindlicher Angriff droht, von dem Vororte keine Besatzung gelegt werden darf. Das eben citirte Psephisma garantirt den Bundesgenossen: μήτε φρουράν εἰςδέχεςθαι κτλ. Da sich mit φρουρά vom ersten athenischen Bunde her eine üble Bedeutung verknüpft hatte, so nannte man, wenn (wie zur Zeit des Bundesgenossenkrieges auf Andros) eine Besatzung nöthig wurde, dieselbe nicht mehr φρουρά, sondern euphemistisch, um sie als Schutzwache zu bezeichnen: 'φυλακή', vgl. Plut. Sol. 11 und das Psephisma bei Rangabé Nr. 393: — ὅπως μὴ καταλύηται ἡ φυλακή κτλ.

Eine solche, der Kriegsverhältnisse wegen in eine autonome Bundesstadt gelegte Besatzung musste sofort nach dem Friedensschlusse herausgezogen werden. vgl. Xen. Hell. V, 4. 1: Λακεδαιμόνιοι γὰρ οἱ ὀμόςαντες αὐτονόμους ἐάςαι τὰς πόλεις, τὴν ἐν Θήβαις ἀκρόπολιν κατασχόντες ὑπ' αὐτῶν μόνον τῶν ἀδικηθέντων ἐκολάσθηςαν. Diod. XV, 5: αἱ πόλεις (nach dem antalkidischen Frieden) ἅπαςαι τὰς μὲν φρουρὰς ἀπετρίψαντο, τὴν δ'αὐτονομίαν καθ' ὁμολογίαν παρέλαβον. Xen. Hell. VI, 3. 18: ἐψηφίςαντο (im Jahre 371) καὶ οἱ Λακεδαιμόνιοι δέχεςθαι τὴν εἰρήνην, ἐφ' ᾧ τούς τε ἁρμοςτὰς ἐκ τῶν πόλεων ἐξάγειν — — — τάς τε πόλεις αὐτονόμους ἐᾶν. Hell. VI, 4. 2: ἐκ τούτου οἱ Λακεδαιμόνιοι τούς τε ἁρμοςτὰς ἐξήγαγον καὶ τοὺς φρουρούς. vgl. Diod. XV, 36. 38 und 57. 46.

Diese im Fall der Gefährdung durch einen feindlichen Angriff erfolgende Besetzung einer Bundesstadt, musste mit der Autonomie vereinbar sein, oder es konnte sonst der Hauptzweck aller griechischen Bünde, grössere Sicherheit durch gegenseitige Unterstützung, nicht erreicht werden. vgl. die Urkunde bei Thuk. V, 77: αἱ δέ κα τῶν ἐκτὸς Πελοποννάςῳ τις ἐπὶ τὰν Πελοποννάςον γᾶν ἴῃ ἐπὶ κακῷ ἀλεξέμαι κτλ. Xen. Hell. VI, 5. 2: ἐάν τις στρατεύῃ ἐπί τινα πόλιν τῶν ὀμοσαςῶν τόνδε τὸν ὅρκον βοηθήςω παντὶ ςθένει, vgl. das Psephisma aus dem Archontenjahre des Nansinikos v. 46.

IV. In dem eben citirten Psephisma wird unter den wesentlichen Merkmalen der Autonomie aufgeführt: μὴ φόρον φέρειν.[1])

---

[1]) Wenn es in den Psephisma heisst: 'Alle Städte sollen autonom sein, πολιτεύεςθαι πολιτείαν ἣν ἄν τις βούληται, μήτε φρουρὰν εἰςδέχεςθαι, μήτε ἄρχοντα ὑποδέχεςθαι κτλ. so sind diese Bestimmungen nicht deshalb aufgezählt, weil sie der Begriff der Autonomie noch nicht erforderte, oder weil sie über den Minimalinhalt von Rechten autonomer Bundesstaaten hinaus bewilligt wurden, sondern nur um einige wesentliche Merkmale der Autonomie ausdrücklich hervorzuheben. Aehnlich geschieht dieses in der Urkunde bei Thuk. I, 97: 'Grosse und kleine Städte sollen autonom sein, αὐτοπόλιες τὰν αὐτῶν γᾶν ἔχοντες κατὰ

Nun sagt aber Thukydides, nachdem er eben über die Einschätzung einer grossen Zahl von Bundesgenossen zur Phoroszahlung berichtet hat: Ἀθηναῖοι ἡγούμενοι αὐτονόμων τῶν cυμμάχων (I, 96). Ferner heisst es in der Urkunde bei Thuk. V, 18: Τάc τε πόλειc φερούcαc τὸν φόρον τὸν ἐπ' Ἀριcτείδου αὐτονόμουc εἶναι.

Da die Glaubwürdigkeit dieser sich widersprechenden Stellen, weil sie thukydideisch oder urkundlich sind, keinem Zweifel unterliegt, so könnte sich in dem zwischen beiden Urkunden liegenden Jahrhundert der Begriff der Autonomie so verändert haben, dass ein autonomes Bundesmitglied als solches mehr Rechte als früher in Anspruch nahm. Dieses ist jedoch nicht der Fall, denn obwohl die Grundsätze des zweiten athenischen Bundes in jener Urkunde verbieten μὴ φόρον φέρειν, so zahlen doch dessen Mitglieder sogleich regelmässige Geldbeiträge (cυντάξειc), welche wesentlich zu demselben Zwecke wie ursprünglich φόροι dienen und ebenso erhoben werden. Daraus folgt, dass sich vielmehr der Begriff von Phoros verändert hat, und dass die Bundessteuer, welche ursprünglich φόροc hiess, jetzt mit cύνταξιc bezeichnet wurde.

Phoros war ursprünglich eine bundesgenössische Leistung an Geld und zwar von derselben Art, wie die an Schiffen und Mannschaften. Sie war durchaus nicht mit einer formell grössern Beschränkung der Autonomie verbunden, obschon naturgemäss factisch der Vorort auf einen Staat, der keine Kriegsschiffe besass, einen grösseren Einfluss ausübte. Wenn nämlich eine Bundesstadt zu klein oder ihrer Lage nach nicht geeignet war, selbst bemannte und ausgerüstete Flottenabtheilungen zur Bundesmarine zu stellen, so trat die Geldzahlung an Stelle der ausgerüsteten Schiffe. vgl. Thuk. I, 96: ἅc τε παρέχειν τῶν πόλεων χρήματα ἅc τε ναῦc κτλ. I, 99: χρήματα ἐτάξαντο ἀντὶ τῶν νεῶν κτλ. II, 9 u. s. w. dazu vgl. Plut. Arist. 24. Xen. Hell. V, 2. 20. 3. 10. VI, 2. 16.

Ausserdem machten andere Kosten der Kriegsführung (Besoldung, Verpflegung, Kriegsmaterial u. s. w.) Auslagen erforderlich, welche auch in dem auf Autonomie beruhenden lakedaemonischen Bunde die Bundesgenossen selbstverständlich ohne weitere Schädigung ihrer Stellung entrichteten, vgl. Thuk. II, 7. V, 47. (über Sold und Verpflegung überhaupt) Diod. XIV, 17. Wenn man sich dem Bunde wenigstens formell durch eigenen Entschluss angeschlossen hatte, so musste man pflichtgemäss alle Leistungen, welche derselbe auferlegte, erfüllen. Zu diesen Leistungen gehörte auch die regelmässige Bundessteuer, φόροc oder cύνταξιc. vgl. Isokr. Panath. 68: πρῶτον μὲν γὰρ οὐ προσταχθὲν ὑφ' ἡμῶν τοῦτ' ἐποίουν (φόρον φέρειν) ἀλλ' αὐτοὶ γνόντες ὅτε περ τὴν ἡγεμονίαν ἡμῖν τὴν κατὰ

πάτρια δίκαc δόντεc. Eine Analogie bieten mittelalterliche Urkunden über Vergabung von Hoheitsrechten, in denen eine Reihe der wesentlichen, aus denselben resultirenden Befugnisse besonders aufgezählt ist.

θάλατταν ἔδοσαν, ἔπειτ' οὐχ ὑπὲρ τῆς cωτηρίας τῆς ἡμετέρας ἔφερον, ἀλλ' ὑπὲρ τῆς δημοκρατίας καὶ τῆς ἐλευθερίας τῆς αὐτῶν καὶ τοῦ μὴ περιπεcεῖν ὀλιγορχίας γενομένης τηλικούτοις κακοῖς τὸ μέγεθος ἡλίκοις ἐπὶ τῶν ὀλιγαρχιῶν καὶ τῆς δυναστείας τῶν Λακεδαιμονίων.

Diese ursprüngliche Bedeutung des Phoros als einer aus eigener Einsicht ihrer Nothwendigkeit an den Bund und zwar an den Vorort, als dessen Organ, gezahlten Bundessteuer ging zu der Zeit allmählig in eine andere über, als sich die Umwandlung des athenischen Bundes in eine athenische Herrschaft (ἀρχή) vollzog. Nach Thukydides waren diejenigen Bundesstaaten, welche Flottencontingente zu stellen hatten, in der Erfüllung ihrer Pflicht lässig und fielen, wenn die Athener mit Ernst und Eifer mahnten, vom Bunde ab. Athen ging dann seinerseits mit voller Schärfe vor, unterwarf die Abtrünnigen, schützte die Unterworfenen nun wider den Willen zum Phoros ein und zwang sie zur Entrichtung desselben. Zugleich wurde den Unterworfenen das Recht entzogen an Stelle der Geldbeiträge ausgerüstete Schiffe zu stellen. Das gleiche Schicksal traf auch die Phoros zahlenden Staaten, sobald sie ihren Bundesverpflichtungen nicht nachkamen. Die Athener ergriffen natürlich gern jede Gelegenheit ein Stück der Bundesconstitution zu Erhöhung ihrer Gewalt zu beseitigen. Sie legten nach der Auflösung des Bundesrathes nicht mehr den Bundesgenossen die gesetzmässige Rechenschaft über die Einnahmen und Ausgaben ab, sondern verwandten die Bundessteuern nach ihrem Gutdünken und zwar nicht nur für Bundeszwecke, sondern auch für Bedürfnisse des athenischen Staates rein als solchen.

Der Bund hellenischer Staaten unter der Hegemonie Athens wurde eine athenische ἀρχή, aus dem Phoros, dem Matrikularbeitrage an die Bundeskasse, eine Tributzahlung an die Staatskasse Athens. Nachdem auf diese Weise ein halbes Jahrhundert lang Phoros erhoben war, hatte sich, wie leicht erklärlich ist, im Bewusstsein der Hellenen der Ausdruck 'φόρον φέρειν' als Terminus für das erzwungene Zahlen eines Tributes an Geld von unterthänigen Bundesgenossen an einen herrschenden Staat umgebildet. Fünf und zwanzig Jahre später schritten die Athener zur Bildung einer neuen Bundesgenossenschaft. Es war damals die ursprüngliche Bedeutung von φόρος bereits so zurückgetreten, dass man φόρον φέρειν in seiner jetzigen Bedeutung als der Autonomie widersprechend betrachtete. Da aber ohne Geldbeiträge der Bundesgenossen, besonders unter den damaligen Verhältnissen, ein Bundessystem nicht denkbar war, so verbot man zwar φόρον φέρειν, erlaubte indessen cύνταξιν cυντάττεcθαι was im Wesentlichen der ursprünglichen Bedeutung des Phoros gleichkam.

Das Wort cύνταξις wurde nicht neu erfunden, sondern erhielt

nur von dem grossen, athenischen Staatsmanne Kallistratos eine
prägnantere Bedeutung.

Wenn Köhler in seiner Abhandlung 'Urkunden und Untersuchungen zur Geschichte des delisch-attischen Bundes' (Abh. d. Berl. Akad. 1869) sagt: 'Unterthänigkeit und Tributpflichtigkeit (K. übersetzt φόρος überhaupt mit Tribut) waren in der Regel mit einander verbunden, erst später scheinen, wie in Mitylene, dessen Gebiet an attische Kleruchen vertheilt wurde, Ausnahmen gemacht zu sein', so ist diese Ansicht nicht ganz richtig. Unterthänigkeit war allerdings gewöhnlich mit Tributpflichtigkeit verbunden, obwohl auch hier Ausnahmen vorkommen (vgl. Thuk. VII, 57: ναυσὶ καὶ οὐ φόρῳ ὑπήκοοι), aber nicht umgekehrt Tributpflichtigkeit mit Unterthänigkeit. Die Pflicht Phoros zu zahlen war ursprünglich durchaus nicht ein wesentliches Merkmal unterthäniger Bundesgenossen, erst später traten Ausnahmen ein, die immer zahlreicher wurden, bis sich der Begriff des Phoros so umgestaltete, dass er mit dem des Tributes unterthäniger Gemeinden identisch wurde.

Köhler führt dann fort: 'Es ist mindestens nicht genau ausgedrückt, wenn Boeckh (Sth. I, S. 528) als den wichtigsten Unterschied zwischen den autonomen und den unterthänigen Bundesgenossen den Gerichtszwang bezeichnet. Die Unterthänigkeit ist durch die Wehrlosigkeit bedingt'. Man wird Köhler zugeben, dass Boeckh nicht genau genug ist, sofern der Gerichtszwang nicht den wichtigsten Unterschied, sondern nur einen wichtigen Unterschied der beiden Kategorien von Bundesgenossen ausmacht, indem vom Vororte geübter Gerichtszwang ein Eingriff in die selbstständige Gemeindeverwaltung ist. Köhler aber vermischt die factischen und die rechtlichen Verhältnisse und begeht damit einen grössern Fehler als Boeckh, weil offenbar bei der Feststellung eines staatsrechtlichen Begriffes es sich nur um die letztern handelt. Ein Beispiel wird genügen, die Unhaltbarkeit der Erklärung von Unterthänigkeit, wie sie Köhler giebt, darzuthun.

Nach der Niederwerfung des lesbischen Aufstandes im Jahre 427 blieb Methymna autonom und wurde auch officiell so bezeichnet. Milet war damals unterthänig, obwohl wehrhafter als Methymna und weit entfernt von Wehrlosigkeit überhaupt. Milet stellte zum Landheere des Bundes ein Contingent von 2000 Hopliten (Thuk. III, 54) und zahlte zur Unterhaltung der Bundesmarine einen hohen Phoros. Der Unterschied zwischen autonomen und unterthänigen Bundesgenossen lässt sich überhaupt schwer mit so wenigen Worten angeben. Unterthänig ist die Bundesstadt, welche nicht das Minimum von Rechten besitzt, welches der autonomen als solcher durchaus zukommt. Um diesen Inhalt festzustellen, bedarf es eben der Untersuchung über den Begriff der Autonomie, da eine solche bisher nicht geführt wurde, so gelangte man nicht zu einer klaren Auffassung dessen, was eine autonome Bundesstadt von einer unterthänigen unterschied.

V. Der Anschluss an einen auf dem Grundsatze der Autonomie seiner Mitglieder beruhenden Bund musste stets freiwillig erfolgen. So sagt Thukydides I, 96 in Bezug auf den ersten athenischen Bund: παραλαβόντες οἱ Ἀθηναῖοι τὴν ἡγεμονίαν ἑκόντων τῶν ϲυμμάχων. In dem Frieden des Nikias wird über einige früher dem athenischen Bunde angehörige Bundesstädte bestimmt: αὐτονόμουϲ εἶναι μηδετέρων μήτε Λακεδαιμονίων μήτε Ἀθηναίων. ἢν δ᾽ Ἀθηναῖοι πείθωϲι τὰϲ πόλειϲ βουλομέναϲ ταύταϲ ἐξέϲτω ϲυμμάχουϲ ποιεῖϲθαι αὐτοὺϲ Ἀθηναίουϲ (Thuk. V, 18). In Bezug auf den zweiten athenischen Bund, der auf dem Grundsatze der Autonomie beruht, vgl. das Psephisma aus dem Archontenjahre des Nausinikas v. 15: ἐάν τιϲ βούληται Ἀθηναίων ϲύμμαχοϲ εἶναι καὶ τῶν ϲυμμάχων ἐξεῖναι αὐτῷ ἐλευθέρῳ ὄντι καὶ αὐτονόμῳ κτλ. vgl. Diod. XV, 30 und Isokr. Plat. 8: ἐνθυμεῖϲθε ὦ ἄνδρεϲ Ἀθηναῖοι εἰ προϲήκειν ὑμῖν δοκεῖ μὴ πειϲθεῖϲαν τὴν Πλαταιέων πόλιν ϲυντελεῖν Θηβαίοιϲ ἀλλὰ βιαϲθείϲαν κτλ. Wurde der Beitritt zu einer Bundesgenossenschaft erzwungen, so involvirte dieses eine Verletzung der Selbstbestimmung der betreffenden Stadt, sofern ihr wider Willen Lasten und Verpflichtungen auferlegt wurden. Erfolgte der Anschluss freiwillig, so hatte das betreffende Gemeinwesen selbstständig sich der vollen Unabhängigkeit entäussert und durch einen eigenen Entschluss alle diejenigen Leistungen und Verpflichtungen übernommen, welche der Bund auferlegte. Der Vorort musste das Recht haben, wenn er selbst die Bestimmungen der Bundesverfassung befolgte, abfallende oder sich widersetzende Bundesmitglieder zur Erfüllung ihrer Bundespflichten zu zwingen.

Wie dehnbar indessen der Begriff freiwillig unter den Händen griechischer Staatsmänner wurde, so dass 'freiwillig' in vielen Fällen ein leeres Wort war, erläutert am besten das Verhalten der Lakedaemonier gegen die Plataeer und die Erklärung der lakedaemonischen Gesandten bei den Friedensverhandlungen im Jahre 421. Nachdem nämlich Plataeae durch eine harte Belagerung zur Capitulation gezwungen war, sagten dennoch die lakedaemonischen Staatsmänner, deren Maxime die athenischen folgten, es sei die Stadt οὐ βίᾳ sondern ἑκόντωϲ oder ὁμολογίᾳ übergetreten (προϲχωρεῖν). 'Mit Gewalt einnehmen' identificirte man, weil es hier zum Zwecke gemäss war, mit 'im Sturm nehmen' (δοριαλωτόϲ), vgl. Thuk. III, 52. V, 17. Freiwillig beigetreten war nach dieser Auffassung jede Stadt, die nicht mit Sturm genommen war. Die Freiwilligkeit des Anschlusses an einen Bund ist daher als Merkmal eines autonomen Bundesstaates von mehr theoretischer als praktischer Bedeutung. Im Allgemeinen handelt es sich realiter nicht um einen zwangsweisen oder freiwilligen Beitritt, sondern um den höhern oder niedern Grad des Zwanges.

VI. Der Vorort darf das Gebiet autonomer Bundesgenossen nicht verletzen d. h. nicht etwa Landstriche nehmen, um daselbst Colonieen seiner eigenen Bürger anzulegen, wie es Athen als Vorort seines ersten Bundes that. Athen occupirte ohne Rechtstitel öfter grosse Ländereien im bundesgenössischen Gebiet, um darauf Kleruchien zu zu gründen. vgl. die Bundesurkunde bei Thuk. V, 79: πόλιες ταὶ ἐν Πελοποννάςῳ κοινανεόντων τᾶν ςυμμαχιᾶν αὐτόνομοι καὶ αὐτοπόλιες τὰν αὐτῶν (γᾶν) ἔχοντες.

Es haben sich also folgende Merkmale für den Begriff einer autonomen, bundesgenössischen Gemeinde ergeben:

1) Integrität des Gebietes der Bundestadt.
2) Selbstbestimmung der Verfassungsform.
3) Selbstständige Bestimmung der innern Gemeindeangelegenheiten.
4) Theilnahme an Beschlüssen über Krieg, über Friedens- und andere Verträge.
5) Freisein von einem regelmässigen Geldbeitrag, welcher seinem Wesen nach eine tributäre Leistung an die führende Stadt ist (φόρος im spätern Sinne).
6) Formell freiwilger Anschluss an den Bund.

Es bleibt noch übrig, zur Ergänzung einer deutlichen Vorstellung von der Stellung autonomer Bundesgenossen eine Reihe von Verpflichtungen aufzuführen, die sie ohne Schädigung ihrer Autonomie übernehmen konnten. Natürlich ist die Stellung autonomer Bundesgenossen in den verschiedenen Bünden eine andere und nur insofern eine gleiche als sie in den angeführten Punkten ihre Selbstbestimmung behalten mussten. Man darf indessen nicht daran denken, dass der Begriff der bundesgenössischen Autonomie als ein genau begrenzter, staatsrechtlicher Begriff im Bewusstsein der Hellenen feststand. Es könnte die zum Zwecke möglichst grosser Praecision und scharfer Hervorhebung dessen, worauf es ankommt, gewählte Form der Untersuchung zu einer solchen Vorstellung Veranlassung geben. Diese Bemerkung wird indessen genügen, eine solche Auffassung zu verhüten. Es handelt sich weniger um einen festen, staatsrechtlichen Begriff als um eine Reihe von Bedingungen, die sich mit der Zeit als solche festgestellt hatten, unter denen eine autonome Stadt bundesgenössisch werden konnte, ohne formaliter nach der Auffassung der Hellenen ihre Autonomie zu verlieren.

Sowohl der erste athenische Bund von seiner Begründung bis zur καταδούλωςις der Bundesgenossen als auch der lakedaemonische, soweit er sich über den Peloponnes erstreckte, beruhten auf dem Grundsatze der Autonomie der Bundesgenossen, welche ohne Widerspruch gegen diesen Grundsatz folgende Verpflichtungen zu erfüllen hatten:

I. Dem Beschlusse des Bundestages über Krieg, Friedens- und andere Verträge Folge zu leisten und die sich daraus ergebenden Verpflichtungen zu übernehmen. Demgemäss mussten sie z. B. auf das Aufgebot des Vorortes ihre Contingente an Mannschaften und

Schiffen dem Vororte für Zwecke des Bundes zur Verfügung stellen. vgl. Thuk. I, 125 und II, 10. III, 15. V, 30. 17. 54. Xen. Hell. II, 2, 20. 2, 27. 6, 3. III, 1, 4. 4, 2. V, 2, 10. 2, 36 fg. Plut. Ages. 6.

II. Bei einem Angriffe auf Bundesgebiet auch ohne Beschluss des Bundestages auf Befehl des Vorortes ihr Contingent zu schicken. vgl. Xen. Hell. II, 4, 1—30. III, 1, 1 fg. 2, 25. 5, 8. V, 2, 13. 4, 13 und 16. VI, 5, 5. Diod. XIV, 33. 36.

III. Während des Feldzuges den Befehlen des vom Vororte bestellten Führers unbedingt Folge zu leisten. vgl. Xen. Hell. II, 2, 20. Thuk. V, 60 und 66. Ps. Xen. Staat d. Laked. 13.

IV. Einen regelmässigen Geldbeitrag als Bundessteuer an den Vorort zu entrichten.

V. Streitigkeiten mit einem andern Bundesstate unter gewissen Bedingungen durch den Schiedsspruch des Vorortes oder eines andern von den Streitenden als Schiedsrichter anerkannten Staates beizulegen. Der lakedaemonische Bund gewährte seinen Mitgliedern das Recht, wenn über Streitfragen kein Vergleich zu Stande kam, die Entscheidung durch die Waffen zu suchen und mit einander Krieg zu führen. vgl. Thuk, IV, 134. V, 31. Doch musste sofort Waffenruhe eintreten, wenn ein Bundeskrieg ausbrach, und der Bund die Contingente seiner Mitglieder brauchte. Es war dieses durchaus erforderlich, wenn der Bund überhaupt nach aussen hin leistungsfähig sein sollte. vgl. Xen. Hell. V, 4, 37. Thuk. I, 105. V, 20. 31. 115.

Der Vorort hatte nur dann zu interveniren, wenn er von einer der streitenden Parteien darum ersucht wurde oder wenn trotz des Aufgebotes der bundesgenössischen Contingente zu einem Bundeskriege die streitenden Bundesgemeinden keine Waffenruhe eintreten liessen. vgl. Xen. Hell. III, 5, 4. V, 4, 37. Thuk. V, 31. Dieses Recht der lakedaemonischen Bundesgenossen unter Umständen ihre Streitigkeiten mit den Waffen zu entscheiden, war nicht ein durch ihre autonome Stellung bedingtes. Es erhellt dieses aus einem bei Thukydides (V, 79) erhaltenen Bundesvertrage, der zwar nur kurze Zeit reale Bedeutung hatte, aber darum für diese Untersuchung nicht an Werth verliert. Es heisst hier nämlich: ταὶ δὲ ἄλλαι πόλιες ταὶ ἐν Πελοννάςῳ κοινανεόντων τᾶν cπονδᾶν καὶ cυμμαχιᾶν αὐτόνομοι καὶ αὐτοπόλιες — — — αἱ δέ τινι τᾶν πολίων ἢ ἀμφίλογα αἴτε περὶ ὅρων αἴτε περὶ ἄλλου τινὸς διακριθῆμεν. αἱ δέ τις τῶν ξυμμάχων πόλις πόλει ἐρίζοι ἐς πόλιν ἐλθεῖν ἂν τινα ἴcαν ἀμφοῖν ταῖc πόλεcιν δοκείοι.

VI. Denjenigen, welche als Hochverräther am Bunde (ὡc διαλύοντες τὴν cυμμαχίαν) erklärt sind, kein Asyl zu gewähren, vgl. Thuk. III, 52. Xen. Hell. V, 1, 13. 35. Diod. XV, 6. Plut. Lys. 25. Rangabé Antiqu. hell. 391. 392: ἀγώγιμος ἐξ ἀπάντων τῶν cυμμάχων ἔcτω.

Im Gegensatze zur vollen Autonomie bedeutet also bundesgenössische in Kürze ungefähr den Inbegriff von folgenden Rechten: Selbständigkeit in Bezug auf innere Gemeindeangelegenheiten mit Berücksichtigung der durch den Bund geforderten Leistungen und Pflichten. Abhängigkeit vom Bunde in auswärtigen Angelegenheiten unter Mitwirkung bei diesen und allen andern Bundesangelegenheiten, die nicht dem Vororte als solchem übertragen sind.

Die Quellen und Literatur zur Geschichte des zweiten athenischen Bundes.

Die Quellen für den zweiten athenischen Bund stehen an Werth und Reichhaltigkeit denen für den ersten athenischen und den lakedaemonischen Bund bedeutend nach. Zur Geschichte des ersten athenischen Bundes ist ein grosses Urkundenmaterial erhalten und namentlich in letzter Zeit durch neue Ausgrabungen erheblich vermehrt worden. Daneben ist Thukydides eine Quelle mit ebenso zahlreichen, wie werthvollen Angaben, deren Praecision wenig zu wünschen übrig lässt. Der peloponnesische Bund hat war nur äusserst wenige Urkunden aufzuweisen, ein Mangel, der jedoch durch Thukydides und die Berichte Xenophons, eines lebhaft interessirten Augenzeugen und Kenners des lakedaemonischen Kriegswesens einigermassen ausgeglichen wird.

Das Urkundenmaterial für den zweiten Bund ist im Vergleiche zu dem des ersten klein zu nennen. Es besteht namentlich aus einigen wichtigen Volks- und Senatsbeschlüssen, deren wichtigster das Psephisma aus dem Archontenjahre des Nausinikos bereits öfter citirt ist. Es bezieht sich auf das Verbot der Erwerbung von Besitzungen durch die Athener im Gebiete der Bundesgenossen und enthält daneben einige wichtige Grundsätze der Bundesconstitution nebst einem chronologischen Verzeichnisse der bis zum Sommer des Jahres 374 beigetretenen Mitglieder. Dieses Psephisma ist herausgegeben von Rangabé 'Antiqu. hell.' 391. 392 und von Arnold Schaefer in der Abhandlung 'De sociis Atheniensium Chabriae et Timothei aetate in tabula publica inscriptis' Leipzig 1856. Die übrigen Volks- und Senatsbeschlüsse findet man bei Rangabé und und zum Theil bei Boeckh 'Corpus inscriptionum'.

Von zeitgenössischen Historikern ist zunächst Xenophon hier zu nennen. Seine Hellenika kommen in Bezug auf die geschichtliche Entwickelung dieser Epoche überhaupt an erster Stelle in Betracht. Die Hellenika tragen indessen ihren Namen mit Unrecht. Durch den unglaublich beschränkten Geschichtskreis dieses officiösen Scribenten des lakedaemonischen Hauptquartiers wird die hellenische Geschichte in ihrem Verlaufe immer mehr zu einer ganz einseitig peloponnesischen. Die maritimen Verhältnisse, auf welche es hier gerade in hervorragender Weise ankommt, berührt Xenophon nur insoweit, als dabei unmittelbar die Lakedaemonier und ihre Bundesgenossen betheiligt sind. Ausserdem pflegt Xenophon das athenische Bundessystem zu ignoriren oder mit Athen selbst zu identificiren und zwar in ähnlicher Gesinnung wie in unserer Zeit ein Franzose gern das deutsche Bundessystem mit Preussen zusammenwirft. v. Gutschmid meint mit Recht, dass man bei Xenophon wie bei einem jesuitischen Schriftsteller nichts Gelogenes lese, dass aber die Wahrheit verschwiegen würde.

Zu der zeitgenössischen politischen Schrift gehört die περὶ πόρων betitelte Abhandlung über die Mittel, welche dem schlechten Zustande der athenischen Finanzen abzuhelfen geeignet wären. Die Autorschaft Xenophons ist für diese Forschungen von geringerm Interesse als die Zeit der Abfassung[1]). Die Ansicht Weiskes über die Abfassung ist bereits von Schneider, Boeckh (Sth. IV, 21, S. 779) Cobet (Nov. lect. S. 755 fg.) u. A. als ganz unhaltbar erwiesen. In der That gehört, ganz abgesehen von einer Anzahl von Hinweisungen auf Ereignisse nach Ol. 100[2]), diese Schrift ihren Tendenzen und ihrer Form nach offenbar nur in das Zeitalter des Isokrates. Nicht minder ist ohne Zweifel die Auffassung Bake-Deventer[3]), nach welcher die Schrift zwar nach der Schlaht von Mantinea, aber vor dem Frieden von 355 verfasst sein soll, durch die Untersuchungen Boeckhs, Schaefers (Dem. u. s. Z. I, 171), Cobets, Hagens beseitigt, so dass nur noch die Frage zu entscheiden ist, ob die Schrift in das Jahr 355 oder in das Jahr 346 gehört. Für das Jahr 355 haben sich Boeckh, Schaefer, Cobet (Nov. lect. 755 fg.) entschieden. Die andere Auffassung ist vertreten durch Schulz ('Ueber den Epilog der Kyropaedie' S. 27) und Hagen, dessen Ausführungen in Bezug auf diesen Punkt wohl zu dem richtigen Resultat gelangen. Ohne Zweifel sind die Gründe, welche für 355 sprechen, nicht zu unterschätzen, doch ist die Zeit nach 346 die wahrscheinlichere. Da die Schrift für diese Untersuchungen nicht von solcher Bedeutung ist, dass an dieser Stelle eine eingehendere selbständige Untersuchung über diese Frage erforderlich würde, so möge es genügen, zwei Hauptgründe für die acceptirte Auffassung anzuführen. V, 9 wird eine Bewegung der Athener im Bunde mit allen den hellenischen Städten in Aussicht gestellt, welche sich für die Autonomie des

---

1) Die Literatur über diese Fragen ist zu finden in einer Abhandlung von Hagen im 2. Bande der Eos 1867, S. 151 fg.
2) vgl. V, 6. V, 9. Ueber andere Stellen vgl. Boeckh Sth. IV, 21. S. 778 (145) Anmerkung u.
3) vgl. Deventer in Specimen Xen. libr. de vectig. Traject. 1851.

delphischen Tempels interessiren, und zwar gegen diejenigen, welche es unternommen hätten das Heiligthum einzunehmen, nachdem es die Phokier verlassen hätten (καταλαμβάνειν ἐκλιπόντων τῶν Φωκέων). Diese Ereignisse können nur in gezwungener Weise auf eine andere Zeit als die nach der Capitulation der Phokier bezogen werden. Nach dieser Capitulation hatten die Thebauer eine Zeit lang das Heiligthum in ihrer Gewalt[1]). Ausserdem kommt der unverkennbare Zusammenhang mit der Politik des Eubulos in Betracht, die darauf ausging, den Athenern durch eine allgemeine hellenische Allianz eine Stütze zu geben und darum nach allen hellenischen Städten Gesandte schickte.

Von nicht-zeitgenössischen Historikern sind Plutarchos (namentlich Phokion) und mehr Diodoros (XIV, 79 bis XVII) zu berücksichtigen. Beide Schriftsteller enthalten wenig Brauchbares und lassen namentlich an Genauigkeit des Ausdruckes viel zu wünschen übrig[2]). In Bezug auf die Quellen Diodors sind im Wesentlichen die Resultate der Untersuchungen Volkquardsens acceptirt worden. Die Hauptmasse des Materials findet sich zerstreut in den Werken der zeitgenössischen Redner, deren Unzuverlässigkeit, sobald das eigene Interesse ins Spiel kommt, hinlänglich bekannt ist, so dass eine einfache Hinweisung darauf zur Würdigung des Werthes der Quellenmasse zunächst genügen wird. Eine eingehendere Kritik wird späterhin namentlich an Isokrates geübt werden. Am meisten sind zu berücksichtigen die Reden des Demosthenes[3]). Hierher gehören auch die in den Gesammtausgaben der Reden des Demosthenes gewöhnlich mitherausgegebenen Reden anderer Zeitgenossen wie des Appollodoros und Hegesippos. Ferner kommen in Betracht die Reden des Aeschines, welche recht brauchbare Bemerkungen enthalten und die Reden des Isokrates, die leider als eine Hauptquelle zu nennen sind. Daneben finden sich einzelne brauchbare Notizen bei Aeneas dem Taktiker, Nepos, Philochoros u. A.

Das Quellenmaterial ist also weder zusammenhängend noch der Hauptsache nach zuverlässig. Die grosse Zersplitterung erschwert die Vervollständigung und Uebersicht, während die, wie sich zeigen wird, wesentlich nach Einer Seite hingehende tendenziöse Färbung leicht in die Irre leitet. Dieser Umstand hat das Urtheil über Athen und dessen Politik zu einem ebenso einseitigen gemacht, wie es die erhaltenen Quellen der grossen Mehrzahl nach in rhetorischer Steigerung wiedergeben.

---

1) Es stimmt diese Bemerkung Hagens mit IV, 46 überein. Hier findet sich nämlich eine Hindeutung auf einen möglicher Weise stattfindenden Einfall der Thebaner in einem Krieg gegen die Athener.

2) Ueber die Tendenz der ihnen zu Grunde liegenden primären Quellen wird späterhin gesprochen werden.

3) Die Paragraphenzahl ist nach der grossen Dindorfschen Ausgabe gegeben worden.

Eine wahre Fundgrube der in allen möglichen Quellen zerstreuten und vereinzelten, hier beachtenswerthen Bemerkungen und zugleich eine der eingehendsten neuern Darstellungen der in Betracht kommenden Verhältnisse ist: Rehdantz 'Vitae Iphicratis, Timothei, Chabriae'.

Ausserdem ist von der neueren Literatur namentlich zu berücksichtigen: Arnold Schaefer 'Demosthenes und seine Zeit' und 'De sociis Atheniensium' etc. Grote 'Hist. of. Gr. X und XI.' Bd. V und VI der deutschen Uebersetzung von Meissner. Boeckh, 'Staatshaushalt der Athener'. Sievers, 'Geschichte Griechenlands vom Ende des peloponnesischen Krieges bis zur Schlacht von Mantinea.' Schömann 'Griechische Staatsalterthümer'. Köhler 'Urkunden und Untersuchungen zur Geschichte des delisch-attischen Bundes' in den Abh. d. Berl. Ak. 1869. Köhlers Untersuchungen beziehen sich zwar nur auf den ersten athenischen Bund, tragen aber Manches zum Verständnisse der Verfassung des zweiten Bundes bei.

Cap. I.
Das Verhältniss Athens zu den Seestädten nach der Schlacht bei Knidos und die Gründung des Bundes.

Genau ein Jahrhundert war seit der Zeit verflossen, in welcher sich die hellenischen Seestädte unter die Führung des durch die Perserkriege zu höchstem Ansehen gelangten Athen stellten, als die Athener durch das Psephisma vom Febr./März 377 den Schlussstein zu den Grundlagen eines neuen Bundessystems legten. Ein Vergleich des Zweckes und des Ursprunges beider Bünde zeigt deutlich, welche Veränderung der Zustände und des Charakters der östlichen Hellenenwelt sich in diesen hundert Jahren vollzogen hatte. Keine Spur mehr von der nationalen Begeisterung und einem engen Zusammmengehen der Seestädte gegen das grosse Barbarenreich. Damals bezweckte man nicht nur Sicherung vor neuen Angriffen der Perser, sondern es galt auch die Befreiung der hellenischen Städte in Asien. Jetzt erkannte man ausdrücklich die Rechte des Königs auf die Hellenenstädte an, denn man durfte seine Gunst und Hülfe nicht verscherzen. Allein durch Mitwirkung der Perser war der erfolgreiche Schlag gegen das Uebergewicht der ersten hellenischen Grossmacht und die Herstellung der maritimen Stellung im Jahre 394/3 möglich geworden, ebenso wie früher die athenische Seemacht durch den Bund des Königs mit den Gegnern vernichtet war. An Stelle des allgemeinen Vertrauens, das die Seestädte im Jahre 477 den Athenern entgegenbrachten, herrschte jetzt tiefes Misstrauen gegen den ehemaligen Vorort, der zur Beseitigung desselben die weitgehendsten Zugeständnisse machte.

Vor der Betrachtung der Ereignisse, welche zur Gründung des zweiten Bundes führten, wird es nöthig sein die Verhältnisse der Seestädte zu Athen von der Schlacht bei Knidos bis zum Frieden des Antalkidas einer Erörterung zu unterziehen, weil einerseits die Entstehung und erste Gestaltung des zweiten athenischen Bundes nur so verständlich wird, andrerseits man gewöhnlich annimmt, dass die Athener schon damals einen zweiten Bund gestiftet hätten, welchen der Friede des Antalkidas wieder auflöste. So sagt Boeckh, dem Schaefer und Andere folgen, Athen habe nach der Schlacht bei Knidos, welche die lakedaemonische Seemacht erschütterte, einen Bund unter den alten Verhältnissen der Bundesgenossen gegründet, obwohl man in dieser Periode über dieselben nicht genau unterrichtet sei: (Sth. I, 540) 'Athen übte von Neuem seine Seeherrschaft aus, beinahe ganz Hellas war ihm unterthänig, aber der unselige Friede des Antalkidas liess den Athenern nur ihre alten eigenthümlichen Inseln'. Grote (Uebersetzung von Meissner, Bd. V, 302 und 318) lässt allein eine andere Ansicht durchblicken, ohne indessen seine, wie es scheint, von der gewöhnlichen abweichende Auffassung als solche zu präcisiren oder sich auf eine Begründung derselben einzulassen, so dass eine Untersuchung der in Frage kommenden Verhältnisse durchaus nothwendig wird. *Grote sagt nämlich einfach:* 'Im Jahre 387 gab es keine grössere Körperschaft von Unterthanen, die frei zu machen gegeben wäre, ausser den Verbündeten Spartas selbst'[1]). Grote rechnet den boeotischen Bund nicht mit, von einem athenischen schweigt er ganz. Dann giebt er (S. 319) als Folge des antalkidischen Friedens für Athen nur an, dass Athen dadurch seiner thebanischen und korinthischen Verbündeten beraubt worden sei, was mit einem fest organisirten Seebunde natürlich nichts zu schaffen hat. Endlich heisst es in Bezug auf diese Frage noch deutlicher, S. 302: 'Wie die Athener die Kosten des Krieges von 395—387 ohne beisteuernde Bundesgenossen trugen, darüber haben wir keine Nachricht'[2]). Nach der Beendigung des peloponnesischen Krieges, der Vernichtung der athenischen Seeherrschaft und der Aufnahme des grössten Theiles der athenischen Bundesgenossen in die lakedaemonische Symmachie hatten die Lakedaemonier eine Politik eingeschlagen, welche nur geeignet sein

---

1) Grote irrt sich, wie späterhin eine ausführliche Darlegung zeigen wird, wenn er meint, die Bundesgenossenschaft Spartas sei damals eine unterthänige gewesen, welche also nach den Bestimmungen des antalkidischen Friedens aufzulösen war. Dieser Irrthum beruht darauf, dass Grote unter Autonomie ohne Weiteres volle Unabhängigkeit versteht.
2) Die folgenden Untersuchungen wenden sich bei der Durchführung einer von gewöhnlich geltenden abweichenden Auffassung zunächst und direkt gegen die Hauptkenner dieser Periode, es würde zu weit führen und diese Forschungen unlesbar machen, wenn sie in gleicher Weise Rangabé, E. Curtius und Andere berücksichtigen würden.

konnte, Hass in den Seestädten gegen ihr Regiment zu verbreiten und athenische Hegemonie im Verhältnisse zu die dieser Wirthschaft als eine Wohlthat erscheinen zu lassen. Sparta gewährte nicht die den Seestädten verheissene und von jenen erwartete Autonomie. Die früheren Bundesgenossen Athens blieben factisch in einer noch grössern und drückendern Unterthänigkeit, als sie unter ihrem früheren Vorort gewesen waren. Lysanders Bundesgenossenpolitik, welche geschlossene oligarchische Factionen an die Stelle der gewohnten demokratischen Regierung setzte, das rücksichtslose und gewaltthätige Vorgehen dieser Oligarchien gegen die Volkspartei im Innern, die vollständige Abhängigkeit von Lakedaemon erregte sehr bald in den Seestädten die grösste Unzufriedenheit. Isokrates sagt: ἡ τῶν λακωνιζόντων ὕβρις ἀττικίζειν τὰς πόλεις ἠνάγκασεν (v. Frd. 108). Die Herrschaft Athens war wenigstens eine gesetzlich geregelte gewesen und hatte die ganze Masse der Volkspartei begünstigt, jetzt führte eine kleine, durch die Lakedaemonier mächtige Partei ein drückendes Willkürregiment, dessen Charakter durch die Herrschaft 'der Dreissig' in Athen bezeichnet wird. Xenophon sucht natürlich die Verhältnisse so darzustellen, als ob bis in die Zeit der Schlacht von Knidos die lakedaemonischen Seebundesgenossen von den besten Gesinnungen für Sparta erfüllt waren. Einen solchen Eindruck erhält man, wenn man ohne eingehendere Prüfung z. B. den Bericht Xenophons (Hell. IV, 2, 4) über eine Rede liest, welche Agesilaos bei seiner Abberufung nach Europa an sein Heer richtet, das ihn bis auf 4000 Mann zur Deckung der hellnischen Städte in Kleinasien nach Europa begleitete: Εὖ ἐπίστασθε, ὦ ἄνδρες σύμμαχοι, ὅτι οὐ μὴ ἐπιλάθωμαι ὑμῶν, ἀλλὰ πάλιν παρέσομαι, πράξων ὧν ὑμεῖς δεῖσθε. Ἀκούσαντες ταῦτα πολλοὶ μὲν ἐδάκρυσαν, πάντες δὲ ἐφηφίσαντο βοηθεῖν μετ' Ἀγησιλάου τῇ Λακεδαίμονι, εἰ δὲ καλῶς τἀκεῖ γένοιτο λαβόντες αὐτὸν πάλιν ἥκειν εἰς τὴν Ἀσίαν. Aus dem οὐ μὴ ἐπιλάθωμαι ὑμῶν κτλ. geht deutlich hervor, dass die Rede hauptsächlich an die im Heere dienenden Bürger asiatischer Hellenenstädte gerichtet ist. Daher wird πάντες nicht auf Bundesgenossen überhaupt, sondern zunächst nur auf die bundesgenössischen Küstenstädte Kleinasiens zu beziehen sein, die natürlich an Lakedaemon festhalten mussten, weil unter den damaligen Zeitverhältnissen nur die Hülfe der Lakedaemonier eine persische Occupation abwenden konnte[1]). Die wahre Gesinnung der übrigen im Heere des Agesilaos dienenden Bundesgenossen giebt Xenophon im folgenden Paragraphen (5) unwillkürlich selbst zu erkennen, wenn er erzählt: Ἀγησίλαος ὁρῶν ὅτι οἱ πολλοὶ τῶν στρατιωτῶν μένειν ἐπιθύμουν μᾶλλον ἢ ἐφ' Ἕλληνας στρατεύεσθαι κτλ. Damit gesteht

---

1) Das Heer des Agesilaos bestand zum grössten Theil aus bundesgenössischen Contingenten. Sparta schickte überhaupt höchst ungern Lakedaemonier auf überseeische Feldzüge.

Xenophon selbst ein, dass bei der Mehrzahl des Heeres der Widerwille gegen Hellenen zu ziehen herrschend war. Da aber sonst die Hellenen sich kein grosses Gewissen daraus machten auf einander bis zur Vernichtung loszuschlagen, und auch das nationale Gefühl der Zusammengehörigkeit während der letzten asiatischen Feldzüge nicht so gesteigert war, dass man gegen Stammesgenossen nicht mehr ziehen wollte[1]), so war ohne Zweifel der Grund dieser Weigerung der, dass die Bundesgenossen nicht gegen die Hellenen ziehen wollten, welche gegen die drückende Hegemonie Lakedaemons aufstanden. Ferner findet sich eine für die Beurtheilung der Stimmung der Bundesgenossen wichtige Bemerkung Hell. IV, 3. 12, wo Xenophon die Schlacht bei Knidos beschreibend sagt: τοὺϲ μὲν ἀπὸ τοῦ εὐωνύμου ϲυμμάχουϲ εὐθὺϲ φεύγειν. (vgl. Diod. XIV, 83. 6.) Diese sofort eintretende Flucht hatte schwerlich ihren Grund in der Feigheit, denn bei andern Gelegenheiten zeigen sich die Seebundesgenossen recht tapfer, sondern eher in der schlechten Gesinnung gegen Lakedaemon. Ergiebt sich schon aus Xenophon, dass die Hegemonie Lakedaemons nicht gerade beliebt war, so erzählt Ephoros (bei Diodoros) von einer allgemein gegen Sparta herrschenden Erbitterung und von der Bereitwilligkeit der Bundesgenossen abzufallen: Μιϲουμένων τῶν Λακεδαιμονίων ὑπὸ τῶν ϲυμμάχων διὰ τὸ βάροϲ τῆϲ ἐπιϲτάϲεωϲ (Diod. XIV, 82), vgl. Isokr. Plat. 27. Nur die peloponnesischen Bundesgenossen mit Ausnahme der Korinthier hielten nach Ephoros zu den Lakedaemoniern. Indessen selbst im Peloponnes wird nicht bei allen Staaten der Eifer für Lakedaemon gross gewesen sein. Nach Xenophon sagte damals der thebanische Gesandte in Athen, die Eleer und Achaeer seien den Lakedaemoniern feindlich gesinnt (ἐχθροὶ Λακεδαιμονίοιϲ προϲγεγένηνται. Hell. VII, 5 12). In Bezug auf die Eleer beruht diese Aeusserung unzweifelhaft auf Wahrheit, denn erst vor sechs bis sieben Jahren hatten die Lakedaemonier mit ihnen einen erbitterten Krieg geführt und ihnen die Landschaft Triphylia genommen.

Es steht mithin fest, dass zur Zeit der Feldzüge des Agesilaos in Asien äusserlich zwar die lakedaemonische Macht sich am glänzendsten entfaltete, im Innern aber das lakedaemonische Bundessystem schon bedenklich zerrüttet war. Eine Erhebung gegen die Uebermacht Lakedaemons hatte daher nicht ungünstige Aussichten. Ausserdem musste eine Zeit als der richtige Moment erscheinen, in der Spartas bester Feldherr mit einem bedeutenden Heere fern in Asien stand. Eine lebhafte antilakedaemonische Bewegung griff um sich, sie wurde geschürt durch persische Agenten, welche in den griechi-

---

1) Die Contingente der asiatischen Bundestädte und das kyreische Heer, welche auch die Feldzüge des Agesilaos eben mitgemacht hatten, gehen bereitwillig nach Hellas mit und fechten bei Koronea mit der grössten Erbitterung gegen andere Hellenen.

schen Mittelstaaten mit reichen Geldmitteln wirkten (vgl. Grote V, 395 fg.). Da Athen für sich nicht stark genug und auch kaum geeignet war die Initiative zur Bildung einer antispartanischen Coalition von Landstaaten zu ergreifen, so wurde naturgemäss die Seele derselben Theben.

Diese Stadt war seit der Schlacht bei Delion unbestritten die zweite Landmacht Griechenland. Theben hatte bereits in der ersten Zeit nach der Beendigung des peloponnesischen Krieges den Lakedaemoniern zu opponiren begonnen und aus Besorgniss vor der zunehmenden Uebermacht Spartas die Hülfscontingente verweigert. Das antilakedaemonische Bündniss bildete sich wesentlich unter der Leitung Thebens und erhielt dadurch, bis Athens Seemacht einen neuen Aufschwung nahm, einen vorwiegend terrestrischen Charakter. Die treibende Kraft war die demokratische Regierung in Theben, an deren Spitze Ismenias stand.

Im Herbst 396 gingen thebanische Gesandte nach Athen, um diese Stadt zum Anschlusse an ein gegen Lakedaemon gerichtetes Bündniss zu bewegen (Xen. Hell. III, 5. 8). Die Gesandtschaft fand günstige Aufnahme, denn nicht lange vorher war die alte demokratische Verfassung hergestellt und mit ihr erwachte die Erinnerung an die Seeherrschaft und der Wunsch einer Wiederherstellung derselben. Die Thebaner wussten wohl, dass der athenische Demos von diesen Ideen erfüllt war. vgl. Xen. Hell. IV, 5. 10: ὅτι μὲν, ὦ ἄνδρες Ἀθηναῖοι, βούλοισθ' ἂν τὴν ἀρχὴν ἣν πρότερον ἐκέκτησθε ἀναλαβεῖν πάντες ἐπιστάμεθα. Die thebanischen Gesandten spiegelten die Verwirklichung dieser Wünsche vor, wenn Athen sich energisch an der Erhebung gegen die Lakedaemonier theilnehmen würde. Athen schloss sich dem Bündnisse an und wurde dadurch mit den Interessen eines Bündnisses von Landstaaten verknüpft, die als solche durchaus nicht geneigt waren, sich auf den Seekrieg zu legen oder den Athenern zur Neubildung einer Marine behülflich zu sein. Um für sich allein das Werk der Flottengründung zu unternehmen, hätte Athen seiner vollen Kraft zu diesem Unternehmen bedurft, jetzt aber hatte es in hohem Grade seine Aufmerksamkeit auch auf den Landkrieg zu richten und auf ihn seine Mittel zu verwenden Von einer selbstständigen Bewegung der Seestädte zu Gunsten Athens durfte man auch nichts erwarten, denn so gross bereits die Verstimmung gegen Sparta war, so reichte sie doch nicht hin, um das Misstrauen gegen Athen zu beseitigen. Daher wurden in den nächsten zwei Jahren bis zur Ankunft Konons (Winter 394/3) keine nennenswerthen Vorbereitungen zur Bildung einer Marine getroffen. vgl. Dem. g. Lept. 76, τῆς πόλεως ναῦν οὐδεμίαν κεκτημένης Κόνων παρ' ὑμῖν οὐδ' ἡντιναοῦν ἀφορμὴν λαβών. Demosthenes beruft sich hier ausdrücklich auf das Zeugniss älterer Männer: ὡς ὑμῶν τινῶν ἐστιν ἀκοῦσαι τῶν κατὰ τὴν αὐτὴν ἡλικίαν ὄντων κτλ. Das Bündniss gegen die Lakedaemonier kam zu Stande, es nahmen an demselben

Theil: Boeoter, Athener, Korinthier, Argiver (Diod. XIV, 82.) Man schickte Gesandte in die griechischen Städte und forderte sie auf, sich vom lakedaemonischen Bunde loszusagen. Um einen gemeinsamen Mittelpunkt zu haben, setzte man in Korinth, dem geeignetsten Orte, einen Bundeskriegsrath ein. Die Competenz dieses Rathes beschränkte sich nur auf die Kriegsangelegenheiten. vgl. Diod. XIV, 82: πρῶτον μὲν cυνέδριον κοινὸν cυcτηcάμενοι ἐν τῇ Κορίνθῳ τοὺc βουλευcαμένουc τὰ κατὰ τὸν πόλεμον.

Ein solcher Kriegsrath zur Leitung der Operationen war nothwendig, weil kein Staat die formell anerkannte Hegemonie des Bündnisses hatte und somit Operationspläne in gemeinsamer Berathung festzustellen waren. Es konnte auch der Natur des Bündnisses gemäss dasselbe kaum ein anderes Organ haben als ein Synedrion für die Kriegsangelegenheiten, denn man hatte gar nicht die Begründung eines über die Dauer des Krieges hinausreichenden Bundes ins Auge gefasst, sondern nur ein Kriegsbündniss zur Auflösung der lakedaemonischen Uebermacht (καταλύειν τὴν ἡγεμονίαν). War dieser Zweck erreicht oder gab man ihn auf, so ging das Bündniss einfach auseinander, sofern nicht neue Verabredungen getroffen wurden. Die erwähnten vier Mittelstaaten bildeten den Kern der Coalition, welcher sich im Laufe des Jahres 395 andere Staaten anschlossen: Euboeer, Leukadier, Amprakier, Akarnanen, die thrakischen Chalkidier, Medias, Dynast von Larissa, Aenianen, Athamanen (ein epeirotischer Stamm), opuntische und ozolische Lokrer, Melier. vgl. Xen. Hell. IV, 2. 17. Diod. XIV, 84. Der Bund hatte dadurch noch entschiedener den Charakter eines Landstaatenbundes erhalten, was auch für die kriegerischen Operationen bestimmend war.

Man schlug sich im Jahre 395/4 in Boeotien bei Haliartos und am Isthmos bei Nemea, ohne zu einer endgültigen Entscheidung zu kommen. Es erfolgte diese auf einem andern Schauplatze und zwar gerade als Agesilaos aus Asien heranrückte, kurz vor seinem Siege bei Koronea.

Schon im Herbst 395 musste der an der asiatischen Küste stationirte lakedaemonische Nauarch Pharax aus Besorgniss vor einer heransegelnden persischen Flotte die Belagerung von Kaunos aufheben. Auf dem Rückzuge verschlossen ihm die Rhodier den Hafen ihrer Stadt. Es war eben in Rhodos die Oligarchie gestürzt, eine demokratische Regierung eingerichtet und der Abfall vom lakedaemonischen Bunde erklärt. Dieser erste Abfall von der Hegemonie der Lakedaemonier machte in ganz Hellas einen tiefen Eindruck.

Bald nach diesen Ereignissen erschien die persische Flotte unter Konon und Pharnabazos[1]). Im August des Jahres 394 erfolgte die

---

1) vgl. Dem. g. Lept. 76: Κόνων cτρατηγῶν βαcιλεῖ κτλ. Diese Stellung Konons als persischer Admiral ist im Auge zu behalten, um nicht gewisse Verhältnisse von einem falschen Gesichtspunkte aufzufassen.

totale Niederlage der lakedaemonischen Seemacht bei Knidos. Sofort nach der Schlacht segelten die persischen Admirale in die Gewässer der lakedaemonischen Seebundesgenossen und brachten Kos, Nisyros, Teos zum Abfall (ἀπέϲτηϲαν). Die Chier vertrieben nun selbst die lakedaemonische Besatzung und traten zu den Persern über. (Diod. XIV, 84 προϲέθεντο τοῖϲ περὶ Κόνωνα.) Aehnliche Bewegungen fanden in Mitylene, Erythrae, Ephesos und andern Städten statt, vgl. Diod. XIV, 84: Τοιαύτη τῆϲ μεταϲτάϲεωϲ ϲπουδή τιϲ εἰϲ τὰϲ πόλειϲ ἐνέπεϲεν ὧν αἱ μὲν ἐκβαλοῦϲαι τὰϲ φρουρὰϲ τῶν Λακεδαιμονίων τὴν ἐλευθερίαν διεφύλαττον, αἱ δὲ τοῖϲ περὶ Κόνωνα προϲετίθεντο.

Ueber das Verhältniss, in das diese von den Lakedaemoniern abgefallenen Städte zu den Persern traten, findet sich in den Quellen nichts Näheres. Es heisst bei Xen. Hell. IV, 8. 1: Φαρνάβαζοϲ καὶ Κόνων ἐπεὶ ἐνίκηϲαν τοὺϲ Λακεδαιμονίουϲ τῇ ναυμαχίᾳ περιπλέοντεϲ καὶ τὰϲ νήϲουϲ, καὶ τὰϲ ἐπιθαλαττιδίαϲ πόλειϲ τούϲ τε Λακωνικοὺϲ ἁρμοϲτὰϲ ἐξήλαυνον καὶ παρεμυθοῦντο τὰϲ πόλειϲ ὡϲ οὔτε ἀκροπόλειϲ ἐντειχοῖεν ἐάϲοιέν τε αὐτονόμουϲ. Hieraus folgt, dass man an Stelle der vertriebenen lakedaemonischen Besatzung keine neue hineinzulegen und die Autonomie nicht anzutasten versprach. Diese Bemerkungen Xenophons ergänzt Diodoros (XIV, 84) dahin, dass ein Theil der Städte völlig unabhängig blieb, während der andere sich den Persern anschloss: d. h. höchst wahrscheinlich in formell gleichberechtigter Stellung ein Bündniss zur gemeinsamen Fortsetzung des Krieges einging. Dem Machtverhältnisse gemäss werden diese Städte factisch in ein gewisses Abhängigkeitsverhältniss zu den Persern gerathen sein. Diodoros stellt daher dem προϲετίθεντο ein ἐλευθερίαν διεφύλαττον gegenüber.

Konon wahrte die Autonomie der hellenischen Seestädte und suchte auch den Pharnabazos von der Zweckmässigkeit eines solchen Verhaltens zu überzeugen. (Xen. Hell. IV, 8. 2.) Konon führte aus, dass man nur so die Sympathie der Seestädte sich erhalten und den Seekrieg gegen die Lakedaemonier mit entscheidendem Erfolge führen würde. Konon wurde in Folge dessen der gefeierte Befreier, man setzte ihm Ehrensäulen mit Inschriften wie: Ἐπειδὴ Κόνων ἐλευθέρωϲε τοὺϲ Ἀθηναίων ϲυμμάχουϲ κτλ. (Dem. g. Lept. 80.) Die persischen Admirale nahmen nun ihren Cours durch die Kykladen, bewogen sie zum Anschluss und liefen nach der Einnahme von Kythera in den Hafen von Korinth ein. Hier besprachen sie mit dem Kriegsrathe der Coalition die Angelegenheiten, über welche sie zu verhandeln wünschten (ὑπὲρ ὧν ἤθελον) und schlossen mit den Verbündeten einen Bündnissvertrag. vgl. Diod. XIV, 84: ϲυμμαχίαν ποιηϲάμενοι τούτοιϲ μὲν χρήματα κατέλιπον κτλ. Da dieser Vertrag offenbar nur Gemeinsamkeit der Kriegsführung bestimmte und vielleicht persische Subsidiengelder — wie einst in den Verträgen der Lakedaemonier mit den Persern während des peloponnesischen Krieges — festsetzte, so gehörte er zu den auf den Krieg bezüglichen Angelegenheiten (τὰ κατὰ τὸν πόλεμον), und das Synedrion war befugt ihn abzuschliessen. Bisher hatten die Perser unter Konon und Pharnabazos mit ihren verbündeten Seestädten unabhängig von der Coalition operirt, jetzt schlossen sich in Korinth beide Bündnisse zusammen. Von einem athenischen Seebunde oder einer athenischen Hegemonie zur See findet sich bisher keine Spur.

Nach diesen Verhandlungen ging Pharnabazos nach Asien zurück, Konon segelte nach Athen. (Xen. Hell. IV, 8. 6.) Mit persischen Geldmitteln, dem Schiffsvolke seiner achtzig Trieren, der Bevölkerung Athens und mit boeotischen Handwerkern stellte er die Mauern seiner Vaterstadt wieder her[1]). Als aber die Lakedaemonier hörten, ὅτι Κόνων καὶ τὸ τεῖχος τοῖς Ἀθηναίοις ἐκ τῶν βασιλέως χρημάτων ἀνορθοίη καὶ τὸ ναυτικὸν ἀπὸ τῶν ἐκείνου τρέφειν, τάς τε νήσους καὶ τὰς ἐν τῇ ἠπείρῳ παρὰ θάλατταν πόλεις Ἀθηναίοις εὐτρεπίζοι κτλ. (Xen. Hell. IV, 8. 12) suchten sie die Absetzung des Konon durchzusetzen. Aus dieser Stelle geht einerseits hervor, dass die Athener ihre Marine nicht mit bundesgenössischen Steuern neu begründeten — wie auch Grote bemerkt hat — und ergiebt sich andrerseits der erste Nachweis über die von Grote *nicht gekannten* Mittel zur Flottengründung. Man darf aus den Worten Xenophons nicht schliessen, dass Konon die Seestädte und Inseln zu Bundesgenossen der Athener machte, Konon bereitete sie nur zu einem bundesgenössischen Verhältniss vor, indem er eine den Athenern günstige Wendung der Stimmung hervorzubringen suchte (εὐτρεπίζοι). Aehnlich nennt Demosthenes (g. Lept. 76) bei der Aufzählung der Thaten Konons nicht die Begründung eines neuen athenischen Bundes, sondern giebt als Resultat seiner erfolgreichen Operationen nur an, dass er den Athenern ermöglichte τὸν λόγον πρὸς Λακεδαιμονίους εἶναι περὶ τῆς ἡγεμονίας.

Unterdessen hatten die Gegner Konons eine Anklage gegen ihn eingebracht, weil er persische Flottengelder zu speciell dem athenischen Interesse dienenden Agitationen verausgabt habe: ὡς ἀδικῶν τὸν βασιλέα ὅτι ταῖς βασιλικαῖς δυνάμεσι τὰς πόλεις Ἀθη-

---

[1] Es ist die Frage, aus welcher Machtvollkommenheit dieses Konon ausführte, ob aus eigener oder im Auftrage der Perser. Diodoros sagt nur: Κόνων τοῦ βασιλικοῦ στόλου τὴν ἡγεμονίαν ἔχων ὀγδοήκοντα τριήρεσι παραπλεύσας εἰς τὸν Πειραιᾶ κτλ. Nach Xen. Hell. IV, 8. 9 überredet Konon den Pharnabazos die Mauern Athens herzustellen, weil er dadurch die Lakedaemonier am meisten verletzen würde, ὁ δὲ Φαρνάβαζος ταῦτα ἀκούσας ἀπέστειλεν αὐτὸν προθύμως εἰς τὰς Ἀθήνας καὶ χρήματα προσέθηκεν. Bei Diodoros erscheint Konon als selbstständiger, persischer Admiral, bei Xenophon als Rathgeber und Unteradmiral des Pharnabazos. Xenophon hält in seiner ganzen Darstellung an dieser Auffassung fest (vgl. IV, 8. 2. 8. 6) und giebt wohl die richtigere Darstellung. Eine nähere Begründung dieser Auffassung würde zu weit führen.

ναίοις κατακτᾶται. Diod. XIV, 85, vgl. Xen. Hell. IV, 8. 16. Der Ausdruck Diodors bezeichnet im Wesentlichen dasselbe wie das εὐτρεπίζειν Xenophons, κατακτᾶσθαι gehört nicht zu den Ausdrücken, mit denen gewöhnlich das Gewinnen von Bundesgenossen bezeichnet wird.

Es bedeutet ebenfalls nur die Ausdehnung des athenischen Einflusses in den betreffenden Seestädten. Xenophon bestätigt diese Auffassung, sofern er erzählt, dass die Athener im Winter des Jahres 393/2 zu Tiribazos Gesandte schickten καὶ παρεκάλεcαν καὶ ἀπὸ τῶν cυμμάχων πρέcβεις καὶ παρεγένοντο ἀπό τε τῶν Βοιωτῶν καὶ Κορίνθου καὶ Ἄργους (Hell. IV, 8. 13). Xenophon kennt offenbar keine andern Staaten, welche mit Athen in einem engern Bundesverhältnisse standen als jene drei Landstaaten, die mit Ahenden Kern der Coalition bildeten. Auch hat an dieser Stelle Xtenophon nicht etwa eine bedeutende unterthänige Bundesgenossenschaft Athens ignorirt und mit Athen identificirt d. h. statt Ἀθηναῖοι καὶ οἱ cύμμαχοι ἔπεμψαν πρὸς Τιριβαζον gesagt Ἀθηναῖοι ἔπεμψαν κτλ. Es gab ebensowenig eine unterthänige Bundesgenossenschaft wie eine autonome. Xenophon führt nämlich als Grund, weshalb die Athener fürchteten cυντίθεcθαι αὐτονόμους εἶναι τὰς πόλεις καὶ τὰς νήcους, nur ihre Besorgniss an: μὴ Λήμνου καὶ Ἴμβρου καὶ Cκύρου cτερηθεῖεν. Hätte Athen ausser diesen stets als athenisches Eigenthum betrachteten Inseln nicht-autonome Bundesgenossen besessen, so wäre der bei einem solchen Friedensartikel in Aussicht stehende Verlust jedenfalls zu erwähnen gewesen.

Um die Untersuchung über die Frage, ob die Athener noch vor dem Frieden des Antalkidas einen Seebund gebildet haben, durchaus vollständig zu führen und das Resultat vollkommen zu sichern, sollen trotz der Störung bei der fortlaufenden Entwickelung der Ereignisse alle Stellen bis zum Frieden des Antalkidas besprochen werden, welche irgendwie zu der Annahme eines neuen Seebundes führen könnten.

Da zu Lande keine Entscheidung herbeigeführt wurde, so begann im Jahre 391 der Seekrieg grössere Dimensionen anzunehmen. Die Gewässer um Rhodos wurden im Jahre 391 ein Hauptschauplatz des Krieges. Im Herbst dieses Jahres kommen nach Xen. Hell. IV, 8. 20 die von den Demokraten vertriebenen Rhodier nach Lakedaemon und ἐδίδαcκον ὡς οὐκ ἄξιον εἴη περιιδεῖν Ἀθηναίους Ῥόδον καταστρεψαμένους καὶ τοcαύτην δύναμιν cυνθεμένους. Γνόντες οὖν οἱ Λακεδαιμόνιοι ὡς, εἰ μὲν ὁ δῆμος κρατήcοι, Ἀθηναίων ἔcται Ῥόδος, εἰ δὲ οἱ πλουσιώτεροι ἑαυτῶν, ἐπλήρωcαν αὐτοῖς ναῦς ὀκτὼ κτλ.

Nach diesem Berichte Xenophons haben also die Demokraten von Rhodos die Oberhand, sie sind von den Athenern abhängig und werden von ihnen bei der völligen Niederwerfung der Gegenpartei unterstützt. Καταστρέφεcθαι könnte zwar in rhetorischer Weise übertrieben gesagt sein, aber es bliebe immerhin die Möglichkeit, dass wirklich die Insel sich bereits in einem Unterthänigkeitsverhältnisse befand, soweit sie in den Händen der Demokraten war. Gegen diese Darstellung[1]) der rhodischen Verhältnisse lassen sich jedoch manche Bedenken erheben. Die Athener können nicht mit der Unterwerfung einer so grossen Insel beschäftigt gewesen sein, da sie überhaupt erst nach der Ankunft jenes lakedaemonischen Geschwaders von 8 Schiffen in Knidos eine Flotte unter Thrasybulos nach Rhodos absenden (Hell. IV, 8. 23). Es fällt ferner auf, dass, obwohl bereits 395 die demokratische Umwälzung stattfand und die Demokraten auf dem grössten Theile der Insel zur herrschenden Partei machte, erst im Herbst 391 eine oligarchische Gesandtschaft in Sparta um Hülfe bittet. Diodors Erzählung löst diese Schwierigkeiten, indem sie XIV, 97 berichtet: οἱ λακωνίζοντες τῶν Ῥοδίων ἐπαναστάντες τῷ δήμῳ ἐξέβαλον τοὺς τὰ τῶν Ἀθηναίων φρονοῦντας ἐκ τῆς πόλεως· εὐθὺς δὲ καὶ πρέσβεις ἀπέστειλαν εἰς Λακεδαίμονα περὶ βοηθείας εὐλαβούμενοι μή τινες· τῶν πολιτῶν νεωτερίσωσιν.

Diodoros weicht also wesentlich von Xenophon ab; stimmt mit ihm aber darin überein, dass eine oligarchische Gesandtschaft nach Sparta abging.

Da Ephoros — unzweifelhaft die Quelle Diodors —, der schon nach dem Zeugnisse der Alten mehr Interesse und Verständniss für die See als für die Landverhältnisse zeigte, jene Bedenken beseitigt, so wird man seinen Bericht dem des Xenophon vorziehen müssen. Nach Diodors Darstellung wird durchaus verständlich, warum jetzt erst Gesandte der Oligarchen nach Lakedaemon abgehen. Die Veranlassung war ein Aufstand der Oligarchen gegen die seit 395 bestehende demokratische Regierung, durch den die — Demokraten aus der Stadt Rhodos vertrieben wurden. Auf dem Lande behauptete sich die Volkspartei und bekriegte τοὺς κατὰ τὴν πόλιν.

Sie muss in der Stadt Verbindungen gehabt haben, denn die Oligarchen befürchten eine Erhebung (μή τινες τῶν πολιτῶν νεωτερίσωσιν) (Diod. XIV, 99). An eine Unterwerfung durch die Athener ist also nicht zu denken. Es handelt sich nur um die Frage, ob die oligarchische oder demokratische Partei die Oberhand gewinnen wird und damit zugleich, nach der traditionellen Politik einer jeden Partei, um einen Anschluss an Athen oder Sparta, um das Vorherrschen des athenischen oder lakedaemonischen Einflusses.

Hätten nach Xenophon die Demokraten und Athener — die Ephoros gar nicht für sich besonders erwähnt — in Rhodos geherrscht, so würden die Lakedaemonier offenbar eine bedeutende Flotte nach Rhodos geschickt haben. Die 8 Schiffe konnten dann nichts ausrichten und nur Gefahren laufen. Als Unterstützung da-

---

1) Rehdantz S. 21 acceptirt sie vollständig. Konon bewegt die Rhodier ad foedus ineundum cum Atheniensibus. Primores a plebe expulsi Lacedaemona etc.

gegen einer die Stadt Rhodos beherrschenden Partei waren acht Schiffe nicht unwesentlich, da ihre Bemannung 1600—2000 Köpfe betrug. Ehe noch Ekdikos in Rhodos anlangte, erfuhr er in Knidos, dass die Demokraten bereits vollständig gesiegt und zu Wasser und zu Lande das Uebergewicht hatten, er wagt nun mit seinem kleinen Geschwader nicht weiter vorzugehen, sondern wartet auf Verstärkungen, die Teleutias herbeiführt (Hell. IV, 8. 22). Auf die Nachricht von dieser bedeutenden Ansammlung lakedaemonischer Kriegsschiffe in den rhodischen Gewässern schicken die Athener eine Flotte von 40 Trieren unter Thrasybulos dahin ab (Winter 391/0). Thrasybulos segelt jedoch nach dem Hellespont, in der Meinung, dass die oligarchisch-lakedaemonische Partei auf Rhodos noch in zu starker Stellung sei, um sie in kürzerer Zeit niederzuwerfen (τεῖχος ἔχοντες κτλ.), während andrerseits die φίλοι der Athener — also nicht cύμμαχοι oder gar Athener selbst — in keiner Gefahr schwebten, so dass dringende Hülfe nöthig sei, da sie sowohl die Städte hätten, als bei Weitem in der Mehrzahl wären und in der Schlacht gesiegt hätten. Xenophon lässt an dieser Stelle selbst durchblicken, dass es erst einer siegreichen Schlacht bedurfte, um den Demokraten wieder das Uebergewicht über die aufständischen Oligarchen zu verschaffen, es wird ganz offenbar, dass der Ausdruck „Ἀθηναίους καταcτρεψαμένους" in der oben citirten Stelle eine arge, rhetorische Uebertreibung ist. Als nach dem Tode des Thrasybulos im Sommer 390 die athenische Kriegsmacht thätig auf Rhodos eingriff, lagen dort die Verhältnisse noch ebenso wie einige Monate vorher, die Athener kriegten mit denen ausserhalb der Stadt „gegen die in der Stadt" (die Oligarchen) (Diod. XIV, 99). Von den weitern Vorfällen auf Rhodos ist bis zum Frieden des Antalkidas nichts bekannt, von einer Aufnahme der Insel in einen athenischen Bund nichts überliefert, ohne eine solche Nachricht aber ein bundesgenössisches Verhältniss nicht ohne Weiteres anzunehmen.

Es bleibt noch übrig den Thrasybulos auf seiner Fahrt am Anfange des Jahres 390 zu begleiten. Zunächst segelte er nach Thrakien, machte den Medokos, König der Odrysen, und den Seuthes, König eines Küstengebietes von Thrakien, zu Freunden und Verbündeten oder zu Bundesgenossen der Athener, denn beides kann φίλους καὶ cυμμάχους bedeuten. (Xen. Hell. IV, 8, 25. Diod. XIV, 94.) Die Stellung dieser thrakischen Fürsten weist jedoch entschieden auf die erstere Bedeutung. Dann segelte Thrasybulos nach Byzanz, welche Stadt damals eine oligarchische Regierung hatte und auf der Seite der Lakedaemonier stand. (Xen. Hell. IV, 8. 27.) Die beiden Leiter der Volkspartei wussten jedoch die Uebergabe der Stadt an Thrasybulos herbeizuführen (Dem. g. Lept. 68: παραδιδόναι). Thrasybulos stürzte die Oligarchie und setzte eine demokratische Regierung ein, welche den Athenern die Erhebung und Verpachtung eines Zolles auf die pontische Ausfuhr zugestand. Die alte Zollstätte befand sich zu Chrysopolis auf dem Gebiete von Chalkedon, Byzanz gegenüber. Dass Byzanz Bundesgenosse Athens wurde, sagt weder Xenophon noch der auf diese Ereignisse näher eingehende Demosthenes. Mittelbar lässt sich aus Xenophon sogar das Gegentheil schliessen, denn er berichtet sogleich darauf, dass Thrasybulos Χαλκηδονίουc φίλουc Ἀθηναίοιc ἐποίηcεν, d. h. mit den Chalkedoniern ein Freundschaftsbündniss abschloss oder sie überhaupt nur den Athenern zu Freunden machte. Würde nun mit Byzanz ein bundesgenössischer Vertrag geschlossen sein, so hätte Thrasybulos gegen das schwächere Chalkedon wohl dieselbe Politik befolgt. Man wird durch sein Verhalten gegen Chalkedon zu der Annahme genöthigt, dass Athen bei dem in den Seestädten herrschenden Misstrauen gegen eine Hegemonie ihres frühern Vorortes es noch nicht für geeignet hielt bundesgenössische Verträge abzuschliessen. Selbst wo dieses möglich war, verzichtete man darauf, um nicht die grosse Masse der übrigen Seestädte noch zurückhaltender zu machen, und begnügte sich zunächst mit den ehemaligen Bundesstädten überhaupt wieder engere Beziehungen anzuknüpfen. Von Byzanz begiebt sich Thrasybulos nach den rhodischen Gewässern, legt aber auf der Fahrt in Lesbos an, schlägt den lakedaemonischen Harmosten, zwingt Eresos und Antissa zu capituliren (καθ' ὁμολογίαν ἔλαβε), während Methymna widersteht. (Diod. XIV, 94. Xen. Hell. IV, 8. 37.) Zwischen Capitulation und Aufnahme in einen Bund ist indessen noch ein grosser Unterschied. Die betreffenden Städte wurden natürlich, wie es in ähnlichen Fällen stets geschah, nach Kriegsrecht bis zum Frieden von den Athenern besetzt gehalten, wenn nicht der Capitulationsvertrag (ὁμολογία) ausdrücklich andere Bestimmungen enthielt. Der Friede hatte über das weitere Schicksal und die Räumung der betreffenden Städte zu entscheiden. Dagegen, dass die Athener jetzt schon beabsichtigten Eresos und Antissa als autonome oder unterthänige Mitglieder eines Bundes aufzunehmen, spricht auch der Umstand, dass, als Thrasybulos zur Verstärkung seiner Hoplitenschaaren bei den Operationen gegen Antissa, Eresos, Methymna eine Kernschaar von Hopliten aus Mitylene heranzog, er den Mitylenaeern versprach, diese Städte unter ihre Botmässigkeit zu stellen, vgl. Hell. IV, 8. 28: προcέλαβεν αὐτῶν Μιτυληναίων τοὺc ἐρρωμενεcτάτουc καὶ ἐλπίδαc ὑποθεὶc τοῖc Μιτυληναίοιc ὡc ἐὰν λάβῃ τὰc πόλειc προcτάται πάcηc τῆc Λέcβου ἔcονται.

Nach Beendigung dieser Operationen auf Lesbos segelte Thrasybulos Χίων καὶ Μιτυληναίων cυμμάχων ἀθροίcαc ναῦc εἰc Ῥόδον. (Diod. XIV. 94.) Chios und Mitylene hatten i. J. 394 die lakedaemonische Besatzung vertrieben, waren erst Verbündete der Perser und durch den Vertrag von Korinth Verbündete der Coalition und also auch der Athener geworden. Cύμμαχοι heissen sie also nicht als Bundesgenossen, sondern als Verbündete Athens in dem Kriege gegen Lakedaemon. Man wird es ganz natürlich finden, dass der athenische Feldherr, ohne dass die Chier und Mitylenaeer Bundesgenossen waren, von ihnen, als verbündeten Städten, Verstärkungen an Schiffen und Mannschaften nimmt, um den gemeinsamen Feind erfolgreicher zu bekämpfen. In derselben Weise zieht Theben athenische Mannschaft zur kräftigern Vertheidigung des Landes zu eben jener Zeit herbei und doch ist weder diese Stadt Bundesgenosse Athens noch das Umgekehrte der Fall. Thrasybulos ging mit der verstärkten Flotte nicht direkt nach Rhodos, sondern ἐξ ἄλλων τε πόλεων ἠργυρολόγει καὶ εἰς Ἄσπενδον ἀφικόμενος ging er an der Mündung des Eurymedon vor Anker. (Xen. Hell. IV, 8. 30.) Welcher Art dieses ἀργυρολογεῖν[1]) ist, und dass man dabei nicht etwa an die Erhebung bundesgenössischer Steuern zu denken hat, zeigt das Verfahren gegen Aspendos. Xen. Hell. IV, 8. 31: ἤδη δὲ ἔχοντος Θρασυβούλου χρήματα παρὰ τῶν Ἀσπενδίων, ἀδικηςάντων τί ἐκ τῶν ςτρατιωτῶν ὀργιςθέντες οἱ Ἀσπένδιοι überfallen Nachts den Thrasybulos und erschlagen ihn in seinem Zelte. Diod. XIV, 99: χρήματα εἰληφότος αὐτοῦ παρὰ τῶν Ἀσπενδίων ὅμως τινὲς τῶν ςτρατιωτῶν ἐδήωςαν τὴν χώραν, οἱ μὲν Ἀσπένδιοι χαλεπῶς ἐνεγκόντες ἐπὶ τοῖς ἀδικήμασιν κτλ. Aspendos ist weder eine bundesgenössische noch verbündete, sondern eine neutrale, vielleicht sogar eine feindliche Stadt. Aus dem ἤδη und ὅμως folgt, dass die an Thrasybulos entrichtete Summe eine Kriegscontribution war, gezahlt als Abschlagszahlung für Beute und Plünderungszüge in ihrem Gebiete.

Unmöglich konnte man in dieser Weise gegen bundesgenössische oder verbündete Städte auftreten. Solche Kriegscontributionen und Brandschatzungen waren nur bei feindlichen oder feindselig gestimmten Gemeinden möglich und zu jener Zeit üblich. Man landete an einer geeigneten Stelle des Küstenlandes, drohte mit Plünderung und Verwüstung, falls nicht eine angegebene Summe als Contribution gezahlt würde, und fuhr nach Empfang des Geldes weiter. Im andern Falle hielt man sich durch Beutezüge im Lande schadlos. Die Aspendier beklagen sich auch gar nicht über die nach damaligem Kriegsrecht von ihnen erzwungene Zahlung, als ob ihnen damit ein Unrecht geschehen wäre, sondern werden nur dadurch erbittert, dass trotzdem Krieger des Thrasybulos ihr Land verwüsten. Wenn also Xenophon sagt ἐξ ἄλλων τε πόλεων ἠργυρολόγει καὶ εἰς Ἄσπενδον, so heisst dieses nur dass ausser in andern Städten auch in Aspendos eine solche Contribution erhoben wurde, auf ein Bundesverhältniss ist durchaus nicht zu schliessen. Uebrigens verfuhren die Lakedaemonier ebenso gegen die athenisch gesinnten Inseln. So legt der Nauarch Nikolochos auf seiner Fahrt von Ephesos nach Abydos in Tenedos an und ἐδήου τὴν χώραν καὶ χρήματα λαβὼν ἀπέπλευςεν

---

1) Das ἀργυρολογεῖν ist wieder eine Quelle, woraus den Athenern Mittel zur Unterhaltung der Marine flossen, vgl. S. 664 und 670.

εἰc κτλ. (Xen. Hell. V, 1. 6.) So sind wir, ohne dass ein athenischer auf den alten Bedingungen organisirter Bund erkennbar gewesen wäre, bis zum Frieden des Antalkidas gelangt. Dieser Friede, welcher von den Lakedaemoniern beim Grosskönig ausgewirkt, dem seit 395 geführten Kriege ein Ende machte, bestimmte: „πόλεις μικρὰς καὶ μεγάλας αὐτονόμους ἀφεῖναι". Da die Athener, nachdem ihnen Lemnos, Imbros, Skyros, d. h. ihr alter Colonialbesitz, garantirt ist, sogleich ihre Opposition gegen den Frieden aufgeben und ihn anerkennen, so hatten die Athener offenbar nichts weiter zu verlieren. Die Anerkennung des Friedens würde die Auflösung einer unterthänigen Bundesgenossenschaft zur Folge gehabt haben, und Xenophon durfte bei der eingehenden Besprechung der Folgen des Antalkidischen Friedens (V, 1. 36) um so weniger eine solche Auflösung unerwähnt lassen, als sie ein Resultat der lakedaemonischen Politik gewesen wäre, deren Erfolge Xenophon hier auseinandersetzt.

Ausserdem sagt Xenophon an der betreffenden Stelle ganz positiv, welche Bundesgenossenschaft die Lakedaemonier im Auge hatten und welche Stadt sie treffen wollten, als sie in die Friedensurkunde die Aufnahme der Bestimmung durchsetzten, man solle alle Städte autonom lassen: ʽοἱ Λακεδαιμόνιοι τὴν αὐτονομίαν ταῖς πόλεσι πράττοντες, αὐτονόμους ἀπὸ τῶν Θηβαίων τὰς Βοιωτίδας πόλεις ἐποίησαν, οὕπερ πάλαι ἐπεθύμουν'. Man muss im Auge behalten, dass Theben an der Spitze der boeotischen Städte den Kern der Coalition gegen die Lakedaemonier bildete. Es hatten die Lakedaemonier naturgemäss zunächst beim Frieden die Absicht, die Macht ihres Hauptgegners zu brechen.

Es bliebe noch die Möglichkeit, welche von Boeckh, Schaefer u. s. w. offenbar gar nicht in Betracht gezogen ist, dass die Athener, (wenn wir von der ganzen bisherigen Ausführung absehen) eine autonome Bundesgenossenschaft gestiftet hatten, welche der Friede ebensowenig berühren konnte als den lakedaemonischen Bund und den in den nächsten Jahren gestifteten zweiten athenischen, der ihn ausdrücklich anerkannte, so weit eine solche besondere Anerkennung überhaupt erforderlich war. In diesem Falle würden natürlich die Quellen ebenso von einem athenischen Bunde schweigen, wie sie es in Bezug auf den lakedaemonischen thun. Ein solcher Bund kann aber deshalb nicht schon zur Zeit des Friedens von 387 bestanden haben, weil die Athener neun Jahre später mit der Begründung eines auf Autonomie beruhenden Bundes beginnen. Hätte der Friede einen auf Autonomie beruhenden athenischen Bund bestehen lassen, so wäre damit die Thatsache unvereinbar, dass wenige Jahre darauf ein solcher begründet wurde. Es steht mithin fest, dass nach der Schlacht von Knidos und in Folge derselben nur eine athenische Marine von Neuem entstand, und freundschaftliche Beziehungen mit den Seestädten angeknüpft oder Bündnissverträge geschlossen wurden, dass aber keineswegs ein neuer athenischer Bund jetzt schon ins Leben trat.

Es bleibt vor der Darstellung und Erörterung der Anfänge des zweiten Bundes noch die Besprechung einer Behauptung Schaefers übrig, welche er in der Abhandlung 'De sociis Atheniensium' § 7 ausspricht: 'Chii, Mitylenaei, Byzantii etiam post pacem Antalcidaeam, qua reliqua inter societates graecas foedera dissoluta sunt[1]) in Atheniensium societate perstiterunt'. Schaefer versteht unter societas nicht etwa Bündniss sondern Bundesgenossenschaft, er sagt nämlich, die Angabe Diodors (XV, 28), dass die Chier, Byzanthier, Mitylenaeer die ersten Städte gewesen wären, welche sich dem 378 gestifteten neuen athenischen Bunde angeschlossen hätten, sei deshalb zu verwerfen, weil sie schon in societate der Athener waren, also nicht mehr einem Bunde beitreten konnten, dem sie bereits angehörten. Schaefer stützt sich dabei namentlich auf Isokr. Plat. 27, wo es wörtlich heisst: Γενομένου δὲ τοῦ Κορινθιακοῦ πολέμου διὰ τὴν ὕβριν τὴν Θηβαίων, καὶ Λακεδαιμονίων μὲν ἐπ' αὐτοὺς στρατευσάντων, δι' ὑμᾶς δὲ σωθέντες οὐχ ὅπως τούτων χάριν ἀπέδοσαν, ἀλλ' ἐπειδὴ διελέλυσθε τὸν πόλεμον ἀπολιπόντες ὑμᾶς εἰς τὴν Λακεδαιμονίων συμμαχίαν εἰσῆλθον· καὶ Χῖοι μὲν καὶ Μιτυληναῖοι καὶ Βιζάντιοι συμπαρέμειναν, οὗτοι δὲ τηλικαύτην πόλιν οἰκοῦντες οὐδὲ κοινοὺς σφᾶς αὐτοὺς παρασχεῖν ἐτόλμησαν ἀλλ' εἰς τοῦτο πονηρίας ἦλθον, ὥστ' ὤμοσαν, ἦ μὴν ἀκολουθήσειν μετ' ἐκείνων ἐφ' ὑμᾶς.

Es ist zwar die Unzuverlässigkeit des Isokrates selbst bei der Darstellung bestimmter historischer Thatsachen anerkannt und auch seine Gewohnheit, sobald es seinem Zwecke gemäss ist, die Dinge nach diesem Zwecke sich zu construiren oder in einem andern Lichte erscheinen zu lassen, da aber späterhin in einem Abschnitte von Isokrates viel die Rede sein wird, so dürfte es nicht unangemessen sein, die Art und Weise des Isokrates auch an dieser Stelle etwas zu erläutern, womit gleich gezeigt wird, auf welche Autorität hin Schaefer eine sonst durchaus glaubwürdige Angabe des gerade in diesen Verhältnissen zu beachtenden Historikers (Ephoros bei Diodor) streicht.

In der Rede, welche Isokrates für die Plataeer geschrieben hat, war es in seinem Interesse die Thebaner in das schlechteste Licht zu stellen, denn es galt den Plataeern, deren Stadt 373 von den Thebanern zerstört war, die nachgesuchte Hülfe zu verschaffen und die Thebaner aus der athenischen Bundesgenossenschaft auszustossen. Andrerseits war es angethan, das Wohlverhalten und die Verdienste der übrigen Bundesgenossen den Thebanern gegenüber hervorzuheben. Die Stelle ist voll von tendenziösen Entstellungen der Thatsachen.

1) Diese Behauptung Schaefers, dass alle übrigen griechischen Bunde durch den Frieden des Antalkidas aufgelöst wurden, beruht auf falscher Auffassung der Autonomie und ist durchaus unrichtig, denn der lakedaemonische Bund blieb bestehen und der zweite athenische entstand unter Anerkennung des antalkidischen Friedens wenige Jahre darauf.

Man sieht nicht, wann im korinthischen Kriege die Thebaner von Athen gerettet sein sollen, eine solche Rettung fand höchstens 379 statt. Isokrates setzt aber dieses Ereigniss von 379 vor den Frieden des Antalkidas, um das Vergehen der Thebaner, dass sie nach diesem Frieden der lakedaemonischen Politik folgten, um so grösser erscheinen zu lassen. Dann sollen 381 die Thebaner ihre Politik treulos verändert, nach dem Friedensschlusse die Athener im Stiche gelassen und sich dem lakedaemonischen Bunde angeschlossen haben. Es steht aber fest, dass die Thebaner, die heftigsten Gegner des antalkidischen Friedens, in dieser Opposition und in einem freundschaftlichen Verhältnisse zu Athen bis zum Jahre 382 beharrten. In diesem Jahre wurde aber von den Lakedaemoniern durch einen Gewaltstreich die bestehende demokratische Regierung gestürzt und eine lakonisirende Oligarchie ans Ruder gebracht, die sich kaum vier Jahre lang halten konnte. (Xen. Hell. V, 1, 32. 2, 15. 27.) Was auf die Rechnung einer Fraction und der gewaltsamen Politik der Lakedaemonier zu setzen ist, das wird von Isokrates ohne Weiteres den Thebanern überhaupt angerechnet. Die betreffende Eidesformel endlich wurde nie gegen einen bestimmten Feind geschworen, sondern lautete, zu Gehorsam im Kriege überhaupt verpflichtend, „ἦ μὴν ἀκολουθεῖν ὅποι ἂν Λακεδαιμόνιοι ἡγῶνται".

Von solcher Unzuverlässigkeit ist die Stelle, in welcher berichtet wird, die Chier, Byzanthier etc. seien, entgegengesetzt dem Verhalten der Thebaner, trotz des antalkidischen Friedens treu geblieben. Wenn sich Isokrates und Diodor widersprächen und zwischen den Angaben beider zu wählen wäre, so würde man wohl ohne Zweifel dem Historiker mehr Glauben schenken als dem Rhetor. Aber es widersprechen sich nicht einmal, wie Schaefer annimmt, die Angaben beider Schriftsteller. Schaefer fasst nur den Begriff von cυμμαχία zu enge und übersieht, dass dieses Wort nicht nur Bundesgenossenschaft, sondern auch Bündniss in der von uns diesem Worte gegebenen Bedeutung bezeichnen kann. Isokrates sagt ganz unbestimmt cυμπαρέμειναν, womit noch nicht ein Bundesverhältniss bezeichnet ist, sondern ohne Zweifel, da diese Städte mit Theben in eine Linie gestellt werden, ein Bündniss, cυμμαχία im weitern Sinne. Isokrates rühmt aber von den Insulanern, dass sie trotz des Druckes, welchen die lakedaemonische Macht durch das persische Bündniss und den Frieden des Antalkidas übte, im Bündniss oder in freundschaftlichen Beziehungen mit Athen blieben, Diodor erzählt dagegen den Eintritt dieser Städte in den 378 gegründeten athenischen Bund, beide Schriftsteller berichten also etwas Verschiedenes und widersprechen sich durchaus nicht.

Die andere Stelle, welche Schaefer noch zur Begründung jener Behauptung anführt, ist ebenfalls aus Isokrates und zwar aus Panegyr. 16, einer um 380 gehaltenen Rede. Diese Stelle jedoch ist so allgemein gehalten, dass sie an sich ohne die erstere für diesen besondern Punkt nichts beweist, sie lautet nämlich: τῶν Ἑλλήνων οἱ μὲν ἐφ' ἡμῖν, οἱ δὲ ὑπὸ Λακεδαιμονίοις εἰσί. Es sagt hier Isokrates nichts mehr als, ein Theil der Hellener steht unter lakedaemonischem, der andere unter athenischem Einflusse, wie der folgende Satz lehrt: „αἱ γὰρ πολιτεῖαι, δι' ὧν οἰκοῦσι τὰς πόλεις οὕτω τοὺς πλείστους αὐτῶν διειλήφασιν". Die Demokratien neigten zu Athen hin und liessen sich lieber durch Athen bestimmen, die Oligarchien zu Lakedaemon. Dass es aber bis 378/77 überhaupt keinen neuen athenischen Bund, geschweige denn eine unterthänige Bundesgenossenschaft, gab, ist vorher in längerer Auseinandersetzung dargelegt worden. Schaefers Behauptung, dass Chios, Byzanz etc. bereits einer athenischen Bundesgenossenschaft angehörten und also 378 einer solchen nicht beitreten konnten, ist mithin eine irrige.

Nach dieser, wie sich späterhin zeigen wird, nothwendigen Abschweifung gelangen wir nun zu den Ereignissen, welche unmittelbar die Begründung des neuen Seebundes herbeiführten.

Auf den antalkidischen Frieden folgte das Jahrzehend der lakedaemonischen, durch das Aufgeben der Hellenenstädte Kleinasiens an den Grosskönig erkauften Uebermacht in Hellas. Die Coalition ist gesprengt, der bocotische Bund aufgelöst, dadurch Theben geschwächt und isolirt, Athen nur zur See von einigem Einfluss, aber ohne bedeutende, den Lakedaemoniern gefährliche Marine, dazu der Grosskönig mit den Lakedaemoniern verbündet. Wenn man einen Gebrauch von jenen beiden Stellen des Isokrates machen will, so müssen nach ihnen unter dem Drucke der lakedaemonischen Herrschaft in vielen Städten oligarchische Umwälzungen erfolgt sein. In Theben ist ohne Zweifel die demokratische Partei eingeschüchtert und zurückgedrängt, denn früher hatte sie allein die Leitung des Staates, bald (382) hält ihr die oligarchische das Gleichgewicht (Hell. V, 2. 27). Die Oligarchen wagen sogar einen Staatsstreich mit Hülfe einer lakedaemonischen Heeresabtheilung unter Phoebidas. Dieser Gewaltstreich krönte zwar das Gebäude der lakedaemonischen Politik, erschütterte aber zugleich seine Grundlagen, ohne dass es zunächst äusserlich hervortrat. Hatte bereits die Auflösung Mantineas, das rücksichtslose Vorgehen gegen Phlius nicht gerade beigetragen die Sympathie der Hellenen den Lakedaemoniern zu erhalten, so rief die Occupation der Kadmea allgemeinen Unwillen und allgemeine Erbitterung hervor und bereitete eine neue Erhebung gegen Spartas Uebermacht und in engem Zusammenhang damit die Gründung des zweiten athenischen Seebundes vor.

Den nächsten Anstoss zu dieser Bewegung gab die Dec. 379 erfolgende Befreiung Thebens. Diese veranlasste die Athener die ersten Schritte zur Bildung einer auf Autonomie beruhenden Symmachie zu thun und eine Aufforderung an die Hellenen zu diesem Zwecke zu erlassen (Diod. XV, 28). Schaefer meint, die Athener seien erst nach dem Handstreich, den im Frühjahre 378 Sphodrias auf Athen

versuchte, oder vielmehr nach seiner etwa im Sommer 378 erfolgten
Freisprechung, d. h. erst nach einem unmittelbaren Angriffe auf ihr
Gebiet, an die Neubegründung einer Marine — dieselbe war in dem
letzten Jahrzehend wieder verfallen — und einer Bundesgenossenschaft herangegangen. Wäre diese Darstellung richtig, so würde
die Erhebung und Befreiung Thebens mehr ein vereinzeltes lokali-
sirteres Ereigniss und nicht das erste Symptom, die erste auch äusserlich hervortretende Thatsache einer grossen, allgemeinen oppositionellen Bewegung gegen die Uebermacht der Lakedaemonier gewesen
sein. Es würde auch die Begründung des neuen Seebundes in keinem
so engen Zusammenhange mit dem Verlust der Stellung der Lakedaemonier in Theben stehen.

Schaefer begründet seine Auffassung durch folgende Belegstellen.
Xen. Hell. V, 4. 31: ἐκ τούτου (der Freisprechung des Sphodrias)
οἱ Ἀθηναῖοι ἐπυλώcαντο τὸν Πειραιᾶ ναῦc τε ἐναυπηγοῦντο τοῖc
τε Βοιωτοῖc πάcῃ προθυμίᾳ ἐβοήθουν. Plut. Pelop. 15: ἐκ τούτου
(dem Einfall des Sphodrias) πάλιν προθυμότατα Ἀθηναῖοι τοῖc Θηβαίοιc cυνεμάχουν καὶ τῆc θαλάττηc ἀντελαμβάνοντο καὶ περιόντες
ἐδέχοντο καὶ προcήγοντο τοὺc ἀποcτατικῶc τῶν Ἑλλήνων ἔχονταc.
Schaefer polemisirt gegen Diod. XV, 28 und 29, wo erzählt wird,
die Athener hätten sogleich nach der Befreiung Thebens zu den bedeutendsten Seestädten Gesandte mit der Aufforderung geschickt, an
der Erhebung gegen die lakedaemonische Herrschaft theilzunehmen
und sich ihnen anzuschliessen. Chios, Byzanz, Mitylene, Rhodos und
einige andere Städte traten zuerst mit den Athenern in engere Beziehungen, in Athen versammelte sich ein Synedrion aus Abgesandten
dieser Städte und auf diesem Bundestage wurde eine Bundesconstitution auf Grundlage voller Gleichberechtigung und Autonomie der
Bundesmitglieder vereinbart. Die Lakedaemonier erwarteten einen
gefahrvollen Krieg mit Athen und Theben. Man wusste, dass Athen
mit Theben verbündet war und an die Bildung einer neuen Symmachie heranging. Die Lakedaemonier erkannten, von welcher
Bedeutung es sein würde, wenn man sich Athens versichert oder
es wenigstens durch Einnahme des Hafens matt gesetzt hätte. Der
König Kleombrotos überredete daher ohne die nöthige Befragung
der Ephoren den in Bocotien mit einer Heeresabtheilung stehenden
Sphodrias zu einem Handstreich auf den Piraeeus. Der Streich
missglückte, und die Athener beschlossen in grosser Erbitterung
„λελύcθαι τὰc cπονδὰc καὶ πολεμεῖν". Athen geht nun energisch
mit der Ausrüstung einer Land- und Seemacht vor, nimmt Theben
in die Bundesgenossenschaft auf und erlässt dann, um die Seestädte
günstiger zu stimmen, das Psephisma, welches den Besitz von
Grundeigenthum im Bundesgenossengebiet den athenischen Bürgern
untersagt.

Schaefer hat allerdings darin Recht, dass Diodor die ganze Reihe
dieser Ereignisse um Ein Jahr zu spät ansetzt, trotzdem kann die Folge

der einzelnen Ereignisse in dieser Reihe eine richtige sein. Dass dieser Bericht bei Diodoros nicht ohne Gewicht ist, geht aus dem Psephisma über den Grundbesitz hervor, in welchem, ganz in Uebereinstimmung mit Diodor, die Chier, Mitylenaeer als die ersten Bundesgenossen aufgeführt werden, worauf dann unmittelbar nach der Begründung der Bundesconstitution und vor dem Erlasse des Psephisma Theben folgt. Nehmen wir mit Diodor an, dass Athen unmittelbar nach der Befreiung Thebens zum Abfall von Lakedaemon und zur Neubegründung eines Bundes aufgerufen habe, so muss Athen schon Anfang 378 im Einverständniss mit der demokratischen Partei in Theben gehandelt haben. Die Angabe Xenophons, dass Athen bis zum Streich des Sphodrias gut lakedaemonisch gesinnt gewesen sei, wird dann zu verwerfen sein. Diodor behauptet ein solches Einvernehmen Athens mit Theben und giebt sogar an, Athen hätte zur Befreiung Thebens ein Hülfscorps geschickt. Xenophon sagt dagegen, die beiden Feldherrn, welche das an der Grenze Attikas aufgestellte Beobachtungscorps befehligten und nach Theben zu Hülfe zogen, hätten auf eigene Faust gehandelt und seien deshalb von den Athenern verurtheilt worden. Es würde zu weit führen, wenn hier genauer die Controverse behandelt würde, ob die beiden Feldherren eigenmächtig der thebanischen Demokratie halfen (Grote) oder die nöthigen Instructionen hatten, so dass ihre Verurtheilung eine schreiende Ungerechtigkeit der athenischen Demokratie ist (Rehdantz, Lachmann). So viel steht fest, dass die damals in Athen herrschende Partei mit der thebanischen Demokratie gute Beziehungen unterhielt. Es lassen sich diese Beziehungen vom Jahre 395 an ununterbrochen verfolgen. Als im Jahre 382 die Führer der thebanischen Demokratie aus ihrer Vaterstadt vertrieben wurden, fanden sie in Athen die freundlichste Aufnahme. Man darf ohne Zweifel auf Grund der Thatsache, dass zur Zeit des Aufstandes in Theben ein grosses athenisches Beobachtungscorps an der attischen Grenze stand, schliessen, dass man in Athen von dem Anschlage wusste. Dieses Einvernehmen der Athener mit der thebanischen Demokratie während der Befreiung Thebens bestätigt auch Plut. Pelop. 15. Hier findet sich zwar nichts von athenischer Hülfe bei der Einnahme der Kadmea, aber die bestimmte Angabe, dass die Athener sogleich mit den Thebanern ein Bündniss geschlossen, dasselbe aber beim Heranrücken des lakedaemonischen Heeres wieder aufgekündigt und sogar Mitglieder der boeotischen Partei angeklagt und verurtheilt hätten. Plut. Pelop. 15: ... τὴν cυμμαχίαν ἀπείποντο τοῖc Θηβαίοιc καὶ τῶν βοιωτιζόντων εἰc δικαcτήριον καταγαγόντες τοὺc μὲν κτλ.

Bei dieser unter dem Drucke des Anmarsches des lakedaemonischen Heeres erfolgenden Reaction gegen die herrschende thebanische Partei und dem Sturze derselben erfolgte auch, wie Xenophon erzählt, der Process der beiden Feldherren. Xenophon lässt unwillkürlich durchblicken, dass ihre Verurtheilung nach der bisherigen

Parteilage in Athen eine unerwartete Thatsache war und also nur durch eine während der Bestürzung über den Anmarsch eines grossen, feindlichen Heeres plötzlich eingetretene Aenderung der Parteiverhältnisse bewirkt sein konnte. Xenophon sagt nämlich: οἱ Ἀθηναῖοι οὕτως ἐφοβοῦντο ὥστε καὶ τὼ δύο στρατηγὼ κρίναντες κτλ. Es fand also etwa Ausgang Winter eine spartafreundliche Umwälzung statt, welche wenigstens auf einige Monate die lakedaemonische, wohl im Wesentlichen aus oligarchischen Elementen zusammengesetzte Partei ans Ruder brachte, während vorher die thebanisch-demokratische Partei den Staat geleitet hatte [1]). Man hatte sicherlich in Athen mit den vertriebenen Führern der thebanischen Demokratie über eine allgemeine Erhebung gegen Lakedaemon Pläne gemacht.

Was die beiden Feldherrn betrifft, so hatten sie höchst wahrscheinlich eine, wie es bei der Lage der Dinge kaum anders sein konnte, unbestimmtere, weitern Spielraum lassende Instruktion erhalten, welche sie in der den Thebanern günstigsten Weise auslegten und anwandten. Auf diese Weise würden die diametralen Gegensätze beider Ueberlieferungen erklärt, ebenso jene Verurtheilung, welche zu den bei politischen Umwälzungen in hellenischen Städten — in Athen freilich im Ganzen nur bei oligarchischen — gewöhnlichen Erscheinungen gehört. Man darf aus der Verurtheilung der beiden Strategen der athenischen Demokratie keinen besondern Vorwurf machen. Es bleibt noch eine Berücksichtigung und Kritik der beiden Stellen übrig, auf welche Schaefer seine entgegengesetzte Auffassung stützt. Xenophon sagt nur, dass die Athener nach der Freisprechung des Sphodrias mit allem Eifer an die Befestigung des Piraeeus gingen, Schiffe bauten und den Boeotern halfen. Wie überall so hüllt sich auch hier Xenophon über die maritimen Verhältnisse im Allgemeinen, sofern dabei Lakedaemon nicht unmittelbar betheiligt ist, und die neue Seebundesgenossenschaft im Besondern in ein bedauerliches Schweigen. Xenophon widerspricht also gar nicht der Erzählung, dass nach der Befreiung der Kadmea sogleich die einleitenden Schritte zur Begründung einer neuen Seemacht und eines neuen Bundes gethan wurden.

Der politische Umschwung Anfang März 378 wirkte ohne Zweifel sehr lähmend auf diese Operationen, so dass dieselben allerdings erst mit Energie aufgenommen sein werden, als der Einfall des Sphodrias wieder die Parteiverhältnisse in Athen umgestaltete und Athens Stellung entschied. Man wird dann mit noch grösserm Eifer

---

1) Es weist darauf auch die von Xenophon erzählte Thatsache hin, dass dem heranrückenden lakedaemonischen Heere unter Kleombrotos der athenische Feldherr Chabrias mit einer Heeresabtheilung den Weg von Eleutherae nach Boeotien verlegte. Der Umschlag in Athen fand also statt, nachdem Kleombrotos einige Zeit in drohender Haltung an der boeotischen Grenze gestanden hatte, Ende Februar oder Anfang März 378.

als vor der oligarchischen Zwischenregierung herangegangen sein, weil man viel Zeit verloren hatte, und voraussichtlich ein Kampf um die Existenz bevorstand, nachdem man deutlich erfahren, dass die lakedaemonische Politik kein Mittel scheute, ihre maassgebende Stellung zu behaupten und die Gegner niederzuhalten. In der Stelle bei Plut. Pelop. 15 ist das Wörtchen πάλιν zu beachten. Da in dem vorhergehenden Capitel von dem Aufsagen der cυμμαχία mit Theben erzählt ist, so geht das πάλιν προθυμότατα Θηβαίοιc cυνεμάχουν κτλ. offenbar auf das Verhältniss, welches zwischen Athen und Theben vor der Aufkündigung des Bündnisses bestand. Mithin schlossen die Athener nach dem Einfalle des Sphodrias bereits zum zweiten Mal mit den Thebanern ein Bündniss, sie hatten schon früher in einem solchen Verhältnisse zu Theben gestanden. Plutarch würde also nur noch die Auffassung bestätigen, dass einerseits die athenische und thebanische Demokratie zur Zeit der Befreiung Thebens im engen Einvernehmen handelten, andrerseits die Erhebung Thebens und das Vorgehen Athens zur Bildung einer neuen Seemacht und Bundesgenossenschaft in gleicher Weise als Momente der damaligen grossen, allgemeinen Bewegung gegen das von den Lakedaemoniern vertretene oligarchische Princip zu begreifen sind. Eine ähnliche, aber entgegengesetzte Bewegung im oligarchischen Sinne gegen eine vorwiegend demokratische Bildung der Hellenenwelt veranlasste, wie sich zeigen wird, die Auflösung dieses athenischen Seebundes[1].

Nach dem Einfall des Sphodrias und seiner in Sparta erfolgten Freisprechung nahm Athen eine feste Stellung in der oppositionellen Bewegung gegen Sparta. Das Volk beschloss λελύcθαι τὰc cπονδὰc καὶ πολεμεῖν (am Anfang des Archontenjahres des Nausinikas, Sommer 378). Es erfolgten eine ganze Reihe wichtiger Beschlüsse, die man mit Energie auszuführen begann. Es lebte wieder der alte Unternehmungsgeist und die Lust an entschlossenem Handeln und Wagen (τόλμη) auf, die Thukydides an den Athenern gerühmt hatte. Man nahm eine Reorganisation des Steuersystems und eine neue Schätzung vor, man betrieb mit Eifer die Ausrüstung einer Flotte, welche zuletzt die Höhe von 200 Trieren erreichen sollte, man ging an die Aufstellung eines Landheeres von 20,000 Kriegern. Eine direkte Vermögenssteuer (εἰcφοραί) von 300 Talenten, welche in Theilzahlungen innerhalb der nächsten Jahre erlegt werden sollten, wurde ausgeschrieben, um diese umfangreichen Rüstungen möglich zu machen. Mit Theben knüpfte man wieder die freundschaftlichen Beziehungen an, trat mit den Seestädten zur festern Begründung und Ausdehnung des Seebundes in Verbindung und erlangte durch

---

1) Uebrigens erklärt nur die in den Parteiverhältnissen begründete unsichere Haltung Athens den Handstreich des Sphodrias. Wäre Athen, wie es Xenophon darstellt, gegen Sparta gutgesinnt gewesen, so wäre dieser Versuch eine solche Thorheit gewesen, wie man sie der von dem schlauen Politiker Antalkidas geleiteten Partei nicht zutrauen darf.

die Entwickelung solcher Thatkraft den grossen Erfolg, dass sich Theben in die athenische Bundesgenossenschaft aufnehmen und auf der am Tempel des Zeus Eleutherios aufgestellten Säule unter die Bundesgenossen verzeichnen liess[1]).

Die Constitution des Bundes war bereits von dem Bundestage, welchen Chios, Mitylene, Rhodos, Byzanz und einige andere Städte beschickt hatten, in gemeinsamer Berathung festgestellt worden. Vgl. Diod. XV, 28: ἐτάχθη ἀπὸ κοινῆς γνώμης τὸ μὲν ϲυνέδριον ϲυνεδρεύειν κτλ.

Auf diesem Bundestage spielte ohne Zweifel der grosse Staatsmann Kallistratos von Aphidnai eine hervorragende Rolle. Er war es, der den glücklichen Einfall hatte, die nothwendigen Geldbeiträge ϲυντάξειϲ statt φόροϲ zu nennen, wodurch er von der Bezeichnung der Bundesbeisteuern die übeln Vorstellungen entfernte, die sich an den ursprünglichen Ausdruck knüpften. Vgl. Schaefer Dem. u. s. Z. I, 1. Die Urkunde der Bundesverfassung ist leider nicht erhalten, sondern nur eine officielle Darstellung der Grundsätze der Verfassung und der Tendenz des Bundes nebst dem Bundesgenossenverzeichnisse bis zum Sommer 374. Es findet sich dieses Verzeichniss auf der Säule, welche das Psephisma der Athener über die athenischen Besitzungen im Bundesgenossengebiete enthält. Dieses Psephisma ist nicht die constituirende Urkunde des Bundes, denn die Bundesconstitution wurde in einer gemeinsamen Berathung der Athener mit den Städten, welche sich als die ersten zur Begründung eines Bundes bereit erklärt hatten, festgestellt und nicht durch einen Beschluss des athenischen Demos allein. Ausserdem weist dieses Psephisma selbst auf eine bereits festgestellte Bundesverfassung hin, wenn es die Bedingungen, unter denen die Thebaner, Chier und die andern Bundesgenossen bereits Mitglieder des Bundes sind, als Norm für neu aufzunehmende Mitglieder hinstellt. Vgl. V, 25: Ἐάν τιϲ βούληται Ἀθηναίων ϲύμμαχοϲ εἶναι καὶ τῶν ϲυμμάχων ἐξεῖναι αὐτῷ ἐπὶ τοῖϲ αὐτοῖϲ ἐφ' οἷϲπερ Χῖοι καὶ Θηβαῖοι καὶ οἱ ἄλλοι ϲύμμαχοι.

Cap. II.
Die Verfassung des Bundes.
a. Allgemeine Bestimmungen.
1. Der Zweck des Bundes.

Athen giebt in dem Volksbeschlusse vom Jahre 377 als Zweck des Bundes an, die Freiheit und Selbstständigkeit der Hellenen gegen

---

1) Vgl. Diod. XV, 29, d. Psephisma über den athenischen Grundbesitz, Xen. περὶ πορ. V, 7 etc.

die Lakedaemonier zu sichern. 'Auf dass die Lakedaemonier die Hellenen frei und selbstständig im ruhigen und sichern Besitze ihres Gebietes lassen'. Ὅπως οἱ Λακεδαιμόνιοι ἐῶϲι τοὺϲ Ἕλληναϲ ἐλευθέρουϲ εἶναι καὶ αὐτονόμουϲ ἡϲυχίαν ἄγειν τὴν αὐτῶν ἔχονταϲ ἐν βεβαίῳ. Vgl. Isokr. Plat. 17: Ἐνθυμεῖϲθε δ' ὅτι τὸν πόλεμον ἀνείλεϲθε τὸν ὑπογυιότατον οὐχ ὑπὲρ τῆϲ ὑμετέραϲ ϲωτηρίαϲ οὐδ' ὑπὲρ τῆϲ ϲυμμάχων ἐλευθερίαϲ, ἅπαϲι γὰρ ὑπῆρχεν ὑμῖν, ἀλλ' ὑπὲρ τῶν παρὰ τοὺϲ ὅρκουϲ καὶ τὰϲ ϲυνθήκαϲ τῆϲ αὐτονομίαϲ ϲτερουμένων. Isokr. Panath. 68: οὐχ ὑπὲρ τῆϲ ϲωτηρίαϲ τῆϲ ἡμετέραϲ ἔφερον (οἱ ϲύμμαχοι) ἀλλ' ὑπὲρ τῆϲ δημοκρατίαϲ καὶ τοῦ μὴ περιπεϲεῖν ὀλιγαρχίαϲ γενομένηϲ τηλικούτοιϲ κακοῖϲ τὸ μέγεθοϲ, ἡλίκοιϲ ἐπὶ τῶν δεκαρχιῶν καὶ τῆϲ δυναϲτείαϲ τῆϲ Λακεδαιμονίων.

Der erste athenische Bund hatte zuerst in ähnlicher Weise wie hier der zweite nicht Schutz und Trutz überhaupt als Zweck aufgestellt, sondern zunächst vor Allem eine einzelne bestimmte Aufgabe gesetzt, Befreiung der Hellenen von der persischen Herrschaft. Als dieses Ziel allmählig erreicht war, blieb der Bund dennoch bestehen, nicht sowohl um die Hellenen vor künftigen, etwaigen Angriffen der Perser zu schützen, sondern um sich gegen jeden Angriff überhaupt zu vertheidigen. Der Bund hatte somit jene allgemeinere Aufgabe, die jeder Bund hat, welcher sich nicht selbst eine zeitliche Grenze setzen will, welcher nicht ein auf bestimmte Zeit und zu einem bestimmten Zwecke geschlossener Staatenbund, sondern ein Bundesstaat sein soll. Auch im zweiten Bunde wird zuerst die Realisirung eines einzelnen und bestimmten Zweckes in den Vordergrund gestellt, und es werden zur Erreichung dieses Zieles die hellenischen und nicht hellenischen Gemeinwesen zur Theilnahme am Bunde aufgefordert. Nachdem die Uebermacht der Lakedaemonier, welche die Autonomie der hellenischen Seestädte verletzte und die Selbstständigkeit der übrigen hellenischen Staaten gefährdete, gebrochen war, kam mehr die allgemeinere Tendenz der Symmachie zur Geltung, diese Tendenz, welche schon in dem Psephisma, wenn auch nicht gleich an der Spitze desselben, sondern erst in einem spätern Passus und offenbar zunächst mit Bezug auf Lakedaemon, enthalten ist: „Wenn Jemand zu Lande oder zur See gegen die, welche den Bund geschlossen haben, in feindlicher Absicht zieht, so werden die Athener und die Bundesgenossen mit aller Kraft nach Möglichkeit den Angegriffenen zu Lande und zur See beistehen" (ἐὰν δέ τιϲ ἴῃ ἐπὶ πολέμῳ ἐπὶ τοὺϲ ποιηϲαμένουϲ τὴν ϲυμμαχίαν ἢ κατὰ γῆν ἢ κατὰ θάλατταν βοηθεῖν Ἀθηναίουϲ καὶ τοὺϲ ϲυμμάχουϲ κτλ.).

2. Mitgliedschaft im Allgemeinen.

„Es steht allen hellenischen und nicht-hellenischen Gemeinden frei, sofern sie nicht dem Grosskönige untergeben sind, Mitglied des

Bundes zu werden. Ἐάν τις βούληται τῶν Ἑλλήνων ἢ τῶν βαρβάρων τῶν ἐν ἠπείρῳ ἐνοικούντων ἢ τῶν νηςιωτῶν, ὅςοι μὴ βαςιλέως εἰςίν, Ἀθηναίων ςύμμαχος εἶναι καὶ τῶν ςυμμάχων ἐξεῖναι αὐτῷ. Für die neu eintretenden Mitglieder gelten dieselben Verfassungsbestimmungen, wie sie auf dem constituirenden Bundestage vereinbart sind: ἐπὶ τοῖς αὐτοῖς ἐφ' οἷςπερ Χῖοι καὶ Θηβαῖοι καὶ οἱ ἄλλοι ςύμμαχοι. Vgl. Diod. XV, 28: ἐπὶ τοῖς ἴςοις πᾶςιν.

3. Stellung der einzelnen bundesgenössischen Gemeinden zum Bunde als solchem und zur führenden Stadt.

Alle Mitglieder des Bundes sind autonom, sie haben die Form der Verfassung, welche ihnen beliebt, sie erhalten keinen Stadtvorsteher oder Aufsichtsbeamten, zahlen keinen Phoros und erhalten keine stehende Besatzung, „αὐτονόμῳ, πολιτείαν πολιτευομένῳ ἣν ἄν τις βούληται, μήτε ἄρχοντα ὑποδεχομένῳ, μήτε φόρον φέροντι μήτε φρουρὰν εἰςδεχομένῳ". Um die Garantie der Selbstständigkeit und der Integrität des Gebietes der einzelnen Bundesstädte zu erhöhen, verzichten die Athener in diesem von Aristoteles beantragten Volksbeschlusse auf den Erwerb irgend welcher Besitzungen im bundesgenössischen Gebiete. Weder die athenische Bürgerschaft als solche noch der einzelne Privatbürger soll in dem Gebiete der Bundesgenossen Besitzthümer erwerben dürfen. Vgl. v. 25: ἀφεῖναι τὸν δῆμον τῶν Ἀθηναίων τὰ ἐγκτήματα, ὁπός' ἂν τυγχάνῃ ὄντα ἢ ἴδια ἢ δημόςια Ἀθηναίων ἐν τῇ χώρᾳ τῶν ποιουμένων τὴν ςυμμαχίαν.

Schaefer drückt seine Auffassung dieser Bestimmung in folgendem Satze aus: „Es handelt sich dabei nicht um Grundstücke, welche die Athener augenblicklich in Händen hatten, denn mit dem Ausgang des peloponnesischen Krieges war aller auswärtige Besitz, namentlich die Kleruchien, ihnen entrissen worden. Aber wenn wir bedenken, wie hart dieser Verlust die Athener betroffen hatte, und wie zähe dergleichen Ansprüche unter den Hellenen festgehalten wurden, so können wir das Opfer, welches die Athener mit dieser Politik dem Gemeinwohl brachten, nicht hoch genug anschlagen". Nach Schaefer handelt es sich also nicht um Aufgeben von Besitzungen, sondern von Ansprüchen auf gewisses Grundeigenthum. Allerdings haben die Athener nach dem peloponnesischen Kriege schwerlich Kleruchien errichtet und, wenn sie es hätten, so würden sie dieselben durch den Frieden des Antalkidas verloren haben, denn dieser machte alle Gemeinden autonom — was den vollen, uneingeschränkten Besitz des Gebietes bedingte — und liess den Athenern ausdrücklich nur die alten kleruchischen Gebiete: Lemnos, Imbros und Skyros. Vgl. Xen. Hell. II, 8. Boeckh Staatsh. I, 559 f. Die Athener konnten aber andere Besitzungen als gerade Kleruchien, oder von pachtzinspflichtigen Gemeinden — wie auf Lesbos nach dem Falle Mitylenes

427 — bewirthschaftete Ländereien haben. Zunächst sei nur erwähnt die Zollstätte zu Chrysopolis, einem Flecken auf dem Gebiete von Chalkedon, zur Erhebung der pontischen Zölle, welche Stätte im Jahre 391 von Byzanz an Athen gegeben war. (Xen. Hell. IV, 8, 27 und I, 1, 22.) Es dürfte sehr in Frage kommen, ob der Friede des Antalkidas den Athenern diesen Besitz nehmen konnte, da die Autonomie von Byzanz, welchem sonst diese Zollstätte zugehörte, dadurch an sich nicht geschädigt wurde, und diese Stadt mit Athen fortdauernd gute Beziehungen unterhielt. Hätte Athen durch den antalkidischen Frieden diesen Besitz verlieren müssen, so würde etwas davon in den Quellen verlauten, sei es über die Thatsache dieses nicht unbedeutenden Verlustes, sei es über die ohne Zweifel dagegen sich erhebende Opposition der Athener. Schaefer meint mit Bezug auf das Verbot: μὴ ἐξεῖναι μήτε ἰδίᾳ ... Ἀθηναίων μηδενὶ ἐγκτήcαcθαι ἐν ταῖc τῶν cυμμάχων χώραιc μήτε οἰκίαν μήτε χωρίον μήτε πριαμένῳ κτλ. 'An Grundbesitz, den die Athener als Metoiken besessen hätten, ist auch nicht zu denken, Metoiken durften überall keinen Grund und Boden erwerben, und ein Privilegium dieser Art für Einzelne wird, so lange die lakedaemonische Hegemonie währte, nicht ertheilt sein.' Vgl. Dem. u. s. Z. 30 Anm. 3. Metoiken durften indessen Grund und Boden in einem Staate erwerben, mit dem eigenen einen derartigen Vertrag geschlossen hatte, in welchem man sich gegenseitig dieses zugestand. Ein solcher Vertrag wird z. B. erwähnt bei Xen. Hell. V, 2, 19, wo die Olynthier mit andern Städten vereinbarten: „ἐπιγαμίαι καὶ ἐγκτήcειc παρ' ἀλλήλοιc". Ferner weist auf derartige Abmachungen das Psephisma der Byzantier und Perinthier bei Dem. v. Kranz 112, das, wenn unächt und von Spätern angefertigt, jedenfalls nach dem Muster ähnlicher und auf Grund analoger Thatsachen verfasst ist. Es heisst hier: Λεδόχθαι τῷ δάμῳ τῷ Βυζαντίων καὶ Περινθίοιc Ἀθηναίοιc δόμεν ἐπιγαμίαν, ἔγκταcιν γᾶc καὶ οἰκιᾶν.

Dass Athen ebenfalls mit einer Reihe von Städten solche Vereinbarungen getroffen hat, ist höchst wahrscheinlich, da die verschiedensten Beziehungen durch Verträge geregelt wurden, von denen freilich sehr wenige erhalten sind. Wenn Schaefer meint, die spartanische Hegemonie habe die Ertheilung von Privilegien auf Erwerb von Grundeigenthum[1]) an einzelne Bürger verhindert, so reichte, besonders nach der Schlacht von Knidos, der spartanische Einfluss zur See gar nicht so weit, wie Schaefer anzunehmen scheint. Eine Reihe von Inseln und Seestädten hatte sich ganz vom lakedaemonischen Bunde emancipirt, war vollständig unabhängig geblieben oder

---

1) Dass solche Privilegien sehr häufig ertheilt wurden, lässt sich aus der verhältnissmässig grossen Anzahl von Volksbeschlüssen aus den verschiedensten griechischen Städten schliessen, die an verdiente Bürger anderer Städte ἔγκτηcιν γᾶc καὶ οἰκίαc geben.

sogar unter athenischen Einfluss gerathen. Selbst nach dem Frieden des Antalkidas sagt Isokrates in einer 380 gehaltenen Rede mit einem etwas starken Ausdruck „Ἑλλήνων οἱ μὲν ὑφ' ἡμῖν οἱ δὲ ὑπὸ Λακεδαιμονίοις εἰσίν" (Paneg. 16).

Byzanz, Mitylene, Chios und andere Städte unterhielten mit Athen fortdauernd gute Beziehungen. Ausserdem war nach der Schlacht von Knidos Athen bedeutend in der Gunst der Seestädte gestiegen, ein Athener, Konon war es, den man als den Befreier bezeichnete.

Es muss in der That ein Bestand von athenischen Privat- und Staatsbesitzungen vorhanden gewesen sein, sonst würde entschieden der betreffende Passus in dem Psephisma in etwas anderer Form ausgedrückt sein. Er lautet nämlich ἀφεῖναι τὸν δῆμον .. τὰ ἐγκτήματα ὄντα ἐν τῇ χώρᾳ, „Das Volk soll aufgeben die Besitzungen, welche vorhanden sind in dem Lande der Bundesgenossen". Würden die Besitzungen nicht mehr vorhanden gewesen sein, so hätte man nicht mehr Besitzungen, sondern nur Ansprüche (etwa δικαιώσεις) aufgeben und das Psephisma nur von diesen reden können. Dann heisst es weiter: „Ἀπὸ Ναυσινίκου ἄρχοντος μὴ ἐξεῖναι μήτε ἰδίᾳ μήτε δημοσίᾳ Ἀθηναίων μηδενὶ ἐγκτήσασθαι ἐν ταῖς τῶν συμμάχων χώραις μήτε οἰκίαν μήτε χωρίον μήτε πριαμένῳ μήτε ὑποθεμένῳ μήτε ἄλλῳ τρόπῳ μηδενί.

Wenn es nach dem Archontat des Nausisikos ausdrücklich verboten wird Besitzungen zu erwerben, so muss es wohl vorher erlaubt und in der That der Fall gewesen sein, nicht nur vor 30 bis 40 Jahren, sondern bis in die Zeit hinein, als das Gesetz erlassen wurde. Endlich bemerkt Schaefer: 'Hätten die Athener sich eines nutzbaren Besitzes und nicht eines Rechtstitels entäussern wollen, so würden sie bestimmt haben, der gegenwärtige Inhaber solle seinen Grundbesitz in bestimmter Frist verkaufen'.

Auch dieser Grund ist nicht ziehend, zunächst beschliessen die Athener, dass die Besitzungen überhaupt aufzugeben sind, in welcher Weise dieses geschehen soll, ist eine andere Frage. Die Bestimmungen über die Ausführungen eines Gesetzes stehen häufig nicht im Gesetz selbst, sondern bilden den Inhalt eines folgenden Erlasses. Es konnte die Ausführung des Beschlossenen nicht in einigen Worten geregelt werden, denn es war offenbar nicht genügend einfach zu befehlen, bis zu welchem Termine die athenischen Bürger ihre Besitzungen zu verkaufen hätten. Ein einfacher Befehl des Zwangsverkaufes an einzelne Bürger der betreffenden Bundesstadt oder an die Stadt selbst hätte bedeutende Schädigungen des Privateigenthums der betreffenden Athener zur Folge gehabt. Es waren jedenfalls eine Anzahl von Bestimmungen zu treffen, die den Inhalt anderer Volksbeschlüsse bildeten und nicht wohl in dieses Psephisma von allgemeiner Bedeutung passten. Ueberdies befindet sich auf der Säule, welche dieses Psephisma enthält, noch ein anderes von demselben Aristoteles beantragtes, das, soweit aus den ersten Zeilen zu schliessen ist, ausführliche Bestimmungen über die Art der Aufnahme von Bundesmitgliedern enthielt und wahrscheinlich auch solche über die Rückgabe athenischer Besitzungen an die betreffenden Bundesstädte. Schliesslich sagt noch Isokrates ausdrücklich: Τῶν μὲν κτημάτων τῶν ὑμετέρων αὐτῶν ἀπέστητε (Plat. 44), so dass es hinreichend feststeht, dass die Athener durch jenen Volksbeschluss nicht bloss beanspruchtes Eigenthum, sondern wirklich Besitzungen aufgaben. Nur wenn man den Beschluss in diesem Sinne auffasst, wird man dessen Bedeutung und den Eindruck, welchen derselbe machte, begreifen können.

b. **Der Rath der Bundesgenossen** (Τὸ κοινὸν cυνέδριον τῶν cυμμάχων).

1.

Der Rath der Bundesgenossen ist die Versammlung der bundesgenössischen Abgesandten und das Organ, mittelst dessen sich die Bundesgenossenschaft an der Leitung der Bundesangelegenheiten betheiligt. Das Synedrion besteht aus je Einem Abgesandten eines jeden Mitgliedes der Bundesgenossenschaft. Jede Bundesgemeinde ohne Rücksicht auf ihre Grösse führt eine Stimme.

Athen schickt keinen Abgesandten in das Synedrion und führt in demselben keine Stimme, das Synedrion ist nicht der Rath der Athener und der Bundesgenossen, sondern der Bundesgenossen allein, eigentlich nicht ein Bundesrath, der den Bund als solchen vertritt, sondern nur die Vertretung eines Theiles, nämlich der Bundesgenossenschaft. Ein analoges Verhältniss würde im deutschen Bundessysteme bestehen, wenn alle deutschen Staaten ausser Preussen eine permanente Delegation bilden würden, durch welche sie sich an der durch Preussen gehandhabten Leitung der Bundesangelegenheiten durch Gutachten, Rathschläge, gewisse beaufsichtigende Thätigkeit betheiligen würden. Dass die Athener Vertreter (die Vorsitzenden der Bule) zur Verhandlung mit den Bundesgenossen in das Synedrion schicken konnten, wäre fast selbstverständlich, wenn es nicht noch aus den Quellen ausdrücklich zu entnehmen wäre. Vgl. Diod. XV, 28: ὁ δὲ δῆμος κοινὸν cυνέδριον ἁπάντων τῶν cυμμάχων (nicht 'Αθηναίων καὶ ἁπάντων τῶν cυμμάχων wie es im andern Falle lauten würde) cυνεcτήcατο· καὶ cυνέδρους ἀπέδειξαν ἑκάcτης τῆς πόλεως ...... ἐτάχθη δὲ ἀπὸ κοινῆς γνώμης ...... πόλιν δ' ἐπ' ἴcης καὶ μεγάλην καὶ μικρὰν μιᾶς ψήφου κυρίαν εἶναι. Vgl. Aesch. g. Ktes. 74. Als Gegensatz zu dem cυνέδριον τῶν cυμμάχων vergleiche man z. B. im Psephisma über den athenischen Grundbesitz im Bundesgenossengebiete, wo auch einfach „cυνέδρους τῶν cυμμάχων" vorkommt, das „cύμμαχοc εἶναι 'Αθηναίων καὶ τῶν cυμμάχων".

Deutlich ist ferner die Zusammensetzung des Synedrions erkennbar aus dem urkundlich überlieferten Geschäftsgange, der bei Staatsverträgen und politischen Verhandlungen befolgt wurde und nur bei einer Organisation des Synedrions, als Rathes allein der Bundesgenossen denkbar ist. Im Jahre 371/0 schickte Dionysios I. von Syrakus eine Gesandtschaft nach Athen, um mit dem athenischen Bunde Frieden zu schliessen. Die athenische Bule empfängt die Gesandtschaft, nimmt von ihren Schriftstücken und ihrer Botschaft Kenntniss und fasst über die Behandlung der Anträge des Dionysios und über diese selbst ein Probuleuma. Die Vorsitzenden der Prytanen (die Proedroi) sollen die Bundesgenossen zusammenberufen und mit ihnen über die Botschaft des Dionysios verhandeln, die dann ihr Gutachten dem Demos, was aus andern Urkunden hervorgehen wird, zur endgültigen Entscheidung vorlegen. Der bundesgenössische Rath wird an dieser Stelle geradezu als „οἱ cύμμαχοι" bezeichnet; der athenische Demos erscheint als ein ausserhalb der Bundesgenossenschaft im engern Sinne stehendes Element des Bundes: Da die Bule über dieselbe Angelegenheit ebenfalls ein Gutachten dem Demos vorlegt, so liegen demselben zwei δόγματα vor, das der Bule und das der Bundesgenossen (δόγμα τῆς βουλῆς und κοινὸν δόγμα τῶν cυμμάχων. Aesch. v. d. Trugges 60). vgl. Corp. Inscr. Gr. Nr. 85 b, S. 898: — ιοc εἶπεν· περὶ ὧν οἱ πρέcβεις οἱ παρὰ Διονυcίου ἥκοντεc λέγουcιν δεδόχθαι τῇ βουλῇ. περὶ ὧν μὲν τῶν γραμμάτων, ὧν ἐπέμψε Διονύcιοc πρὸc τὸν δῆμον τῶν Ἀθηναίων καὶ τῆc εἰρήνηc τοὺc cυμμάχουc δόγμα ἐξενεγκεῖν ἐc τὸν δῆμον, ὅποιc ἂν αὐτοῖc βουλευομένοιc δοκῇ ἄριcτον εἶναι. προcαγαγεῖν δὲ τοὺc πρέcβειc πρὸc τὸν δῆμον εἰc τὴν πρώτην ἐκκληcίαν καὶ cυλλέξανταc τοὺc cυμμάχουc τοὺc προέδρουc μὲν χρηματίζειν περὶ ὧν ἀγγέλουcι, γνώμην δὲ cυμβάλλεcθαι τῆc βουλῆc πρὸc τὸν δῆμον κτλ.

Der athenische in der Ekklesia versammelte Demos bestätigt oder verwirft das, was Bule und Synedrion vorlegen, er ist eine Instanz ausserhalb des Rathes der Bundesgenossen und nicht ein durch einen „Mitsitzer" (cύνεδροc) vertretenes Glied im Synedrion. Dasselbe war auch nach dem Bundesgenossenkriege der Fall, obwohl dieser Krieg in der Entwickelung des Bundes einen bedeutenden Abschnitt bezeichnet.

In der ersten Volksversammlung zur Besprechung über den Frieden von 346, wird ein „δόγμα κοινὸν τῶν cυμμάχων" vorgelesen, Athen gehört offenbar nicht zu denen, die es beschlossen haben. Das Dogma lautet nach Aesch. g. Ktes. 69 fg.[1]): Ἀθηναίουc ὑπὲρ εἰρήνηc βουλεύεcθαι, ἐξεῖναι τῷ βουλομένῳ τῶν Ἑλλήνων ἐν τριcὶ

---

[1] Es gehört dieses Dogma nicht zu den später hinzugefügten, unächten Urkunden, welche der Redner verlesen lässt, und die darum nicht dem Texte selbst angehören. Aeschines referirt selbst über den Beschluss.

μηςὶ εἰς τὴν αὐτὴν ϲτήλην κτλ. und ähnlich Aesch v. d. Trugges 60: Ἐπειδὴ βουλεύεται ὁ δῆμος ὁ Ἀθηναίων ὑπὲρ Εἰρήνης πρὸς Φίλιππον, οἱ δὲ πρέϲβεις οὔπω πάρειϲιν, οὓς ἐξέπεμψε ὁ δῆμος εἰς τὴν Ἑλλάδα δεδόχθαι τοῖς ϲυμμάχοις, ἐπειδὰν ἐπιδημήϲωϲιν οἱ πρέϲβεις καὶ τὰς πρεϲβείας ἀπαγγείλωϲι τοῖς Ἀθηναίοις προγράψαι τοὺς πρυτάνεις ἐκκληϲίας δύο κατὰ τὸν νόμον, ἐν δὲ ταύταις βουλεύϲαϲθαι περὶ τῆς εἰρήνης, τοὺς Ἀθηναίους, ὅ τι δ᾽ ἂν βουλεύϲηται ὁ δῆμος τοῦτο κοινὸν δόγμα τῶν ϲυμμάχων εἶναι.

An beiden Stellen verhandeln das Synedrion und der athenische Demos wie zwei ganz verschiedene Staatskörper, der Demos ist nicht ein Glied des Synedrions. Im letztern Falle überträgt das Synedrion die sich daraus ergebende Beschlussfassung über den Frieden den Athenern allein. Wenn die Athener, nach der Rückkehr der Gesandten, über den Frieden berathen werden, so soll ohne weitere Betheiligung der Bundesgenossen, welche sonst das Probuleuma vorlegten, der athenische Demos Beschluss fassen, und dieser Beschluss der Athener soll zugleich gemeinsamer Beschluss der Bundesgenossen sein.

Bei den Friedensverhandlungen von 346 verwirft der athenische Demos einen Beschluss des Synedrions[1]), macht es dadurch nichtig, (ἄκυρον πεποιηκὼς δόγμα τῶν ϲυμμάχων, vgl. Aesch. v. d. Trugges 62 fg.) und beschliesst im Gegensatze zu dem, was das bundesgenössische Dogma forderte, nicht nur über den Frieden, sondern auch über ein Bündniss mit Philipp. Zugleich wird in dem Volksbeschlusse die Bestimmung getroffen: ἀποδοῦναι τοὺς ὅρκους τοῖς πρέϲβεϲι τοῖς παρὰ Φιλίππον ἐν τῇδε τῇ ἡμέρᾳ τοὺς ϲυνέδρους τῶν ϲυμμάχων. Einerseits ist der Ton dieses Volksbeschlusses zu kategorisch, andrerseits die Zeit bis zum Sonnenuntergange desselben Tages zu kurz, als dass man an eine nachträglich einzuholende Bestätigung des Synedrions denken dürfte.

Aber auch vor dem Bundesgenossenkriege kann das Synedrion keine andere Stellung als die einer berathenden Körperschaft gehabt haben, sonst würden die Quellen etwas mehr von dem Bundesrathe verlauten lassen. Ueberdies hat die Bundesverfassung überhaupt während der ganzen Zeit des Bundes keine wesentliche Veränderung erlitten. Im Allgemeinen wird die Bundesgenossenschaft und ihr Organ, das Synedrion, in allen Quellen mit Stillschweigen übergangen und mit Ausnahme ganz besonderer Fälle

---

1) Es ist natürlich für diesen Punkt von keiner Bedeutung, dass Aeschines das Psephisma mit einer falschen Gesandtschaft in Beziehung bringt. Es bezieht sich nämlich das Psephisma nicht auf die Gesandten, welche die Athener nach allen hellenischen Städten geschickt hatten, sondern auf die, welche die Hellenen in Folge der Aufforderungen dieser Gesandtschaften nach Athen schicken sollen, vgl. Aesch. v. d. Trugges 60, S. 117. Hier handelt es sich nur um die geschäftliche Behandlung des Antrages, die Aeschines kennen musste, während er zu einer unrichtigen Darstellung keine Veranlassung hatte.

nur der athenische Demos als der entscheidende Factor erwähnt. Ausserdem weist auf die Richtigkeit dieser Auffassung die Bemerkung des Schol. z. Arist. S. 174, 15. cυνέδριον] τοῦτ' ἔcτι βουλευτήριον cημαίνει δὲ τὴν ἡγεμονίαν, ἴδιον γὰρ τῆc τῶν ἀρχόντων πόλεωc τὸ cυνέδριον εἶναι παρ' αὐτοῖc τῶν ἀρχομένων[1]). Eine Erklärung, warum die Bundesgenossen, trotz der im Psephisma aus dem Archontenjahre des Nausinikos über den athenischen Grundbesitz hervortretenden Nachgiebigkeit der Athener, nur berathende Stimme hatten, findet man darin, dass, als ein Jahr vor dem Psephisma die Bundesverfassung vereinbart wurde, die Athener noch nicht die Concessionen zu machen brauchten, welche späterhin nöthig wurden. In der ersten Zeit der Erhebung zeigten sich die Seestädte den Athenern geneigt, dann aber stellte sich heraus, dass ihr Misstrauen gegen dieselben doch so erheblich war, dass sie Bedenken trugen als Mitglieder in die Bundesgenossenschaft einzutreten. Ferner waren zur Vereinbarung der Bundesverfassung nur sechs bis sieben Seestädte in Athen vertreten, welche den Athenern gegenüber eine so geringe Machtstellung einnahmen und sich zum Theil, wie Byzanz, so sehr durch athenischen Einfluss bestimmen liessen, dass die Athener natürlich bei jener Berathung massgebend sein mussten.

2. Der Sitz des Synedrions

ist Athen, als Vorort des Bundes, vgl. Diod. XV, 28: cυνέδριον cυνεδρεύειν Ἀθήνηcιν. Für die Zeit nach dem Bundesgenossenkriege, vgl. Aesch. v. d. Trugges 89, wo berichtet wird, dass Kallias von Chalkis fordert: μὴ cυνεδρεύειν Χαλκιδέαc κτλ. Dazu vgl. v. d. Trugges: 62 und 86.

3.

Das Synedrion ist eine permanente Versammlung d. h. es tritt nicht periodisch oder in bestimmten Monaten des Jahres zusammen, sondern ist das ganze Jahr hindurch in Athen anwesend. Zu einer Sitzung versammelt es sich in dem einzigen bekannten Falle auf Berufung der Vorsitzenden des athenischen Senates, der Proedroi, vgl. den Senatsbeschluss bei Boeckh C. I. Nr. 85 b, S. 898: ... καὶ cυλλέξανταc τοὺc cυμμάχουc τοὺc προέδρουc χρηματίζειν περὶ ὧν ἀγγέλουcι κτλ.

Im ersten athenischen und im lakedaemonischen Bunde traten die Bundesräthe periodisch zusammen und zwar in Athen zur Zeit der Dionysien, in Sparta gewöhnlich im Frühjahre. In beiden Bundes-

---

1) In Eretria heisst die Bule mit berathender Stimme cυνέδριον. vgl. den Beschluss des Senats von Eretria bei Rang. Nr. 689: Οἱ πρόβουλοι εἶπαν· ἐπειδὴ Θεόπομποc Ἀρχεδήμου cυντηρῶν κτλ. . . δεδόχθαι τοῖc τε cυνέδροιc καὶ τῷ δήμῳ ἐπαινέcαι κτλ.

verfassungen[1]) hatten die Bundesräthe nicht nur berathende Stimmen, sondern ihre Beschlüsse waren von entscheidender Bedeutung. Das Synedrion des zweiten Bundes hatte nur berathende Stimme, war indessen permanent, was den Einfluss der bundesgenössischen Vertretung erheblich steigern musste und einen Ersatz dafür bot, dass das Synedrion nur eine berathende Versammlung war, deren Beschlüsse nicht entschieden[2]).

Als Belegstelle, dass der Bundesrath permanent war, pflegt man anzuführen Isokr. Plat. 26: λέγουσιν οἱ Θηβαῖοι ὡς ὑπὲρ τοῦ κοινοῦ τοῦ cυμμάχων τοῦτ' (Zerstörung von Plataeae) ἔπραξαν· καίτοι χρῆν αὐτοὺς, ὄντος ἐνθάδε cυνεδρίου, οὐχ ὑπὲρ τῶν πραγμάτων ἀπολογηcομένους ἥκειν ἀλλὰ πρὶν ποιῆcαί τι τούτων ἐλθεῖν ὡς ὑμᾶς βουλευcομένους. Ὄντος ἐνθάδε cυνεδρίου kann freilich neben 'da hier das Synedrion ist', in dem Sinne der Permanenz dieses Rathes, auch bedeuten, 'da hier das Synedrion war' d. h. Sitzungen hatte, als die Thebaner gegen Plataeae vorzugehen beabsichtigten. Die letztere Erklärung wäre indessen immerhin gezwungener, man wird mit Rehdantz die erstere vorziehen.

Dass die Mitglieder des Bundesrathes längere Zeit in Athen waren, dürfte man auch folgern aus Aesch. v. d. Trugges 86, wo er den Herold τοὺς cυνέδρους τῶν cυμμάχων als Zeugen für Ereignisse aufrufen lässt, die 3 Jahre früher im April geschehen sind. Es geht aber nicht an, auf Grund dieser Stelle die Permanenz des Bundesrathes, wie Rehdantz thut, ('synedri continuo sedebant') kategorisch zu behaupten. Mehr noch nöthigen die richterlichen Functionen des Bundesrathes in Processen gegen die, welche Bundesgesetze verletzt haben (darüber in einem spätern Abschnitte Näheres) zu der Annahme, dass der Bundesrath beständig zusammen war. Eine solche richterliche Funktion erhielt das Synedrion z. B. durch das Psephisma über den Grundbesitz der Athener im bundesgenössischen Gebiete: ἐὰν δέ τις ὠνῆται ἢ κτᾶται κτλ. . . . ἐξεῖναι τῷ βουλομένῳ φῆναι πρὸς τοὺς cυνέδρους τῶν cυμμάχων. Nicht nur die Anzeige geschieht beim Synedrion, sondern es nimmt dasselbe auch Theil an der Processführung selbst: κρινέσθω ἐν Ἀθηναίοις καὶ cυμμάχοις und ζημιούντων δὲ αὐτὸν θανάτῳ ἢ φυγῇ ὅταν οἱ Ἀθηναῖοι καὶ cύμμαχοι κρατῶcι.

Ferner hatte das Synedrion sich bei den politischen Verhandlungen zu betheiligen und vielleicht bei manchen andern Angelegen-

---

1) Es kommt der athenische Bund natürlich nur während seiner ersten Periode, in welcher die Bundesgenossen noch autonom waren, in Betracht.

2) Dass der bundesgenössische Rath permanent war, nehmen auch Rehdantz und Schaefer an, ohne indessen die Annahme, wie auch andere durchaus controverse Punkte betreffende, durch eine eingehendere Untersuchung zu begründen. Eine solche wird daher in manchen Fällen, wo die Resultate dieser Forschungen mit Rehdantz und Schaefer übereinstimmen, nicht überflüssig.

heiten, wo der Lückenhaftigkeit der Quellen wegen keine Einsicht in dessen Thätigkeit ermöglicht ist. Diese vielfachen Geschäfte konnten auch der Art nach, wie sie zu erledigen waren, nur einer Versammlung übertragen werden, welche, wie die athenische Bule, im Stande war, sich täglich zu versammeln.

4.

Das Synedrion hat über alle gemeinsamen Angelegenheiten des Bundes, soweit diese nicht durch die Constitution dem Vorort allein übertragen sind, zu berathen und den gefassten Beschluss dem Demos als Probuleuma vorzulegen. Der Demos, dessen Verhandlung das Gutachten der Bule und des Synedrions zu Grunde liegt, entscheidet. Das Synedrion nimmt Theil:

α) An den politischen Verhandlungen mit auswärtigen Mächten, an Beschlüssen über Krieg, über Friedens- und andere Verträge. vgl. Boeckh C. I. gr. Nr. 85b, S. 898 und die oben citirten Stellen aus Aesch. g. Ktes. und v. der Trugges.

β) An Processen gegen die, welche eines Vergehens gegen den Bund angeklagt sind. Das Nähere vgl. g.

γ) An der Beschwörung und dem formellen Abschluss von Friedens- und anderen Verträgen. Jeder Mitsitzer leistet für seine Stadt besonders den Eid. vgl. Xen. Hell. VI, 3, 20: Ἐπὶ τούτοις ὤμοσαν Λακεδαιμόνιοι μὲν ὑπὲρ αὐτῶν καὶ τῶν cυμμάχων, Ἀθηναῖοι δὲ καὶ οἱ cύμμαχοι κατὰ πόλεις ἕκαστοι. Dasselbe geschieht beim Frieden von 346, vgl. Aesch. v. d. Trugges 86: ἐξώρκιζον τοὺς cυμμάχους οἱ τοῦ Φιλίππου πρέσβεις ἐν τῷ στρατηγίῳ ὑμετέρῳ κτλ.

Dass der bundesgenössische Rath auch noch bei anderen gemeinsamen Angelegenheiten z. B. beim Finanz- und Kriegswesen berathend theilnahm, lässt sich nicht durch Belege als thatsächlich beweisen, sondern nur als höchst wahrscheinlich hinstellen, weil die Bundesgenossen autonom waren. Die Verwaltung der Bundesgeschäfte und die Besorgung der laufenden Angelegenheiten hatte wohl der Vorort allein, wie es im ersten athenischen und im lakedaemonischen Bunde der Fall war. Etwas Sicheres lässt sich hierbei ebensowenig ausmachen wie über die Frage, wie weit sich die Bundesgenossen beim Gesandtschaftswesen betheiligten, ob ihre Betheiligung dem Ermessen des Vorortes anheimgegeben oder verfassungmässig wenigstens bei gewissen Gesandtschaften unumgänglich war. Nur so viel steht fest, dass die Bundesgenossen bald in Gesandtschaften vertreten sind, bald nicht, vgl. Xen. Hell. VI, 3, 20 und Aesch. v. d. Trugges 20 und 97 einerseits, andrerseits Xen. Hell. VII, 1, 33.

c. Die Hegemonie des Bundes.

1.

Athen hat als Vorort die Leitung und Verwaltung der gemeinsamen Angelegenheiten oder die Hegemonie des Bundes, vgl. Diod. XV, 29: — ἡγεμόcι χρωμένουc Ἀθηναίοιc.

2.

Der Vorort (und zwar der in der Ekklesia erscheinende Demos) nimmt neue Bundesmitglieder auf und schliesst Mitglieder aus, welche ihre Bundesverpflichtungen nicht erfüllen. In welcher Weise die Aufnahme in den Bund erfolgte, erhellt aus einem die Aufnahme der Korkyraeer, Akarnanen, Kephallenen betreffenden Senatsbeschluss, vgl. Rang. II, S. 50. Der Beschluss ist gefasst in der 2. Prytanie des Archontenjahres des Hippodamon (375). Der Senat belobt zunächst diese Städte wegen ihrer guten Gesinnung gegen Athen und bestimmt dann: Περὶ δὲ τῶν ἄλλων ὧν δέονται προcαγαγεῖν (τοὺc πρέcβειc) εἰc τὴν ἐκκληcίαν, γνώμην δὲ ξυμβάλλεcθαι τῆc βουλῆc, ὅτι δοκεῖ τῇ βουλῇ καὶ ἀναγράψαι τῶν πόλεων τούτων ὀνόματα εἰc τὴν κοινὴν cτήλην τῶν cυμμάχων τὸν γραμματέα τῆc βουλῆc καὶ ἀποδοῦναι ξένια ταῖc πρεcβείαιc ταῖc ἠκούcαιc. Es wird nicht, wie z. B. bei den politischen Verhandlungen mit Dionysios erwähnt, dass die Proedroi die Bundesgenossen versammeln sollen, damit dieselben ein Dogma über die Botschaft der Gesandten dem Demos zukommen lassen. Zwar liest man in den nächsten verstümmelten Zeilen eines Volksbeschlusses etwas von den Bundesgenossen, allein obwohl es an dieser Stelle ganz dunkel bleibt, was eigentlich die Bundesgenossen thun sollen, so ist doch der vorkommenden, erhaltenen Worte wegen negativ auszumachen, dass es sich hier nicht um ein Gutachten der Bundesgenossen über die Aufnahme der betreffenden Gemeinden handelt. Es ist nämlich Folgendes erhalten:

ταῖc ἠκούcαιc. τὴν βουλὴν . . . .
. τ' Ἱππέαc καὶ τοὺc cυμμάχουc . . . .
. . . . ν. Πραχθέντων δὲ τούτων . . . .
. . . ν δόξῃ τῷ κοινῷ . . . .
. . . . . . ὀμενοc τοὺc ὅρκουc . . . .

Wie die Erwähnung der Ritter zeigt, bezieht sich der Beschluss auf etwas ganz Anderes. Es ist noch ein Beschluss über die Aufnahme der Mitylenaeer im Jahre 347 erhalten, nach welchem die Mitylenaeer unter den alten Bedingungen wieder in die Bundesgenossenschaft aufgenommen werden. Mit keinem Worte geschieht in diesem Psephisma der Bundesgenossen Erwähnung, die Aufnahme erfolgte allein auf Grund eines Beschlusses der Bule und des Demos, vgl. Rang. 401: Ἐπὶ Θεμιcτοκλέουc ἄρχοντοc. Ἔδοξεν τῇ βουλῇ καὶ τῷ δήμῳ κτλ. Περὶ ὧν λέγουcιν οἱ πρέcβειc τῶν Μυτι-

ληναίων καὶ ὁ ταμίας . . . . . . λου καὶ Φαῖδρος ὁ στρατηγὸς ἐπήγγειλεν, δεδόχθαι τῷ δήμῳ τὴν μὲν φιλίαν καὶ τὴν συμμαχίαν ὑπάρχειν τῷ δήμῳ τῶν Μυτιληναίων πρὸς τὸν δῆμον τῶν Ἀθηναίων, ὡς συνέθεντο πρὸς ἀλλήλας αἱ πόλεις τὰ συνθήματα τῆς ἡγεμονίας, ἕως . . . . , ...
Dass die Athener allein aufnahmen, wird man auch aus Diod. XV, 29 folgern: Προσελάβοντο δὲ καὶ τοὺς Θηβαίους ἐπὶ τὸ κοινὸν συνέδριον ἐπὶ τοῖς ἴσοις πᾶσιν, ἐψηφίσαντο δὲ καὶ τὰς γενομένας κληρουχίας ἀποκαταστῆσαι. Dass über den letzteren Punkt nur die Athener beschlossen, geht aus dem erhaltenen Psephisma hervor. Es liegt kein genügender Grund zu der Annahme vor, dass sich hier Diodor ungenau ausgedrückt, man wird zunächst annehmen, dass das Verfahren bei der Aufnahme richtig angegeben ist.

Aehnlich sagt Dem. v. Kr. 123 fg.: Εὐβοίας ἔσωσεν ἡ πόλις καὶ μετὰ ταῦτα συμμάχους ἐποιήσατο.

Zu einem gleichen Resultate führt der Bericht des Aeschines in der Rede gegen Ktesiphon 90—94 über die einige Jahre nach dem Frieden von 346 geführten Verhandlungen mit Chalkis. 349 waren die euboeischen Städte für die athenische Symmachie verloren gegangen. Kallias, der leitende Staatsmann von Chalkis, hatte sich damals auf die Seite der Gegner gestellt, jetzt, nachdem er sich mit Philipp und den Thebanern überworfen, strebte er dahin, das bundesgenössische Verhältniss mit Athen zu erneuern. Chalkis schickte Gesandte nach Athen und verlangte: μὴ διασφαλῆναι τῆς πρὸς Ἀθηναίους συμμαχίας, μὴ συνεδρεύειν Ἀθήνηςι Χαλκιδέας, μὴ τελεῖν συντάξεις. Der folgende Satz: οὐδὲν γὰρ ἦν τὸ μέσον, εἰ μνησθεὶς τῶν προτέρων ἀδικημάτων ὁ δῆμος μὴ προσδέξαιτο τὴν συμμαχίαν zeigt ganz deutlich, dass der Demos über das Gesuch zu entscheiden hatte. Nun ist dieser Bundesvertrag, welcher wirklich zu Stande kam, nicht, wie sich zeigen wird, ein Vertrag von Chalkis mit Athen als Vorort einer Symmachie d. h. mit den Athenern und ihren Bundesgenossen, sondern eine Abmachung der Chalkidier mit den Athenern für sich. Es heisst z. B. im Vertrage: „Χαλκιδέας βοηθεῖν ἐάν τις ἴῃ ἐπ' Ἀθηναίους" (Aesch. g. Ktes. 93) nicht mehr ἐπὶ τοὺς ποιησαμένους τὴν συμμαχίαν oder ἐπὶ τοὺς Ἀθηναίους καὶ τοὺς συμμάχους. Dennoch ist diese Verhandlung aus folgendem Grunde hierher zu ziehen. Factisch waren die euboeischen Städte 349/8 von Athen unabhängig geworden, ob aber Athen diese Unabhängigkeit anerkannte, oder ob es nicht vielmehr die Chalkidier als rechtlich zum Bunde gehörig betrachtete, ist eine andere Frage. Auf die letztere Eventualität weist aber entschieden die, wie Schaefer bemerkt, zähe Anhänglichkeit der Griechen an solchen Ansprüchen und der Ausdruck διασφαλῆναι. Chalkis bittet der Mitgliedschaft nicht verlustig zu gehen. Ein solcher Ausdruck konnte nur gebraucht werden, wenn die Chalkidier rechtlich noch Bundesgenossen waren. Die Athener beschlossen, dass Chalkis nicht mehr das Synedrion beschicken und nicht mehr Syntaxeis zahlen dürfe. Damit aber entschieden sie im Wesentlichen aber die Hauptbestimmungen, unter welchen die alten Bundesgenossen der Symmachie angehörten, d. h. erklärten das alte bundesgenössissche Verhältniss für rechtlich aufgehoben und knüpften dann nicht als Vertreter eines Bundes, sondern einfach als Athener ein neues Bundesverhältniss mit Chalkis an. Konnten aber die Athener über die Zugehörigkeit zur Bundesgenossenschaft entscheiden, so war auch die Aufnahme in dieselbe offenbar ihrer Entscheidung anheimgegeben.

Endlich bestätigt dieso Annahme das Verfahren bei der Aufnahme des Kersobleptes, wie es Aeschines (v. d. Trugges 82 fg.) berichtet. Kersobleptes will in den Frieden eingeschlossen sein, welchen (346) Athen und seine Bundesgenossenschaft mit Philipp schliesst, desshalb ersucht er die Athener um Aufnahme in die Bundesgenossenshaft. Aeschines erzählt: ἐκκλησία γίγνεται, ἐν ᾗ . . . . Κριτόβουλος ὁ Λαμψακηνός εἶπε ὅτι πέμψειε μὲν αὐτὸν Κερσοβλέπτης ἀξιοίη ἀποδοῦναι τοὺς ὅρκους τοῖς Φιλίππου πρέςβεςιν καὶ ςυναγραφῆναι Κερςοβλέπτην ἐν τοῖς ὑμετέροις συμμάχοις. Darauf wird in der Volksversammlung der Antrag „ἀποδοῦναι τοὺς ὅρκους Φιλίππῳ μετὰ τῶν ἄλλων ςυμμάχων τὸν ἥκοντα παρὰ Κερςοβλέπτην" verhandelt und angenommen[1]).

Auch in der Zeit vor dem Bundesgenossenkriege entschieden allein die Athener über die fernere Zugehörigkeit zum Bunde, wie sich aus der Rede des Isokrates für die Plataeer folgern lässt. Als die Rede gehalten wurde (im Jahre 373) gehörten die Thebaner noch zum Bunde, der Redner bemüht sich die Athener, wie man zwischen den Zeilen lesen kann, wenn nicht zur Intervention, so doch wenigstens zum Ausschluss Thebens aus dem Bunde zu bewegen, vgl. Plat. 22: νῦν δὲ τὰς μὲν οὐσίας τὰς ἡμετέρας ἰδίᾳ διηρπάκαςιν (die Thebaner; ἡμετέρας bezieht sich auf die Plataeer, welche die Rede halten), τῆς δὲ διαβολῆς ἅπαςι τοῖς ςυμμάχοις ἥκουςι μεταδώςοντες· ἢν ὑμεῖς (Athener), ἢν ςωφρονῆτε φυλάξεςθε κτλ. 37 fg.: ἐπεδείξαντο (die Thebaner den Athenern) ὡς χρὴ τῇ φύςει χρῆςθαι τῇ τούτων, ἐξ ὧν ἔπραξαν περὶ Ὠρωπόν· . . . . . ἐπειδὴ δὲ ἐκπόνδους αὐτοὺς ἀντὶ τούτων ἐψηφίςαςθε ποιῆςαι, παυςάμενοι τῶν φρονημάτων ἦλθον ὡς ὑμᾶς κτλ. Die Bundesgenossen werden namentlich bei dem erwähnten Psephisma, obwohl es in die erste Zeit des Bundes fällt, nicht erwähnt.

Der Umstand, dass auch im lakedaemonischen Bunde der Vorort allein die Aufnahme vollzog[2]), kann auch zur Bestätigung des gleichen

---

1) Dass ein thrakischer Dynast in die Bundesgenossenschaft aufgenommen wird, darf nicht auffallen, denn im Verzeichniss der Bundesgenossen befinden sich auch die Molosserfürsten Alketas und Neoptolemos.
2) vgl. Thuk. II, 3. III, 13 spricht nur scheinbar dagegen; vgl. V, 81 und Xen. V, 2, 2, Thuk. VII, 6.

Resultates für den athenischen herbeigezogen werden. Es fand also bei der Aufnahme folgendes Verfahren statt: Die Gesandten tragen der Bule ihr Gesuch vor, der Senat beschliesst über die Zulassung der Gesandten zur Ekklesia und fasst über die Aufnahme ein Probuleuma, das der Verhandlung des Demos zu Grunde gelegt wird, der Demos entscheidet definitiv über die Aufnahme. Dann findet die Beschwörung der Symmachie statt und der Rathsschreiber verzeichnet den Namen des neuen Mitgliedes auf der gemeinsamen Säule der Bundesgenossen am Tempel des Zeus Eleutherios des Befreiers, der als Symbol des Bundes, welcher die Befreiung der Hellenen von der lakedaemonischen Herrschaft bezweckte, angenommen war.

3.

Der Vorort (und zwar das Praesidium der Bule) beruft das Synedrion zur Sitzung, macht der Bundesgenossenschaft die nöthigen Vorlagen und nimmt ihr Gutachten entgegen, um es der Verhandlung über den betreffenden Punkt zu Grunde zu legen. Ueber die Belegstellen vgl. 6, 3.

4.

Der Vorort leitet unter berathender Betheiligung der Bundesgenossen die auswärtigen Angelegenheiten des Bundes. Die athenische Bule hat das Gesandtschaftswesen, sie entsendet die Gesandtschaften — bei denen in gewissen Fällen die Bundesgenossen vertreten sind — und empfängt die Gesandten auswärtiger Mächte, nimmt Kenntniss von ihren Aufträgen, beschliesst über die Behandlung derselben und fasst über die Aufträge selbst ein Probuleuma. Die Vorsitzenden der Bule versammeln die Mitsitzer der Bundesgenossen und verhandeln mit ihnen über die Botschaft der Gesandten. Der Demos entscheidet auf Grund der ihm vorliegenden Gutachten der Bule und des Synedrions über Krieg, über Friedens- und andere Verträge.

Ueber den Empfang der Gesandtschaften durch die Bule, die Kenntnissnahme ihrer Botschaft und die Verhandlung darüber vor den Bundesgenossen vgl. die bereits citirten Stellen, besonders Rang. II, S. 50. Einen Blick in die Führung der Verhandlungen mit auswärtigen Mächten gewährt Xenophons ausführlicher Bericht über die Friedensverhandlungen zu Sparta im Jahre 371. Xenophon erzählt: Ψηφιcάμενοc ὁ δῆμοc εἰρήνην ποιήcαcθαι schickt Gesandte nach Theben und Lakedaemon. Xenophon erwähnt zwar nicht die bundesgenössischen Vertreter in dieser Gesandtschaft, sondern sagt nur ἐξέπεμπον καὶ αὐτοί (die Athener) πρέcβειc, ἥν δὲ τῶν αἱρεθέντων: Namen von 7 Athenern. Aber dieser Bericht schliesst die Theilnahme der Bundesgenossen an die Gesandtschaft nicht aus, denn unter den 7 Namen ist nicht einmal Kallistratos, der leitende Staatsmann, aufgeführt, der nachher bei den Verhandlungen für Athen spricht. In der That waren die Bundesgenossen vertreten und zwar durch Abgesandte aller Staaten[1]), denn bei der Beschwörung des Vertrages betheiligt sich jede Bundesstadt (ὤμοσαν Ἀθηναῖοι καὶ οἱ cύμμαχοι κατὰ πόλεις ἕκαστοι) und dieser Akt erfolgt, wie bei dem Frieden von 346, sogleich noch am Tage des definitiven Vertragsabschlusses, vgl. Hell. VI, 3, 18: ἀπογραψάμενοι ἐν ταῖc ὠμομοκυίαις πόλεcι καὶ οἱ Θηβαῖοι προcελθόντες πάλιν τῇ ὑcτεραίᾳ οἱ πρέcβεις αὐτῶν ἐκέλευον κτλ.

Die Verhandlungen werden direkt wesentlich zwischen Athenern, Lakedaemoniern und Thebanern geführt, inwieweit sich mittelbar die Bundesgenossen dabei betheiligten, ob sie so zu sagen den 'Umstand' bildeten, ist nicht ersichtlich. Es folgt dann als nächste grosse Verhandlung die Convention hellenischer Staaten zu Athen im Jahre 370 (das Nähere darüber späterhin). Es wird hier die Beschwörung des gegen Theben gerichteten antalkidischen Friedens erneuert und ein Schutz- und Trutzbündniss gegen die anwachsende Macht Thebens gebildet. Xenophon schweigt von den Bundesgenossen ganz, nur in dem Eide, durch welchen sich die Mitglieder des Bündnisses verpflichten, werden ψηφίcματα Ἀθηναίων καὶ τῶν cυμμάχων erwähnt, welche die Mitglieder der Coalition zu halten sich verpflichten. Hieraus darf man noch nicht schliessen, dass die Bundesgenossen bei den Verhandlungen wie die Athener entscheidende Stimme hatten.

Diese Psephismata könnten früher vom athenischen Bunde — etwa über die Autonomie hellenischer Staaten — gefasste Beschlüsse sein, welche die Mitglieder der Coalition ebenfalls annehmen.

Die Verhandlungen über das Hülfegesuch des lakedaemonischen Bundes (Anfang des Jahres 369), bei denen auch Bundesgenossen der Lakedaemonier das Wort führen, finden in der athenischen Ekklesia statt. Xenophon drückt sich hier mit genügender Präcision aus, so dass an eine Betheiligung der Bundesgenossen bei der entscheidenden Verhandlung nicht zu denken ist. So heisst es VI, 5, 33: ἀκούοντες ταῦτα οἱ Ἀθηναῖοι ἐν φροντίδι ἦcαν, ὅτι χρὴ ποιεῖν περὶ Λακεδαιμονίων καὶ ἐκκληcίαν ἐποίηcαν ·κατὰ δόγμα βουλῆc. Ganz wie bei der Verhandlung mit Dionysios hatte offenbar die Bule die Gesandten des lakedaemonischen Bundes empfangen, von ihrer Botschaft Kenntniss genommen und darüber ein Probuleuma gefasst, von dessen Inhalt Xenophon weiter nichts sagt, weil die eigentliche Entscheidung beim Demos lag. Dass Xenophon hier die Verhandlungen im Synedrion, welche ohne Zweifel stattfanden ganz verschweigt, darf nach der Art und Weise, wie er die Ereignisse behandelt, nicht auffallen. Das Synedrion war nicht direkt bei der entscheidenden Verhandlung betheiligt, sein Einfluss auf dieselbe durch ihr Gutachten sein ein mehr mittelbarer, und hätte nicht die

---

1) Es liegt die Annahme nahe, dass das ganze aus circa 60 Mitgliedern bestehende Synedrion nach Lakedaemon reiste.

Bule durch ihr Dogma, die Volksversammlung. für welche sich Xenophon interessirt, zu berufen gehabt, so würden wir von dem Senatsbeschlusse garnichts erfahren. Bei der Diskussion in der Ekklesia wenden sich alle Redner an die Versammelten mit ὦ ἄνδρες Ἀθηναῖοι, nicht etwa mit ὦ ἄνδρες Ἀθηναῖοι καὶ οἱ cύμμαχοι, wie es sonst vorkommt, wenn Bundesgenossen bei den Verhandlungen zugegen sind, vgl. Thukyd. I, 120. III, 9. III, 13. Nach Schluss der Debatte ἐβουλεύοντο οἱ Ἀθηναῖοι, ἐψηφίcαντο δὲ βοηθεῖν καὶ Ἰφικράτην cτρατηγὸν εἵλοντο. In diesem Beschlusse ist zugleich die Kriegserklärung gegen Theben enthalten, über die also nach dem keinem Zweifel unterliegenden Berichte Xenophons der athenische Demos entschieden hat.

Im Sommer dieses Jahres 369 kommen Gesandte der Lakedaemonier und ihrer Bundesgenossen nach Athen, um die Normen festzustellen, auf denen das Bündniss der Athener und der Lakedaemonier beruhen soll: „βουλευcόμενοι καθ' ὅτι ἡ cυμμαχία Λακεδαιμονίοις καὶ Ἀθηναίοις ἔcοιτο". Da Xenophon eben die Anwesenheit von Bundesgenossen der Lakedaemonier erwähnt hat, und dieselben sich auch bei der folgenden Debatte betheiligen, so schlossen nicht nur die Lakedaemonier, wie es nach der citirten Stelle scheinen dürfte, sondern die Lakedaemonier und ihre Bundesgenossen den Vertrag ab. Analog darf man schliessen, dass der andere Contrahent nicht nur Athen, sondern der athenische Bund war, für den Athen als Vorort die entscheidende Verhandlung führte. Es findet dieselbe in der Ekklesia statt, der über diesen Gegenstand ein Probulouma des Senats vorliegt. Dieser hatte also wieder bereits von der Botschaft Kenntniss genommen und darüber berathen. Der Athener Kephisodotos erwähnt den Senatsbeschluss: „τῇ μὲν οὖν βουλῇ προβεβούλευται ὑμετέραν (Ἀθηναίων) τὴν κατὰ θάλατταν ἡγεμονίαν εἶναι, Λακεδαιμονίων δὲ τὴν κατὰ γῆν". Kephisodotos beantragt dagegen, dass die Lakedaemonier und Athener abwechselnd sowohl zu Wasser als zu Lande je 5 Tage lang den Oberbefehl haben sollen: ἀκούcαντες ταῦτα οἱ Ἀθηναῖοι μετεπείcθηcαν καὶ ἐψηφίcαντο κατὰ πενθήμερον ἑκατέρους ἡγεῖcθαι. Dieser aus der Mitte der Versammlung heraus gestellte Antrag wird angenommen. Der Beschluss des Demos machte, um einen Ausdruck des Aeschines zu gebrauchen, das Dogma der Bule „ἄκυρον", ebenso das des Synedrions.

Vor dem Bundesgenossenkriege sind keine ausführlicheren Berichte über solche Verhandlungen erhalten, erst über die zum Frieden des Philokrates (i. J. 346) führenden giebt es wieder eine eingehendere Darstellung bei Aeschines und Demosthenes. Es wird auf den Antrag des Philokrates eine Gesandtschaft gewählt, welche den Philippos auffordern soll, eine Gesandtschaft nach Athen zu schicken, die αὐτοκράτωρ ὑπὲρ τῆς εἰρήνης ist. Zu dieser Gesandtschaft wählt der Demos 10 Athener und einen Vertreter der Bundesgenossen (Aglaokreon von Tenedos), vgl. Aesch. v. d. Trugges 20:

„ὃν ἐκ τῶν ϲυμμάχων εἵλεϲθε". Nach dieser Stelle wird ebenso aufzufassen sein v. d. Trugges 97: ἑνδεκάτου ϲυμπεμφθέντοϲ ὑμῖν ἀπὸ τῶν ϲυμμάχων. Dass die Athener nur einen bundesgenössischen Vertreter wählen, und dass dieser eine nicht von den Bundesgenossen selbst gewählt wird, zeigt, dass die direkte Führung der diplomatischen Verhandlungen wesentlich in den Händen der Athener war. Der Eine bundesgenössische Vertreter hatte wohl eine mehr passive Rolle und war grösstentheils nur deshalb da, damit das Synedrion von dem Gange der Verhandlungen durch einen Mitsitzer bessere Kenntniss hatte. Der Antrag des Philokrates lautete auch wörtlich „ἑλέϲθαι ἄνδραϲ δέκα; οἵτινεϲ διαλέξωνται Φιλίππῳ περὶ εἰρήνηϲ κτλ." (Aesch. v. d. Trugges 18). Das bundesgenössische Mitglied wird mitgeschickt.

Nach ihrer Rückkehr statten die Gesandten zuerst bei der Bule einen Bericht ab, übergeben ihr ein Schreiben Philipps und berichten dann noch in der Ekklesia (Aesch. v. d. Trugges 45). Aeschines erwähnt keinen Bericht vor dem Synedrion, indessen hörte er wohl denselben von seinem Vertreter, dem Tenedier Aglaokreon. Dass aber überhaupt die Bundesgenossen Gesandschaftsberichte hörten, folgt aus dem Beschlusse des Synedrions, welcher in einer der nächsten Volksversammlungen verlesen wird, es heisst nämlich in diesem Dogma der Bundesgenossen: ἐπειδὰν ἡπιδημήϲωϲιν οἱ πρέϲβειϲ καὶ τὰϲ πρεϲβείαϲ ἀπαγγείλωϲι τοῖϲ ᾽Αθηναίοιϲ καὶ τοῖϲ ϲυμμάχοιϲ προγράψαι τοὺϲ πρυτάνειϲ κτλ. (Aesch. v. d. Trugges 60).

Von dem Gange der Verhandlungen des Friedens vom April 346 sind die Bundesgenossen wohl informirt. In der ersten Volksversammlung nach den Dionysien, in welcher Demosthenes nach der Beendigung seines Berichtes beantragt: „μὴ μόνον ὑπὲρ εἰρήνηϲ ἀλλὰ καὶ ϲυμμαχίαϲ" zu berathen (Aesch. v. d. Trugges 53 fg., g. Ktes. 66 fg.), wird ein δόγμα κοινόν τῶν ϲυμμάχων verlesen, nach welchem die Athener überhaupt nur über den Frieden berathen sollen, es soll ferner jeder hellenischen Gemeinde freistehen, innerhalb einer Zeit von 3 Monaten ihren Namen mit den Athenern auf die Säule des Vertrages zu setzen, endlich soll das Volk erst über den Frieden berathen, wenn die Gesandtschaften der Athener aus den bundesgenössischen Städten zurückgekehrt sind. Was dann das athenische Volk beschliessen wird, soll zugleich gemeinsames Dogma der Bundesgenossen sein. Es ist für den Gegenstand dieser Untersuchung von keiner Bedeutung und keinem Interesse, dass Aeschines insofern falsch referirt, als es sich nicht um die Ankunft der ausgeschickten athenischen Gesandtschaften (welche schon längst zurück sind) handelt, sondern um die Gesandten, welche die hellenischen Städte in Folge jener Aufforderung der Athener schicken sollen. (vgl. Schaefer, Dem. u. s. Z. II., 206). Ebensowenig kommt es hier darauf an, ob die Aussagen des Demosthenes oder die des Aeschines, welche sich beide in entgegensetzter Weise Vorwürfe machen, richtig sind (vgl. Aesch.

v. d. Trugges 60 fg., g. Ktes. 71 fg., Dem. v. d. Trugges 16 fg.), sondern nur darauf, dass ein Gutachten der Bundesgenossen auf den Antrag des Demosthenes verworfen und anders von dem Demos beschlossen wird. Der Demos beschliesst nämlich trotz des Dogma der Bundesgenossen sogleich über Frieden und Bündniss zu berathen, und zwar ist der Beschluss so kategorisch gefasst, dass damit die Möglichkeit der Bestätigung durch das Synedrion ausgeschlossen wird: „ἀποδοῦναι τοὺς ὅρκους τοῖς πρέςβεςι τοῖς παρὰ Φιλίππου ἐν τῇδε τῇ ἡμέρᾳ τοὺς cυνέδρους τῶν cυμμάχων".

5.

Der Vorort hat die Verwaltung des Finanz- und Heerwesens des Bundes. Das Nähere vgl. d) und e) und S. 703 fg.

6.

Der Vorort leitet die Seepolizei, vgl. f.

7.

Der Vorort hat die Befugniss zur Sicherung des Handels und Verkehrs und zur Aufrechterhaltung des Friedens im Bundesgenossengebiete Verordnungen zu erlassen.

Es steht dieses unzweifelhaft fest, wenn das g. Theokr. erwähnte Gesetz gegen die, welche Seeräuber aufnehmen und über die Massregeln gegen Seeräuberei, wenn ferner das 357 erlassene Psephisma gegen diejenigen, welche feindliche Bewegungen gegen ein von der Gegenpartei (etwa Aristokraten gegen eine von Demokraten regierte Stadt) beherrschtes Gemeinwesen unternehmen, ohne Betheiligung der Bundesgenossen zu Stande gekommen ist. Es ist zu bedauern, dass wir kein Psephisma haben, welches den Bund als solchen betrifft und von den Athenern unter Betheiligung der Bundesgenossen erlassen ist, es würde indessen ein solches unzweifelhaft in folgender Weise beginnen: ἔδοξε 'Αθηναίοις καὶ τοῖς cυμμάχοις oder ἔδοξε τῇ βουλῇ καὶ τῷ κοινῷ cυνεδρίῳ τῶν cυμμάχων καὶ τῷ δήμῳ τῶν 'Αθηναίων. Hierauf deutet z. B. die officielle Erwähnung in dem urkundlich überlieferten Texte des Eides der Coalition von 370: ἐμμενῶ τοῖς ψηφίςμαςι 'Αθηναίων καὶ τῶν cυμμάχων. Findet sich keine Erwähnung der Bundesgenossen am Eingang eines solchen Beschlusses, so muss man annehmen, dass er allein durch die gesetzgebenden Factoren Athens zu Stande gekommen ist, wie es bei dem Psephisma über den athenischen Grundbesitz im bundesgenössischen Gebiete unzweifelhaft feststeht, obwohl es in hohem Grade den Bund als solchen betrifft. Bei den erwähnten beiden Beschlüssen werden aber nirgends die Bundesgenossen so erwähnt, dass man auf ihre Mitwirkung am Zustandekommen derselben schliessen dürfte. Ausserdem ist in dem Psephisma von 357 zugleich eine Bestimmung über die Aufnahme der Chalkidier und Karystier enthalten, wozu die Athener allein die Befugniss hatten, vgl. g, 1.

8.

Der Vorort hat das Recht unter gewissen Bedingungen als Schiedsrichter bei Streitigkeiten zwischen Bundesstaaten aufzutreten, vgl. g, 2.

d. Bundesfinanzen.

1.

Jedes Mitglied der Bundesgenosssenschaft zahlt an den Vorort eine Bundesbeisteuer (cύνταξιc), vgl. Plut. Sol. 15, Harpocr. cύνταξιc und die Einleitung über den Namen der Bundesbeisteuer.

Die Bundesbeisteuern dienen wesentlich zur Unterhaltung der Kriegsmacht des Bundes, werden daher auch „cτρατιωτικὰ χρήματα" genannt oder „χρήματα εἰc τὸ ναυτικόν". Schaefer, Dem. u. s. Z. I, S. 27 meint, es sei nur von den kleinern Orten und Inseln die Syntaxis gezahlt, Städte wie Chios und Mitylene, die von jeher eigene Schiffe gehabt hätten und auch früher im ersten Bunde keinen Tribut zahlten, so lange sie selbst Schiffscontingente ausrüsteten, seien von der Bundesbeisteuer an Geld frei gewesen. 'Dass Theben keine Syntaxis zahlte, verstünde sich von selbst, wenn es nicht Xenophon (Hell. VI, 2, 1) ausdrücklich gesagt hätte'.

Weshalb sich dieses von selbst verstünde, sagt Schaefer nicht, im Gegentheil wäre es selbstverständlich, dass Theben, da es einem Bunde angehörte, bei dem die Marine sehr ins Gewicht fiel, während es selbst nur einige Schiffe und Matrosen hatte, wenigstens zu der hohen Summe der Flottengelder beisteuerte. Als Aequivalent hätten die Thebaner höchstens den grössten Theil der Landtruppen stellen können, Athen würde aber schwerlich zugelassen haben, dass die Thebaner einen so grossen Theil des Landheeres bildeten, weil dadurch der athenische Einfluss bei den Landoperationen zu sehr sinken musste. Ueberdies war es in Hellas etwas ganz Gewöhnliches, dass Staaten, die nicht genügende Schiffe oder Seeleute hatten, sobald die Aufstellung einer Bundesflotte beschlossen war, leere Schiffe und Geld oder nur Geldsummen schickten, vgl. Thuk. I, 27 dazu Xen. Hell. VI, 2, 16. Was sagt aber Xenophon? „Die Athener begehrten Frieden zu schliessen (im Jahre 374) αὐξανομένουc ὁρῶντεc διὰ cφᾶc τοὺc Θηβαίουc, χρήματα δὲ οὐ cυμβαλλομένουc εἰc ναυτικόν". Nun ist es ausgemacht, dass damals Athen mit Theben in sehr gespannten Verhältnissen stand. Theben verwandte seine Kräfte hauptsächlich auf die Unterwerfung der boeotischen Städte, offenbar liegt also die Wahrscheinlichkeit nahe, dass die Worte Xenophons, was sie auch ohne diese Erwägung bezeichnen könnten, eher noch bedeuten: 'Die Thebaner zahlten keine Bundesbeiträge zur Flotte, obwohl sie dazu verpflichtet waren'. Xenophon berichtet einfach die Thatsache der Nichtzahlung, woraus man an dieser Stelle noch keinen Schluss auf die Verpflichtung zur Zahlung oder Berechtigung zur Nichtzahlung ziehen darf. In der That ist die Auffassung, dass die Thebaner keine Flottengelder zahlten, weil sie nach dem Bundesvertrage nicht dazu verpflichtet waren, gerade die falsche, wie sich aus Folgendem ergiebt.

Apollod. g. Tim. 11 fg. berichtet über die Verwaltung von Flottengeldern durch den Strategen Timotheos, ein Bericht, über den hier ausführlicher referirt wird, weil er bei andern Punkten späterhin noch sehr in Betracht kommt. Timotheos zwang während seines zweiten grösseren Commandos einer athenischen Bundesflotte im Jahre 373 die sechzig Trierarchen seiner Flotte je sieben Minen den Seeleuten als Verpflegungsgelder zu geben. Es erfolgte dann die Absetzung des Timotheos, weil er nach der Ansicht der Athener die Zeit in ungehöriger Weise hinbrachte. Als Timotheos über die Verwaltung und Verausgabung der ihm überwiesenen Flottengelder Rechnung ablegte, setzte er die 420 Minen unter die Ausgaben aus den cτρατιωτικὰ χρήματα, obwohl sie nicht zu denselben gehörten, αὐτὸc δεδωκὼc εἰc τὰc ναῦc τὰc ἑπτὰ μνᾶc ταύταc τότε. Damit aber beim Zeugenverhör die Trierarchen nicht etwa aussagen möchten, dass es sich anders verhalte, dass Timotheos diese Summe nicht aus der Kriegskasse genommen, sondern von ihnen erpresst habe, so lässt sich Timotheos diese Gelder nachträglich von den Trierarchen auf sein Privatvermögen leihen und trägt es als Hypothek auf seine Grundstücke ein. Als nun gerade Timotheos zum Process nach Athen gehen sollte, hatten die boeotischen Trieren keine Verpflegungsgelder, und in der Kriegskasse war kein Heller[1]), daher weigern sich die boeotischen Trierarchen, „εἰ μή τιc αὐτοῖc τὴν καθ' ἡμέραν τροφὴν δώcοι", noch ferner bei der Flotte zu bleiben. Timotheos sieht ein, dass, wenn das boeotische Contingent die Flotte verlassen und dadurch deren Stärke bedeutend verringern würde, ein neuer gravirender Umstand für ihn hinzukommen müsste. Daher leiht er sich 1000 Drachmen 'ἵνα διαδοίη τοῖc βοιωτίοιc τριηράρχοιc', er hofft sie dadurch so lange zum Bleiben zu bewegen, als in Athen der Process währte. Timotheos giebt das Geld 'τῷ Βοιωτίῳ ἄρχοντι τῶν νεῶν'. Er führt dann in der Rechnung auf, er hätte 1000 Drachmen an Verpflegungsgeldern (cιτηρέcια) aus der Flottenkasse an die boeotischen Trierarchen gegeben (δεδωκὼc εἰc τὰc βοιωτίαc ναῦc ἐκ τῶν cτρατιωτικῶν χρημάτων), weil, wie es weiterhin im Paragraphen 49 heisst: προcῆκε τῷ μὲν Βοιωτίῳ ἄρχοντι παρὰ τούτου (Τιμοθέου) τὴν τροφὴν τοῖc ἐν ταῖc ναυcὶ

---

1) Ob durch die Schuld des Timotheos und seines bald darauf in Athen zum Tode verurtheilten Zahlmeisters, möge hier dahin gestellt bleiben.

λαμβάνειν, ἐκ γὰρ τῶν κοινῶν cυντάξεων ἡ μιcθοφορία ἦν τῷ cτρατεύματι, τὰ δὲ χρήματα cύμπαντα ἐξέλεξας ἐκ τῶν cυμμάχων καί ce ἔδει αὐτῶν λόγον ἀποδοῦναι. εἶτα καταλυθειcῶν τῶν Βοιωτίων νεῶν καὶ διαπελθόντων τῶν cτρατιωτῶν τῷ μὲν Βοιωτίῳ ναυάρχῳ οὐδεὶc κίνδυνοc ὑπ' Ἀθηναίων ἦν, cὺ δ' ἐν μεγίcτῳ [1]).

Aus diesem Bericht geht deutlich hervor, dass erstens die Boeoter ein Schiffscontingent zur athenischen Bundesflotte gestellt hatten [2]), dass zweitens die boeotischen Schiffe Verpflegung und Löhnung aus der Kriegskasse erhielten, in welche die Bundesbeiträge flossen (ἐκ γὰρ τῶν κοινῶν cυντάξεων, ἡ μιcθοφορία ἦν τῷ cτρατεύματι κτλ.).

Offenbar würden die boeotischen Schiffe kein Geld aus der gemeinsamen Kasse erhalten haben, wenn die Boeoter nicht zu derselben beigesteuert hätten [3]). Theben zahlte wie jede andere Bundes-

---

1) Da es ein gewöhnlicher Vorwurf gegen die Athener ist, dass sie den Feldherren kein Geld gegeben, diese dadurch zu allerlei Zwangsmassregeln, besonders auch gegen die Bundesgenossen genöthigt und dann ein ungerechtfertigtes Verfahren gegen die Strategen eingeschlagen hätten, da ferner gerade dieser Fall mit Timotheos, freilich ohne eingehende Untersuchung, als Beispiel hingestellt wird, so werden einige Bemerkungen am Platze sein, welche zeigen, dass hier wenigstens der athenische Demos nicht der Hauptschuldige ist. Es wird ganz klar gesagt, dass dem Timotheos gewisse Bundesbeiträge zur Kriegskasse überwiesen waren, und Timotheos diese Gelder vollständig erhoben hatte. Schliesslich reichte das Geld zur Besoldung der Flottenmannschaft nicht aus, aber Timotheos fürchtete auch die Rechnungsablegung. Wenn die Gelder rechtmässig verwaltet waren, brauchte Timotheos die Summen, welche er von den Trierarchen erhoben und schliesslich auf sein Privatvermögen genommen, ferner die 1000 Drachmen, die er für die Boeoter auf sein Privatvermögen geborgt hatte, nicht als Ausgabeposten in die Rechnung der cτρατιωτικὰ χρήματα setzen. Timotheos war nicht der Mann, welcher auf die Belobung und den Kranz für die patriotische That, aus seinem Privatvermögen bedeutende Summen für die Flotte gegeben zu haben, aus Bescheidenheit oder höchstem Patriotismus verzichtet hätte. Man erklärt dieses leicht dadurch, dass ein unrechtmässiges Deficit in der Flottenkasse vorhanden war. Des Timotheos Schatzmeister wurde nach der Rechnungsablage zum Tode verurtheilt und Timotheos selbst entging nur durch die Fürsprache mächtiger Gönner demselben Schicksal. Iphikrates und Kallistratos, seine Nachfolger, warfen ihm vor, er sei αἴτιον, ἄμιcθον τὸ cτράτευμα ἐν Καλαυρίᾳ καταλύcθαι. Jedenfalls war die Kriegskasse nicht ordnungsmässig verwaltet, vielleicht gar eine bedeutende Summe unterschlagen.

2) Wie oft mögen zahlreiche bundesgenössische Contingente in der athenischen Bundesflotte gewesen sein, ohne dass dieses für uns bei der Lückenhaftigkeit und Mangelhaftigkeit der Quellen erkennbar ist. Selten gewinnen wir einen solchen Einblick in die Flottenverhältnisse wie an dieser Stelle.

3) Die von Xenophon berichtete Thatsache der Nichtzahlung bezieht sich auf das Jahr vor dem im Frühjahre 374 geschlossenen Frieden, in welchem Theben sich beugen musste. Hier handelt es sich um die Ereignisse im Sommer 373.

stadt an den Vorort Syntaxis. Athen wies dem Strategen eines Geschwaders, wenn in Athen selbst nicht die nöthigen Summen vorhanden waren oder praktische Gründe dieses empfahlen, die erforderlichen Gelder zur Verpflegung und Besoldung der Mannschaften an und zwar aller Mannschaften, gleichviel welchem Staate die Trieren angehörten, auf denen sie dienten. Das ausserordentlich ausgedehnte Soldwesen konnte ohne Zweifel nur dann gehörig verwaltet werden, wenn die Söldner, aus denen wesentlich die Mannschaft zusammengesetzt war, alle gleichmässig aus Einer Hauptkasse bezahlt wurden. Wäre jeder Bundesstadt, die eigene Schiffe mit eigenen Officieren und selbstgemietheter Mannschaft stellte, die Besoldung überlassen worden, so konnte sich unter Umständen ein Contingent plötzlich auflösen, wenn die betreffende Stadt nicht genügend oder nicht zur rechten Zeit Sold zahlte, und die Bundesflotte empfindlich geschwächt werden. Dieser so nahe liegenden Möglichkeit durfte man sich auf keinen Fall aussetzen.

Schaefers Behauptung, dass Theben von der Bundessteuer befreit gewesen sei, wird also unrichtig sein, und ebenso erhellt eigentlich schon aus den bisherigen Ausführungen die Unhaltbarkeit der Annahme, dass nur die kleinern Städte cυντάξεις zahlten. Schaefer nennt beispielsweise Mitylene als eine Stadt, welche nicht Bundessteuern entrichtete, dennoch führt er selbst den Volksbeschluss an, welcher den athenischen Feldherren Chares, Phokion, Charidemos eine Anweisung auf χρήματα τῶν cυντάξεων τῶν ἐλ Λέcβῳ giebt. Dass Mitylene allein von den lesbischen keine cυντάξεις zahlte, lässt sich weder genügend begründen, noch darf man es so ohne Weiteres annehmen. Wenn aber Mitylene wirklich von der Bundessteuer frei war, so würde bei der peinlichen Genauigkeit der athenischen Volksbeschlüsse eine Angabe der zahlungspflichtigen Städte erfolgt und nicht allgemein der Tribut von Lesbos genannt sein. Vgl. Rang. II Nr. 398. Schaefer Dem. u. s. Z. II, S. 27, Anm. 2. Dazu heisst es Apollod. g. Polykl. 53: Λυκῖνος οὐκ ἐδίδου τοῖς ναύταις ϲιτηρέϲιον, οὐ γὰρ ἔφη ἔχειν, ἀλλ' ἐκ Μιτυλήνης λήψεϲθαι κτλ. Schaefer muss, um seine Ansicht zu halten, dieser Stelle die gesuchte Deutung geben, dass die kleinern Gemeinden der Insel Antissa, Eresos, Methymna (eine Stadt die nach der Katastrophe Mitylenes im Jahre 427 kaum unbedeutender als Mitylene sein konnte) ihre Syntaxeis nach dem steuerfreien Mitylene gebracht hätten, von wo sie Lykinos abholte. Auch daraus, dass Jason bei Xen. Hell. VI, 1, 2 verächtlich von den 'Inselchen' spricht, welche den Athenern Einkünfte lieferten, folgt noch nicht, dass nur die kleinern Städte cυντάξεις zahlten. Es werden an dieser Stelle offenbar Inseln überhaupt den Ländermassen des Festlandes gegenübergestellt, im Vergleich zu denen sie kleine Territorien und deshalb in einer solchen Gegenüberstellung 'Inselchen' (νηϲύδρια) zu nennen waren. Μὴ εἰς νηϲύδρια ἀποβλέποντες, ἀλλ' ἠπειρωτικὰ ἔθνη καρπουμένους ... οἶϲθα γὰρ δήπου, ὅτι καὶ βαcιλεὺc ὁ Περcῶν οὐ νήcουc ἀλλ' ἤπειρον καρπούμενοc πλουcιώτατοc ἀνθρώπων ἐcτίν. Ausserdem aber kann sich auch deshalb 'νηcύδρια' nicht bloss auf die kleinen Inseln beziehen, weil z. B. von Lesbos, Euboea und andern grossen Inseln Syntaxeis einkommen, vgl. Rang. 398, Apoll. g. Polykl. 53, Aesch. g. Ktes. 67 fg., 94 fg., 100.

Auch der Grundsatz des Bundes, dass alle Bundesgenossen unter durchaus gleichen Bedingungen (ἐπὶ τοῖc ἴcοιc πᾶcιν) dem Bunde angehören sollen, spricht dafür, dass alle Bundesstädte im Verhältniss zu ihrem Vermögen stehende und nach sonstigen Bundesleistungen bemessene Syntaxeis zahlten. Weiterhin bestätigt sich diese Annahme, wenn man die Zusammensetzung der Flottenmannschaft und des Landheeres und die Verwendung der Syntaxeis in Betracht zieht.

Nach Xen. Hell. VI, 2, 16 hatten die Thebaner zu zahlen: χρήματα εἰc τὸ ναυτικόν. Da nämlich die Thebaner ein bedeutendes Landheer hatten, und also auch eigene Contingente zum Landheer stellten, so zahlten sie cυντάξειc nur εἰc τὸ ναυτικόν, indem sie wohl die Verpflegungsgelder für ihre wesentlich aus Bürgern bestehende Heeresabtheilung selbst bestritten. Bei Bürgern, die für die eigene Stadt kämpften, war es nicht so wie bei Söldnern zu befürchten, dass sie auseinander liefen, wenn ihnen der Staat nicht zur rechten Zeit das Siteresion zahlte. Theben leistete also offenbar eine im Verhältniss zu seinem Vermögen kleinere Summe an Syntaxis als eine See- oder Inselstadt, welche keine eigene Mannschaft zu den Landtruppen des Bundes schickte, sondern statt dessen Geld zur Anwerbung von Söldnern an den Vorort sandte. Zum Verständniss dieser Verhältnisse tragen wesentlich ähnliche Zustände im Peloponnes bei. Zur Zeit des peloponnesischen Krieges unterhielt jede Bundesstadt ihr Contingent selbst, d. h. gab den Mannschaften das Siteresion. Μιcθὸc cτρατιωτικόc wurde zuerst von den Athenern den Matrosen neben dem cιτηρέcιον (Verpflegungsgeld) gegeben, dann auch von den Lakedaemoniern dem zum grossen Theil gepressten Schiffsvolke ihrer neu gegründeten Flotte. In einem Bündnissvertrage zwischen Athen, Argos, Elis, Mantinea wird festgesetzt, dass bei einem Angriffe auf eine der verbündeten Städte die andern Hülfscontingente schicken sollen. Die Stadt, welche das Contingent schickt (ἡ πέμπουcα πόλιc) soll das Kostgeld (cῖτοc) auf dreissig Tage der Mannschaft geben, nach diesem Zeitraume zahlt die πεμψαμένη πόλιc das Siteresion (Thuk. V, 47). Da die Heereskörper wesentlich noch aus Bürgersoldaten bestanden, so ist von μιcθόc nicht die Rede. Nach Analogie dieser Thatsachen darf man annehmen, dass die Thebaner nicht nur für dreissig Tage das Siteresion zahlten, sondern für die ganze Zeit; während μιcθόc für ihre aus Bürgerwehr bestehende Heeresabtheilung nicht gezahlt wurde, so dass sie nur zur Flotte (εἰc τὸ ναυτικόν) beisteuerten.

Nun hatten wahrscheinlich nicht alle Bundesstädte und Inseln eine genügende Zahl von Hopliten und Leichtbewaffneten, um ein eigenes Contingent im Landheere des Bundes zu bilden, ferner waren ohne Zweifel in vielen Gemeinwesen bereits Söldner an Stelle der Bürgerwehr getreten, denn die Bewohner der Seestädte und Inseln waren noch mehr als die Athener abgeneigt selbst ins Feld zu ziehen. An Stelle einer eigenen Abtheilung zum Landheere werden also diese Städte entweder eine entsprechende Mannschaft zur Flotte gestellt oder als Ablösung der Mannschaft überhaupt eine Summe an den Vorort gezahlt haben. Der Vorort hatte für diese Summe dann Söldner zu miethen, es war eben nothwendig dass das Soldwesen in Einer Hand war.

Eine Stadt, welche ihr Landheercontingent mit Geld ablöste, zahlte ohne Zweifel eine höhere Syntaxis als Theben. Dasselbe war damals im lakedaemonischen Bunde üblich. Seit dem Jahre 382 stand es in diesem Bunde jeder Stadt frei, anstatt Mannschaft zu schicken, für jeden Kopf des zu stellenden Contingentes eine gewisse Summe zu zahlen und zwar pro Tag: 1) für einen Reiter zwei aeginetische Drachmen (ungefähr $2^{2}/_{5}$ Mark); 2) für einen Hopliten eine halbe aeginetische Drachme ($^{3}/_{5}$ Mark); 3) für einen Leichtbewaffneten (ψιλός) eine und eine halbe aeginetische Obole (dreissig Pfennige). Vgl. Xen. Hell. V, 2, 20. Diod. XV, 31. Von dieser Erlaubniss wurde häufig Gebrauch gemacht und namentlich zu überseeischen Kriegszügen statt der Mannschaft die erforderliche Geldsumme nach Lakedaemon geschickt. Vgl. Xen. Hell. V, 3, 10. VI, 2, 16.

In Bezug auf die Leistungen zum Landheere lassen sich die Bundesstädte in folgende Gruppen vertheilen: 1) Städte mit eigenen aus Bürgern gebildeten Contingenten, die von ihrer Stadt Siteresion erhalten. 2) Städte ohne eigene Contingente, die entweder a) an Stelle der Mannschaft Geldsummen, also eine höhere Quote der Syntaxis, entrichten; b) durch grössere Leistungen für die Flotte die Befreiung von Contingenten zum Landheer compensiren.

Gemäss der Beschaffenheit des Quellenmaterials darf es nicht auffallen, dass von bundesgenössischen Abtheilungen des Landheeres nur thebanische und akarnanische erwähnt werden. Dieselbe Lückenhaftigkeit der Quellen gestattet auch hinsichtlich der Flottenverhältnisse bei einer Reihe von Punkten keinen genügenden Einblick. Es wird daher geeignet sein, zum Verständnisse mancher Andeutungen und zur Ermöglichung einer ungefähren Vorstellung von gewissen Verhältnissen, von dem Bezüglichen aus dem ersten Bund an dieser Stelle eine kurze Uebersicht zu geben.

Bei der Begründung des ersten Bundes wurde den Athenern übertragen, zu entscheiden, welche Städte Geld zu zahlen und welche bemannte Schiffe zu stellen hatten. Vgl. Thuk. I, 96: Παραλαβόντες οἱ Ἀθηναῖοι τὴν ἡγεμονίαν — — — — ἔταξαν ἅς τε ἔδει παρέχειν τῶν πόλεων χρήματα καὶ ἃς ναῦς. Da nämlich eine grosse Anzahl der Bundesstädte so klein war, dass mehrere zusammen eine Triere hätten stellen müssen, um im gleichen Verhältnisse wie die andern Bundesmitglieder zur Unterhaltung der Seemacht beizutragen, und dieses offenbar, abgesehen von dem complicirten Verfahren und der grossen Möglichkeit von Streitigkeiten, der Schlagfertigkeit der Flotte Eintrag gethan hätte, so setzte man die Leistungen dieser kleinen Städte rein in Geldsummen um, die als Phoros an den Vorort Athen zu entrichten waren. Diese Bundessteuer (φόρος) war eine als Ersatz für die Flottencontingente gezahlte Summe, zu Landtruppencontingenten, die damals noch wesentlich aus Bürgerwehr bestanden, war jede Bundesstadt noch ausserdem verpflichtet. Vgl. Thuk. I, 99: ἐτάξαντο ἀντὶ τῶν νεῶν τὸ ἱκνούμενον ἀνάλωμα φέρειν. Ueber Landheercontingente der Bundesgenossen vgl. Thuk. II, 9. IV, 28. 53. 129. VI, 2. 22. 25. VII, 32. Diod. XII, 42.

Waren schon zur Zeit des peloponnesischen Krieges die Flottenmannschaften, besonders nach der Katastrophe der athenischen Seemacht auf Sicilien, häufig aus Söldnern oder angeworbenen Leuten zusammengesetzt, so dass die athenischen Matrosen zu den lakedaemonischen Schiffen übergingen, weil sie dort $^1/_2$—1 Obole mehr Sold (μισθός) erhielten, so bestanden (wie späterhin eine nähere Darlegung zeigen wird) zur Zeit des zweiten athenischen Bundes, namentlich nach dem Bundesgenossenkriege, die Schiffsmannschaften, ausser den Officieren, in den meisten Fällen aus Leuten, die im eigenen Lande oder in fremden Gebieten geworben waren. Ohne Zweifel werden wie im ersten Bunde eine Anzahl von Bundesgemeinden, die wegen ihrer Unbedeutendheit oder wegen der natürlichen Beschaffenheit ihres Gebietes nicht im Stande waren eigene Flottencontingente zu stellen, Geldsummen gezahlt haben und zwar: 1) für den auf sie fallenden Antheil an der Ausrüstung eines Schiffes (Rumpf, Schiffsgeräth, Unterhaltung desselben); 2) für den Antheil an Mannschaften (Anwerbung und Löhnung für eine gewisse Zeit, etwa bis zur Vereinigung mit dem Bundesheere, oder nur Löhnung bis dahin für ausgehobene Bürger); 3) an Besoldung (μισθός) und Verpflegung (σιτηρέσιον) für so viele Mannschaften, als sie zu stellen hatten.

Die Boeoter hatten in der Bundesflotte eigene Schiffscontingente unter eigenen Officieren. Der athenische Stratege zahlte aus der Hauptflottenkasse für die boeotischen Schiffsmannschaften sowohl die täglichen Verpflegungsgelder (τὴν καθ' ἡμέραν τροφὴν) als den Sold (ἐκ γὰρ τῶν κοινῶν συντάξεων μισθοφορία ἦν τῷ στρατεύματι, vgl. Ap. g. Tim. 41 fg.). Es dürfte auffallen, dass die Boeoter eigene bemannte Schiffe hatten und dennoch für die Mannschaften Sold erhielten, als ob diese von Athen gemiethet wären, wogegen wieder der Umstand spricht, dass eigene boeotische Officiere die Schiffe befehligten, und dass die Schiffe, um überhaupt an dem angesagten

Sammelplatze[1]) erscheinen zu können, Mannschaften haben müssen. Die Mannschaft war, wie eine Darlegung in einem der folgenden Abschnitte zeigen wird, entweder nach dem Kataloge (κατάλογος) der Dienstpflichtigen ausgehoben oder angeworben oder theils dieses theils jenes. Es kam nämlich vor, dass patriotische Trierarchen, denen die zugewiesenen Leute sich nicht stellten oder zu schlecht erwiesen, Fremde oder Einheimische an deren Stelle aus eigenen Mitteln anwarben. Eine deutlichere Vorstellung von diesen Verhältnissen erhält man durch den Bündnissvertrag zwischen Athen, Argos, Elis und Mantinea. Man darf nach Analogie der Bestimmungen dieses Vertrages annehmen, dass die Städte, welche eigene Flottencontingente hatten, ihren Seeleuten auf eine für alle Fälle bestimmte Anzahl von Tagen oder bis zur Vereinigung ihres Contingentes mit der Bundesflotte an dem angesagten Sammelplatze die Löhnung gaben. Dann wurden die nöthigen Unterhaltungskosten der Mannschaften aus der Kasse, in welche die Syntaxeis flossen, in gleicher Weise bestritten, wie aus Apollod. g. Tim. 11 fg. hervorgeht.

Dass Theben, obwohl es zum Landheere Abtheilungen schickte und zur Flotte ausgerüstete und bemannte Schiffe stellte, dennoch für Sold und Verpflegungsgelder Syntaxeis zu zahlen hatte, folgt aus Xen. Hell. VI, 2, 1. Xenophon berichtet nämlich, die Athener seien gegen die Thebaner deshalb missgestimmt worden, weil sie nicht Geld zur Flotte zahlten. Wäre Theben durch andere Leistungen von der Verpflichtung zur Bundessteuer frei gewesen, so konnten die Athener keinen Grund zur Verstimmung haben. Die Thebaner leisteten auch nicht nach dem Bundesantrage weniger als die andern Bundesgenossen, denn es heisst in dem Psephisma über den Grundbesitz (v. 6 fg.), alle Städte sollen unter denselben Bedingungen wie die Thebaner, Chier und die übrigen Bundesgenossen aufgenommen werden. Theben trug, natürlich nach Verhältniss seiner Bedeutung, in gleicher Weise bei wie die andern Bundesgenossen. Die Thebaner waren offenbar zur Entrichtung einer gewissen Summe verpflichtet, und die Athener gegen sie aufgebracht, weil sie nicht pflichtgemäss beisteuerten.

Ganz ähnlich wie mit Theben steht es mit Korkyra. Einerseits befanden sich korkyraeische Schiffscontingente in der athenischen Bundesflotte, andrerseits zahlen sie bedeutende Summen an Syntaxeis. Vgl. Xen. Hell. V, 4, 60: Τιμόθεος ἐπεὶ ἅς τε ναῦς εἶχεν ἐπεσκεύασε καὶ ἐκ Κερκύρας ἄλλας προσεπληρώσατο κτλ. Polyaen. III, 10, 16: Τιμόθεος μετὰ Κερκυραίων καὶ τῶν ἄλλων συμμάχων πρὸς Λακεδαιμονίους ναυμαχῶν κτλ. Vgl. die Rede der korkyraeischen Gesandten bei Xen. Hell. VI, 2, 9: Ἐξ οὐδεμιᾶς πόλεως πλὴν Ἀθηνῶν οὔτε ναῦς οὔτε χρήματα πλείονα ἂν γενέσθαι. Zu dieser Kate-

---

1) Ueber die Bestimmung eines Sammelplatzes durch den Vorort vgl. Thuk. I, 80 fg. 57 und 64. Xen. Hell. III, 4, 3. 5, 7.

gorie muss eine ganze Anzahl von Bundesstädten gehört haben, selbst das kleine, allerdings durch Weinbau nicht ganz unbedeutende Peparethos stellt eigene Schiffe. Es stände somit fest, dass, da selbst Theben Syntaxis entrichtete, alle Bundesstädte zu einer höhern oder niedrigen Beisteuer verpflichtet waren.

Im Zusammenhange mit diesen Fragen wird noch die Besprechung zweier Punkte nöthig, die bisher, um nicht den Zusammenhang der Erörterung zu stören, vermieden wurde. Der erste dieser Nachträge betrifft die Verwendung von Bundesbeiträgen zum Landheere und die Verpflichtung der Bundesgenossen überhaupt zu demselben beizutragen. Diese Verpflichtung wurde bisher als selbstverständlich angenommen, sie ist aber doch noch deshalb zu begründen, weil man den athenischen Bund als reinen Seebund aufgefasst hat, d. h. als einen Bund, der als solcher nur eine Seemacht aufstellte. Die Unrichtigkeit dieser Auffassung in Bezug auf den ersten Bund darzuthun, wird eine der folgenden Abhandlungen Gelegenheit geben. Hinsichtlich dieses zweiten Bundes ergiebt sich die Verpflichtung der Bundesgenossen zum Landheere unmittelbar aus dem Psephisma über den athenischen Grundbesitz im Gebiete der Bundesgenossen. Hier steht V, 45: Ἐὰν δέ τις ἴῃ ἐπὶ πολέμῳ ἐπὶ τοὺς ποιησαμένους τὴν cυμμαχίαν ἢ κατὰ γῆν ἢ κατὰ θάλατταν βοηθεῖν Ἀθηναίους καὶ τοὺς cυμμάχους τούτοις καὶ κατὰ γῆν καὶ κατὰ θάλατταν παντὶ cθένει κατὰ τὸ δυνατόν.

Zahlte eine Bundesstadt anstatt ein Contingent zu stellen eine Geldsumme, so floss dieselbe in die allgemeine Kriegskasse, aus der dann der Vorort die Kosten für den Sold und den Unterhalt der entsprechenden Mannschaften bestritt. Es wird öfter erwähnt, dass Heeresabtheilungen, die zu Lande operiren, ihre Löhnung aus den Bundesbeisteuern empfangen. Vgl. Isokr. v. Umtausch 112: Τιμόθεος Ποτίδειαν εἷλεν ἀπὸ τῶν χρημάτων, ὧν αὐτὸς ἐπόρισε καὶ τῶν cυντάξεων τῶν ἀπὸ Θράκης. Im Gegensatze zu den Geldern: ἃ αὐτὸς ἐπόρισε (d. h. Beutegeldern) steht αἱ cυντάξεις αἱ ἀπὸ Θράκης, die er sich also nicht selbst verschaffte, sondern ihm der Staat anwies, um damit sein Heer zu unterhalten. Ebenso wird aus der Syntaxis die Löhnung der Besatzung auf Andros zur Zeit des Bundesgenossenkrieges bestritten: ὅπως ἔχωcιν οἱ φρουροὶ οἱ ἐν Ἄνδρῳ μιcθὸν ἐκ τῶν cυντάξεων κατ' ἄνδρα παρὰ τῶν cυμμάχων κτλ. (Rangabé Nr. 393).

Der zweite Nachtrag betrifft eine Stelle aus Isokr. Areop. 2 (einer sicher nach 353 und wohl auch nach 346 verfassten Rede), die von Schaefer für seine Ansicht nicht angeführt ist, aber dieselbe entschieden zu bestätigen scheint. Isokrates sagt nämlich: Πολλοὺς ὑμῶν οἶμαι θαυμάζειν ἥντινά ποτε γνώμην ἔχων περὶ cωτηρίας τὴν πρόcοδον ἐποιηcάμην .... τῆς πόλεως πλείους μὲν τριήρεις ἢ διακοcίας κεκτημένης κτλ. ... ἔτι δὲ cυμμάχους ἐχούcης πολλοὺς μὲν τοὺς ἑτοίμους ἡμῖν, ἢν τι δέῃ, βοηθήcαντας, πολὺ δὲ πλείουc cυντάξεις ὑποτελοῦντας καὶ τὸ προcταττόμενον ποιοῦντας.

Nach diesem Satze wäre also der eine Theil der Bundesgenossen gern bereit gewesen den Athenern, sobald sie dessen bedürfen sollten, Hülfe zu bringen, d. h. er hätte im Kriegsfall Contingente zu stellen, der andere dagegen Syntaxeis zu zahlen und zu thun, was die Athener geboten. Nun ist es allerdings möglich, dass sich hierin, wie die Bundespolitik der Athener nach dem Bundesgenossenkrieg, so auch die Bundesverfassung geändert hatte, denn alle bisherigen Stellen gingen auf die Zeit vor diesem Kriege. Indessen haben Schaefer und Rehdantz wohl Recht, wenn sie annehmen, dass die Bundesverfassung in allen wesentlichen Momenten unverändert geblieben sei. Eine unmittelbare Erläuterung dieser Stelle wird zeigen, dass in der That auch in dieser Hinsicht keine Veränderung stattfand. Vor dieser Erläuterung dürfte es nicht unangemessen sein zur Darlegung der ungenauen Ausdrucksweise und Flüchtigkeit des Isokrates Folgendes zu bemerken: Isokrates sagt, die Athener hätten πολλοὺc cυμμάχουc und dann noch πολὺ πλείουc, wenige Paragraphen weiter aber: ἐοίκατε γὰρ οὕτω διακειμένοιc ἀνθρώποιc οἵτινες ἁπάcαc μὲν τὰc πόλειc τὰc ἐπὶ Θράκηc ἀπολωλεκότες, πλείω δὲ ἢ χίλια τάλαντα μάτην εἰς τοὺς ξένους ἀνηλωκότες ... τοὺς δὲ ἡμετέρους αὐτῶν cυμμάχους ἀπολωλεκότες (Areopag. 9—10). Also das 'viele' und 'noch viel mehr' Bundesgenossen an jener Stelle wird keine grosse Bedeutung haben, denn Isokrates widerspricht sich so weit, dass wenigstens aus ihm nichts Sicheres über die Zahl und Bedeutung der Bundesgenossen zu entnehmen ist. In der That kommt die letztere Stelle der Wahrheit näher als die erstere. Die Bundesgenossenschaft, welche den Athenern nach dem Bundesgenossenkriege geblieben war, bestand weder aus vielen, noch aus verhältnissmässig bedeutenden Städten. Daher waren die Bundesgenossen naturgemäss in ein solches Abhängigkeitsverhältniss zu Athen gerathen, dass Isokrates nicht ohne Grund sagen konnte, sie thäten das, was die Athener anordneten. Der Einfluss des Synedrions war damals, wie sich zeigen wird, ziemlich gering. Höchst wahrscheinlich wird jedes Mitglied der Bundesgenossenschaft cυντάξεις gezahlt haben. Es fragt sich dann aber, was man sich unter den zur andern Gruppe gehörigen Bundesgenossen zu denken hat. Ohne Zweifel stehen diese cύμμαχοι, welche keine cυντάξεις entrichten und politisch unabhängiger von Athen sind, aber bereitwillig im eintretenden Falle Hülfstruppen schicken, ausserhalb der in den alten Formen organisirten Bundesgenossenschaft und sind als cύμμαχοι in weiterm Sinne aufzufassen, d. h. als Verbündete, Staaten, mit denen Athen einen Bündniss- oder Freundschaftsvertrag geschlossen hatte. Die athenische Politik war damals auf den Abschluss solcher Verträge bedacht. Es schickten die Athener im Jahre 346 zu allen hellenischen Gemeinden Gesandtschaften, um mit ihnen enge Beziehungen anzuknüpfen und womöglich Schutz und Trutzbündnisse zu schliessen. Man scheint nach dem Bundesgenossenkriege in Athen weniger daran gedacht zu haben die kleine Bundesgenossenschaft zu vermehren — besonders da die vor kurzer Zeit abgefallenen Bundesstädte eine entschiedene Opposition gemacht hatten — als sich durch Bündnissverträge eine bereitwillige Hülfe von Verbündeten für den Fall eines Krieges zu sichern. Derartige Bündnissverträge schloss Athen z. B. mit den euboeischen Städten Chalkis, Eretria, Oreos. Vgl. Aesch. g. Ktes. 90—94: Χαλκιδέας μὴ cυνεδρεύειν Ἀθήνηcι, μὴ τελεῖν cυντάξειc, βοηθεῖν ἐάν τιc ἴῃ ἐπ᾽ Ἀθηναίουc κτλ. Oreos und Chalkis müssen ausserdem schwören: τὸν αὐτὸν Ἀθηναίοιc φίλον καὶ ἐχθρὸν νομίζειν, wodurch sich die Athener ihrer Hülfscontingente nicht nur für einen Defensiv-, sondern auch für einen Offensivkrieg versichern. Die Autonomie dieser Städte wurde dadurch in diesem Punkte wesentlich beeinträchtigt, doch ist zu beachten, dass dieselben durchaus nicht Mitglieder eines festorganisirten Bundesstaates waren, sondern sich zum eigentlichen athenischen Bunde etwa so verhielten wie die süddeutschen Staaten nach dem Jahre 1866 zum Norddeutschen Bunde.

2.

Die Höhe der Syntaxis einer Bundesstadt setzt der Vorort in einer Vereinbarung mit der betreffenden Bundesstadt in der Weise fest, dass ein dazu bestimmter athenischer Feldherr nach Kenntnissnahme der Einnahmen und der Hülfsquellen des betreffenden Staates die Höhe der Bundessteuer nach der für alle Bundesgenossen geltenden Quote des Vermögens bestimmt. Wenn sich die Bundesstadt zu hoch eingeschätzt glaubt und sich mit dem Strategen nicht einigen kann, so wird darüber von den betreffenden Behörden in Athen entschieden.

Da für den zweiten Bund in Bezug auf diesen Punkt sehr geringe direkte Quellenangaben vorliegen, so wird es, um ein ungefähres Bild von der Ansetzung der Bundessteuer zu haben, nicht unangemessen sein kurz auseinanderzusetzen, wie dieses im ersten Bunde geschah. Der Zweck einer solchen Darlegung wird um so weniger verfehlt sein, als die Athener in Bezug auf Verfassungsänderungen ausserordentlich conservativ waren. Ausserdem wird man durch Analogien aus dem ersten Bunde manche Andeutungen über diesen Punkt für den zweiten Bund besser verstehen und verwerthen können, während sie sonst ziemlich unbrauchbar wären. Diese Darstellung der Verfassung des ersten Bundes stützt sich zum grossen Theil auf die Untersuchungen Köhlers und beruht wesentlich auf erhaltenem Urkundenmaterial.

Um die Höhe der Bundessteuer anzusetzen, war natürlich eine Schätzung des Grund und Bodens und der Einkünfte einer jeden Stadt erforderlich. Aristides wurde beauftragt die ersten Steuersätze zu machen „ἐπιcκεψάμενον χώραν τι καὶ προcόδουc". (Plut. Arist.

24.) Da das Vermögen sich ändern konnte, so fand mit Rücksicht darauf alle 5 Jahre eine neue Schätzung des Vermögens statt. Zu diesem Zwecke setzte der Demos eine Commission von Mitgliedern (τακταί genannt) ein (vgl. Köhler S. 60 fg.), welche in fünf Abtheilungen von je zwei Mitgliedern in die fünf Steuerdistrikte ging, das Vermögen jeder Bundesstadt feststellte und demgemäss die Höhe der Bundesbeisteuer nach einer für alle Bundesgenossen festgesetzten Quote des Vermögens bestimmte.

Die Feststellung des Vermögens war die Hauptsache, denn daraus ergab sich unmittelbar die Summe der jährlich zu zahlenden Bundessteuer. Zunächst gab die Bundesstadt ihr Vermögen durch Selbstschätzung an, acceptirten die τακταί diese Angabe, so war damit diese Bundesstadt eingeschätzt, vorbehaltlich der Bestätigung der Bule und, was indessen nicht mit Sicherheit anzunehmen ist, der zur endgültigen Prüfung der Phoros-Ansätze gewählten 500 Dikasten. Diese Städte sind die in den Phoroslisten aufgeführten πόλεις αὐταὶ φόρον ταξάμεναι. Gaben sich die τακταί nicht mit der Selbsteinschätzung zufrieden, sondern nahmen selbst eine Schätzung vor, so hiessen die Städte, welche gegen diese Taxe keinen Recurs erhoben: πόλεις, ἃc ἔταξαν οἱ τακτοί.

Wurde Recurs erhoben, so ging die Sache an den Senat, in welchem auch Privatleute Vorschläge machen konnten, und zuletzt an die 500 vom Demos erwählten Dikasten, welche für den Demos, der seine gesetzgebenden Functionen gewöhnlich durch Commissionen ausübte, endgültig entschieden. Daher die Rubriken: πόλεις, ἃc ἡ βουλή, ἢ ὁ δεῖνα ἐγγραμμάτευεν ἔταξεν, ferner πόλεις ἃc οἱ ἰδιῶται ἐνέγραψαν φόρον φέρειν, oder endlich 'πόλεις, ἃc ἡ βουλὴ καὶ οἱ πεντακόcιοι οἱ δικαcταὶ ἔταξαν'.

Da der zweite Bund lange nicht die Ausdehnung des ersten hatte, so konnten hier die Strategen das Amt der τακταί übernehmen. Dass dieses höchst wahrscheinlich der Fall war, geht aus der Rede g. Theokr. 37 fg. hervor. Ebenso kann man aus dieser Stelle schliessen, dass das Recursverfahren dem im ersten Bunde ähnlich war. Der Redner legt hier den Abfall der Aenier (ungefähr im Jahre 341) dem Theokrines und seinem Genossen Charinos zur Last, weil sie gegen einen Beschluss des athenischen Demos, der den Tribut der Aenier so normirte, wie sie ihn mit dem Strategen Chares abgemacht hatten, die γραφὴ παρανόμων einbrachten, wodurch sich diese Angelegenheit so in die Länge zog, dass die Aenier, denen jener Volksbeschluss offenbar die Bundesbeisteuer herabsetzte, abfielen. πυνθανόμενοι Αἴνιοι γεγράφθαι τὸ ψήφιcμα παρανόμων, ὃ πρότερον Χαρῖνος ἐγράψατο, τοῦτο περὶ cυντάξεως, ὃ Θουκιδίδης εἶπε, καὶ πέρας τῶν πραγμάτων οὐδὲν γιγνόμενον, ἀλλὰ τὸν μὲν δῆμον cυγχωροῦντα, τὴν cύνταξιν διδόναι τοὺς Αἰνίους, ὅcην Χάρητι τῷ cτρατηγῷ cυνεχώρηcαν, τοῦτον τὸν μιαρόν κτλ.

3.

Athen verwaltet die von den Bundesgenossen als Beisteuer zu zahlenden Summen, es setzt die Ausgabeposten fest und zahlt an die Strategen und die andern Beamten die erforderlichen Gelder oder weist ihnen dieselben unter gewissen Bedingungen zur Erhebung und sofortigen Verausgabung an. Wenn die Athener die Erhebung der Syntaxis nicht selbst vornehmen lassen, so haben die Bundesgenossen ihre Steuer nach Athen abzuführen.

Aus denselben Gründen wie vorher wird es auch hier geeignet sein die bezüglichen Verhältnisse des ersten Bundes anzuführen.

Die gesetzgebende Gewalt übt, als Herr der ganzen Staatsleitung, der Demos aus, er entscheidet definitiv über den von der Bule entworfenen Staatshaushalt. Es werden daher im ersten Bunde ψηφισαμένου τοῦ δήμου τὰ δεῖνα χρήματα aus der athenischen Staatskasse und aus den Bundesgeldern zur Verausgabung an die Feldherren angewiesen. Oder es heisst ἔδοξε τῇ βουλῇ καὶ τῷ δήμῳ τά τε παρὰ τοῖς Ἑλληνοταμίαις ὄντα zu verausgaben εἰς κτλ. (Boeckh C. I. gr. I. Nr. 76). Die oberste Verwaltungsbehörde der Finanzen ist die Bule, welche auch hier die Vorberathung hat und mit der Sorge für die Ausführung der Volksbeschlüsse beauftragt ist (Boeckh Sth. II, 3). Die Empfangnahme der bundesgenössischen Gelder und deren Verwaltung war zunächst der besondern Behörde der 10 Hellenotamien (vgl. Thuk. I, 96) übertragen. Der Demos wählte sie aus allen athenischen Bürgern ohne Rücksicht auf die Phylen; als Beisitzer fungirten 20 πάρεδροι. Als die Bundeskasse von Delos nach Athen kam und die Geschäfte immer ausgedehnter wurden, übertrug man die Empfangnahme des Phoros einer besondern Behörde, den ἀποδέκται, welche in Gegenwart der Prytanen von den zu den grossen Dionysien nach Athen kommenden Bundesgenossen den Phoros in Empfang nahmen.

Die Kassenverwaltung blieb der Hauptsache nach den Hellenotamien, an sie gingen die Gelder, welche zu den laufenden Ausgaben bestimmt waren. Ueberschüssige Summen wurden den Schatzmeistern des Staatsschatzes im Opisthodomos des Parthenon (ταμίαι τῆς θεοῦ oder ταμίαι τῶν ἱερῶν χρημάτων τῆς Ἀθηναίας) überliefert.

Die Hellenotamien zahlten an die Feldherren die angewiesenen Summen (Rangabé Nr. 120—222). Für Ausgaben, die sie mit ihrer Kasse nicht bestreiten konnten, erhielten sie Anweisungen aus der Staatskasse. Im höchsten Nothfalle wurde bei dem Tempelschatze der Athener eine Anleihe gemacht.

Als Controllbehörde der ganzen Finanzverwaltung und im Besondern auch der bundesgenössischen Gelder fungirte die Commission „der 30" (οἱ τριάκοντα), die Logisten, welche die Oberrechnungskammer bildeten und die Decharge ertheilten. Die Logisten berechneten auch die Quote von $\frac{1}{60}$ des Phoros, welche an den Schatz der Göttin abzuführen war. Die Listen dieser von den Logisten berechneten Quoten sind erhalten und unter dem Namen Tributlisten bekannt. Solange ein Synedrion der Bundesgenossen bestand, war demselben von der Finanzverwaltung Rechenschaft abzulegen.

Manches von diesem Verwaltungsschema mag auch im zweiten Bunde wiedergekehrt, an Stelle der Hellenotamien mag ein anderes Collegium von dem Namen nach verschiedenen Beamten getreten sein. Fest steht es, dass es wieder eine besondere Kasse und Verwaltung der bundesgenössischen Gelder gab. Das Psephisma über die athenischen Besitzungen im bundesgenössischen Gebiete bestimmt V. 45, dass die Anzeige dem Synedrion zu machen sei, dass der Process vor Athenern und Bundesgenossen geführt werde, und dass die Hälfte der Strafsumme, zu welcher der Schuldige verurtheilt wird, dem Kläger, die andere Hälfte der gemeinsamen Kasse der Bundesgenossen anheim fallen soll (κοινόν ἔςτω τῶν ςυμμάχων). Die Einnahmen dieser Kasse werden, wie aus dem Fragment eines Volksbeschlusses hervorgeht, wie im ersten Bunde, auf der ςτήλη τῶν κοινῶν προςόδων verzeichnet. Aehnlich wie in dem obigen Psephisma wird in einem andern aus dem Jahre 357 (Rangabé Nr. 392) bestimmt, dass gewisse Strafsummen für Vergehen gegen ein Bundesgesetz „εἰς τὸ κοινὸν τῶν ςυμμάχων" zu zahlen seien. In diese Kasse flossen offenbar auch die Syntaxeis, sie wurde, wie man aus der Stellung Athens als der obersten Verwaltungsbehörde des Bundes und nach Analogie des ersten Bundes schliessen kann, von athenischen Behörden verwaltet.

Ob eine Rechnungsablegung vor dem Synedrion erfolgte, ist aus dem Quellenmaterial nicht zu erkennen, jedoch wahrscheinlich, weil sonst die Athener mit den Bundesgeldern ganz nach Willkür hätten schalten können. Dass zu den laufenden Ausgaben Athen allein die nöthigen Summen anwies, folgt aus einigen Volks- und Senatsbeschlüssen, welche über Verwendung von ςυντάξεις zur Unterhaltung von Heeresabtheilungen bestimmen. Vgl. den Volksbeschluss aus dem Jahre 356 bei Rang. Nr. 393: Ἔδοξε τῇ βουλῇ καὶ τῷ δήμῳ. Λύςανδρος εἶπε. Ὅπως ἂν ἀναλγεῖς ὦςι τῷ δήμῳ τῷ Ἀθηναίων καὶ τῷ δήμῳ τῶν Ἀνδρίων καὶ ἔχωςιν οἱ φρουροὶ οἱ ἐν Ἄνδρῳ μιςθὸν ἐκ τῶν ςυντάξεων κατ' ἄνδρα παρὰ τῶν ςυμμάχων κτλ. . . . Εἰςπράξαι δὲ καὶ τὰ ἐγ . . . . χρήματα Ἀρχέδημον κτλ. Vgl. ferner das Fragment des Volksbeschlusses bei Rang. Nr. 398, Ap. g. Tim. 11—49. Isokr. v. Umtausch 109: εἰς μὲν τὸν περίπλουν τὸν περὶ Πελοπόννηςον τριςκαίδεκα μόνον τάλαντα δούςης αὐτῷ τῆς πόλεως καὶ τριήρεις πεντήκοντα.

Zu der Flotte des Timotheus gehörten ohne Zweifel bundesgenössische Contingente oder sie war wenigstens eine Flotte des athenischen Bundes, zu der also Gelder aus den Syntaxeis gezahlt wurden, die 13 Talente kamen daher zum Theil aus der Kasse der bundesgenössischen Gelder. Dem. v. Chers. 23: εἰ γὰρ μήτε εἰcοίcετε ..... μήτε cυντάξεις Διοπείθῃ (dem Strategen auf dem Chersones) δώcετε (ὦ ἄνδρες Ἀθηναῖοι) .. οὐκ ἔχω, τι λέγειν. Was die Empfangnahme der Syntaxeis betrifft, so wurden sie entweder von Athen direkt durch einen Strategen erhoben oder, was das Gewöhnliche war, von den Bundesgenossen nach Athen gebracht. Das Letztere fand im ersten athenischen Bunde fast ausschliesslich statt, nur in gefahrvoller Zeit liess man die Phoroi durch Kriegsschiffe abholen. Es würde dem Vororte zu viele Umstände gemacht haben und für die Bundesstädte mit manchen Unannehmlichkeiten verbunden gewesen sein, wenn die Athener selbst in der Regel Beamte und Schiffe zur Erhebung der Gelder herumgeschickt hätten. Eine bestimmte Angabe, dass die Bundesgenossen ihre cυντάξεις selbst nach Athen brachten, findet sich Plut. Phok. 7. Es wird hier erzählt, wie Phokion nach der Schlacht bei Naxos ἐπὶ τὰς νηςιωτικὰς cυντάξεις gesandt wird, nicht zur Erhebung derselben, sondern zum Schutze der bundesgenössischen Schiffe, welche die Syntaxeis nach Athen bringen sollten. Phokion kam von seiner Sendung zurück μετὰ πολλῶν νεῶν, ἃς ἀπέστειλαν οἱ cύμμαχοι τὰ χρήματα τοῖς Ἀθηναίοις κομίζοντες. Es kommen Fälle vor, dass einem Feldherren die Bundessteuern des Bezirks, in dem er operirt, gleich zur Erhebung und Verwendung angewiesen werden, denn es wäre in diesem Falle eine unnütze Weitläufigkeit gewesen, die Gelder erst nach Athen zu schicken und von da zurück wieder zum Strategen. So erhält im Frühjahre 373 Timotheos die Anweisung auf die Syntaxeis einer Reihe von Inseln, um damit seine Flottenkasse zu füllen und die Seeleute zu besolden. Timotheos muss die Steuern selbst erheben (τὰ δὲ χρήματα ἐξέλεξας ἐκ τῶν cυμμάχων. Ap. g. Tim. 49). Aehnlich Isokr. v. Umtausch 111 und 113. Apollod. g. Polykl. 53. Vgl. den Volksbeschluss, der den Feldherren Chares, Charidemos, Phokion die Syntaxeis auf Lesbos zuertheilt, bei Rang. Nr. 398. Ein anderer Volksbeschluss beauftragt einen gewissen Archedemos, wahrscheinlich einen Strategen, mit der Erhebung von Bundesgeldern, die er dann dem Strategen auf Andros zur Besoldung der dortigen Besatzung übergeben soll: Εἰσπρᾶξαι δὲ καὶ τὰ ἐγ ..... χρήματα Ἀρχέδημον τὰ ὀφειλόμενα τοῖς στρατιώταις .... καὶ παραδοῦναι τῷ στρατηγῷ ἐν Ἄνδρῳ κτλ. Apollod. g. Polykl. 10 führt als Zeugen an: οἵτε τὰ στρατιωτικὰ (d. h. die cυντάξεις) εἰσπράττοντες καὶ οἱ ἀποστολεῖς. Es werden damit offenbar die athenischen Beamten bezeichnet, welche in den vorkommenden Fällen unmittelbar die Erhebung der Bundessteuern zu besorgen hatten. νῆες ἀπόστολοι heissen die Schiffe, welche zur Einbringung oder Erhebung der Bundessteuern dienen. Vgl. Plut. Phok. 11. Ps. Plut. Demosth. S. 846 A. Rehdantz Vit. Iph. S. 61. Im ersten athenischen Bunde nannte man die Kriegsschiffe, welche in Zeiten der Gefahr mit der Erhebung der Phoroi beauftragt waren νῆες ἀργυρολόγοι. Vgl. Thuk. II, 19. IV, 50. IV, 75.

4. Rechnungsablegung für eingenommene und verausgabte Bundesgelder.

Solange im ersten Bunde die Bundesgenossenschaft autonom war, fand eine Rechnungsablegung des Vorortes vor der Vertretung der Bundesgenossen statt. Nach der Auflösung des Bundesrathes übernahm die athenische Oberrechnungskammer die Dechargirung. Für den zweiten Bund fehlen die Nachrichten, doch ist schon darauf hingewiesen, dass eine Rechnungsablegung vor dem Synedrion grosse Wahrscheinlichkeit hat. Die Feldherren, welche Syntaxeis zur Erhebung und sofortigen Verwendung erhalten hatten, mussten darüber Rechnung führen und dieselbe den competenten athenischen Behörden zur Prüfung vorlegen. Vgl. Ap. g. Tim. 49: ἐκ γὰρ τῶν κοινῶν cυντάξεων ἡ μιcθοφορὰ ἦν τῷ cτρατεύματι, τὰ δὲ χρήματα cὺ ἅπαντα ἐξέλεξας ἐκ τῶν cυμμάχων καὶ cὲ ἔδει λόγον ἀποδοῦναι κτλ. ἐν τῷ λόγῳ ἀπήνεγκεν αὐτοῖς δεδωκὼς εἰς τὰς ναῦς τὰς ἑπτὰ μνᾶς.

5. Die Höhe der Einnahmen und Ausgaben der Bundeskasse.

Bei der Berechnung der Einnahmen der Bundeskasse ist auch Athens Beisteuer zu dem, was durch die bundesgenössischen Gelder bestritten wurde, d. h. also zur Kriegsmacht, mit in Rechnung zu ziehen. Wenn auch die von Athen für sich zur Kriegsführung ausgesetzten Gelder vielleicht nicht von den Beamten der Bundeskasse verwaltet wurden und sogar höchst wahrscheinlich nicht in die Kasse flossen, welche als κοινὸν τῶν cυμμάχων bezeichnet wird, so trug dennoch Athen zu Bundeszwecken bei. Der Bund hatte den Zweck die Autonomie und die Sicherheit seiner Mitglieder gegen auswärtige Angriffe zu schützen. Zu diesem Ende musste der Bund eine bedeutende Kriegsmacht und im Besondern zur Sicherung des Seefriedens eine starke Flotte unterhalten. Stellte nun der athenische Staat bedeutende Contingente zu derselben, erhob er von seinen Bürgern grosse, wesentlich zur Kriegsführung bestimmte, direkte Vermögenssteuern (εἰσφοραί), so muss man diese Leistungen, sofern man Athen in seiner Stellung als Vorort und als ein Element des Bundes betrachtet, bei einer Uebersicht der Einnahmen und Ausgaben des Bundes mit in Betracht ziehen. Diese Auffassung von den Flottencontingenten und den Kriegsgeldern, welche der athenische Staat selbst aufbrachte, blickt auch aus der Aeusserung der korkyraeischen Gesandten bei Xen. Hell. VI, 2, 9 hervor, in welcher es heisst, dass die Leistungen der Korkyraeer, Mitgliedern des Bundes, nur denen der Athener nachständen: ἐξ οὐδεμιᾶς γὰρ πόλεως πλὴν Ἀθηνῶν οὔτε ναῦς οὔτε χρήματα πλείονα ἂν γενέσθαι.

Demnach wurden die Geldmittel zur Unterhaltung der Kriegsmacht der Athener und ihrer Bundesgenossen aufgebracht durch: 1) Steuern der Athener (εἰσφοραί und andere Leistungen der Bürger wie Trierarchie u. s. w.); 2) Bundesbeiträge der Bundesgenossen; 3) das, was die Strategen sich selbst im Kriege erwarben (Beute, Plünderungszüge, Contributionen). Vgl. Dem. v. Chers. 23: εἰ γὰρ μήτε εἰσοίσετε μήτε αὐτοὶ στρατεύεσθε, μήτε τῶν κοινῶν ἀφέξεσθε, μήτε τὰς συντάξεις Διοπείθη (dem Strategen auf dem Chersonesos) δώσεσθε, μήτε ὅς᾽ ἂν αὐτὸς αὑτῷ πορίσηται ἐάσατε οὐχ ἔχω τι λέγειν. Diopeithes verschafft sich, wie schon vor ihm andere Strategen, in diesem Falle auch so Geldmittel, dass er Schiffe der mit Athen nicht besonders stehenden Küstenstädte Kleinasiens und der (damals nicht mehr bundesgenössischen) Chier unter dem Vorwande der Entschädigung für Geleit und Schutz gegen Seeraub zu Geldzahlungen zwingt.

Besonders erfindungsreich in Hinsicht auf Mittel und Wege, sich Geld zu verschaffen, waren Timotheos und Iphikrates. Es gelang ihnen ohne Schädigung der Bundesgenossen und Verbündeten oft genug ihren Zweck zu erreichen. So vermiethet Iphikrates ganze Abtheilungen als Feldarbeiter (Xen. Hell. VI, 2, 37). Timotheos gab seinen Kriegern, wenn die Kasse ganz leer war, Stückchen Schmiedeeisen mit seinem Namenszuge als Löhnung. Diese Stückchen Eisen wurden als Geld von einer Reihe von Kaufleuten angenommen, mit denen Timotheos einen Contrakt geschlossen hatte, wonach er sich verpflichtete diese Marken als Zahlungsmittel für Beutestücke wieder einzulösen.

Das Heer lebte oft wesentlich von dem, was auf Streifzügen in Feindesland erbeutet war. Vgl. Polyän. III, 10, 1 fg. IV, 10, 2. Ps. Aristot. Oik. II, 23. Im Jahre 365 nahm Timotheos Samos nach zehnmonatlicher Belagerung οὔτε πλέον οὔτε ἔλαττον παρ᾽ ὑμῶν λαβὼν οὔτε παρὰ τῶν συμμάχων ἐκλέξας .... ἐκ τῆς πολεμίας μισθὸν ἀπέδωκε allen seinen 2000 Peltasten, dann Ποτίδειαν εἷλεν ἀπὸ τῶν χρημάτων, ὧν αὐτὸς ἐπόρισε καὶ τῶν συντάξεων τῶν ἀπὸ Θρᾴκης. Vgl. Isokr. v. Umtausch 109 und 111. Auch Lösegeld für Gefangene war bisweilen eine recht bedeutende Geldquelle. Aus Diod. XV, 47, 7 (vgl. Xen. Hell. VI, 2, 36) ist ersichtlich, wie hoch in jener Zeit ungefähr das Lösegeld war. Iphikrates nahm neun Trieren mit der ganzen Mannschaft. Das Lösegeld, für welches die Korkyraeer Bürgschaft übernahmen, betrug 60 Tal., d. h. wenn man die Bemannung der Triere nach dem gewöhnlichen Satze auf 200 Mann veranschlagt, im Durchschnitt 2 Minen pro Kopf. Wie beträchtlich die Beute nach einem recht glücklichen Feldzuge war, ergiebt sich daraus, dass Chabrias nach dem siegreichen Feldzug von 376/5 eine wohlerworbene Beute im Werthe von 110 Tal. nach Hause brachte. Vgl. Dem. g. Lept. 77.

Ausser durch Beutezüge, und Erlös von Gefangenen verschaffte man sich auch dadurch Geld, dass man von feindlichen oder mit dem Feinde in Beziehung stehenden Gemeinden Kriegscontributionen erhob. Es ist bereits früher dargelegt, in welcher Weise dieses geschah und wie Thrasybulos dabei seinen Tod fand. Für die Erhebung von Contributionen giebt Xen. Hell. VI, 3, 38 Beispiele. Iphikrates segelt von Korkyra mit der Flotte nach den lakedaemonischen (d. h. feindlichen) Küsten hin. Πρῶτον μὲν εἰc Κεφαλληνίαν πλεύcαc χρήματα ἐπράξατο, τὰ μὲν παρ' ἑκόντων τὰ δὲ παρ' ἀκόντων. Diese kephallenischen Städte waren kurz vorher bekriegt und unterworfen worden (VI, 2, 33). Ἑκόντων ist hier in dem an einer frühern Stelle besprochenen Sinne aufzufassen, dass die Städte keinen Widerstand leisteten, es auf die Anwendung von Zwangsmitteln zur Realisirung der Forderung nicht ankommen liessen. Es ergiebt sich dieses aus dem folgenden Satze, der das ganze Verfahren noch deutlicher zeigt: Ἔπειτα παρεcκευάζετο τὴν τε τῶν Λακεδαιμονίων χώραν κακῶc ποιεῖν καὶ τῶν ἄλλων τῶν κατ' ἐκεῖνα πόλεων πολεμίων οὐcῶν τὰc μὲν ἐθελούcαc παραλαμβάνειν, ταῖc δὲ μὴ πειθομέναιc πολεμεῖν. Es sind feindliche Städte, von denen diese Contributionen einzutreiben sind, gaben sie nicht auf die einfache Forderung die verlangten Summen, so schritt man zu Zwangsmitteln, eröffnete die Feindseligkeiten, blokirte die Stadt und plünderte ihr Gebiet.

Unvergleichlich höher im Allgemeinen als die Summen, welche der Stratege sich verschaffte, waren diejenigen, welche der Staat selbst seinen Heeren gab und für die Kriegsmacht überhaupt verbrauchte. Athen reichte mit den gewöhnlichen Staatseinnahmen nicht aus. Schon in der Blüthezeit Athens, in den ersten Jahren des poloponnesischen Krieges hatte man direkte, ausserordentliche Vermögenssteuern (εἰcφοραί) ausschreiben müssen. Im ersten Jahre des neuen Bundes, im Archontenjahre des Nausinikos (378/7) wurde auf Grund eines reorganisirten Schätzungs- und Steuersystems eine grosse direkte Vermögenssteuer ausgeschrieben. Nach Grote betrug die Summe aller Eisphorai von 378/7—355/4 300 Tal., Boeckh und Schaefer haben aber entschieden Recht, wenn sie annehmen diese 300 Tal. seien allein im Archontenjahre des Nausinikos ausgeschrieben und in Theilzahlungen im Laufe der nächsten Jahre erlegt worden[1]). Da das eingeschätzte Steuerkapital Attikas damals 5750 Tal. betrug (Polyb. II, 62 und Boeckh a. O.), so belief sich die Vermögenssteuer von 378/7 auf circa 5% desselben. Die Eisphorai von 176/5—166/5 machten 10% des eingeschätzten Vermögens aus, d. h.

---

[1]) Vgl. Grote deutsch von Meissner X, 150 fg. Thirlwall Hist. of Gr. V, 45 fg. Boeckh Sth. I, S. 667 fg. Schaefer, Dem. u. s. Z. I, S. 20 fg.

ungefähr 600 Tal. Vgl. Schaefer, Dem. u. s. Z. I, S.20, Anm. 1 und S. 21 Anm. 1. Diese Summen wurden vollständig vom Kriege und den grossen Rüstungen verschlungen.

Nach Diod. XV, 29 wollte man aufstellen: 200 Trieren, 20,000 Fussgänger, 500 Reiter. Nach Polyb. II, 62: 100 Trieren, 10,000 Landtruppen. Schaefer acceptirt die letztere Zahl, Grote X, S. 151 und Thirlwall V, S. 51 die erstere. Grote meint, es sei dieses die festgesetzte Stärke der Kriegsmacht Athens und seiner Bundesgenossen gewesen. Jährlich sollte eine bestimmte Anzahl von Schiffen gebaut werden. Vgl. Schaefer, Dem. u. s. Z. S. 21 und 22. Nach der Zahl der Schiffe, welche die Athener im Sommer 376 in See hatten, nämlich 83, worunter sich ohne Zweifel noch manche alte Trieren befanden (Schaefer, Dem. u. s. Z. S. 21 Anm. 3), erbaute man wohl, da der Bau Herbst 378 anfing, jährlich ungefähr 30 Schiffe. Vgl. Rangabé, Antiqu. hell. I S. 349.

Die Kosten für diese Schiffsbauten und die nöthigen Hafenanlagen, Schiffsgeräthe u. s. w. werden sich jährlich auf wohl 80 Tal. belaufen haben. Zur vollständigen Ausrüstung der 100 Trieren, die innerhalb eines Zeitraumes von circa $3\frac{1}{2}$ Jahren erfolgt sein muss, verbrauchte man ohne Zweifel beinahe die 300 im Jahre 378/7 ausgeschriebenen Talente. Dazu kamen aber innerhalb desselben Zeitraumes die viel grösseren Ausgaben an Besoldung und Verpflegung (μισθός und σιτηρέσιον), welche hauptsächlich dazu beitrugen, dass schon im Frühjahre 374 die Athener empfindlich an Geldmangel litten.

Ende 376 bis Frühjahr 374 operirte in den westlichen Gewässern Timotheos mit einer Flotte von 50 Trieren, die sich zuletzt bis auf 90 steigerte, dazu kam die Flotte des Chabrias in den östlichen Meerestheilen. Kurz es waren mindestens 2 grössere Flotten von wenigstens zusammen 80 Schiffen ein und ein halbes Jahr lang zu unterhalten. Da die Bemannung dieser Seemacht über 30,000 Köpfe betrug und im Durchschnitt der Mann täglich mindestens 4 Ob. erhielt (Boeckh Sth. I S. 296), so belief sich die Ausgabe für Löhnung täglich auf 20,000 Drachmen oder $3\frac{1}{2}$ Tal., monatlich auf 100 Tal., jährlich, das Jahr zu 8 Kriegsmonaten gerechnet, auf 800 Tal. Nimmt man die vielen andern kleinen Abtheilungen und Besatzungen hinzu, so wird die Summe von 1000 Tal. in einem und einem halben Jahre für die Unterhaltung der Mannschaften eher zu gering als zu hoch gegriffen sein. Beliefen sich die gleichen Ausgaben vom Sommer 378 bis Ende 376 und die für den Flottenbau bis Frühjahr 374 auf ebenfalls tausend Talente, so waren in diesen vier Jahren (378 bis 374) ungefähr zweitausend Talente für die Kriegsmacht und Kriegführung aufzubringen, d. h. jährlich über fünfhundert. Bei solchem Aufwande darf es nicht Wunder nehmen, dass am Ende des Jahres 376 trotz der glücklichen Kriegsführung die Staatskasse in Athen so leer war, dass man nach einer Angabe des Isokrates (v. Umt. 120) dem Timotheos für seine Flotte von fünfzig Trieren nicht mehr als dreizehn Talente mitgeben konnte. Vgl. Xen. Hell. V, 4, 63. Isokr. v. Umtausch 120. Schaefer, Dem. u. s. Z. I, S. 45. Zu den fünfhundert Talenten mögen, was sich aus einer späterhin zu gebenden Berechnung der ungefähren Gesammtsumme der Syntaxeis folgern lässt, von der damaligen Bundesgenossenschaft an Syntaxeis ungefähr zweihundert Talente beigetragen und hundert Talente mit den Beutegeldern bestritten sein. Ungefähr zweihundert Talente brachten also die Athener auf. Diese Summe von zweitausend Talenten, welche die Kriegsführung von 378 bis 374 kostete, steht in richtigem Verhältnisse zu der Summe, welche nach bestimmten Angaben für den Bundesgenossenkrieg vom Sommer 357 bis Frühjahr 355 und den gleichzeitig wenn auch mit schwachen Mitteln mit Philippos von Makedonien geführten Krieg verausgabt wurde. Im Jahre 357 hatten die Athener eine Hauptflotte von sechzig Trieren in See. Es waren also monatlich 40 Tal. für die 12,000 Köpfe der Bemannung an Kostgeld und Sold auszugeben, so dass in den fünf bis sechs Kriegsmonaten dieses Jahres die Ausgabe für diese Eine Flotte ungefähr 200 Tal. betrug. Dazu kommt ohne Zweifel eine Anzahl kleinerer Geschwader und Abtheilungen, durch welche die Gesammtausgabe mindestens auf 300 Tal. steigen dürfte. Im Jahre 356 waren 120 Trieren zu einer grossen Flotte vereinigt, welche bis zum Hochsommer, wo der persische Satrap Artabazos die Löhnung übernahm, ungefähr 500 Tal. kosten mussten. Ein und ein halbes Kriegsjahr verschlang, wenn man die Summen einrechnet, die Pharnabazos gab und in Rechnung zieht, dass bis zum Frieden eine grosse Kriegsmacht unterhalten wurde, 1200 Tal. Demosthenes nimmt keine zu hohe Summe an, wenn er behauptet (Ol. III, 32), dass vom Jahre 351 bis zum Jahre, in welchem er spricht, d. h. bis 349, für den Krieg wirklich 1500 Tal. ausgegeben seien. (Vgl. Aesch. v. d. Trugges 70.) Der dritte oder vierte Theil der Kriegskosten wurde ohne Zweifel durch das, was sich der Feldherr selbst verschaffte (Beutezüge, Contributionen), aufgebracht, denn es beliefen sich wohl die gesammten Kriegskosten auf mindestens 2000 Tal. Dem. Ol. III, 32: Πλείω δὲ ἢ χίλια καὶ πεντακόσια τάλαντα ἀνηλώκαμεν εἰς οὐδὲν δέον. Aeschines giebt v. d. Trugges 70 an, dass die Kriegsführung des Chares in diesen Jahren der Stadt 1500 Tal. und 150 Kriegsschiffe gekostet habe. Isokrates meint in der areopagitischen Rede (gehalten nach dem Jahre 353), dass πλείω ἢ χίλια τάλαντα μάτην auf die Söldner verwandt seien (Areop. 9). Es war natürlich, dass unter solchen Umständen, da beinahe unausgesetzt grössere Kriege geführt wurden, fortwährende Geldnoth herrschte. Man braucht durchaus nicht zur Erklärung der Geldnoth in den athenischen Staatskassen die hoch gegriffenen Angaben des Demosthenes über die

schwächeren Bundesstädte den Athenern verblieben waren, so belief sich dennoch die Zahl der Bundesgenossen immerhin ungefähr auf fünf und zwanzig. Dazu gehörten die euboeischen Städte, welche nach Maassgabe dessen, was Eretria und Oreos jährlich zahlten, zusammen wenigstens 30 Tal. entrichten mussten. Kallias rechnet bei Aesch. g. Ktes. 95 seinem Zwecke nach eine hohe Summe ansetzend, dass alle euboeischen Städte als Mitglieder eines euboeischen Städtebundes unter der Führung von Chalkis 40 Tal. an Beisteuern aufbringen würden. Ausser den euboeischen Städten gehörten, wie sich späterhin ergeben wird, noch 15 bis 17 andere Gemeinwesen dem Bunde an. Zahlten nun diese im Durchschnitt nur je 4 Tal. — Andros, Thasos und andere Mitglieder trugen wohl die drei bis vierfache Summe bei — so würde sich bis zum Jahre 349/8, in welchem die euboeischen Städte verloren gingen, die Gesammtsumme der Syntaxeis auf mindestens 90 Tal. belaufen haben. Es erheben sich daher schwere Bedenken die von Demosthenes angegebenen 45 Tal. als die Gesammtsumme der Syntaxeis zu betrachten, die im Jahre 355/4 eingehen sollten, aber bereits im Voraus erhoben waren. Man darf auch die 45 Tal. nicht als diejenige Summe auffassen, welche in Folge der Schädigungen durch den eben erst beendigten Bundesgenossenkrieg von den fälligen 90 Tal. thatsächlich nur einging. Nach der gewöhnlichen Auffassung der Stelle waren die 45 Tal. als die gesammte Bundessteuer bereits im Voraus wirklich erhoben. Ausserdem ist die Wirkung des Bundesgenossenkrieges auf das Eingehen nicht zu hoch anzuschlagen. Die Bundessteuer war niedrig, und unmöglich kann das Vermögen der Bundesstädte während eines und eines halben Kriegsjahres bis auf die Hülfte gesunken sein, so dass nach der gewöhnlichen, allgemeinen Quote nur 45 Tal. zu fordern waren. Betrug aber die Gesammtsumme der Syntaxeis mehr als 45 Tal., so ist nicht abzusehen, warum dieselbe nicht in dieser Zeit, da See-Friede war, wie gewöhnlich einkommen konnte. Lassen wir zunächst diese Stelle auf sich beruhen und gehen zu einer andern Angabe über, die Aeschines in Bezug auf die Gesammtsumme der Syntaxeis macht.

Es heisst v. d. Trugges 70: Βούλομαι δ' ὑμᾶς καὶ τοὺς καιροὺς ὑπομνῆσαι ἐν οἷς ἐβουλεύεσθε κτλ. beim Frieden des Philokrates im Jahre 346 — — — τὴν μὲν ἀρχὴν τοῦ πολέμου ἐποιησάμεθα ὑπὲρ Ἀμφιπόλεως, συνέβαινε ἡμῶν τὸν στρατηγὸν ἐν τῷ πολέμῳ ἑβδομήκοντα καὶ πέντε πόλεις συμμαχίδας ἀποβεβληκέναι, ἑκατὸν καὶ πεντήκοντα τριήρεις δὲ λαβόντα ἐκ τῶν νεωρίων μὴ κατακεκομικέναι, χίλια καὶ πεντακόσια τάλαντα δὲ οὐκ εἰς στρατιώτας ἀλλ' εἰς ἡγεμόνων ἀλαζονείας ἀνηλωκέναι, Διάρην τε καὶ Δηίπορον καὶ Πολυφόντην, δραπέτας ἀνθρώπους ἐκ τῆς Ἑλλάδος συνειλεγμένους καὶ χώρας εἰς τοὺς περὶ τὸ βῆμα καὶ τὴν ἐκκλησίαν μισθοφόρους οἳ τοὺς μὲν ταλαιπώρους νησιώτας καθ' ἕκαστον ἐνιαυτὸν εἰσέπραττον ἑξήκοντα τάλαντα σύνταξιν, κατῆγον δὲ πλοῖα καὶ τοὺς Ἕλληνας ἐκ τῆς κοινῆς θαλάττης[1]), οἱ μὲν καιροὶ τῆς πόλεως τοιοῦτοι ἦσαν, ἐν οἷς οἱ περὶ τῆς εἰρήνης ἐγένοντο λόγοι. Zunächst wird sich fragen, ob die sechzig Talente während des Bundesgenossenkrieges jährlich eingetrieben wurden oder nach demselben in den nächsten Jahren vor dem Frieden des Philokrates und zur Zeit desselben. Aus mehreren Stellen ergiebt sich, dass Aeschines unzweifelhaft den Zustand der Stadt und die Verhältnisse nach Beendigung des Bundesgenossenkrieges schildern will. Οἱ μὲν καιροὶ τῆς πόλεως τοιοῦτοι ἦσαν, ἐν οἷς οἱ περὶ τῆς εἰρήνης ἐγένοντο λόγοι. Die Bundesgenossen und die 1500 Talente waren bereits verloren, 60 Tal. trieb man damals jährlich als Bundesbeisteuer ein. Zur Zeit der Friedensverhandlungen des Jahres 346 beliefen sich also die Syntaxeis auf jährlich 60 Tal. Ob dieses bereits 9 Jahre vorher, als Demosthenes die politische Laufbahn begann, geschah, ist eine andere Frage, die man ohne Weiteres nach dieser Stelle nicht entscheiden kann. Nun ist früher nach anderen Angaben berechnet worden, dass im Jahre 355/4 die Gesammtsumme der Syntaxeis ungefähr 90 Tal. ausmachte. Seitdem waren die euboeischen Städte verloren gegangen (349/8) und damit ungefähr 30 Tal. an Syntaxis, folglich hätte sich um 346 die Syntaxis auf 60 Talente belaufen müssen, was eben Aeschines angiebt. Mithin steht es fest, dass zur Zeit des Friedens des Philokrates die Summe der jährlichen Syntaxeis 60 Tal. und in den Jahren unmittelbar nach dem Bundesgenossenkriege und wohl auch während desselben 90 Tal. betrug.

Indem Boeckh und Schaefer von der Voraussetzung ausgehen, dass Demosthenes (v. Kr. 293) die jährliche, reguläre Gesammtsumme der Syntaxeis zur Zeit des Bundesgenossenkrieges angiebt, so nehmen sie an, dass während des Bundesgenossenkrieges die Syntaxis um ⅓ erhöht worden sein, und dass Aeschines diese erhöhte Summe angebe. Diese Auffassung der Aeschines-Stelle ist falsch. Unabhängig von den beiden Stellen bei Demosthenes und Aeschines hat sich ergeben, dass zu jener Zeit die reguläre Syntaxis bereits 90 Talente betrug, die um den dritten Theil gesteigerte hätte also gleich 135 Talenten sein müssen. Nimmt man an, dass die 60 Talente die factisch einlaufende Summe bezeichnen, so ist dieses erstens eine — auch gar nicht von Schaefer und Boeckh angenommene — gesuchte Deutung der Stelle, und zweitens spricht dagegen καθ' ἕκαστον ἐνιαυτόν, denn während des Bundesgenossenkrieges konnte die Einbringung und Erhebung der Syntaxeis nur während des Jahres 357 gefährdet sein. Aber angenommen unsere

---

1) Die Athener hatten am Anfang des Krieges ein Psephisma erlassen, nach welchem auch die Handelsschiffe des Feindes zu kapern waren. Man wird hieraus kaum den Athenern einen Vorwurf machen, wenn man daran denkt, dass noch in unserer Zeit von den meisten Staaten das Privateigenthum zur See nicht als solches geachtet wird.

Berechnung wäre falsch und 45 Talente damals die rechtmässige, einfache Summe der Syntaxeis gewesen, so hätte in den Jahren zur Zeit des Bundesgenossenkrieges die um den dritten Theil erhöhte Syntaxis 67½ Talente betragen müssen, und Aeschines, dem es an der betreffenden Stelle darauf ankommen musste, eine hohe Zahl zu nennen, hätte er nicht unterlassen 70 Talente statt 60, anzugeben. Es bleibt noch die Erklärung der Aussage des Demosthenes übrig, über welche nicht ohne Weiteres hinwegzugehen ist. Demosthenes sagt also, als er die politische Laufbahn begonnen hätte (ein halbes oder ein Jahr nach dem Bundesgenossenkriege) seien an Syntaxeis 45 Tal. eingekommen, 'und auch diese waren bereits im Voraus erhoben' (καὶ ταῦτ' ἦν προεξειλεγμένα). Diese Stelle lässt, woran Boeckh, Schaefer und die, welche ihnen folgen, gar nicht gedacht haben, zwei Erklärungen zu. Erstens: Die Syntaxeis des Jahres, in welchem Demosthenes spricht, betrugen 45 Tal., sie waren aber bereits im Voraus, während des Bundesgenossenkrieges, erhoben, so dass in diesem Jahre 355/4 realiter nichts einkam. Zweitens: die 45 Tal., welche in dem Jahre 355/4 realiter einkamen, waren eine auf die Bundessteuern der nächsten Jahre im Voraus erhobene Summe. Schaefer und Boeckh nehmen offenbar ohne Weiteres die erstere Deutung an, denn nur so ist die Annahme, dass die 45 Talente die damalige reguläre Summe der Syntaxeis, und die 60 Talente eine Erhöhung um den dritten Theil gewesen, möglich. Die Consequenzen, welche sich aus dieser Annahme ergeben, ergeben indessen Widersprüche, man muss sich also an die zweite Deutung halten, nach welcher 45 Talente in jenem Jahre realiter eingingen, aber von den Syntaxeis der folgenden Jahre im Voraus erhoben waren, und ausserdem die grosse Wahrscheinlichkeit für sich habende Voraussetzung annehmen, dass die Syntaxis des Jahres 355/4 im vorhergehenden Kriegsjahre bereits erhoben war. Es war das Kriegsjahr, in welchem man 120 Trieren aufstellen musste, aber sich so in Geldnoth befand, dass der athenische Feldherr Chares mit dem ganzen Heere, um es zusammenzuhalten und etwas Geld zu verdienen, bei einem persischen Satrapen Solddienst nahm. Man hatte demnach in dem Jahre 355/4 nichts von den Bundesgenossen rechtlich zu fordern — und hierin kommt unsere Erklärung mit Schaefer und Boeckh überein — der athenische Staatsschatz war aber gänzlich erschöpft, die athenische Bürgerschaft in Folge der vielen Vermögenssteuern und der durch den Krieg erlittenen Schädigungen nicht im Stande eine bedeutende Summe aufzubringen, und doch brauchte man Geld zur Unterhaltung der Kriegsmacht, denn in Thrakien dauerten die Feindseligkeiten fort, man musste dem Vorgehen des Philippos entgegentreten, und auch der Chersonesos war ernstlich bedroht. Nun konnte es den Bundesgenossen nicht schwer fallen, einen Theil ihrer an sich nicht hohen Bundessteuer im Voraus zu bezahlen, es musste den Athenern in ihrer Geldnoth nahe liegen, einen gewissen Procentsatz der Syntaxeis der folgenden Jahre jetzt zu erheben. Es hat also grosse Wahrscheinlichkeit für sich, dass die 45 Talente, welche im Jahre 355/4 realiter eingingen, die Hälfte der Syntaxeis des folgenden Jahres sind. Die Stelle bei Demothenes widerspricht also nach unserer Berechnung nicht der bei Aeschines, macht vielmehr das Resultat derselben annehmbarer. Demosthenes giebt nicht die Syntaxis eines Jahres, sondern nur eine im Voraus erhobene Quote der Gesammtsteuer, aus welcher auf die Gesammtsumme an sich gar nichts zu schliessen ist. Auf Grund unserer sich auf andere Angaben stützenden Untersuchungen erkennt man in der Summe von 45 Talenten leicht die Hälfte der Syntaxeis eines Jahres. Es lässt sich aus diesem einfachen Verhältnisse der Summe von 45 Talenten zu der Gesammtsumme der Syntaxeis von 90 Talenten auf die Richtigkeit unserer Ausführungen ein weiterer Schluss ziehen.

Dieses Resultat, dass um das Jahr 346 die Syntaxeis sich auf eine Summe von 60 Talenten beliefen, kann zu einer ungefähren Bestimmung der Gesammtsumme der Syntaxeis eines Jahres vor dem Bundesgenossenkriege verwandt werden. Es ist bei dieser Berechnung, die überhaupt nur eine annähernde Vorstellung von der Höhe der bundesgenössischen Beisteuer geben soll, die Voraussetzung nöthig, dass im Grossen und Ganzen die allgemeine Quote des Vermögens, welche als Bundessteuer angesetzt war, dieselbe blieb. Bei der in solchen Verhältnissen hervortretenden conservativen Gesinnung der Athener hat diese Voraussetzung hohe Wahrscheinlichkeit für sich. Im Jahre 346 belief sich die Zahl der Bundesstädte auf fünfzehn bis zwanzig, in der Zeit vor dem Bundesgenossenkriege auf durchschnittlich fünf und sechzig, zu denen gerade die bedeutendsten wie: Chios, Korkyra, Byzanz, Rhodos, Lesbos gehörten. In Folge des Bundesgenossenkrieges verblieben den Athenern im Ganzen nur die unbedeutenden Bundesmitglieder, ἀσθενέστατοι, wie Demosthenes etwas rhetorisch steigernd sich ausdrückt. Man wird die geringere Bedeutung der übrigen fünfzehn bis zwanzig Bundesmitglieder in Betracht ziehen müssen, wenn man aus der von diesen jährlich aufgebrachten Summe an Bundessteuern auf die Höhe der von dem Bundesgenossenkriege zusammenkommenden Summe schliessen will. Es werden demgemäss die den Athenern nach dem Bundesgenossenkriege verbliebenen Bundesstädte nur etwa den sechsten Theil der vor dem Kriege bestehenden Symmachie gebildet und etwa den sechsten Theil der Syntaxeis aufgebracht haben. Darnach würde also die Bundesgenosseuschaft bis zu der in den Jahren 357 bis 355 erfolgenden Katastrophe ungefähr 360 Talente jährlich beigesteuert haben, was eine frühere Berechnung bestätigt. Boeckh Sth. S. 572 nimmt an, dass kurz vor der dritten philippischen Rede des Demosthenes die Summe der Tribute wieder auf 130 Talente und zur Zeit der Rede selbst auf 400 gestiegen sei. Die Gesammteinnahme des athenischen Staates habe einschliesslich der 400 Talente damals jährlich 1200 betragen. Es ist hier nicht der Ort auf eine Untersuchung der Einnahmen des athenischen Staates als solchen einzugehen, doch erscheint auch diese von Boeckh angenommene Summe wohl zu hoch. Was jedoch die Summe der Bundessteuern betrifft, so ist sie eine Unmöglichkeit, denn jede der damals übrigen fünfzehn bis zwanzig Städte hätten im Durchschnitt 25 Talente beisteuern müssen, was ganz ausser Verhältniss zu dem steht, was sonst die Bundesstädte beitrugen.

e. Die Kriegsmacht des Bundes.

1.

Der Vorort hat die Leitung und Verwaltung des gesammten Heer- und Flottenwesens des Bundes. Er bestimmt die Stärke der zur Kriegsführung nöthigen Streitkräfte und das Oberkommando. Stellt ein Bundesstaat eigene Contingente, so stehen dieselben unter einheimischen, eigenen Unterbefehlshabern.

Die Bundesgenossen werden bei der Kriegserklärung, bei der Normirung der Leistungen der Bundesgenossen zur Kriegsmacht überhaupt mitberathen haben, sobald aber der Krieg erklärt war, bestimmte der Vorort allein die Stärke der auszichenden Heeresmacht und damit auch die Höhe der Contingente, welche die Bundesgenossen in dem betreffenden Falle zu leisten hatten. Es war dieses auch im lakedaemonischen und ersten athenischen Bunde Bundesrecht. Lakedaemon sagte nach erfolgter Kriegserklärung an, welche Quote ihrer Wehrmannschaft die Bundesgemeinden nach einem als Sammelplatz bestimmten Orte zu schicken hatten, und verfügte dann allein über die Verwendung der Contingente zu den kriegerischen Operationen. Vgl. Thuk. II, 10. III, 15; Xen. Hell. III, 1, 4. 4, 2. V, 2, 21. Im ersten athenischen Bunde hatten die bundesgenössischen Contingente ihre eigenen Führer, im lakedaemonischen erhielten sie ihre Hauptleute „die Fremdenführer" (ξεναγοί) von dem Vorort. Vgl. Thuk. II, 75; St. d. Laked. 13; Xen. Hell. III, 5, 7. V, 1, 33.

Dass im zweiten athenischen Bunde die bundesgenössischen Contingente eigene Abtheilungsführer hatten, ergiebt sich mit hinreichender Gewissheit aus Appollod. g. Tim. 11 fg., wo von boeotischen Trierarchen und dem boeotischen Nauarchen die Rede ist. Hierher gehört auch der Volksbeschluss, der den Führern einer Schaar Arkarnanen, welche als Hülfscontingent zur Schlacht von Chaeronea gekommen sind, den Dank des athenischen Volkes ausspricht, vgl. Monatsb. d. Berl. Ak. 1856, S. 121 fg.

Was das Oberkommando und die Bestimmung der Stärke der operirenden Heereskörper betrifft, so sagt Diod. XV, 29 beim Ausbruche des Krieges im Jahre 371: Οἱ Ἀθηναῖοι κρίναντες πολεμεῖν στρατηγοὺc τρεῖc εἵλοντο, τοὺc ἐπιφανεcτάτουc τῶν πολιτῶν, Τιμόθεον καὶ Χαβρίαν καὶ Καλλίcτρατον, ἐφηφίcαντο δὲ cτρατιώταc μὲν καταλέξαι διcμυρίουc, ἱππέαc δὲ πεντακοcίουc, ναῦc δὲ πληρῶcαι διακοcίουc κτλ. Im Jahre 373 bitten die von Lakedaemoniern bedrängten Korkyraeer von den Athenern Hülfe. Ἀκούcαντεc δὲ ταῦτα οἱ Ἀθηναῖοι ἐνόμιcαν ἰcχυρῶc ἐπιμελητέον εἶναι . . . . . . ἐψηφίcαντο δὲ καὶ ἑξήκοντα ναῦc πληροῦν, Τιμόθεον δ' αὐτῶν cτρατηγὸν ἐχειροτόνηcαν, ὁ δ' οὐκ κτλ., vgl. Xen. Hell. VI, 2, 10. Nach Apollod. g. Polykl. 6 beschloss, als das von Kyzikos belagerte bundesgenössische Prokonnesos um Hülfe bat, Tenos von Alexander, dem Phernaeer, occupirt war, die für Athen bestimmten pontischen Schiffe von Byzanz und Chalkedon genommen wurden, die athenische Ekklesia im September 362: ναῦc καθέλκειν τοὺc τριηράρχουc καὶ παρακομίζειν ἐπὶ τὸ χῶμα καὶ τοὺc βουλευτὰc κτλ. Da eine Bundesstadt um Hülfe bat, so wurden ohne Zweifel die Kosten der Expedition mit Bundesgeldern bestritten, und die Bundesgenossen zu Leistungen herangezogen, die Athener allein trafen die nöthigen Vorbereitungen und beschlossen über die Ausführung des Kriegszuges.

2.

Im Falle der Gefährdung einer Bundesstadt durch feindliche Angriffe kann der Vorort eine Besatzung hineinlegen und einen Stadthauptmann ernennen. Im Frieden war das Hineinlegen einer Besatzung ausdrücklich durch die Bundesverfassung verboten, weil sie den Grundsatz der Autonomie anerkannte. Eine der unangenehmsten Belästigungen der Bundesgenossen im ersten athenischen Bunde war die, dass Athen in eine grosse Anzahl von Bundesstädten, um ihrer sich ganz zu versichern, stehende Besatzungen mit Stadtkommandanten hineinlegte. Solche φρουραί mit einem Phrurarchen gestattete der zweite Bund nicht, er musste jedoch zulassen, dass eine im Kriege gefährdete Stadt für die Zeit des Krieges eine Wachmannschaft erhielt, denn stärkeren Schutz gegen feindliche Angriffe bezweckte ja hauptsächlich die Symmachie. Diese Besatzungen nannte man nicht mehr φρουραί, weil das Wort eine üble Bedeutung hatte, sondern φυλακαί, ähnlich wie φόροι in cυντάξειc umgewandelt wurde, vgl. Plut. Sol. 15, ferner den Volksbeschluss aus der Zeit des Bundesgenossenkrieges bei Rangabé Nr. 393: Ὅπωc ἂν ἀναλγεῖc ὦcι τῷ δήμῳ τῷ Ἀθηναίων καὶ τῷ δήμῳ τῶν Ἀνδρίων καὶ ἔχωcιν οἱ φρουροὶ οἱ ἐν Ἄνδρῳ μιcθὸν ἐκ τῶν cυντάξεων κατ' ἄνδρα παρὰ τῶν cυμμάχων καὶ μὴ καταλύηται ἡ φυλακή, ἐλέcθαι cτρατηγὸν ἐκ τῶν κεχειροτονημένων ἕνα, ὃν αἱρεθέντα ἐπιμελεῖcθαι Ἄνδρου. Bei Aesch. g. Tim. wird Timarchos als Kommandant in Andros (ἄρχων ἐν Ἄνδρῳ) erwähnt.

3. Die Bestandtheile der Mannschaften und das Soldwesen.

Das Heer und die Flottenmannschaft bestand aus dem athenischen Contingent und den bundesgenössischen Abtheilungen. Jeder von diesen beiden Theilen des Heeres war zusammengesetzt entweder aus Bürgern der eigenen Stadt, welche zum Kriegsdienst ausgehoben waren, oder aus im Auslande oder im eigenen Gebiete angeworbenen Leuten, vgl. d. 2. Die Löhnung wurde der Hauptsache nach von den Athenern aus der gemeinsamen Kriegskasse bestritten. Athen zahlte den Strategen die nöthigen Summen aus oder wies sie an, der Stratege gab dann an die Trierarchen die ihnen zukommenden Summen an μιcθός und cιτηρέcιον. Ebenso erhielten von ihnen die Führer der bundesgenössischen Contingente die Löhnung für ihre Mannschaft, vgl. die betreffenden Stellen aus Apollod. g. Polykl. 14 fg. u. g. Tim. 11 fg. Es würde zu weit führen alle Stellen aufzureihen, aus denen hervorgeht, welche Ausdehnung die Söldnerei damals in Griechenland überhaupt und besonders auch in den Staaten des athenischen Seebundes gewonnen hatte, und wie angeworbene Schaaren an die Stelle der Bürgerwehren getreten waren. Das Söldnerwesen ist Gegenstand der beständigen Klage patriotisch gesinnter Männer, eine fortwährende Plage ebenso sehr der Athener als ihrer Bundesgenossen. Vgl. den eben citirten Volksbeschluss bei Rang. Nr. 393: Ὅπως μὴ ἀναλγεῖς ὦcι τῷ δήμῳ τῷ Ἀθηναίων καὶ τῷ δήμῳ τῶν Ἀνδρίων καὶ ἔχωcι οἱ φρουροὶ οἱ ἐν Ἄνδρῳ μιcθὸν κτλ. Obwohl in vielen Kreisen sicherlich die nöthige Einsicht und auch der Wille vorhanden war, dem Söldnerwesen ein Ende zu machen, so besassen dennoch die Athener nicht die nöthige Kraft, sich, wenn nöthig, aufzuraffen, auf eine Zeit lang den friedlichen Beschäftigungen und dem ruhigen Leben zu entsagen, statt auf dem Marktplatz mit Reden, im Felde gegen den Feind mit Waffen zu kämpfen. In der ersten Zeit des Bundes finden sich noch Bürgerheere, späterhin nur in gefahrvollen Momenten oder bei grossen, entscheidenden Kämpfen, wie bei Mantinea, Chaeronea u. s. w. In Bezug auf die Flottenmannschaft gilt dasselbe, nur hatte hier noch mehr die Söldnerei Platz gegriffen. Als im Jahre 376 von der lakedaemonischen Flotte den Athenern die pontischen Zufuhren abgeschnitten und damit die Athener in eine arge Lage gebracht wurden, so dass man einen entscheidenden Kampf wagen musste, γνόντες οἱ Ἀθηναῖοι τὴν ἀνάγκην ἐνέβηcαν αὐτοὶ εἰc τὰc ναῦc καὶ ναυμαχήcαντες κτλ. (Hell. V, 4, 61). Da das αὐτοὶ ἐνέβηcαν hier als etwas Besonderes hervorgehoben wird, so muss man annehmen, dass damals bereits die Flottenmannschaften gewöhnlich aus Söldnern bestanden. Von der lakedaemonischen Flotte sagt dieses der Athener Kephisodotos bei Xen. Hell. VI, 1, 12 ganz positiv: Δῆλον ὅτι πέμψουcι τοὺc μὲν τριηράρχους Λακεδαιμονίους καὶ ἴcωc τοὺc ἐπιβάτας, οἱ δὲ ναῦται δῆλον ὅτι ἔςονται ἢ εἴλωτες ἢ μιςθόφοροι κτλ. Aus den folgenden Worten geht hervor, dass im Landheere der Athener die Bürgerwehr noch stark vertreten war. Dasselbe, was hier von der lakedaemonischen Flotte gesagt wird, dürfte man, wenn gleich nicht jetzt, doch ein Jahrzehend später auf die athenische anwenden können. Auch die bundesgenössischen Contingenten waren nicht anders zusammengesetzt. Ob die Mannschaften der boeotischen Flottenabtheilung im Jahre 373 Söldner oder ausgehobene Bürger waren, ist nicht unmittelbar gesagt, doch deutet die Bemerkung, dass die Mannschaften fortgegangen wären (διαπελθόντων τῶν cτρατιωτῶν), sobald sie nicht regelmässig Sold erhalten hätten, durchaus auf das Erstere, vgl. Ap. g. Tim. 11—49. Einen Einblick in diese Verhältnisse gewährt ferner die Rede gegen Polykles. Im Jahre 360 war Athen von allen Seiten bedrängt, die Ekklesia beschloss daher zur Bemannung einer Flotte eine Aushebung in der Bürgerschaft zu veranstalten, sie beauftragte die Bulenten und Demarchen schleunigst die aus den Listen der Wehrpflichtigen (Stammrollen, κατάλογοι) zum Dienst Einzustellenden namhaft zu machen: καὶ τοὺς βουλευτὰς καὶ τοὺς δημάρχους καταλόγους ποιεῖσθαι τῶν δημοτῶν καὶ ἀποφέρειν ναύτας καὶ διὰ τάχους ἀπόστολον ποιεῖσθαι, vgl. Ap. g. Polykl. 4 fg. Diese Aushebung ergab indessen ein schlechtes Resultat, das durch dieselbe gewonnene Schiffsvolk war an Zahl gering und im Allgemeinen wenig brauchbar. Apollodoros, ein patriotisch gesinnter Trierarch, dem die ihm als Seeleute zugewiesenen δημόται zum Theil sich nicht stellten, zum Theil unbrauchbar erschienen, sah sich genöthigt, um sein Schiff in gutem Stande zu erhalten, aus Privatmitteln Ruderer und Matrosen zu miethen. Er warb Seeleute in Lampsakos an, während zu gleicher Zeit die Thasier athenische Matrosen für ihre Schiffe in Sold nahmen, Ap. g. Polykl. 7 fg.

Wie im Jahre 360 sah man sich auch im November 352, als Philipp eine sehr bedrohliche Stellung einnahm, genöthigt zu beschliessen, dass alle dienstpflichtigen Athener bis zum Alter von fünf und vierzig Jahren ins Feld ziehen und die Schiffe besteigen sollten, vgl. Dem. Ol. III, 20.

Auch im Landheere wurden die Söldnerhaufen immer zahlreicher, schon im Jahre 370/69 kämpfen im Heere des Chabrias Söldnerabtheilungen, vgl. Xen. Hell. VII, 1, 25. Athen hatte mit den Geldern, welche Bundesstädte an Stelle ihrer Mannschaftscontingente schickten, natürlich Leute zu miethen und zu besolden. Timotheos operirt auf Samos und in Thrakien wesentlich mit Söldnern, ebenso besteht die Besatzung auf Andros aus Söldnern. Es gab Söldnerhauptleute, die eine Schaar solcher Leute gemiethet hatten, sich mit derselben von allen möglichen Staaten in Sold nehmen liessen und auf allen Kriegsschauplätzen zu finden waren. So erzählt Demosthenes (g. Arist. 174 fg.) von einem Söldnerführer Chari-

Jahre 358 der Stratege Kephisodotos mit zehn Trieren ausgeschickt werden musste, um die von den Piraten besetzte Insel Alopekonesos zu nehmen. Von andern kleineren Inseln fiel auch Halonesos eine Zeit lang in die Hände von Seeräubern, vgl. Heges. v. Hal. 15 fg. Das Uebel verschlimmerte sich noch dadurch, dass manche Seestädte mit den Seeräubern in freundschaftliche Beziehungen traten, sie in ihre Häfen aufnahmen und das geraubte Gut abkauften. So wird im Brief Phil. 17 den Athenern vorgeworfen: Θαcίων ὑποδεχομένων τὰς Βυζαντίων τριήρεις καὶ τῶν ληςτῶν τοὺς βουλομένους οὐδὲν ἐφροντίζετε τῶν cυνθηκῶν διαρρήδην λεγουςῶν πολεμίους εἶναι τοὺς ταῦτα ποιοῦντας. Ein Gesetz über strenge Handhabung der Seepolizei war durchaus nöthig, es wurde beantragt und durchgesetzt von Moirokles und erlassen zum Schutz der Seefahrer gegen alle diejenigen, welche ihnen Schädigungen zufügten κατὰ τῶν τοὺς ἐμπόρων ἀδικούντων (g. Theokr. 53 fg.). Athener und nicht minder die Bundesgenossen sollen die Seemacht üben (οὐ μόνον ᾽Αθηναίους ἀλλὰ καὶ τοὺς cυμμάχους φυλακήν τινα τῶν κακουργούντων ποιήcαcθαι), damit die See klar sei (καθαρὰν εἶναι τὴν θάλατταν). Im Besondern war den athenischen Strategen die Sorge für die Sicherheit der Handelsschiffe übertragen: τῶν μὲν κατὰ πλοῦν γιγνομένων τοὺς cτρατηγοὺς καὶ τοὺς ἐπὶ τοῖς μακροῖς πλοίοις αἰτίους εἶναι. Bundesstädte, welche Seeräuber aufnahmen, verfielen in schwere Geldstrafen. Von Melos wurden für ein solches Vergehen zehn Talente eingetrieben. Manche Inselbewohner konnten nicht unterlassen dem Gesetze zuwider zu handeln und mussten mit Gewalt zum gesetzmässigen Handeln gezwungen werden. Καὶ τοὺς μὲν τοὺς νήcους οἰκοῦντας κωλύcομεν ἀδικεῖν, ἐφ᾽ οὓς τριήρεις δεῖ πληρώcαντας ἀναγκάcαι τὰ δίκαια ποιεῖν κτλ., g. Theokr. 70. Häufig wurden Handelsfahrzeuge zum Schutz von athenischen Kriegsschiffen geleitet. So wird der in Sestos sich aufhaltende Stratege von den Maroniten gebeten ihre pontischen Getreideschiffe von Sestos nach Maronea zu geleiten. Apollodor gehört zu den Trierarchen, welche vom Strategen damit beauftragt wurden, Ap. g. Polykl. 20.

g. Schlichtung von Streitigkeiten im Bunde und Bundesjustiz.

1.

Processe gegen diejenigen, welche sich gegen Bundesgesetze vergangen haben, werden in Athen vor Athenern und Bundesgenossen geführt.

Rehdantz meint, dass wie im ersten Bunde widerum die Bundesgenossen vor athenischen Gerichten alle öffentlichen (δημοcίαι δίκαι) und privaten Processe zu führen hatten, sofern die letztern nicht einfach durch einen Schiedsrichter entschieden wurden[1]). Boeckh vertritt die entgegengesetzte Ansicht, es hätten im zweiten Bunde die

---

1) Im ersten athenischen Bunde konnte keine bundesgenössische Stadt zum Tode verurtheilen oder mit Verbannung bestrafen.

Bundesstädte eigene Gerichtsbarkeit gehabt. Boeckh hat entshieden Recht, es wäre die Entziehung der höhern Gerichtsbarkeit durchaus der Autonomie zuwider gewesen, es lassen sich nur solche Processe in Athen und nur dann Eingriffe Athens in die polizeiliche und richterliche Gewalt der Einzelstaaten nachweisen, wo es sich um Bundesinteressen handelt. Die einzige Stelle, welche zu einer entgegengesetzten Auffassung führen könnte und von Rehdantz auch citirt wird, ist Isokr. Panath. 63: „Οἶμαι δὲ τοὺς ἀηδῶς ἀκούοντας τῶν λόγων τούτων (dass die Athener sich mehr um Hellas verdient gemacht als die Lakedaemonier und besser als diese die bundesgenössischen Seestädte behandelt haben) τοῖς μὲν εἰρημένοις οὐδὲν ἀντερεῖν ὡς οὐκ ἀληθέσιν οὖσιν, οὐδ' αὖ πράξεις ἑτέρας ἕξειν εἰπεῖν . . . . . κατηγορεῖν δὲ τῆς πόλεως ἡμῶν ἐπιχειρήσειν, ὅπως ἀεὶ ποιεῖν εἰώθασι, καὶ διεξιέναι τὰς δυσχερεστάτας τῶν πράξεων τῶν ἐπὶ τῆς ἀρχῆς τῆς κατὰ θάλατταν γεγενημένων, καὶ τάς τε δίκας καὶ τὰς κρίσεις τὰς ἐνθάδε γιγνομένας τοῖς συμμάχοις καὶ τὴν τῶν φόρων εἴσπραξιν διαβαλεῖν, καὶ μάλιστα διατρίψειν περὶ τὰ Μηλίων πάθη καὶ Σκιωναίων καὶ Τορωναίων οἰομένους ταῖς κατηγορίαις ταύταις καταρρυπανεῖν τὰς τῆς πόλεως εὐεργεσίας κτλ." Das τὰς κρίσεις τὰς ἐνθάδε γιγνομένας scheint auf den ersten Blick darauf hinzuweisen, dass die Processe damals geführt wurden, als der Redner sprach. Allein γιγνομένας kann auch das Participium des Tempus, welches die Dauer in der Vergangenheit bezeichnet, vertreten. Man muss diese Möglichkeit hier als Wirklichkeit betrachten, weil alles Uebrige, was sonst angeführt wird, der Zeit des ersten Bundes entnommen ist, so das Eintreiben von Phoros, das Verfahren gegen Melos (im Jahre 416), gegen Torone und Skione (im Jahre 423/2). Ausserdem wäre, wie schon bemerkt, dieses eine zu auffallende Verletzung der Autonomie gewesen, welche die Athener zur Zeit des zweiten Bundes nicht wagen durften, sie erkannten die Autonomie und die sich aus diesem Begriffe ergebenden Rechte der Bundesgenossen wenigstens formell an. Processe dagegen, welche diejenigen Fälle betrafen, in denen sich Jemand gegen den Bund als solchen vergangen hatte, wurden natürlich im Vororte des Bundes von Athenern und Bundesgenossen gemeinsam geführt, vgl. das Psephisma über den athenischen Grundbesitz im bundesgenössischen Gebiete, wo bestimmt wird, ἐάν τις κτᾶται κτλ. . . . ἐξεῖναι τῷ βουλομένῳ φῆναι πρὸς τοὺς συνέδρους τῶν συμμάχων. Wer einen Antrag auf Umstossung dieses Psephisma einbringt, der soll ὡς διαλύων τὴν συμμαχίαν angeklagt, und sein Process vor einem aus Athenern und Bundesgenossen zusammengesetzten Gerichte geführt werden, κρινέσθω ἐν Ἀθηναίοις καὶ τοῖς συμμάχοις. Der schuldig Befundene verliert sein Vermögen, die eine Hälfte desselben fällt an den Kläger, die andere an die bundesgenössische Kasse, er selbst wird verbannt oder hingerichtet und darf im ganzen Bundesgebiete nicht beerdigt werden.

Aehnliches findet sich in dem Volksbeschlusse, welcher im Jahre 357 die Karystier und Eretrier belobt, weil sie den Chalkidiern, den ersten Euboeern, welche sich gegen die Thebaner und ihre Partei auf der Insel erhoben hatten, zu Hülfe gekommen waren. In diesem Kriege zwischen den Städten und Parteien auf Euboea, welcher durch die glückliche Intervention Athens beendigt wurde, gewann die athenische Partei die Oberhand, und die euboeischen Städte wurden wieder Mitglieder des athenischen Bundes. Athen hielt es offenbar für gerathen, weil bisher die Insel von Parteikämpfen und Wirren erfüllt war, und gewiss Parteiführer Gelegenheit hatten ihre Gesinnungsgenossen zu sammeln und gegen die von der Gegenpartei beherrschte Stadt zu führen, Vorkehrungen zu treffen, welche die Ruhe und Sicherheit auf Euboea im Besondern und auch im Bundesgenossengebiete überhaupt sichern sollten. Es heisst in diesem Psephisma bei Rang. Nr. 392: Μηδεὶς μήτε ξένος μήτε Ἀθηναῖος μήτε τῶν cυμμάχων μηδένα ὁρμώμενος λυμαίνηται μηδ᾽ ἐπὶ τῶν πόλεων τῶν cυμμαχίδων μηδεμίαν ἐπίη· περὶ δὲ τῆς τοῦ λοιποῦ χρόνου ἐπιcτρατεύcεως ἢ ἐπ᾽ Ἐρέτριαν ἢ ἐπ᾽ ἄλλην τινὰ τῶν cυμμαχίδων πόλεων τῶν Ἀθηναίων ζημίαν τῶν ἐπιcτρατευcαμένων κατεγνῶcθαι καὶ τὰ χρήματα δημόcια εἶναι . . . . καὶ εἶναι τὰ χρήματα ἀγώγιμα ἐξ ἁπαcῶν τῶν πόλεων τῶν cυμμαχίδων . . . . . Ἐὰν δέ τις ἀφέληται πόλις (wenn eine Stadt dieses Vermögen nicht herausgiebt) ὀφειλέτω . . ΅ (eine Geldsumme) εἰς τὸ κοινὸν τῶν cυμμάχων.

Bemerkenswerth ist, dass die beweglichen Güter des Schuldigen als ἀγώγιμα aus allen Bundesstädten erklärt werden. Wenn eine Person als ἀγώγιμος erklärt wird, so steht es nach Dem. g. Arist. 24 und 25 einem Jeden frei: ἀγώγιμον ἄκριτον ὅτι ἂν βούληται χρῆcθαι καὶ λάβουcιν ἐκεῖνον ἐξέεcτι cτρεβλεῖν, αἰκίαcαθαι χρήματα πράξαcθαι κτλ. Die Prothesis dieser Rede definirt ἀγώγιμος als ἀκτέος ἐπὶ τὸ κολαcθῆναι. Im Wesentlichen war der ἀγώγιμος vogelfrei. Hier handelt es sich zunächst nur um die beweglichen Güter, die also Jedermann mit Beschlag belegen und an die nächste Behörde abführen konnte, welche das confiscirte Gut nicht für die eigene Stadt als Eigenthum behalten durfte, sondern es nach Athen zur bundesgenössischen Kasse abliefern musste. Personen konnten jedoch nicht so wie Güter durch einen Beschluss des athenischen Volkes als ἀγώγιμος im Gebiete der Bundesgenossen erklärt werden. Es wird nämlich gegen ein von Aristokrates für den zum athenischen Bürger gemachten Charidemos beantragtes Gesetz des Inhaltes, dass ἐάν τις ἀποκτείνη Χαρίδημον ἀγώγιμος ἔcτω ἐξ ἁπάcης τῆς cυμμαχίδος· ἐὰν δὲ τὸν ἀγώγιμον ἀφέληται ἢ πόλις ἢ ἰδιώτης ἔκcπονδος ἔcτω eine γραφὴ παρανόμων eingebracht. Demosthenes klagt im Jahre 352 die Bill als gesetzwidrig an, weil das Gesetz gebiete, dass der Mörder oder Todtschläger vor Gericht gezogen und verurtheilt werde, ehe er eine Strafe erleiden dürfe, während die

Bill. des Aristokrates ohne Verurtheilung durch die Erklärung zum ἀγώγιμος Strafe verhänge. Auserdem sei die Bill mit den Gesetzen unverträglich, weil τῶν νόμων οὐδὲ τοὺς ἑαλωκότας διδόντων ἀπάγειν ἐν τῇ ἡμεδαπῇ, cὺ γράφεις ἄνευ κρίσεως τινὰ ἀγώγιμον εἶναι ἐκ τῆς συμμαχίδος πάσης. Wenn es schon ungesetzlich sei, Jemanden als ἀγώγιμος im eigenen Lande zu erklären, um wie viel mehr im ganzen Bundesgenossengebiete, weil offenbar dieses nicht nur ein grösseres Gebiet ist, sondern gar nicht unter der Jurisdiction der Athener steht. Die Athener konnten auch ein solches Recht nicht haben, weil es ein zu grosser, die Autonomie verletzender Eingriff in die richterliche Gewalt und in das Asylrecht der Bundesstädte gewesen wäre.

2. Streitigkeiten zwischen bundesgenössischen Städten.

Im ersten athenischen Bunde griffen die Athener bei Streitigkeiten zwischen Bundesstaaten nur dann ein, wenn sie eine Partei anrief. Dasselbe geschah im lakedaemonischen Bunde vgl. Thuk. V, 1. 31. IV, 134. Xen. Hell. III, 5. 4. V, 2. 9. Sonst hatten die Bundesgenossen das Recht durch schiedsrichterliche Entscheidung einer dritten, von den streitenden Parteien dazu ausersehenen Stadt oder durch die Waffen ihre Streitigkeiten auszumachen. Wenn ein Bundeskrieg erklärt war, musste jedoch bei solchen Fehden der einzelnen Bundesstädte unter einander sofort Waffenruhe eintreten. vgl. Thuk. V, 31. V, 79. Xen. Hell. V, 4. 37.

Was den zweiten Bund betrifft, so sind über diesen Punkt nur kurze Andeutungen erhalten. Die Athener zwangen die Maroniten und Thasier, die sich über den Ort Stryme stritten und mit einander Krieg führten λόγοις διακριθῆναι. Athen entschied zu Gunsten der Thasier. Apollod. g. Polykl. 14. Brief Phil. 19. Da sich die Maroniten dem Spruche nicht fügen wollten, so schritten die Athener mit Waffengewalt ein und bekriegten mit den Thasiern zusammen die Maroniten. Ein Angriff auf das von den Maroniten besetzte Stryme schlug indessen fehl. Ap. g. Polykl. 21 und 29 fg., vgl. Schaefer Dem. u. s. Z. I, S. 135.

Dieses Einschreiten der Athener darf man sicherlich nicht ohne Weiteres für 'ungerechtfertigt' erklären, man müsste erst festgestellt haben, dass die Bundesgesetze dieses nicht zuliessen, was nicht einmal a priori als wahrscheinlich anzunehmen ist. Schaefer meint indessen — was übrigens seiner gesammten Auffassung entspricht — die Intervention der Athener wäre durchaus ungerechtfertigt gewesen 'und um so unverantwortlicher, da wenige Tage vorher athenische Kriegsschiffe den Maroniten auf ihr Verlangen freundschaftliche Dienste geleistet hätten'. Die Maroniten hatten nämlich den auf dem Chersonesos stationirten athenischen Strategen ersucht, ihre pontischen Getreide- und Handelsschiffe sicher von Sestos nach Marones führen zu lassen. Zu den dazu vom Strategen bestimmten Trierarchen gehörte Apollodoros. Als derselbe mit den andern Trierarchen seinen Auftrag ausgeführt hätte und auf der Rückfahrt von Maronea in Thasos angelangt war, erreichte ihn der Befehl des Strategen bei dem Angriffe auf Stryme mitzuwirken.

Während Apollodoros seinen Auftrag ausführte, erfolgte offenbar der Bruch in den Beziehungen zwischen Athen und Maronea. Der athenische Stratege in den dortigen Gewässern erhielt nun den Befehl gegen Maronea vorzugehen, es musste daher der Trierarch Apollodoros ebenfalls in dem Kriege gegen eine Stadt mitwirken, deren Schiffe er eben geleitet hatte. Was dabei unverantwortlich sein soll, ist unklar. Man überfiel durchaus nicht die auf einen Angriff nicht vorbereiteten Maroniten, dieselben müssen sehr wohl gewusst haben, was zu erwarten war, denn in Stryme sind sie zur Vertheidigung gerüstet, so dass der Angriff der Athener missglückt. Es steht vielmehr fest, dass die athenischen Kriegsschiffe ihre Pflicht gethan hatten, als sie den maronitischen Handelsschiffen sicheres Geleit gaben, ebenso pflichtgemäss aber handelten, als sie dann dem Befehle des Staates gemäss gegen die Maroniten vorgingen. Dieser Befehl Athens war gerechtfertigt, wenn nach den Gesetzen des Bundes sich die Maroniten dem Schiedsspruche Athens zu fügen hatten. Kann nun über das Bundesrecht in diesem Punkte nichts Sicheres festgestellt werden, so muss man sich mindestens eines harten Vorwurfs gegen die Athener enthalten.

Cap. III.

Die Entwickelung des Bundes im Kampfe gegen die lakedaemonische Symmachie bis zur Anerkennung der See-Hegemonie Athens durch Lakedaemon (Friede von 374) und das Bundesgenossenverzeichniss.

Die Grundlagen der Bundesverfassung, wie sie im Vorhergehenden dargelegt sind, wurden im Winter 378 von Athen mit mehreren Seestädten vereinbart. Die weitere Entwickelung der bundesgenössischen Angelegenheiten hemmte zunächst die darauf folgende, mehrere Monate hindurch schwankende Haltung Athens. Erst im Sommer 377 nach dem verfehlten Handstreiche des Sphodrias wandte man sich wieder mit Eifer den bundesgenössischen Angelegenheiten zu und brachte es dahin, dass sich das mächtige Theben unter die Bundesgenossen verzeichnen liess. Allein weiter dehnte sich der Bund nicht in dem Masse aus, wie man vielleicht erwartet hatte. Die Seestädte neigten nicht aus Anhänglichkeit zu Athen hin, sondern das hochfahrende Wesen der Lakedaemonier bewog sie zum Anschlusse an Athen, vgl. Isokr. v. Fr. 108. Wenn man von den

Lakedaemoniern keine Unterdrückung zu befürchten hatte und auch sonst keine Gefahr drohen sah, so blieb man der Natur der Hellenen gemäss lieber ganz unabhängig, als dass man sich einem Bundessysteme anschloss. Ausserdem hatte das vieljährige Bestehen der athenischen See-Hegemonie, die jede freie Bewegung der abhängigen Gemeinden unterdrückte, einen so ungünstigen Eindruck hinterlassen, dass die Bildung eines neuen athenischen Seebundes mit grossem Misstrauen betrachtet wurde. Diod. XV, 23. 4. Dem. g. Lept. S. 480, 5.

Rhodos, Chios, Mitylene, Methymna, Byzantion, Perinthos, welche sogleich der Aufforderung der Athener Folge leisteten, standen noch vom korinthischen Kriege her mit Athen in guten Beziehungen. In Byzantion war während jenes Krieges eine entschiedene und durchaus athenisch gesinnte Demokratie ans Ruder gekommen, welche trotz des antalkidischen Friedens mit den Athenern enge Beziehungen unterhielt. Ebenso hatte in Rhodos die Demokratie mit Hülfe Athens gesiegt, nicht minder verdankten Chios und Mitylene in hohem Grade der Action der Athener ihre Unabhängigkeit von der lakedaemonischen Herrschaft. Diese Städte hatten daher genügende Gründe den Athenern näher zu treten als andere und lagen gerade nahe genug dem Gebiete persischer Satrapen und entfernt genug von Athen, um mehr jene als dieses zu fürchten. Man sicherte sich gern durch den Eintritt in die athenische Symmachie eine bedeutende Unterdrückung im Falle eines Angriffes, dem man in isolirter Stellung kaum auf die Dauer Widerstand geleistet hätte. Was der Rückhalt an die athenische Symmachie für diese Städte bedeutete, zeigt die Thatsache, dass nach der Katastrophe des athenischen Bundes und der Isolirung dieser Politien Kos und Rhodos von dem karischen Dynasten abhängig wurden, während auf Lesbos der persische Satrap schaltete. Auf Samos, einer Insel, die im Jahre 365 für Athen gewonnen wurde, befindet sich in der vorhergehenden Zeit eine persiche Besatzung.

Zwischen diesen an der asiatischen Küste hin gelegenen Inseln und Attika liegt die Inselgruppe der Kykladen, welche als Centralstellung des Archipelagos für den neuen Seebund von der grössten Wichtigkeit sein musste. Die Schlacht bei Knidos und das Erscheinen der persischen Flotte hatte diese Inseln zum Abfall von den Lakedaemoniern veranlasst, dem Frieden des Antalkidas verdankten sie auch eine formelle Garantie ihrer Selbständigkeit, denn die Lakedaemonier durften sie nicht zwingen in das frühere bundesgenössische Abhängigkeitsverhältniss zurückzukehren. Doch gelang es den Lakedaemoniern durch den Druck ihrer auf einem grossen Theil von Hellas lastenden Uebermacht die Gestaltung der Parteiverhältnisse wesentlich zu beeinflussen, so dass die oligarchische Partei in vielen Seestädten ans Ruder kam, wodurch diese von der lakedaemonischen Politik abhängig wurden. In ähnlicher Weise standen die Städte, in welchen die demokratische Partei regierte, unter dem Einflusse der Athener.

Wenn nicht Isokrates bestimmt sagen würde, dass um das Jahr 380 der eine Theil der Städte 'ὑπὸ Λακεδαιμονίοις' stände (Isokr. Paneg. 16), so müsste man unter Anderem aus dem zähen Festhalten der Naxier an den Lakedaemoniern schliessen, dass gleich auf dieser grössten der kykladischen Inseln die Oligarchen massgebend waren. Isokrates sagt dann zur Erklärung dessen, dass ein Theil der Seestädte unter athenischem, der andere unter lakedaemonischem Einflusse stand.: Αἱ γὰρ πολιτεῖαι, δι' ὧν οἰκοῦσι τὰς πόλεις, οὕτω τοὺς πλείστους αὐτῶν διειλήφασιν. (Paneg. 16). Die Athener standen also damals nach Osten und Süden hin zunächst einer Menge kleiner, durch kein festeres politisches Band verknüpfter Gemeinwesen gegenüber, was an sich der Ausführung ihrer Pläne nicht günstiger sein konnte, wenn es nur gelang erfolgreicher dem lakedaemonischen Einfluss entgegenzuwirken und die athenisch gesinnte Partei zu verstärken. Im Westen finden wir, als drei Jahre später dort die athenische Flotte zu operiren anfing, ähnliche Verhältnisse. Nur im Norden, in dem grösstem Theile des τὰ ἐπὶ Θράκης genannten Bezirkes, musste Athen, soweit sich der chalkidische Städtebund erstreckt hatte, auf grössere Schwierigkeiten stossen, denn die dortigen Städte gehörten seit der Niederwerfung Olynths (im Jahre 379) als autonome Mitglieder dem lakedaemonischen Bunde an und bildeten nach einer Angabe Diodors (VI, 31) die zehnte Division des damals reorganisirten lakedaemonischen Bundesheeres.

Im Sommer 378 und während der ersten Hälfte des Archontenjahres des Nausinikos wurden die Athener durch die Operationen in Boeotien, die Reorganisation des Steuersystems und die Rüstungen unzweifelhaft so in Anspruch genommen, dass nicht auffallen darf, wenn keine Spur einer bedeutenderen Thätigkeit Athens für den Seebund sich erkennen lässt. Erst am Anfange des Jahres 377 ging man auch hier energisch ans Werk. Es wurde klar, dass man den Seestädten ausserordentliche Zugeständnisse machen musste, um sie zum Aufgeben ihrer unabhängigen Stellung zu bewegen. Neue weitergehende Zusicherungen waren offenbar unumgänglich, wenn man ein ausgedehntes Bundessystem begründen wollte. Es galt einerseits zu zeigen, dass die Vortheile, welche der Bund gewährte, die durch die Mitgliedschaft bedingten Pflichten reichlich aufwog, man musste andererseits die Seestädte durch hinlängliche Garantien überzeugen, dass Athen von wohlwollender Liberalität erfüllt sei und den Plan aufgegeben habe, eine unterthänige Bundesgenossenschaft zu bilden. So erklärt sich der Volksbeschluss vom Februar/März des Jahres 377.

Dieses von Aristoteles beantragte Psephisma fordert noch einmal alle hellenischen und nichthellenischen Gemeinden, sofern sie

werden. Man erkannte damit, um sich die Gunst des Persers zu erhalten, den antalkidischen Frieden ausdrücklich an. Da das Bundessystem die Autonomie seiner Mitglieder ausdrücklich garantirte, so bedurfte es in diesem Punkte keiner besondern Erklärung, man befand sich hier vollständig auf dem Boden des antalkidischen Friedens. Athen machte in der That diesen Frieden sieben Jahr später ausdrücklich zur Basis seiner Politik, indem es die hellenischen Staatswesen zur erneuerter Beschwörung derselben nach Athen zu kommen aufforderte.

Nicht minder fällt ins Auge, dass besonders auch nicht-hellenische Gemeinden genannt werden und ihnen der Anschluss an den Bund freigestellt wird. Man hatte offenbar thrakische, makedonische und epeirotische Stämme im Sinne. Dieser Artikel hat im Allgemeinen wenig praktische Bedeutung erhalten, sofern der zweite athenische Bund wesentlich eine Symmachie hellenischer Seestädte war. Es verlor der Bund diesen Charakter keineswegs dadurch, dass ihm eine Zeit lang die Molosserfürsten Neoptolemos und Alketas, — späterhin auf kürzere Zeit Kersobleptes, der Odrysenfürst, — angehörten, indessen war die Möglichkeit vorhanden, und darauf ist hinzuweisen, dass der Bund durch diese Bestimmung viel von seinem nationalen Charakter verlor, principiell war wenigstens die rein nationale Grundlage aufgegeben. Die leitenden Staatsmänner hatten somit auf die nationale Tendenz verzichtet, welche den grosshellenischen Bund zur Zeit der Perserkriege und dann den ersten athenischen zur Lösung grosser politischer Aufgaben fähig gemacht und dazu beigetragen hatte den Athenern, als Führern des Bundes, eine erhöhte Thatkraft und Lust zum Wagen zu verleihen.

Was nun das merkwürdige Verzeichniss der Namen der Bundesgenossen betrifft, so erfolgte die Aufzeichnung natürlich so, dass — wie auch Schaefer, De soc. Ath. 314 annimmt — der Name einer Stadt nach der andern je nach der Zeit ihrer Aufnahme eingegraben wurde, weshalb der Hauptsache nach das Verzeichniss ein chronologisch geordnetes ist. Eine andere Ordnung der Namen ist nicht erkennbar, und im Ganzen stimmt die Reihenfolge der Städte mit der Zeit ihres Eintrittes, soweit sie aus der sonstigen Ueberlieferung bekannt ist, überein. Die Ausnahmen, welche von der chronologischen Anordnung stattfinden, lassen sich leicht erklären, so die bezüglich der Verzeichnung von Korkyra. Nach der Urkunde bei Rang. II, 321. 382 wurden die Korkyraeer, Akarnanen, Kephallenen zu gleicher Zeit aufgenommen, dennoch steht Korkyra, durch mehrere Namen getrennt, an der ersten Stelle des Verzeichnisses auf der linken Seitenfläche der Säule. Man wollte offenbar, dass wie die zwei vorhergehenden Spalten mit den Namen so hervorragender Gemeinwesen, wie Theben und Chios anfingen, so auch an der Spitze der dritten Reihe eine Stadt sehen, die an Bedeutung das Durchschnittmass der Bundesstädte weit übertraf. Theben war bisher ohne Zweifel nächst Athen die erste Stadt im Bunde, während Chios schon lange vor der Begründung des Bundes zu Athen und ausserdem eine grosse und reiche Insel war. Ueber die Blüthe der Insel zur Zeit des peloponnesischer Krieges vgl. Thuk. VII, 24 und 45.

An die Seite von Chios und Theben konnte sich von den neu hinzugekommenen Bundesstädten ohne Zweifel vor allen andern Korkyra stellen. Keine Stadt hatte mehr Anrecht auf diese Stelle als die der Korkyräer, welche, abgesehen von Athen, von allen zum Bunde gehörigen Staaten die meisten Schiffe stellte und die höchsten Summen zahlte[1]). Eine derartige Abweichung von der chronologischen Folge konnte natürlich nur in äusserst wenigen Fällen und nur da stattfinden, wo einerseits die über andere Städte hervorragende Stellung eine ganz unbestrittene war, — denn fernere Abweichungen zu Gunsten höherer Bedeutung hätten das Verzeichniss zu einer Rangliste gemacht und eine unübersehbare Reihe sachlicher und politischer Streitigkeiten hervorgerufen — andrerseits die technischen Schwierigkeiten nicht zu hindernd in den Weg traten. In der That ist auch ausser an der ersten Stelle nirgends Rücksicht auf das Machtverhältniss genommen worden: Methymna steht vor Rhodos, Dia vor Paros, Pronnos vor dem Molosserkönige Alketas.

Die Anordnung der Namen auf der Seitenfläche erfordert keine

---

1) Die Art und Weise, wie Korkyra verzeichnet ist, muss zu einer Bemerkung darüber veranlassen. Während sonst nämlich einfach Θάσιοι, Ἀβδηρῖται κτλ. steht, findet sich hier Κερκυραίων ὁ δῆμος. Eine Erklärung ist auf zwiefachem Wege möglich. Es könnte ein solcher Ausdruck darauf hinweisen, dass nur die damals auf der Insel herrschende demokratische Partei zu Athen hielt, denn ähnlich liest man Ζακυνθίων ὁ δῆμος ὁ ἐν τῷ Νήλλῳ, weil die Zakynthier gespalten waren und nur die Demokratie von Zakynthos zu Athen hielt. Während nämlich auf dieser Insel die Oligarchen die Stadt behaupteten und auf der Seite der Lakedaemonier standen, bildeten die Demokraten auf einem andern Theile der Insel eine besonders organisirte Politie, bauten sich einen festen Vertheidigungsplatz Nellos und liessen sich in den athenischen Bund aufnehmen. Indessen nur eine ähnliche schroffe Spaltung, wie sie auf Zakynthos bestand, durfte zu einer besondern Verzeichnung des Demos veranlassen, denn wenn man nur damit sagen wollte, dass die herrschende demokratische Partei die Trägerin des Bundesverhältnisses war, so hätte man sicherlich die meisten Städte in gleicher Weise verzeichnen müssen, in Bezug auf Korkyra ist aber eine derartige Trennung des Gemeinwesens in zwei getrennte staatliche Organismen nicht bekannt. Eine andere Erklärung hat wohl die grössere Wahrscheinlichkeit für sich, nämlich die, dass der Schreiber aus rein äusserlichen Gründen, weil etwa der Name der folgenden Bundesgemeinde bereits in den Stein eingehauen und ein zu grosser Raum für den Namen der ersten Stadt gelassen war, Κερκυραίων ὁ δῆμος schrieb, um eine in die Augen fallende Lücke zu vermeiden. Es finden sich genug Beispiele, welche beweisen, dass auch hierbei der ästhetische Sinn der Hellenen massgebend war. Eine leere Stelle in einem fortlaufenden Verzeichniss musste missfallen. Ueberdies ist in einem demokratischen Staate der Demos mit dem Staate selbst staatsrechtlich identisch, Ἀθηναῖοι und Ἀθηναίων ὁ δῆμος, wie auch in dieser Inschrift steht, bedeutet ein und dasselbe.

weitere Bemerkung, dagegen macht das unmittelbar auf den Text des ersten Psephisma folgende Verzeichniss einige Anmerkungen nothwendig. Die Namen stehen hier in zwei Reihen folgendermassen geordnet:

Χῖοι Τενέδιοι	Θηβαῖοι
Μυτιληναῖοι	Χαλκιδῆς
Μηθυμναῖοι	Ἐρετριῆς
Ῥόδιοι Ποιήccιοι¹)	Ἀρεθούcιοι
Βυζάντιοι	Καρύcτιοι
Περίνθιοι	Παλλῆς
Πεπαρήθιοι	κτλ.
κτλ.	

Nach Diod. XV, 28 (vgl. Isokr. Plat. 27) waren Chios, Mitylene, Rhodos, Byzanz und einige andere kleinere Städte die ersten Mitglieder des Bundes, von denen in gemeinsamer Berathung mit Athen die Bundesconstitution festgestellt wurde. Ausser jenen vier grössern Städten bezeichnet Diodoros als Theilnehmer an der ersten Berathung ἄλλοι τινὲς νηcιωτῶν. Es ist nicht zweifelhaft, dass diese in Tenedos, Methymna, Poiessos (Stadt auf Keos) und Perinthos erkennbar sind. Auch Perinthos, eine zu jener Zeit durch enge, politische Beziehungen an Byzanz geknüpfte Stadt (vgl. Dem. v. Kr. 112) konnte Diodoros als eine Inselstadt bezeichnen, denn sie hing nur durch eine schmale, niedrige, möglicherweise damals — wie bei Kyzikos — durchstochene Landenge mit dem Festlande zusammen. Theben, das den ersten Platz in der zweiten Reihe einnimmt, wurde einigeMonate später, als bereits die Bundesverfassung vereinbart und der Krieg gegen die Lakedaemonier erklärt war, aufgenommen, Peparethos erst im Frühjahre 377, vgl. Diod. XV, 29. Προcελάβοντο δὲ καὶ τοὺc Θηβαίουc ἐπὶ τὸ κοινὸν cυνέδριον ἐπὶ τοῖc ἴcοιc πᾶcιν. Ueber Peparethos vgl. Diod. XV, 30. Schaefer De soc. Ath. S. 5.

Es dürfte in Frage kommen, ob zuerst die erste Reihe herunter zu lesen wäre und dann die zweite, oder in dieser Weise: Χῖοι, Τενέδιοι, Θηβαῖοι, Μυτιληναῖοι, Χαλκιδῆς, Μηθυμναῖοι κτλ. Dass diese letztere Lesart unrichtig ist, geht daraus hervor, dass Theben und namentlich Chalkis sich bedeutend später dem Bunde anschlossen als Mitylene und Rhodos, daher muss man lesen: Χῖοι, Τενέδιοι, Μυτιληναῖοι, Μηθυμναῖοι, Ῥόδιοι κτλ. Tenedos und Poiessos setzte

---

1) Es ist zu bemerken, dass der Name dieser Stadt sonst Poieessa lautet, Rangabé schreibt die Auslassung des ε dem Steinhauer zu, welcher aus Mangel an Raum ausgelassen hätte. v. Gutschmid hält indessen diese Erklärung mit Recht für unmöglich, da sonst andere Abkürzungsmittel üblich waren. Derselbe weist auch darauf hin, dass die Beziehung von Παλλῆc auf Παλῆc in Kephallene durchaus nicht so zweifellos sei. Einerseits findet sich sonst nur Παλῆc, andrerseits wird eine Amazone Πάλλα unter den Eponymen kleinasiatischer Städte aufgeführt, vgl. Arrian. fragm 58. Steph., Θηβαῖc.

man neben Chios und Rhodos, weil die Namen jener Inseln zu kurz waren, um den Raum zu füllen und eine auffallende Lücke liessen. Weiter unten finden sich ähnliche Fälle. Der Grund, weshalb Theben, das der Zeit seines Beitrittes nach zwischen Perinthos und Peparethos seinen Platz haben sollte, an der Spitze der zweiten Reihe steht, ist oben berührt worden. Auf die Mitglieder, welche den Bund überhaupt erst stifteten, und auf Theben folgen die Namen euboeischer Städte und der bei Euboea liegenden kleinern Inseln. Es stimmt dieses vollkommen mit der Ueberlieferung bei Diodoros (also Ephoros) überein und muss das Zutrauen zu der Zuverlässigkeit dieser Quelle, wenigstens in Bezug auf die maritimen Verhältnisse, erhöhen, vgl. Diod. XV, 30: πρῶται καὶ πρυθυμόταται cυνεμάχηcαν αἱ κατὰ τὴν Εὔβοιαν οἰκοῦcαι πόλεις κτλ. Die Zeit der Aufnahme der euboeischen Städte ergiebt sich daraus, dass die Euboeer bald nach dem Erlasse des Psephisma und vor der athenischen See-Expedition unter Chabrias nach Euboea und den umliegenden Inseln sich anschlossen. Nach der Publication des Psephisma d. h. nach Februar/März 377 erfolgte der Beitritt der euboeischen Städte, sofern man sich auf Diodoros verlassen kann, der erst über das Psephisma berichtet und dann sagt: πρῶται καὶ προθυμόταται cυνεμάχηcαν κτλ. Das πρῶται ist nicht so zu verstehen, als ob sie überhaupt als die Ersten dem Bunde sich anschlossen, denn sie gehören nicht zu den Städten, welche sich zur ersten Berathung und Begründung des Bundes in Athen vereinigten. Diese euboeischen Städte waren vielmehr die ersten, welche nach der erneuerten Aufforderung und den in dem Psephisma durch die Athener geleisteten Garantien dem Bunde beitraten.

Gerade in Euboea musste das Gesetz, welches alle athenischen Besitzungen im bundesgenössischen Gebiete aufhob und fernerhin den Erwerb solcher verbot d. h. den Verzicht auf Kleruchien im Gebiete der Bundesgenossen aussprach, eine günstige Wendung der Stimmung hervorbringen und eine bedeutende Wirkung üben. Euboea lag den Athenern am nächsten und bot für Anlegung von Colonien einen äusserst günstigen Boden. Die Athener hatten hier in Chalkis ihre erste Kleruchie angelegt und viele Besitzungen erworben. Die euboeischen Städte mussten gerade im Hinblick auf die Möglichkeit neuer Kleruchien und eines dadurch hervorgebrachten, überwältigenden Einflusses der Athener zögern, sich dem Bunde anzuschliessen. Diese Bedenken beseitigte im Wesentlichen das Psephisma über den athenischen Grundbesitz im Gebiete der Bundesgenossen, und nun trugen die euboeischen Städte kein Bedenken sogleich Mitglieder des Bundes zu werden. Auf das προθυμότατα ist kein zu grosses Gewicht zu legen, doch wird es jedenfalls einigen Grund haben. Die plötzliche grosse Bereitwilligkeit findet leicht ihre Erklärung, wenn man die erregbare und leicht veränderliche Stimmung der Euboeer in Betracht zieht, auf welche die vielfachen politischen Wandelungen, welche die Insel in den nächsten Jahrzehenden durchmachte, ohne Zweifel hinweist. Vor der Expedition der Chabrias geschah der Anschluss der euboeischen Städte oder wenigstens eines grossen Theiles derselben, weil nach Diod. XV, 30. 2 Chabrias nach Euboea geht παραφυλάξων τοὺς ϲυμμάχουϲ, welche von Oreos bedroht waren. Es involvirt dieser Ausdruck, dass euboeische Städte bereits als Mitglieder dem Bunde angehörten.

Die Zeit der Expedition des Chabrias lässt sich nun in folgender Weise bestimmen. Ende März 377 zog Agesilaos nach Boeotien, und Chabrias operirte gegen ihn. Das lakedaemonische Heer kann sich nach der eingehenden Darstellung Xenophons nur wenige Wochen in Boeotien aufgehalten haben und muss dann, also ungefähr Ende April, nach Hause marschirt sein (Xen. Hell. V, 4. 47—55), wodurch der beste der damaligen athenischen Feldherren für einen andern Kriegsschauplatz verfügbar wurde. Später als um die Mitte des Mai wird Chabrias nicht abgesegelt sein, denn die Ueberrumpelung von Oreos im Herbste 377 fällt bereits in die Zeit der Expedition, deren Dauer man ihrem Wege nach auf mehrere Monate berechnen muss. Die euboeischen Städte traten daher, zum grössten Theil wenigstens, zwischen Februar/März und Mitte Mai des Jahres 377 dem athenischen Bunde bei. Der ganze Cours des Chabrias ist aus Diodoros, der einzigen Quelle, welche diese Expedition näher berührt, nicht erkennbar. Schaefer construirt aus der Reihenfolge der Namen im Verzeichnisse bis ins Einzelne die Fahrt des Chabrias, indem er den Beitritt einer Stadt mit der Anwesenheit des Chabrias in Verbindung setzt. Allein dieser Versuch ist nicht bloss ein rein hypothesisches Verfahren sondern auch ein unnöthiges, weil für die Entwickelung der Ereignisse und das Verständniss der Bundesverhältnisse das Resultat so ohne Bedeutung ist, dass es nur äusserlich den Inhalt der Darstellung vermehrt. Dieses namentlich in philologischen Schriften verbreitete Uebel veranlasste überhaupt nur zu dieser besondern Bemerkung. Aus diesem Grunde wird auch die Kritik der Construction selbst unterlassen. Diodoros erzählt nur, Chabrias sei nach Hestiaeae, auf der nördlichen Küste der Insel, gesegelt, habe dort, da er Hestiaeae selbst nicht nehmen konnte, das Land verwüstet, eine Verschanzung auf dem Stadtgebiete aufgeführt, daselbst eine Besatzung gelassen und habe dann in einem Bogen über Peparethos, Skiathos, welche Inseln er nebst einigen andern den Lakedaemoniern untergebenen gewann, sein Richtung nach den Kykladen genommen. Nach der ganz klaren Darstellung Diodors waren die Städte auf Euboea selbst, nämlich Chalkis, Eretria, Arethusa, Karystos, bereits bundesgenössisch als Chabrias den Zug unternahm, Peparethos und Skiathos wurden es erst auf dem Zuge selbst. Es mussten also auf Perinthos die Städte Chalkis u. s. w. folgen und nicht Peparethos, Skiathos. Warum Chalkis, Eretria u. s. w. als die ersten Städte nach Theben in der zweiten Reihe verzeichnet wurden, lässt sich nicht mit Sicherheit ausmachen, doch dürfte folgende Vermuthung Manches für sich haben. Dieselbe ist als Erklärung einer Abweichung von der im Princip angenommenen chronologischen Ordnung des Verzeichnisses nicht unwesentlich, Abweichungen ohne Grund würden die Reihenfolge der Städte zur einer durch Zufälligkeiten, nicht durch die Zeitfolge bedingten machen. Als die euboeischen Städte beitraten, standen auf dem für die Namen der Bundesgenossen freigelassenen Raume:

Χῖοι Τενέδιοι	Θηβαῖοι
Μυτιληναῖοι	. . . . . .
Μηθυμναῖοι	. . . . . .
Ῥόδιοι Ποιήσσιοι	. . . . . .
Βυζάντιοι	. . . . . .
Περίνθιοι	. . . . . .
. . . .	. . . . . .

Theben war die erste Stadt, welcher nach der Bundesverfassung noch vor dem Psephisma über den Grundbesitz sich dem Bunde anschloss, unmittelbar nach dem Psephisma folgten die euboeischen Städte und zwar ganz bereitwillig, bevor noch eine athenische Flotte in See ging und dadurch naturgemäss eine gewisse Beeinflussung ausübte. Peparethos und Skiathos traten dem Bunde erst nach dem ersten Erscheinen einer athenischen Kriegsmacht bei. Es bildeten daher Theben und die euboeischen Städte in gewisser Hinsicht eine zusammengehörige Gruppe, und man setzte aus diesem Grunde ihre Namen unmittelbar unter Theben und ging dann nach der andern Seite zurück mit Πεπαρήθιοι, Σκιάθιοι κτλ.

Dieses ist die letzte Abweichung von der chronologischen Folge, die wir als Norm der Aufzeichnung in Uebereinstimmung mit Schaefer angenommen haben. Einzelne Ausnahmen sind zu erklären und kommen daher nicht so weit in Betracht, dass man die Annahme einer principiell chronologischen Ordnung bei der Verzeichnung der Namen der Bundesstädte verwerfen müsste, da diese Annahme auf gewichtigen Gründen beruht. Es muss dagegen bedenklich erscheinen auf Grund dieses von uns angenommenen Princips der Aufzeichnung, das doch nur die Bedeutung einer wohlbegründeten Hypothese hat, ohne Weiteres bestimmte Quellenangaben so zu corrigiren, wie es Schaefer mit denen des Diodoros thut. Nach unserer Annahme bleibt der Bericht bei Diodoros intakt, ohne dass man die angenommene Norm der Aufzeichnung im Allgemeinen zu verlassen braucht.

Nach Peparethos und Skiathos muss Chabrias zunächst wohl Paros berührt und die Insel zum Eintritt in den Bund bewogen haben, denn Paros ist im Verzeichniss der dritte Name nach Skiathos.

Περίνθιοι	. . . . . .
Πεπαρήθιοι	. . . . . .
Σκιάθιοι	. . . . . .
Μαρωνῖται	. . . . . .

Διῆc ......
Πάριοι ......
Ἀθηνῖτοι ......
Ἴκιοι ......
Παλλῆc ......

Schaefer setzt den Anschluss von Paros in die Zeit nach der Schlacht von Naxos und betrachtet ihn als eine Folge derselben. Wie diese Annahme Schaefer mit seiner sonst so festgehaltenen chronologischen Ordnung vereinigt, ist unklar, da die euboeischen Städte und die Inseln um Euboea unzweifelhaft ein und ein viertel Jahr vor der Schlacht von Naxos beitraten und doch, wenn man von der vorher ausgeführten Vermuthung über die Aufzeichnung dieser Bundesmitglieder absieht, nach Paros verzeichnet stehen.

Ausserdem steht Πάριοι zwischen Διῆc und Ἀθηνῖται, (Ἀθῆναι Διάδεc) zwei euboeischen Städten, was doch unzweifelhaft darauf hinweist, dass Paros um dieselbe Zeit wie diese Städte für den Bund gewonnen wurde.

Schaefer stützt seine Behauptungen auf folgende Stellen: Dem. g. Lept. 77 Ἐνίκηcε μὲν τοίνυν Χαβρίας Λακεδαιμονίους ναυμαχίᾳ, εἷλε δὲ τῶν νήcων τούτων τὰς πολλὰς καὶ παρέδωκεν ὑμῖν καὶ φιλίας ἐποίηcεν, ἐχθρῶς ἐχούcας πρότερον. Selbst angenommen, dass εἷλε δὲ τῶν νήcων τούτων τὰς πολλὰς sich nur auf die Zeit nach der Schlacht bei Naxos bezieht, so folgt daraus noch gar nicht, dass Paros zu dieser Mehrzahl gehörte, es kann ebenso gut zur Minderzahl gehört haben. Die andere Stelle, welche noch Schaefer citirt, ist g. Lept. 80, wo indessen nur ganz allgemein steht: Χαβρίας ἑπτακαίδεκα πόλεις εἷλε, woraus sich doch durchaus kein Schluss auf Paros ziehen lässt.

Indessen noch andere Gründe bestätigen das aus dem Verzeichnisse gewonnene Resultat, dass sich Paros im Sommer 377 dem athenischen Bunde anschloss. Es würde nämlich schwerlich im folgenden Sommer 376 vor der Schlacht von Naxos, welche erst den Athenern das Uebergewicht in diesen Gewässern gab, Chabrias mit der athenischen Flotte mitten in eine Gruppe feindseliger Inseln hineingesegelt sein, sich an die Belagerung einer so festen und bedeutenden Stadt wie Naxos gemacht und noch weniger sich auf eine entscheidende, grosse Seeschlacht eingelassen haben, wenn er nicht in der Nähe ein befreundetes Gestade und eine Seestadt als Zufluchtsort und Stützpunkt gehabt hätte. Wenn ferner schon im Jahre 377 Paros geneigt war Mitglied des Bundes zu werden, so erklärt sich, warum Chabrias, der ohne Zweifel diese günstige Stimmung der Parier kennen musste, mit seinem sicherlich nicht bedeutenden Geschwader die euboeischen Gewässer verliess und so zu sagen in das Gebiet des Feindes hineinsegelte. Paros bot eine sichere, centrale Position und den besten Stützpunkt, um diese Inselgruppe der Kykladen zu gewinnen. Man wird also Paros zu den τινές von den andern, den Lakedaemoniern untergebenen Inseln rechnen können, welche nach Diod. XV, 35 Chabrias auf seiner Fahrt dem Bunde gewann. In dem Verzeichnisse der Bundesgenossen ist als Anfangsbuchstabe eines Namens O erhalten und Raum für höchstens noch sechs Buchstaben, ferner neben 'Aθηνῖται ein Π... und Platz für höchstens vier Buchstaben. Die Ergänzung dieses O und Π ist bisher noch nicht versucht oder gelungen, doch wird es möglich dieselbe mit ziemlicher Sicherheit vorzunehmen. Zugleich soll dabei untersucht werden, welche Namen jene Lücken auf der rechten Seite erfüllt haben mögen. Eine solche Untersuchung, deren Resultat nur eine annehmbare Hypothese sein kann, hat dennoch für diese Forschungen Werth, weil sie immerhin ein deutlicheres Bild von der Ausdehnung des Bundes überhaupt und über einzelne Gebiete im Besondern gewähren muss. Einen wichtigen Anhalt bietet eine erhaltene, vom Sommer 378 bis Sommer 374 reichende Rechnung der delischen Amphiktyonen, das sogenannte 'Marmor Sandwiciense' bei Boeckh C. I. gr. I, S. 252 und Stb. II, S. 78 fg. Diese Amphiktyonen, welchen die Verwaltung des Apollotempels auf Delos und die Ausrichtung der daselbst stattfindenden Feste oblag, wurden von Athen ernannt. Ihre Beziehung zu Athen und Abhängigkeit von dieser Stadt lässt sich auch aus der Ueberschrift ihrer Rechnungen erkennen: Τάδε ἔπραξαν 'Αμφικτύονες 'Αθηναίων ἀπὸ Καλλέου ἄρχοντος κτλ.

Die Amphiktyonen datiren also ihre Rechnungen nicht nur nach athenischen Archonten (Kalleas ist ein solcher), sondern nennen sich geradezu Amphiktyonen der Athener. Man darf ohne Zweifel annehmen, dass zu einer so verwalteten Kasse nur solche Staaten beisteuerten, die mit Athen in einem freundschaftlichen oder bundesgenössischen Verhältnisse standen. (Dieser Ansicht ist auch A. Schaefer, De soc. Ath. S. 19.)

Nach der Rechnung wurde damals von folgenden Gemeinwesen der Betrag regelmässig entrichtet. Keos, Syros, Tenos, Mykonos, Seriphos, Siphnos, Paros, Ios, Oenaea und Therma auf Ikaros. In dem ganzen bis Sommer 374 reichenden Verzeichnisse auf der Säule der Bundesgenossen fehlen von den angeführten Städten: Syros, Seriphos, Ios, Oenaea und Therma. Da nun, wie das τινὲς bei Diodor andeutet, ausser Paros noch andere kykladische Inseln beitraten und in der Nähe des Namens von Paros verzeichnet wurden, da ferner unter den andern Seestädten oder Inseln kein Name zu finden ist, der den hinter dem O für 6 Buchstaben passenden Raum füllen würde, so bleibt nur OINAIHC übrig, wenn nicht, was indessen unwahrscheinlicher ist, OΛIAPIOI gestanden hat.

Was das Π in der folgenden Zeile betrifft, so steht es am Anfange der Verstümmelung und ist nicht mehr vollständig erhalten, so dass es zum Theil nur Conjectur ist. Nun fehlt unter den Seestädten eine solche, deren Name der kleine Raum einschliessen könnte, dagegen würde IHTAI (Bewohner von Ios, einer Insel bei

Paros) durchaus passen, wenn das als Π gelesene vielmehr Ι und der erste Theil eines Η wäre, was aus sachlichen Gründen grosse Wahrscheinlichkeit für sich hat. Seriphos, Syros, Therma wird man mit ziemlicher Gewissheit in drei der fünf leeren Stellen setzen können, denn erstens ist es an sich wahrscheinlich, dass diese drei Inselgemeinden Mitglieder des Bundes waren, wenn sie es aber waren, so müssen sie bis Sommer 374 d. h. bis zu der Zeit dem Bunde beigetreten sein, in der alle Kykladen ausser Naxos, das nie zum athenischen Bunde gehörte, bereits Mitglieder des Bundes waren. Nun fehlen in dem bis Sommer 374 reichenden Verzeichnisse der Bundesgenossen die Namen dieser Inseln unter den erhaltenen Namen, sie werden daher in der Lücke gestanden haben. Zweitens tragen Seriphos, Syros, Therma nach der Amphiktyonenrechnung zu den Einnahmen des Apollotempels bei, was jedenfalls auf engere Beziehungen mit Athen weist und ein bundesgenössisches Verhältniss unter den damaligen Umständen wahrscheinlich macht.

Ferner kann man zur Ergänzung der Lücke Melos herbeiziehen, das nach der Rede g. Theokr. 69 und 72 Mitglied des Bundes war. Es lässt sich keine passendere Zeit als diese zwischen Sommer 377 und Anfang 375 als Zeit des Anschlusses an den Bund angeben. Ebenso gehört Kythnos hierher, eine Insel die unter den Kykladen ausser Keos der Stadt Athen am nächsten liegt. Aus der Rede des Hypereides für die Kythnier, die höchst wahrscheinlich einen ähnlichen Inhalt wie die desselben Redners für die bundesgenössischen Thasier hatte, darf man, wie es auch Schaefer, De soc. Ath. S. 19 thut, jedenfalls auf engere Beziehungen von Kythnos zu Athen schliessen. War aber Kythnos überhaupt Mitglied des Bundes, so wurde es dieses jedenfalls nicht später als die benachbarten Inseln.

Mit den Namen von Seriphos, Syros, Therma, Melos, Kythnos wäre also für jede der leeren Zeilen ein wahrscheinlicher Inhalt gefunden, indessen nimmt so wie ΣΥΡΙΟΙ ΘΕΡΜΗΣ ΜΗΛΙΟΙ auch das am Anfange der Lücke stehende ΠΑΛ ΗΣ einen so kleinen Raum ein, dass wohl noch für zwei bis drei Städte Raum übrig blieb. Es würden hier Kos und die kleinen kykladischen Inseln Oliaros und Pholegandros in Betracht kommen, vgl. A. Schaefer, De soc. Ath. S. 19.

So viel über den ersten Abschnitt des Verzeichnisses, welcher die Namen der Städte enthält, die vor der Schlacht von Naxos (September 376) sich dem Bunde anschlossen. Es wären jetzt die Ereignisse des Jahres 376/5 zu besprechen d. h. die Ereignisse, welche der Bundesgenossenschaft die Existenz, den Athenern die Hegemonie zur See sicherten, indessen dürfte es nicht unangemessen sein, hier eine Untersuchung über die Frage einzuschalten, wer sich als Stratege neben den Politikern Kallistratos und Aristoteles um die erste Ausdehnung des Bundes das Hauptverdienst erworben hat.

Als Feldherren sind für die Entwickelung des Bundes nach

aussen hin besonders thätig: Timotheos, Iphikrates, Chabrias. Rehdantz stellt mit der ihm eigenthümlichen Vorliebe für Timotheos diesen nach seiner Ansicht vom athenischen Demos so ungerecht und in so undankbarer Weise behandelten Mann sehr entschieden in den Vordergrund. 'Ac si uni viro, quod multorum opera fuit, vindicare in animo est, Timotheus profecto tibi eligendus erit,' (vgl. Vit. Iph. S. 202). Rehdantz hat zuerst die Behauptung ausgesprochen, dass die erste Unternehmung der neuen Seemacht Athens, die Expedition nach Euboea und den Kykladen von Timotheos geleitet sei, und dass diesem Feldherrn die erste wesentliche, durch das Auftreten einer athenischen Flotte bedingte Ausdehnung des Bundes zu verdanken ist. A. Schaefer, De soc. Ath. S. 9 fg. und Dem. u. s. Z. I, S. 33 lässt die euboeische Expedition unter der Leitung des Chabrias von Statten gehen, ohne sich indessen auf eine Widerlegung der von Rehdantz aufgestellten Behauptung einzulassen, so dass sich zunächst zwei Behauptungen (von denen nur die erstere durch Belegstellen zu begründen versucht ist), gegenüberstehen. Schaefer ist indessen geneigt, wenigstens etwas von dem Verdienste, das in Betreff dieses Zuges von Rehdantz dem Timotheos zuertheilt wird, zu retten: 'Es scheint, sagt Schaefer, dass Timotheos, der als Befreier Euboeas genannt wird, den Eifer der euboeischen Städte für Athen und ihre Lossagung von Sparta hervorgerufen hat'. Sollte Schaefer nur auf Grund der unmittelbaren, sich gegenüberstehenden Quellenangaben zu diesem Resultat gelangt sein, was übrigens zunächst dahingestellt bleiben mag, so würde insofern eine falsche kritische Methode befolgt sein, als deshalb, weil ein Theil der Quellen die Ausführung des Ereignisses allein dem einen Manne, der andere dagegen allein dem andern mit einfachen, kurzen Worten zuschreibt, eine Vereinigung der beiden entgegengesetzten Angaben durch die Annahme versucht wird, dass beide Männer sich um den Gewinn der euboeischen Städte verdient machten.

Es kann sich in solchen Fällen im Allgemeinen nur um die Verwerfung der einen oder der andern Quelle handeln, ein kritisches Princip, für dessen Richtigkeit auch die folgende Erörterung ein Beispiel bietet. Wenn, was nicht unwahrscheinlich ist und Schaefer annimmt, Timotheos sich bei der Vorbereitung der Expedition anerkennenswerthe Verdienste erworben hat, so geht es doch nicht an, dieses aus den direkt auf dieses Ereigniss bezüglichen Quellenangaben zu erschliessen und deren Wiedersprüche durch eine solche Vermittelung zu beseitigen. Es wird sich zeigen, dass aus Berichten über andere Vorgänge auf Grund einiger Andeutungen sich vermuthen lässt, dass Timotheos bei der Ausrüstung der Expedition in beachtenswerther Weise sich betheiligt hat.

Rehdantz stützt seine Ansicht auf folgende Stellen: Plut. v. Ruhm d. Ath. 8: Ἰσοκράτης δὲ μικροῦ τρεῖς Ὀλυμπιάδας ἀνήλωσεν ἵνα γράψῃ τὸν Πανηγυρικὸν λόγον, ἐν ᾧ Τιμόθεος Εὔβοιαν ἐλευθέρου καὶ Χαβρίας περὶ Νάξον ἐναυμάχου καὶ Ἰφικράτης ἐν Λεχαίῳ κτλ.[1]) Es ist zunächst zu bemerken, dass, wenn das Zeugniss des Diodoros, dessen Quelle nach den Untersuchungen Volkquardsens Ephoros ist, einfach dem des Plutarchos gegenüberstände, ohne Zweifel das des Ephoros bei Diodoros vorzuziehen wäre. Wir wissen nämlich nicht, woher Plutarchos die betreffenden Bemerkungen hat, die ihm ausserdem nur zu einem gelegentlichen Zwecke dienen, während die Angaben des Diodoros aus einer bekannten Quelle entnommen sind und sich in einer historischen Darstellung finden. Es kommt hinzu, dass Diodoros das Geschichtswerk des Ephoros vor sich liegen hatte, während Plutarchos diese Angaben wahrscheinlich, ohne unmittelbar dazu schriftliche Quellen einzusehen, aus dem Gedächtnisse machte. Ferner liegt sehr nahe, dass Plutarchos die athenische Expedition nach Euboea vom Jahre 357 mit der von 377 verwechselt hat. Im Jahre 357 hat sich in der That Timotheos um die Expedition nach Euboea wesentliche Verdienste erworben (vgl. Dem. g. Meid. 91 und 161), der Ausdruck ἐλευθέρου passt aber nur zum Jahre 357, denn 377 wurden die euboeischen Städte bewogen ihre unabängige Stellung aufzugeben und sich dem athenischen Seebunde anzuschliessen, 357 dagegen von der drückenden Herrschaft der Thebaner befreit. Diese Plutarch-Stelle ist also als Beleg dafür, dass Timotheos im Jahre 377 die athenische See-Expedition geleitet habe, von keiner Bedeutung.

Rehdantz hat die Möglichkeit diese Angabe des Plutarchos auf 357 zu beziehen wohl bemerkt, er schliesst sie jedoch deshalb aus, weil man, nach seiner Ansicht, nicht wisse, was die beiden Collegen (Timotheos und Kallistratos) des in Boeotien operirenden Chabrias in ihrem Amtsjahre vom Herbst 378 bis Herbst 377 gethan haben sollten, man müsse annehmen, dass ein Jeder von ihnen Schiffsgeschwader befehligt habe. Indessen die Quellen der griechischen Geschichte, namentlich für diese Periode, berichten häufig genug über wichtige Handlungen eines Mannes wenig oder gar nichts, sofern sie mehr organisatorischer oder legislativer Natur und nicht mit Kriegsereignissen unmittelbar verflochten sind. Beispielsweise findet sich von der Thätigkeit des damals vielleicht bedeutendsten Staatsmannes Athens, des Organisators des zweiten Seebundes, von

---

1) Der λόγος Πανηγυρικός ist im Jahre 380 verfasst. Es ist ein Irrthum des Plutarchos, wenn er meint, die Abfassung der Rede habe den Isokrates beinahe zwölf Jahre in Anspruch genommen, es ist dieses vielmehr bei der panathenaeischen Rede der Fall, welche ihrem Namen nach leicht zu einer Verwechselung mit der panegyrischen Veranlassung geben konnte. Die Aufzählung der Ereignisse soll illustriren, was alles geschah, während Isokrates diese Eine Rede anfertigte. Aehnlich heisst es im Timaios Fragm. 138: Alexander habe zur Eroberung Asiens weniger Zeit gebraucht als Isokrates zur Abfassung seiner panegyrischen Rede. Die Aufzählung der von den Athenern in derselben Zeit errungenen Erfolge fand wohl Plutarchos nicht in seiner Quelle, sondern gehört ihm selbst an.

der des Kallistratos nur hin und wieder eine abgerissene Notiz, während sich sowohl Xenophon als Ephoros bei Diodoros nicht selten in einer breiten Schilderung von verhältnissmässig unwichtigen Kriegsereignissen ergehen. Timotheos und Kallistratos werden, obwohl von ihrer Thätigkeit nichts erwähnt wird, in jener Zeit bei der Reorganisation des Finanzwesens, der Kriegsmacht, der bundesgenössischen Verhältnisse etc. eine grosse Arbeitskraft haben entfalten müssen. Es ist die Frage, was sie eigentlich gethan, wenn sie kein Commando gehabt hätten, ganz unbegründet. Das Amt des Strategen erstreckte sich nicht bloss auf das Commando der Flotte und des Landheeres, sondern auf die wichtigsten Gebiete des gesammten staatlichen Lebens, vgl. Boeckh, Sth. I, 7. S. 248 fg. Dann sagt Rehdantz: 'Isocrates dicitur rem publicam Chiorum constituisse', Isokrates sei aber der stehende Begleiter des Timotheos gewesen, Timotheos habe sich also auf Chios und auf See befunden. Vorausgesetzt, dass dieses dicitur sich auf eine Thatsache bezieht und nicht bloss dicere ist, so bleibt dennoch das Jahr, in welchem dieses geschah, ganz unbestimmt. Timotheos aber befand sich auch in den Jahren 365 bis 364 und 363 bis 362 in den Gewässern von Chios. Bis Chios ist überhaupt die Expedition des Jahres 377 schwerlich gekommen. Rehdantz hätte eine solche Begründung gar nicht beibringen sollen. Weiter heisst es bei Rehdantz: Chabrias könne unmöglich in einem Jahre das ausgeführt haben, was ihm Diodoros zuschreibe. Nach Diodoros befehligte er innerhalb eines Archontenjahres die euboeische Expedition, operirte in Boeotien, siegte bei Naxos, 'ne horror tibi incidat, his rebus omnibus spatium unius anni suffecisse'. Auf das Zeugniss des Diodoros, wonach die angeführten Thaten des Chabrias in das eine Archontenjahr fallen, ist zwar wenig Gewicht zu legen, denn Diodoros vertheilt, wie Volquardsen nachgewiesen hat, die in den Quellen erzählten Ereignisse willkührlich unter die einzelnen Jahre, allein es ist die Möglichkeit, dass dieses sehr wohl in etwas mehr als Jahresfrist stattfinden konnte, leicht nachzuweisen.

Wir haben gesehen, dass die euboeische Expedition zwischen Mai und Herbst 377 stattfand, d. h. noch in das Archontenjahr 377/6 hineinreichte. Ferner nimmt Rehdantz, was ganz richtig ist, an, dass im Frühjahre 376 Chabrias in Boeotien war und im Sommer 376 die Flotte befehligt habe, welche in der ersten Hälfte des September bei Naxos siegte. Der letzte Theil der Expedition von 377 und der Anfang von den See-Operationen des Jahres 376 fällt in dasselbe Archontenjahr, überdies hat Diodor überhaupt die Gewohnheit, die Ereignisse des Frühjahrs in das nächste Archontenjahr zu ziehen, so dass es sich eigentlich nur um ungefähr zwei Monate handelt, welche von dem Zeitraume, in dem sich die in Betracht kommenden Ereignisse vollzogen, nicht in das Archontenjahr 377/6 gehören. Dass also Diodor die Schlacht von Naxos, welche den Abschluss der

See-Operationen vom Sommer 376 bildet, im Zusammenhange mit ihnen in demselben Archontenjahre ohne weitere Bemerkung erzählt, ist eine der geringsten und am meisten zu entschuldigenden Nachlässigkeiten des Diodoros.

Nun bringt aber Rehdantz noch einen merkwürdigen Einwand vor, 'nec mos erat Graecorum, quem aestate terrestribus, eundem hieme navalibus copiis praeficere'. Eine Belegstelle fehlt und wird wohl schwerlich beizubringen sein. Die Grundlosigkeit dieser Behauptung wird durch das, was Rehdantz selbst im folgenden Capitel ausführt, vollständig klar gelegt. Rehdantz führt hier nämlich aus, was auch sonst feststeht, dass im Frühjahr 376 Chabrias in Boeotien befehligte und im Herbst und Winter desselben Jahres als Befehlshaber einer Flotte nach Thrakien ging. Endlich findet Rehdantz eine letzte Stütze für seine Ansicht bei Cornel. Nep. Timoth. 4: 'Iason Pherueus ad Timotheum defendendum Athenas venit (Herbst 373), hunc adversus tamen Timotheus postea populi jussu bellum gessit'. Rehdantz sagt selbst über diese Stelle, res ut vera, etsi mira, sit etc. und weist nach, dass nach 373 Timotheos keinen Krieg mit Jason geführt habe. Man hat es hier also mit höchst unzuverlässigen Angaben zu thun, Rehdantz aber meint, da Timotheos den Krieg nicht nachher geführt habe, so werde dieses vorher geschehen sein. Was die Zeit vor 373 beträfe, so sei kein passenderer Moment zu finden als die Zeit der athenischen See-Expedition nach den euboeischen Gewässern, Jason habe ebenfalls nach dem Besitze Euboeas gestrebt und sei ohne Zweifel mit den Athenern zusammengerathen.

Abgesehen davon, dass es immerhin nicht unbedenklich ist, ohne Weiteres das postea in antea umzuändern, spricht gegen diese Hypothese das Schweigen Xenophons Hellenika VI, 1, 9 fg. Hier wird nämlich das Verhältniss der Athener zu Jason, wie es sich einige Jahre nach 377 gestaltet hatte, erörtert, Xenophon weist mit keinem Worte auf einen kurz vorher geführten Krieg hin, obwohl eine solche Andeutung gar nicht zu umgehen war, wenn wirklich ein Krieg stattgefunden hätte. Auch bei Diodoros findet sich nichts von einem Zusammenstosse der Athener mit Jason, obwohl die Behandlung der Operationen auf und bei Euboea eine hinlänglich ausführliche ist, um ein argumentum ex silentio zu ermöglichen. Es könnte noch in Frage kommen, wann Timotheos, da er im Herbst 373 bereits mit Jason in Verbindung stand, mit diesem thessalischen Dynasten freundschaftliche Beziehungen angeknüpft habe. Da Rehdantz selbst zugiebt, dass Timotheos im Frühjahre 373, als er mit einer Flotte nach Korkyra absegeln sollte, sich aber länger als nöthig war im aegaeischen Meere aufhielt, mit Jason in Verbindung getreten sei, so ist damit der gesuchte Zeitpunkt gefunden und man braucht nicht die Hypothese, dass die Bekanntschaft beider vom Jahre 377 herrühre.

Es ergiebt sich also, dass erstens die einzige Stelle (bei Plutarchos), welche direkt die Leitung der euboeischen Angelegenheit dem Timotheos zuschreibt, gar nicht das Jahr 377 betrifft, dass zweitens die andern Citate und Erwägungen, durch welche Rehdantz darthun will, dass Timotheos im Sommer 377 in der Gegend von Euboea oder überhaupt in See gewesen sei, ohne die geringste Beweiskraft sind. Es bleibt also die Angabe bei Diodoros bestehen, dass Chabrias die euboeische Expedition im Jahre 377 geleitet hat. Indessen aus einem ganz andern Grunde, den jedoch Rehdantz — und wohl auch Schaefer, weil der Grund ziemlich fern liegt — nicht bemerkt hat, lässt sich auf einen beachtenswerthen Antheil des Timotheos an dem Zustandekommen der euboeischen Expedition ein berechtigter Schluss ziehen. Die Thatsache nämlich, dass Timotheos im Jahre 357 sich in hervorragender Weise für die Expedition nach Euboea interessirte und die Athener mit dem grössten Eifer zu dieser Unternehmung antrieb, spricht ohne Zweifel für die Annahme, dass Timotheos überhaupt den euboeischen Angelegenheiten ein dauerndes, besonderes Interesse schenkte und auch im Jahre 377 bei der Beschlussfassung über die Expedition und bei der Ausrüstung derselben sich thatkräftig betheiligte. Als Stratege konnte Timotheos jedenfalls dem, was für die Expedition geschah, nicht fern stehen. Chabrias aber führte die Expedition aus, und wenn man nur Einen Mann nennen will, so muss man den Chabrias nennen, dessen Name allein ausdrücklich und bestimmt in der Ueberlieferung mit dieser Unternehmung in Zusammenhang gebracht wird. Wenn man den Timotheos als den nennen wollte, der sich um die Vorbereitung und Ausrüstung der Expedition vor allen Andern verdient gemacht habe, so würde dieses, weil keine bestimmten Angaben vorliegen, gegen Kallistratos, Chabrias und andere Männer, die möglicherweise das gleiche Verdienst haben, nicht ganz gerecht gehandelt sein. Chabrias leitete diese erste Flottenbewegung des neuen Bundes, dann die entscheidenden Operationen im nächsten Sommer, die in der Schlacht von Naxos ihren Abschluss fanden und den Athenern das Uebergewicht zur See gaben. Wie Kallistratos der Begründer der innern Organisation des Bundes ist, so hat Chabrias den Bund nach aussen hin zuerst wesentlich entwickelt und sicher gestellt.

Im Herbste 377 war Chabrias von seinem Seezuge zurückgekehrt, das Resultat desselben musste höchst befriedigend sein, mit verhältnissmässig geringer Machtentfaltung war eine ganze Reihe von Städten gewonnen worden. Diese Städte sind mit denjenigen, welche sich unmittelbar bei der Begründung der Bundesverfassung betheiligt hatten, auf der Vorderseite der Bundessäule unmittelbar unter dem Texte des Psephisma verzeichnet. Die nächste Gruppe von Bundesgenossen, deren Namen auf einer Seitenfläche stehen, beginnt mit Korkyra, d. h. mit einem Mitgliede, das, wie alle folgenden, erst nach der Schlacht bei Naxos beitrat. Zwischen der ersten Gruppe von Bundesgenossen, denen, welche sich an der ersten Berathung zur Feststellung der Bundesverfassung betheiligten und der zweiten, welche die Mitglieder umfasst, die sich in Folge des Psephisma über den athenischen Grundbesitz anschlossen, liegt der Zeitraum eines Jahres. Ein gleicher Zeitraum trennt die zweite Gruppe von der dritten, deren Anschluss ein Resultat der Schlacht von Naxos war. Die Zwischenräume, in denen der Bund keinen oder geringen Zuwachs erhielt, lassen sich ohne Schwierigkeit erklären. Die Städte, welche durch ihre leitende Partei und demokratische Verfassung zu Athen hinneigten, hatten sich gleich bei der Begründung des Bundes betheiligt; die schwankenden, nicht sowohl durch eine oligarchische Regierung und den Einfluss Lakedaemons, als durch ihr Misstrauen gegen Athen zurückgehaltenen Städte traten bei, nachdem Athen stärkere Garantien ihrer Autonomie und der Integrität ihres Gebietes gegeben hatte, und eine athenische Flotte in See erschienen war, welche zeigte, dass Athen wieder den maritimen Verhältnissen sich zuwandte und sich in Stand setzte, seine Bundesgenossen gegen Uebergriffe der Lakedaemonier zu schützen. Ferner gab es eine Anzahl von Politien, die wegen ihrer nicht unbedeutenden Macht ihre ganz unabhängige Stellung aufzugeben und sich einem Bunde anzuschliessen zögerten, von dem es noch nicht feststand, dass er sie in allen Fällen und besser, als sie es für sich selbst vermochten, zu schützen im Stande wäre. Zum Beispiel brachte Korkyra im Nothfall neunzig und mehr Trieren auf, während Athen in grosser Bedrängniss zur Entscheidung im Jahre 376 nur drei und achtzig in See stellen konnte. Ferner gehörten in diese Kategorie die Städte, in welchen noch der lakedaemonische Einfluss zu mächtig wirkte, eine lakonisirende, in der Regel oligarchische Partei das Ruder führte, während die demokratische unter dem Drucke der lakedaemonischen Macht noch nicht aufkommen konnte. Endlich gab es Inseln, die, wie Aegina, in traditioneller und natürlicher Opposition zu Athen standen und welche nur durch ausserordentlich günstige Umstände oder durch mächtig wirkende Ereignisse sich hätten bewegen lassen, die Hegemonie Athens anzunehmen.

Vor Allem bedurfte es, um den Bund weiter auszudehnen, einer grossen, maritimen Machtentwickelung Athens, eines Schlages, der die lakedaemonische Macht und damit den lakedaemonischen Einfluss in den Seestädten empfindlich traf, was eine Veränderung der Parteiverhältnisse zur Folge haben und die Attikisirenden ans Ruder bringen konnte. Sievers meint (Gesch. Griechenlands S. 219), die Athener hätten schon in den Jahren 378 und 377 auf der See nach Belieben geschaltet. Diese Ansicht ist entschieden unrichtig, denn erst im Sommer 377 erscheint wieder ein athenisches Geschwader von einiger Bedeutung in See, nachdem ein Jahrzehend sich keine bedeutende athenische Flotte gezeigt hatte. Man musste im Jahre 378 grosse Anstrengungen machen, um den Grund zu einer neuen, den Lakedaemoniern gewachsenen Marine zu legen. Auch das Geschwader von 377 kann noch nicht bedeutend gewesen sein. Obwohl es von einem trefflichen Strategen geführt war, gelang es nicht Oreos zu nehmen, man musste sich mit der Verwüstung des Gebietes begnügen. Ausserdem beschränkte sich die Thätigkeit dieser ersten Flotten auf die benachbarten Gewässer, Chabrias wagte nicht entscheidende Operationen gegen die Centralstellungen der Lakedaemonier im Archipelagos zu beginnen.

Diese Expedition von 377 ist also sicherlich noch kein Beweis von einer die See beherrschenden Stellung Athens. Die Lakedaemonier sahen offenbar diese Seemacht, welche nicht einmal eine kleine Stadt auf Euboea eingenommen hatte, und sich nicht weit herauswagte, für nicht mächtig und gefährlich genug an, um grössere Seerüstungen zu veranstalten und mächtigere Flotten in See zu schicken. Die Mittel dazu hatten die Lakedaemonier, sie verfügten über eine starke Marine, welche noch im Frühjahre 376 nach der nicht so unrichtigen Auffassung der lakedaemonischen Bundesgenossen der athenischen Flotte weit überlegen war. Da nämlich die Lakedaemonier und ihre Bundesgenossen zu Lande keine derartigen Fortschritte machten, dass eine günstige Beendigung des Krieges bald zu erwarten war, so bewogen die Bundesgenossen die dem Seekriege überhaupt stets abgeneigten Lakedaemonier, in maritimen Bewegungen die Entscheidung zu suchen. Man hielt es nicht für schwer und sich für stark genug, Athen auf ähnliche Weise matt zu setzen, wie vor dreissig Jahren. „Ἐξεῖναι γὰρ σφίσιν ναῦς πληρώσαντας πολὺ πλείονας τῶν Ἀθηναίων ἑλεῖν λιμῷ τὴν πόλιν αὐτῶν." Vgl. Xen. Hell. V, 4, 60. Der lakedaemonische Bund beschliesst den Seekrieg, und bald darauf ist eine gut ausgerüstete Flotte von sechzig Trieren in See. Dieselbe beherrscht Monate lang die See, hält die nach Athen bestimmten Getreideschiffe aus dem Pontos auf, nimmt Stellungen in den der Stadt Athen benachbarten Seehäfen und auf den nächsten Küsten und Inseln, wodurch es gelingt, den Athenern völlig die Zufuhr abzuschneiden und sie in die übelste Lage zu bringen. Erst nach den grössten Anstrengungen vermögen die Athener eine den Lakedaemoniern gewachsene Flotte auslaufen zu lassen. Von einer Seeherrschaft der Athener vor der Schlacht von Naxos kann nicht die Rede sein. Auch Dem. Phil. III, S 116, 22 und 117, 13 betrachtet erst die Niederlage der Lakedaemonier bei Naxos als das Ende ihrer neun und zwanzig Jahre dauernden Seehegemonie.

War also die maritime Machtentwickelung der Athener nicht ausreichend, um eine entschiedene Wirkung auf die Parteiverhältnisse dieser Seestädte auszuüben, so arbeiteten anderseits die Lakedaemonier gerade in dieser Zeit energisch durch eine liberalere Bundesgenossenpolitik dem Einflusse der liberalen Haltung Athens entgegen, man sah ein, dass die bisherige drückende Hegemonie nur zum Abfall der Bundesgenossen hinführe. Vgl. Diod. XV, 31: ἐπαύσαντο (οἱ

Λακεδαιμόνιοι) τῆc προυπαρχούcηc βαρύτατοc καὶ ταῖc πόλεcι φιλανθρώπωc προcεφέροντο ὁρῶντεc τὴν τῶν cυμμάχων ὁρμὴν πρὸc τὴν ἀπόcταcιν ἀκατάcχετον οὖcαν.

Diese Verhältnisse erfuhren eine völlige Umwandlung durch eine grosse Niederlage der im Frühjahre 376 ausgerüsteten Flotte des lakedaemonischen Bundes. Es schien dieselbe eine Zeit lang den ihr bestimmten Auftrag auszuführen, sie brachte Athen in grosse Verlegenheit, wurde dann aber in der ersten Hälfte des September 376 in dem Sunde zwischen Naxos und Paros von der athenischen Flotte unter Chabrias vollständig geschlagen. Der Kampf war ein sehr harter gewesen, auch die Athener hatten nicht geringen Schaden erlitten. In Folge dessen mussten sie eine kräftige Verfolgung aufgeben, welche die völlige Vernichtung der lakedaemonischen Flotte zur Folge gehabt hätte. Ueberdies hatten sie mit der Auffischung der Leichen und Schiffbrüchigen zu thun, was die athenischen Strategen nie ohne die Gefahr eines gefährlichen Processes unterlassen durften. Chabrias kehrte bald nach der Schlacht mit den beutebeladenen Schiffen nach Athen zurück (Diod. XV, 35).

Es ist wahrscheinlich, dass auf dieser Rückfahrt Chabrias die Inseln Oliaros, Seriphos, Syros, Kythnos berührte und sie unter dem unmittelbaren Eindrucke der Schlacht und der Gegenwart der siegreichen Flotte zum Anschluss an den Bund bewog. Chabrias kann auf seinem Zuge von 377 nicht alle jene in die Lücke gehörigen Inseln gewonnen haben, der Ausdruck bei Diodoros: καί τιναc ἄλλαc τεταγμέναc ὑπὸ Λακεδαιμονίοιc· προcηγάγετο, müsste sonst doch etwas anders lauten. Schaefer meint (De soc. Ath. S. 15. Dem. u. s. Z. S. 38), dass Naxos, mit dessen Belagerung gerade die athenische Flotte beschäftigt war, als die lakedaemonische ihr entgegen trat, nach dem Siege der Athener in den Bund aufgenommen sei. Da im nächsten Sommer und bis Frühjahr 374 die Insel nicht beitrat, weil sie in dem Verzeichnisse fehlt, so erfolgte die Uebergabe höchstens vor dem Anschluss Korkyras Anfang 375, d. h. in der Zeit unmittelbar nach der Schlacht, und Naxos müsste einen Platz in der Lücke gefunden haben. Bedenken gegen die Annahme einer Uebergabe von Naxos muss im höchsten Grade das Schweigen des Diodoros erregen, welcher von der durch die Ankunft der lakedaemonischen Flotte abgebrochenen Belagerung erzählt und gewiss auch von der Einnahme berichtet hätte, wenn sie ein Resultat der Schlacht gewesen wäre. Im Gegentheil giebt Diodoros ganz bestimmt an, dass die athenische Flotte vom Schlachtfelde mit Beute schwer beladen nach Hause zurückkehrte, da sie bedeutend in der Schlacht gelitten hatte. Es ist sehr fraglich, ob sie wieder gegen Naxos zu fahren im Stande war und ob sie bei der erprobten Hartnäckigkeit und Ausdauer dieser Insulaner durch die blosse Kunde von der Schlacht eine Capitulation bewirkt hätte, besonders da sie einen energischen Angriff offenbar nicht unternehmen konnte. Ueberdies war die lakedaemonische

Seemacht zwar für den Augenblick, aber lange noch nicht so niedergeschlagen, dass die Naxier überhaupt alle Hoffnung auf Entsatz bei einer neuen Belagerung aufgeben mussten. Schon im nächsten Sommer operirte eine der im vorigen Sommer ausgerüsteten durchaus nicht nachstehende Flotte gegen die Athener unter Timotheos. Erst nach zwei Seetreffen erringt Timotheos das Uebergewicht in den westlichen Gewässern. Auch nach dem Jahre 374 ist Naxos schwerlich Mitglied des Bundes geworden. Athen brauchte seine Kraft auf andern Gebieten, es war in die festländischen Wirren und den grossen Kampf zwischen Lakedaemon und Theben verwickelt und als es sich wieder mehr den Seeverhältnissen zuwandte, bemühte es sich um Hellespont, in Thrakien und an der Küste Kleinasiens festen Fuss zu fassen. Kaum war dieses theilweise gelungen, als der Bundesgenossenkrieg ausbrach und Athen völlig zerrüttete, so dass in der folgenden Zeit nicht an Ausdehnung der Seeherrschaft über die Kykladen zu denken war.

Die Thatsache, dass die Athener eine so wichtige Insel wie Naxos dem Bunde nicht einverleiben konnten, würde auffallen, wenn sie bei der nicht zu verachtenden Stärke des Seebundes vereinzelt dastände, allein dieses ist durchaus nicht der Fall. Das näher liegende Aegina hat niemals dem zweiten athenischen Bunde angehört und eine feindselige Stellung gegen denselben eingenommen (vgl. Schaefer, De soc. Ath. S. 17).

Schaefer führt indessen zur Begründung seiner Ansicht eine Belegstelle aus Ampelius, Lib. mem. 15, 18 an, der von ihm selbst als „perexiguae auctoritatis scriptor" bezeichnet wird. In der That ist dieses ein noch gelinder Ausdruck[1]). Die betreffende Stelle enthält nur offenbare Unrichtigkeiten, wenn man von der wenigstens nichts Unwahrscheinliches habenden Notiz, dass Chabrias Naxos nahm, absieht. Die Stelle lautet wörtlich: Chabrias, qui Cypron et Naxon et omnes asiaticas insulas Athenis adjunxit. Auf Kypros haben die Athener gleich bei der Begründung des zweiten Bundes urkundlich verzichtet und auch nie einen Versuch gemacht, diese Insel für die Bundesgenossenschaft zu erwerben, sie wären sonst in grossen Conflict mit dem Grosskönige gekommen, welchem der antalkidische Friede die Insel zugesprochen hatte. Was die asiatischen Inseln betrifft, so könnte damit Rhodos, Kos, Samos, Chios, Lesbos, Tenedos bezeichnet sein, allein keine derselben wurde durch Chabrias zum Anschlusse bewogen. Es liegt der Gedanke nahe, dass hier Chabrias mit Kimon verwechselt ist, der bei der Begründung des ersten Bundes in hervorragender Weise thätig war und damals insofern den Athenern die asiatischen Inseln verband, besonders da Lesbos, Chios, Samos die ersten Inseln waren, welche sich unter die Hegemonie Athens und seiner damaligen Strategen Kimon und Aristides stellten.

---

1) Ampelius giebt ein flüchtiges Excerpt aus Nepos, De excell. duc.

Kimon dehnte ferner den athenischen Einfluss auf Kypros aus und war wahrscheinlich auch der Feldherr, welcher das aufständische Naxos der Botmässigkeit der Athener unterwarf. Diese Notiz bei Ampelius kann also gegen das argumentum ex silentio Diodors und andere Erwägungen nicht entscheidend sein.

Schaefer führt noch eine Stelle bei Dem. g. Lept. 77 an: Χαβρίας ἐνίκηϲε τοίνυν Λακεδαιμονίουϲ ναυμαχίᾳ, εἷλε δὲ τῶν νήϲων τούτων τὰϲ πολλὰϲ καὶ παρέδωκεν ὑμῖν καὶ φιλίαϲ ἐποίηϲεν ἐχθρῶϲ ἐχούϲαϲ πρότερον.

Es beweist dieses durchaus nicht, dass gerade Naxos genommen wurde. Die Zahl der Kykladen im engern Sinne, d. h. der um Naxos und Paros herumliegenden Inseln, welche Demosthenes hier mit τῶν νήϲων τούτων bezeichnet, beträgt höchstens zwanzig, denn die Felsinselchen ohne selbständige, nennenswerthe Gemeinwesen wird man natürlich nicht mit zählen können. Nun bewog Chabrias unmittelbar nach der Schlacht ungefähr vier von diesen Inseln zum Anschluss, sieben, wie wir späterhin sehen werden, im folgenden Sommer, drei bis vier auf seinem Seezuge von 377, so dass man reichlich die Mehrzahl dieser Inseln namhaft machen kann, ohne dass man Naxos mitzuzählen braucht.

Einen weitern Grund gegen die Zugehörigkeit von Naxos bietet das Marmor Sandwiciense. Wenn sich der Name einer Insel nicht in den Rechnungen der delischen Amphiktyonen findet, so darf man noch nicht schliessen, dass sie auch nicht Mitglied des athenischen Bundes war, denn sie können, wie Melos und Thera, diesem religiösen Verbande nicht angehört haben. Vgl. Grote, Gesch. v. Griech. deutsch v. Meissner I, S. 587 fg. Anders steht es aber mit den Inseln, die als zahlungspflichtig mit der Bemerkung aufgeführt sind, dass sie die Beisteuer nicht gezahlt haben. Als solche nennt die Rechnung: Andros, Karystos, Naxos. A. Schaefer weist mit Recht die Bemerkung Taylors zurück, dass diese Gemeinden deshalb nicht gezahlt hätten, weil sie unter dem Einflusse der Lakedaemonier standen, denn Karystos wurde im Sommer 377, Andros im Sommer 375 aufgenommen, während die Rechnungen bis Sommer 374 reichen. Allein anders kann es sich mit Naxos verhalten. Es giebt zwei Möglichkeiten, aus denen Nichtzahlung zu erklären wäre: Zahlungsunfähigkeit und feindselige Stellung. Bei Karystos und Andros ist entschieden der erstere Grund vorhanden, da Anfang Sommer 376 längere Zeit die grosse lakedaemonische Flotte von sechzig bis fünf und sechzig Trieren mit einer Mannschaft von dreizehn bis fünfzehntausend Köpfen hier stationirt war, um der Stadt Athen die Lebensmittel abzuschneiden, was den Wohlstand von Andros und Karystos um so mehr bedeutend schädigen musste, als Karystos bundesgenössisch war und Andros jedenfalls schon mit Athen in näherer Verbindung stand, beide also sicherlich nicht geschont wurden. Andrerseits ist nicht anzunehmen, dass eine so reiche Insel wie

Naxos durch eine kurze Belagerung der Hauptstadt ausser Stande gesetzt sein sollte, die verhältnissmässig geringe Beisteuer zu zahlen. Hier war höchst wahrscheinlich der andere Grund massgebend, d. h. die Naxier wollten nicht zahlen, weil sie mit Athen schlecht standen. In Naxos nahm die Oligarchie stets eine höchst einflussreiche Stellung ein, die Insel hielt es daher mit den Lakedaemoniern, und da nichts von einer gewaltsamen Bezwingung bekannt ist, muss man annehmen, dass sie nie Mitglied des zweiten Bundes war.

Die athenische Flotte hatte in voller Stärke bei Naxos gefochten, sie hatte so erheblichen Schaden gelitten, dass die Athener nicht sofort ihren Sieg verfolgen konnten. Erst nachdem der Schaden ausgebessert, die Flotte durch neue Schiffe verstärkt war, liefen Anfang 375 von Athen zwei Geschwader aus, um das durch die Schlacht gewonnene Uebergewicht zur See zu behaupten und die Bundesgenossenschaft zu erweitern. Mit dem einen Geschwader ging Chabrias nach Osten, nach Thrakien und den Inseln des aegaeischen Meeres, mit dem andern Timotheos nach Westen, um auch im ionischen Meere festen Fuss zu fassen. Vgl. Diod. XV, 36 und das Verzeichniss, wo die auf beiden Expeditionen gewonnenen Städte durcheinander stehen.

Chabrias eilte zunächst der von den Triballern hart bedrängten und um Unterstützung bittenden Stadt Abdera zu Hülfe, befreite dieselbe und legte zum Schutz gegen weiterhin drohende Angriffe eine Besatzung hinein. Abdera trat, wie das Verzeichniss beweist, dem athenischen Bunde bei (Frühjahr 375). Bei Diodoros, der einzigen Quelle für diesen Zug des Chabrias, bricht der Bericht mit der durchaus falschen und offenbar auf Missverständniss beruhenden Bemerkung ab, dass Chabrias von Meuchelmördern umgebracht sei. So bleibt das Verzeichniss der Bundesgenossen der einzige Halt bezüglich der weitern Fahrt des Chabrias. Auf Abdera folgt nach dem Verzeichnisse Thasos, Chabrias wird es berührt und von da seinen Weg etwa über Aenus nach Samothrake genommen haben. Aenus und Samothrake sind ebenfalls verzeichnet, zwischen beiden Chalkis am Berge Athos. Vgl. Schaefer, De soc. Ath. S. 15. Auch Dikaiopolis wird als Bundesstadt aufgeführt, eine von Abdera nur hundert Stadien entfernte Stadt.

Während dieser Erfolge des Chabrias hatte Timotheos den Peloponnesos umsegelt und so erfolgreich operirt, dass Pronnos auf der Insel Kephallene und die Molosserfürsten Alketas und Neoptolemos Mitglieder des Bundes wurden. Alketas und Neoptolemos beherrschten überdies ausser den Molossern noch eine Anzahl von Nachbarstämmen, so die Athamanen, und Chaonen. Vgl. das Bundesgenossenverzeichniss Diod. XV, 36. Xen. Hell. V, 4, 64. Cornel. Nep. Tim. 2. Strabo VII, S. 323. A. Schaefer, Dem. u. s. Z. I, S. 41 und De soc. Ath. S. 15.

Pronnos war nicht die erste unter den kephallenischen Städten, welche dem Bunde beitrat, bereits vor der Schlacht von Naxos war Pale bundesgenössisch und damit die erste Bundesstadt im Westen geworden.

Die wichtigste Folge der Schlacht von Naxos und der Operationen des Timotheos war der Anschluss von Korkyra. Diese mächtige Insel schickte zusammen mit den Kephallenen und den akarnanischen Städten Gesandte nach Athen, um die Aufnahme in den Bund vollziehen zu lassen. Vgl. den Senatsbeschluss bei Rang. II, S. 50. Nr. 382 und bei Schaefer, De soc. Ath. S. 12. Das Probuleuma des Senates über die Aufnahme der Korkyraeer, Akarnanen, Kephallenen und ihre Aufzeichnung auf die Bundessäule ist datirt vom September 375. Bereits in diesem Herbst 375 stellte Korkyra zur athenischen Bundesflotte ein Contingent, das bei dem Siege über die lakedaemonische Flotte bei Leukas mitwirkte. Nach dieser Schlacht beherrschte Timotheos die westlichen Gewässer. Xen. Hell. V, 4, 64. Polyän. III, 16, 17. In derselben Zeit schloss sich im aegaeischen Meere Hestiaea dem Bunde an. Diese Stadt hatte im Sommer 377 Chabrias nicht nehmen können, im Herbste desselben Jahres wurde sie durch einen Handstreich der auf der Akropolis in Gewahrsam gehaltenen thebanischen Kriegsgefangenen erobert. Ein Jahr später findet sich Hestiaea als Mitglied des Bundes verzeichnet, es scheint in der Zwischenzeit die attikisirende Partei einen bestimmenden Einfluss erlangt zu haben. Vgl. das Verzeichniss der Bundesgenossen Xen. Hell. V, 4, 56. Schaefer, De soc. Ath. S. 18.

Unmittelbar vor Hestiaea steht im Verzeichnisse Andros und Tenos, unmittelbar darauf: Antissa und Eresos auf Lesbos, Astroioisos (eine sonst völlig unbekannte Stadt), Julis, Karthea, Koresos (drei Städte auf Keos), Elaeus, Amorgos, Selymbria, Siphnos, Sikinnos, Dia auf Athos, Neapolis auf der thrakischen Küste gegenüber Thasos. Schaefer meint, diese Städte wären von Timotheos im Jahre 373 für den Bund gewonnen. Vgl. Dem. u. s. Z. I, S. 52. De soc. Ath. S. 17. Bei einer genauern Untersuchung des Quellenmaterials wird man indessen genöthigt, ebenso wie die euboeische Expedition von 377 auch die Erwerbung dieser Städte dem Timotheos abzuerkennen. Ueberhaupt dürfte es geboten sein bei aller Achtung vor den strategischen Leistungen dieses Mannes ihn von der Höhe herabzusetzen, auf die ihn sein Freund und Lehrer Isokrates, der oligarchische Gesinnungsgenosse Xenophon, Aeschines und die mit diesen Männern in Zusammenhang stehenden Kreise gehoben haben. Die zu günstige Beurtheilung des Timotheos ist in die neuere Literatur übergegangen. Rehdantz geht in dieser Hinsicht am weitesten.

Schaefer sucht seine Ansicht in folgender Weise zu begründen. Obwohl keine bestimmte Ueberlieferung darüber vorhanden sei, dass Timotheos die angeführten Städte im Jahre 373 gewonnen habe, so lasse sich doch ein Schluss aus Diod. XV, 47, 2 ziehen, wo berichtet werde, die Athener hätten im Frühjahre 373 den Timotheos mit sechzig Trieren den Korkyraeern zu Hülfe geschickt, Timotheos δὲ πρὸ τῆς cυμμαχίας ταύτης πλεύσας ἐπὶ Θράκης καὶ πολλὰς πόλεις ἐπὶ cυμμαχίαν προκαλεσάμενος προσέθηκε τριάκοντα τριήρεις· τότε δὲ καθυστερῶν τῆς τῶν Κερκυραίων cυμμαχίας τὸ μὲν πρῶτον ἀπέβαλε τὴν στρατηγίαν, τοῦ δήμου χαλεπῶς πρὸς αὐτὸν διατεθέντος· ὡς δὲ παρέπλευσεν εἰς τὰς Ἀθήνας ἄγων πρέσβεων πλῆθος τῶν τὴν cυμμαχίαν cυντιθεμένων καὶ τριάκοντα τριήρεις προστεθεικὼς πάντα τε τὸν στόλον εὖ κατεσκευακὼς πρὸς τὸν πόλεμον μετενόησεν ὁ δῆμος, setzte ihn wieder in sein Amt, worauf Timotheos mit Iphikrates, seinem Collegen, nach Korkyra abging.

Schaefer bemerkt richtig, dass diese Stelle vieles Falsche enthalte. So wurde Timotheos nicht wieder in sein Amt eingesetzt, vielmehr erhielten seine Ankläger Iphikrates und Kallistratos von Aphidnae an seiner Stelle den Oberbefehl. Ferner begründet der Bericht bei Diodoros die Anklage unrichtig, er wurde nicht angeklagt, weil er auf eigene Faust nach Thrakien segelte, sondern 'quod per insulas Cycladas circumvehens classiariis conquirendis tempus tereret', denn Xen. Hell. VI, 2, 12 sagt: Τιμόθεος ἐπὶ νήσων πλεύσας ἐκεῖθεν ἐπειρᾶτο συμπληροῦν (ναῦς), οἱ δ' Ἀθηναῖοι νομίζοντες αὐτὸν ἀναλοῦν τὸν τῆς ὥρας εἰς τὸν περίπλουν χρόνον συγγνώμην οὐκ ἔσχον, ἀλλὰ παύσαντες αὐτὸν τῆς στρατηγίας Ἰφικράτην ἀνθαιροῦντο. Nun sei es nach den Angaben bei Apollod. g. Tim. 6 fg. nicht zu bezweifeln, führt Schaefer fort, dass Timotheos im April 373 aus dem Peiraieus auslief, im Herbste bei der Insel Kalauria sich aufhielt und im November sich in Athen vor Gericht stellen musste. Es würde Niemand im Ernste meinen, dass Iphikrates in der Zwischenzeit von sechs Monaten weiter nichts gethan habe als Schiffsvolk sich zu besorgen. Timotheos sei offenbar, wie Diodoros erzähle, durch das aegaeische Meer nach Thrakien gefahren und habe die letzterwähnte Reihe von Städten dem Bunde zugefügt.

Es wird sofort auffällig, dass Schaefer sich hier in einem eigenthümlichen Widerspruche befindet, nachdem er vorher die Anklage acceptirt hat, dass Timotheos mit der Bemannung der Flotte die günstige Jahreszeit unnütz hingebracht habe, sagt er hier ohne Weiteres, es sei unglaublich, dass Timotheos in so langer Zeit so Weniges gethan habe, man müsse deshalb annehmen, dass in derselben Timotheos noch andere Thaten vollbracht habe. Indessen, weil gerade Timotheos in unglaublicher Weise die Zeit vertrödelte, klagten ihn Kallistratos und Iphikrates an und setzten seine Verurtheilung durch, weil er sich nicht genügend rechtfertigen konnte. Timotheos wurde für so schuldig befunden, dass er in den nächsten Jahren gar kein Commando erhielt.

Da Timotheos ohne Zweifel ein recht tüchtiger Feldherr war, so wird kaum seine Verurtheilung wegen eines rein strategischen

Fehlers erfolgt sein. Nun steht es aber fest, dass er in ungehöriger Weise die Zeit von sechs Monaten verbrachte, wenn dieses nicht seinen Grund in strategischer Unfähigkeit oder in rein militärischen Verstössen hatte, so gewinnt das, was Apollodoros über diese Angelegenheit berichtet die höchste Wahrscheinlichkeit, wenn nicht Gewissheit. Nach Apollodoros erhielt Timotheos bei seiner Abreise aus Athen selbst wenig Geld, es wurden ihm zur Vervollständigung und Löhnung der Flottenmannschaft die Syntaxeis der benachbarten Kykladischen Inseln angewiesen. Timotheos erhob die ihm angewiesenen Steuern, die Flottengelder wurden aber in nicht gehöriger Weise verwaltet, es stellte sich bald Geldmangel ein. Der Schatzmeister des Timotheos, Antimachos, wurde in dem grossen Processe gegen Timotheos und seine Genossen, wegen seiner Vergehen bei der Kassenverwaltung zum Tode verurtheilt. In Folge des Geldmangels konnte man natürlich nicht das Schiffsvolk vervollständigen, hatte vielmehr Mühe und Noth die Flotte so, wie sie war, zusammenzuhalten. So blieb die Flotte unthätig bei Kalauria liegen, weil trotz der harten Bedrängung Korkyras eine Fahrt dahin um den Peloponnesos nicht wohl mit unvollständiger Mannschaft auszuführen war. Timotheos stand jedenfalls der schlechten Verwaltung der Kriegskasse nicht fern, denn er lieh auf sein Privatvermögen Geld und deckte damit Summen, die aus den Heeresgeldern (cτρατιωτικά) zu bezahlen waren. Die Bemannung an und für sich kann keine Schwierigkeiten gemacht haben, denn Iphikrates und Kallistratos werden sehr schnell damit fertig und verfügen über tüchtige Seeleute.

Kurz der einfache Bericht des Apollodoros ergänzt das, was Xenophon erzählt, führt dasselbe aus und macht es verständlich, so dass es durchaus Glauben verdient, obwohl es in einer Anklagerede gegen Timotheos steht. Nach Diodoros war das ganze Geschwader wohlgerüstet und schlagfertig, indessen Apollodoros giebt eine ganz andere Schilderung, die begreiflich macht, warum die Athener so aufgebracht auf Timotheos wurden, dass nur die Fürsprache seiner mächtigen Gönner Jason und Alketas ihn vor einem ähnlichen Schicksale, wie es sein Schatzmeister erlitt, bewahrten. Ap. g. Tim. 13 sagt: Τιμόθεος πανταχόθεν ἀπορούμενος, καὶ ἐν ἀγῶνι τῷ μεγίστῳ καθεστηκὼς περὶ τοῦ cώματος διὰ τὸ cυμβεβηκέναι τῇ πόλει τοιαῦτα πράγματα, ἄμιcθον μὲν τὸ cτράτευμα καταλελύcθαι ἐν Καλαυρείᾳ, πολιορκεῖcθαι δὲ τοὺς περὶ Πελοπόννηcον cυμμάχους ὑπὸ Λακεδαιμονίων, κατηγορούντων δὲ τούτον αἴτιον εἶναι τῆς παρούcης ἀτυχίας Ἰφικράτους καὶ Καλλιcτράτου, ἔτι δὲ τῶν ἀφικνουμένων ἀπὸ cτρατεύματος ἀπαγγελλόντων ἐν τῷ δήμῳ τὴν παροῦcαν ἔνδειαν καὶ ἀπορίαν, τὸ δὲ καὶ δι' ἐπιcτολῶν ἑκάcτου πυνθανομένου παρὰ τῶν οἰκείων καὶ ἐπιτηδείων οἷς διέκειτο. ὧν ἀκουόντων ὑμεῖς ἐν τῷ δήμῳ τότε ἀναμνήcθητε πῶς ἕκαcτος περὶ αὑτοῦ τὴν γνώμην εἶχεν. οὐ γὰρ ἀγνοεῖτε τὰ λεγόμενα. Dann heist es im neunten Paragraphen ἐπειδὴ ἐπὶ κρίcει παρέδοτο εἰς τὸν δῆμον

αἰτίας τῆς μεγίστης τυχών, ἐφειστήκει δ' αὐτῷ Καλλίστρατος καὶ
Ἰφικράτης, οὕτω διέθεσαν, ὑμᾶς κατηγοροῦντες αὐτοί τε καὶ οἱ
συναγορεύοντες αὐτοῖς, ὥστ' Ἀντίμαχον μὲν ταμίαν ὄντα καὶ
πιστότατον διακείμενον τούτῳ κρίναντες ἐν τῷ δήμῳ ἀπε-
κτείνατε καὶ τὴν οὐσίαν αὐτὸν ἐδημεύσατε, αὐτὸν δὲ τοῦτον ἐξαι-
τουμένων μὲν τῶν ἐπιτηδείων αὐτοῦ ἁπάντων, ἔτι δὲ καὶ Ἀλκέτου
καὶ Ἰάσονος μόλις ἐπείσθητε ἀφεῖναι, στρατηγοῦντα δὲ αὐτὸν ἐπαύ-
σατε κτλ.

 Eine Flotte, die unvollständig bemannt und deren Mannschaft
unzufrieden war, weil sie nicht regelmässig Geld erhielt, von der
das Contingent der Boeoter nach Hause zu gehen drohte, wenn es
nicht die Löhnung erhielte, konnte nicht zu so erfolgreichen
Zügen nach Thrakien und im Archipelagos geeignet sein. Es liegt
der Gedanke nahe, dass Diodoros in seiner nachlässigen Weise
einen Bericht über die Rückkehr des Timotheos aus den westlichen
Gewässern im Sommer 374 hier hinein gesetzt hat. In diesem
Sommer brachte allerdings Timotheos eine reiche Beute und eine
Menge bundesgenössischer Gesandten nach Athen, auch seine Flotte
befand sich nach dem siegreichen Feldzuge unzweifelhaft in gutem
Zustande. Ein Prozess gegen Timotheos wegen seines Eingreifens
auf Zakynthos trotz des abgeschlossenen Friedens ist nicht unwahrscheinlich, Timotheos würde dann den Prozess glücklich bestanden
haben. Diese zakynthische Frage bildete nämlich sofort den Gegenstand neuer Erörterungen mit Sparta und trug dazu bei, dass im
nächsten Frühjahr 373 der Krieg von Neuem begann, Athen musste
also das Verhalten des Timotheos gebilligt haben. Auf den Bericht
des Diodoros ist mithin nicht viel zu geben, da er thatsächlich Falsches
enthält, und die Quellen, mit denen er nicht im Einklange steht, ein
grösseres Gewicht haben. Xenophon schweigt an der betreffenden
Stelle vollständig über einen Zug des Timotheos nach Thrakien.
Schaefer meint, das Schweigen Xenophons dürfte nicht auffallen, er
habe ebenso über die Expedition des Chabrias im Jahre 377 und
375 nichts gesagt. Xenophon hüllt sich allerdings in Bezug auf
manche wichtige Seeoperationen in ein bedauerliches Stillschweigen,
allein über andere berichtet er mit einer Genauigkeit, die nichts zu
wünschen übrig lässt. Dieses Verfahren wird bedingt und erklärt
durch die Anlage seines Werkes, das immer mehr zu einer Geschichte
des Peloponnesos wird. Er übergeht die See-Expeditionen des Chabrias in den Jahren 377 und 75, des Timotheos in den Jahren 367
bis 363, des Epaminondas im Jahre 365, weil diese nicht unmittelbar
mit den peloponnesischen Verhältnissen in Beziehung stehen, und
die Lakedaemonier nicht unmittelbar dabei betheiligt sind. Aus dem
entgegengesetzten Grunde berichtet er über die Schlacht bei Naxos
und die Operationen des Timotheos im Westen, namentlich eingehend
über den Periplus des Iphikrates (Ende des Jahres 373) und erwähnt das Auslaufen des Timotheos, seine Thätigkeit und seine

Absetzung. Xenophon musste, und sei es nur mit wenigen Worten einen Zug des Timotheos, wenn ein solcher stattgefunden hätte, andeuten, denn diese Expedition würde wesentlich in den Zusammenhang der Ereignisse gehören, bei denen die Lakedaemonier in dem seit dem Frühjahre 373 wieder begonnenen Kriege gegen Athen betheiligt waren, sie würde ein wesentliches Moment des Schicksals der gegen die Lakedaemonier im Frühjahre ausgesandten Flotte bilden. Ueberdies sagt Xenophon ganz bestimmt, Timotheos sei nach 'den Inseln' d. h. den Kykladen[1]) gesegelt und hätte hier mit der Bemannung seiner Flotte die Zeit verbracht.

Schaefer citirt dann eine Stelle aus Isok. Areop. 12: Ἀπάcηc γὰρ τῆc Ἑλλάδοc ὑπὸ τὴν ἡμῶν πόλιν ὑποπεcούcηc καὶ μετὰ τὴν Κόνωνοc ναυμαχίαν καὶ μετὰ τὴν Τιμοθέου cτρατηγίαν. Zunächst ist zu bemerken, dass hier Isokrates, der vertraute Freund und Lehrer des Timotheos, spricht, welcher zwar über die Thaten seines Schülers gut unterrichtet ist, aber auch die Neigung hat, die Bedeutung derselben panegyrisch zu übertreiben. Danach ist die Auffassung dieser Stelle zu berichtigen. Ueberhaupt drückt sich hier Isokrates so allgemein aus, dass gar nicht zu schliessen ist, es sei damit eine erfolgreicher Kriegszug des Timotheos im Jahre 373 bezeichnet. Natürlich wird hier auf des Timotheos berühmtesten Feldzug, den von 375/4, hingewiesen, auf seinen Periplus um den Peloponnesos, seine Siege in den westlichen Gewässern und den damit verknüpften Gewinn zahlreicher Bundesgenossen. Ganz abgesehen davon hat Schaefer eine bemerkenswerthe gegen seine Behauptung sprechende Stelle desselben Autors übersehen. Isokrates zählt nämlich in der Rede vom Umtausch 108 fg. die Thaten des Timotheos auf, um die Beschuldigungen von dessen zahlreichen Feinden zu entkräften und darzuthun, wie Vieles Athen diesem Manne verdanke. Isokrates sagt: Κόρκυραν μὲν τῶν περὶ Πελοπόννηcαν, Cάμον δὲ τῶν ἐν Ἰωνία, Cηcτὸν δὲ καὶ Κριθώτην τῶν ἐν Ἑλληcπόντῳ, Ποτίδαιαν δὲ καὶ Τορώνην τῶν ἐπὶ Θράκηc, ἃc ἐκεῖνοc κτηcάμενοc κτλ. Dann folgt eine weitere Besprechung der hier zusammengestellten Thaten, indem Isokrates darlegt, mit welchen Mitteln Timotheos diese Erfolge errang. Bei dieser nochmaligen Uebersicht dessen, was sein Held geleistet hat, wird neu nur noch die Besiegung der Chalkidier im Jahre 363 hinzugefügt. Unzweifelhaft hat Isokrates 1) das Wichtigste auf jedem Kriegsschauplatze, wo Timotheos thätig war, angeführt, 2) die Ereignisse in chronologischer Reihenfolge erzählt. Korkyra bezeichnet den Feldzug im Westen und das Jahr 375/4, Samos 366/5, Sestos und Krithote 365, Potidaea und Torone 364/3. Nun hatte Isokrates die erklärte Absicht

---

1) νηcιωτικὸc φόροc ist der officielle Ausdruck für die Tribute des Steuerbezirkes, welchen im ersten Bunde die Kykladen bildeten.

die Thaten des Timotheos so gross und zahlreich als möglich erscheinen zu lassen, er wird also nichts Nennenswerthes übergangen haben, weder aus Nachlässigkeit, denn die Aufzählung geschieht doppelt, und die Rede ist wohl gefeilt, noch aus Unkenntniss, denn Niemand kannte die Thaten des Timotheos so gut als Isokrates, sein fast beständiger Begleiter. Hätte wirklich die thrakische Expedition unter Timotheos stattgefunden, und sein Zug nach den Kykladen solche Erfolge gehabt, so würde Isokrates offenbar es nicht unterlassen haben zwischen Korkyra und Samos mindestens etwa Ἄνδρον καὶ Κέω τῶν νησιωτικῶν einzufügen. Inseln wie Andros und Keos waren um Vieles wichtiger für Athen als Krithote und Torone, Orte die Isokrates aber aufführt, um auf die Thätigkeit des Timotheos am Hellespont und Thrakien aufmerksam zu machen.

Indessen nicht nur Isokrates schweigt und bietet damit ein genügendes argumentum ex silentio gegen die Annahme eines erfolgreichen Zuges des Timotheos nach Thrakien, sondern auch Deinarchos und zwar unter gleichen Umständen. Es heisst bei Dein. g. Philokl. 17: Οὐχ ὑμεῖς ἐςτε (ὦ ἄνδρες Ἀθηναῖοι) καὶ οἱ ὑμέτεροι πρόγονοι, οἱ Τιμοθέῳ Πελοπόννηςον περιπλεύςαντι καὶ τὴν ἐν Κερκύρᾳ ναυμαχίαν νικήςαντι καὶ Cάμον λαβόντι καὶ Μεθώνην καὶ Πύδναν καὶ Ποτίδαιαν καὶ πρὸς ταύταις ἑτέρας εἴκοςι πόλεις οὐδὲν τούτων ὑπόλογον ποιηςάμενοι κτλ. Aehnlich lautet eine Stelle in der Rede gegen Demosthenes 14, so dass Deinarchos in zwei Reden dieselben Feldzüge anführt wie Isokrates: Korkyra im Jahre 375, Samos im Jahre 366,5, Potidaea, Methone, Pydna auf dem thrakisch-makedonischen Feldzuge im Jahre 364/3, von dem Isokrates Torone aufführt, weil offenbar, wie aus einer Diodorstelle hervorgeht, diese Stadt mit Gewalt bezwungen werden musste, so dass die Thätigkeit des Timotheos hier mehr hervortrat, als wenn selbst wichtigere Städte capitulirten, vgl. Diod. XV, 81, 5 und Isokr. v. Umt. 113. Die Auslassung von Sestos und Krithote darf nicht auffallen, weil die Feldzüge des Timotheos am Hellespontos und an der thrakischen Küste eine fast ununterbrochene Folge sind, aus welcher Reihe von Thaten dem Deinarchos der Gewinn von Methone, Potidaea, Pydna am wichtigsten erschien.

Endlich nöthigen Consequenzen aus Schaefers eigenen Behauptungen zu einem andern Resultate als das ist, zu dem er in Bezug auf den Anschluss dieser Gruppe von Bundesstädten gekommen. Schaefer nimmt 'De soc. Ath.' 8, 14 unzweifelhaft mit Recht an, die Bundesstädte seien je nach der Zeit ihrer Aufnahme in dem Verzeichnisse eine hinter der andern aufgezeichnet d. h. das Verzeichniss enthalte die chronologische Folge ihrer Aufnahme in die Bundesgenossenschaft. Ferner sagt Schaefer 'De soc. Ath.' S. 19: Der zakynthische Demos sei bereits Mitglied des Bundes gewesen, als die Athener im Frühjahre 373 die Erneuerung des Krieges gegen die Lakedaemonier beschlossen,

d. h. noch vor dem Auslaufen der Flotte unter Timotheos im April 373[1]).

Daraus ergiebt sich, dass Andros, Tenos und die andern Bundesstädte, welche vor Ζακυνθίων ὁ δῆμος verzeichnet sind, vor dem Auslaufen der Flotte d. h. vor April (oder vielmehr vor Sommer 374) beitraten. Schaefer widerspricht also seinen eigenen früheren Annahmen, wenn er behauptet, Timotheos habe im Sommer 373 jene Inseln gewonnen. Timotheos mag im Sommer 373 bei Iason, dem Dynasten von Pherae, und sogar bei Amyntas, dem Könige Makedoniens, gewesen sein und ihre Freundschaft gewonnen haben (vgl. Grote, Hist. of. Gr. X, S. 200, Schaefer, Dem. u. s. Z. I, S. 52), eine Expedition jedoch nach Thrakien und durch das aegaeische zur Vermehrung der Zahl der Bundesgenossen, die mit den grössten Erfolgen begleitet war, fand nicht statt.

Da der Anschluss der von Andros bis Neapolis verzeichneten Städte zwischen Herbst 375 und Sommer 374 erfolgt sein muss, so steht es ziemlich fest, dass er mit der Expedition des Chabrias im Sommer 375, welche bis Samothrake zu verfolgen war, zusammenhängt. Nur eine schwache Andeutung ist über den weitern Verlauf der Fahrt des Chabrias erhalten, eine Andeutung, die jedoch genügt, um zu constatiren, dass Chabrias in der That, worauf das Verzeichniss hinweist, in jenen Gewässern bis nach Samos hin gekreuzt hat. Frontin I, 4, 14 giebt nämlich die Notiz, die Samier hätten dem Chabrias ihren Hafen geschlossen, eine Angabe, die mit dem spätern Verhalten der Samier übereinstimmt und sich nur auf diesen Zug beziehen kann, denn weder vorher noch nachher ist Chabrias mit einer athenischen Flotte vor Samos gewesen. Dazu befinden sich in dieser Reihe von Städten gerade solche, die auf dem Wege von Samothrake nach Samos liegen: Elaeus auf der Spitze des Chersonesos, Antissa und Eresos auf der Westküste von Lesbos. Von hier aus wird Chabrias nach Samos gesegelt sein, einen vergeblichen Versuch zum Gewinne dieser Insel gemacht und dann von Samos in einem Bogen durch die Kykladen nach Athen seinen Rückweg genommen haben. Die Reihenfolge der Namen im Verzeichnisse der Bundesmitglieder:

---

1) Die Aufnahme erfolgte sogar über ein halbes Jahr früher als Timotheos den Peiraicus verliess. Als er nämlich nach Abschluss des Friedens im Juni 374 von Korkyra nach Hause segelte, legte er bei Zakynthos an, führte die vertriebenen attikisirenden Demokraten nach der Insel zurück und erbaute ihnen, da die Hauptstadt der Insel in den Händen der lakonisirenden Oligarchie war, eine Verschanzung auf der Küste, von welcher aus die Demokraten gegen die Oligarchen in der Stadt Krieg führten, vgl. Grote, Hist. of. Gr. X, S. 192, Rehdantz Vit. Iph. S. 84, Diod. XV, 46. Bei dieser Gelegenheit wurde offenbar der in dem Castell concentrirte Demos auch in den Bund aufgenommen, vgl. das Verzeichniss: Ζακυνθίων ὁ δῆμος ἐν τῷ Νήλλῳ. Nellon ist ohne Zweifel der Name des befestigten Platzes.

Amorgos, Sikinnos, Siphnos, Tenos, Andros, Keos weist auf einen solchen Weg hin.

Das Verzeichniss schliesst mit dem Demos der Zakynthier in Nellos und enthält ungefähr, die Ergänzungen einbegriffen, sechzig Mitglieder. Auf der andern verstümmelten Seitenfläche der Säule standen ungefähr achtzehn Namen, vgl. Schaefer 'De soc. Ath.' S. 19, welche den Zuwachs des Bundes nach dem Jahre 374 ergeben. Der Bund hätte mithin zur Zeit seiner grössten Ausdehnung acht und siebenzig Mitglieder gezählt. Diese Mitgliederzahl ist jedoch zu keiner Zeit erreicht, denn während Timotheos den grössten Theil der genannten achtzehn Städte hinzufügte, begannen sich schon 370 einzelne Städte zeitweilig vom Bunde abzulösen. Kurz vor dem Ausbruche des Bundesgenossenkrieges erlangte der Bund seinen grössten Umfang, doch waren Sestos, Theben, Maronea bereits verloren, so dass sich die Zahl der bundesgenössischen Städte auf fünf und siebenzig belief. Diese Ziffer giebt auch genau Aeschines v. d. Trugges 70, obwohl nicht als höchste Zahl der Bundesstädte überhaupt, sondern als die Summe derjenigen, welche Timotheos gewonnen und Chares in dem Kriege seit 357 verloren habe. Abgesehen von der unrichtigen Angabe, dass Timotheos allein in dem Kriege von 357 und in den folgenden Jahren verlorenen Städte gewann, enthält, wie auch Schaefer bemerkt, die Stelle die ärgsten Uebertreibungen nach jeder Seite hin. Timotheos hat lange nicht fünf und siebenzig Gemeinden dem Bunde hinzugefügt. Isok. v. Umt. 113 sagt: Διὰ βραχέωc εἰπεῖν τεττάρων καὶ εἴκοσι πόλεων κυρίουc ὑμᾶc ἐποίηcε und Isokrates wird wahrlich nicht die niedrigste Ziffer genannt haben. Er konnte auch die Zahl der von Timotheos gewonnenen Städte seinem Verhältnisse zu diesem Feldherrn gemäss sehr genau wissen, und die Richtigkeit seiner Angabe bestätigt folgende Berechnung[1]).

---

[1] Schaefer 'De soc. Ath' S. 20 fasst dieses 'κυρίουc ἐποίηcε' so auf, dass es nicht alle Städte bezeichne, welche Timotheos überhaupt gewonnen habe, sondern nur die mit Gewalt genommenen. Schaefer führt keine weiteren Gründe dafür an, sondern sagt eben einfach: κυρίουc ἐποίηcε videri non de civitatibus, quae sua sponte societatem inierunt loqui, sed quae vi expugnatae et sub imperium redactae sunt. Dieser Sinn liegt aber nicht in den Worten des Isokrates, sie bezeichnen nur 'brachte unter die Botmässigkeit' oder 'den herrschenden Einfluss der Athener', was Isokrates etwas stark ausgedrückt hat, weil es so zu seinem Zwecke passte, denn er will zeigen, wie Timotheos die Autorität der Athener verstärkte. In welcher Weise man derartige Ausdrücke des Isokrates aufzufassen hat, zeigt das zwei Paragraphen vorher stehende 'Τιμόθεοc Κόρκυραν εἷλε'. αἱρεῖν heisst in solcher Verbindung gewöhnlich 'im Kriege erobern' (vgl. Pape Lex. αἱρεῖν) und Schaefer 'Dem. u. s. Z.' I, S. 40 hat selbst ausgeführt, dass Korkyra den Timotheos sofort als Freund aufnahm und freiwillig beitrat. Korkyra war schon vorher zum Anschlusse geneigt, es bedurfte kaum mehr als der Vermittelung des Timotheos, um diese Politie als Mitglied in die Bundesgenossenschaft aufzunehmen. Eine ähnliche Abschwächung wie bei αἱρεῖν in Bezug auf

Durch Timotheos wurden bundesgenössich: Korkyra, Pronos, die Molosser, die akarnanischen Städte (acht bis zehn an der Zahl), Samos, Sestos, Krithote, Torone, Methone, Pydna, Potidaea, wozu vielleicht vier bis sechs nicht namentlich genannte unbedeutendere Städte am Hellespontos und der thrakisch-makedonischen Küste kommen. Im Ganzen ergiebt dieses die Summe von ungefähr vier und zwanzig. Schaefer erhält deshalb eine höhere Summe, weil er meint, dass die im Verzeichnisse von Andros bis Neapolis aufgeführten Bundesgenossen durch Timotheos gewonnen seien, wodurch sich ihm eine Zahl von ungefähr vierzig und weiterhin eine andere Auslegung der Isokratesstelle ergiebt. Es ist offenbar, dass Aeschines — etwas bei attischen Rednern im Allgemeinen und besonders bei Aeschines nichts Seltenes — willkürlich eine Zahl nennt, welche nicht eigentlich zur Sache gehört, sondern nur in irgend welcher Beziehung zu seinem Gegenstande steht und den Zuhörern wie ihm selbst geläufig ist. So schildert Aeschines in der Rede g. Ktes. 99 fg. den Demosthenes als einen Menschen, der am meisten lüge, wenn er Volksbeschlüsse von der Länge der Iliade verlesen lasse und bestimmte Zahlenangaben mache. Τολμᾷ λέγειν ἀριθμῶν εἰς ὁπότ' ἔςται καὶ ὧν τὰ cώματα οὐχ ἑώρακε, τούτων τὰ ὀνόματα λέγει κτλ. Aeschines wird wahrscheinlich an sich selbst diese Erfahrung gemacht haben. Es fragt sich also wie kam Aeschines auf die Zahl fünf und siebenzig und was bezeichnet dieselbe? Aeschines wird schwerlich genau susammengerechnet oder auch nur gewusst haben, wie viele Städte Timotheos während seiner Feldherrenthätigkeit gewonnen hatte, und wie viele in den seit dem Jahre 357 geführten Kriegen verloren waren (Aeschines spricht im Jahre 343) und zwar durch Chares. Es kommt hier auch dem Aeschines weniger darauf an, eine genaue, als eine bedeutende und geläufigere Zahl zu geben. Aeschines nannte also kurzweg die Zahl der Bundes-

---

Korkyra wird bei κυρίους ἐποίηςε eintreten müssen und zwar noch aus dem fernern Grunde, weil es sich auf die Gesammtheit der von Timotheos gewonnenen Städte bezieht. Von den Städten aber, die Timotheos überhaupt gewann, steht schon der freiwillige Anschluss von Korkyra fest, der von den akarnanischen Städten ist sicherlich gleichfalls nicht mit Gewalt bewirkt, dasselbe wird bei andern Gemeinden der Fall sein. Der Ausdruck κυρίους ἐποίηςε im Sinne der gewaltsamen Einnahme würde also auf alle Gemeinden durchaus nicht passen, er muss in weiterer Bedeutung genommen werden. κυρίους würde auch an sich nicht das Verhältniss eines auf Grund einer Eroberung erstandenen Gebieters oder im Allgemeinen unumschränkten Herrschers zu einem Unterworfenen (καταδουλούμενος, ὑπήκοος) bezeichnen, der Gegensatz von ὑπήκοος ist gewöhnlich δεσπότης. So betont Isokrates das cυμμαχικῶc ἐπιcτατεῖν dem δεcποτικῶc ἐπιcτατεῖν gegenüber, vgl. Xen. Hell. III, 5, 12: τῶν δὲ cυμμάχων ἐλευθέρων ὄντων Λακεδαιμόνιοι δεcπόται ἀναπεφήνασιν, ἀντὶ γὰρ ἐλευθερίας αὐτοῖς δουλείαν κτλ. κυρίους ἐποίηcε lässt ungewiss, ob der Einfluss Athens durch Gewalt oder Ueberredung bestimmend wurde, vgl. Thuk. V, 47.

mitglieder am Anfange des Krieges, in welchem Chares einer der Hauptfeldherren war, und beinahe drei Viertheile der Bundesgenossen verloren gingen. Er setzte an Stelle des grössten Theiles übertreibend gleich das Ganze. Er musste die Zuhörer an die damalige Ausdehnung und die derzeitige geringe Bedeutung der Bundesgenossenschaft erinnern und dies war ganz geeignet, was Aeschines bezweckt, gegen Chares den vermeintlichen Urheber dieser Verluste zu erbittern. Die Zahl fünf und siebenzig würde also die Anzahl der Bundesmitglieder am Anfange des Bundesgenossenkrieges bezeichnen und zwar in Ueberstimmung mit dem Verzeichnisse. Auf dasselbe Resultat führt Diod. XI, 30. Hier heisst es: Πολλαὶ μὲν οὖν καὶ τῶν ἄλλων πόλεων διὰ τὴν εἰρημένην αἰτίαν προσκλήθηcαν πρὸς τοὺς Ἀθηναίους ἀποκλῖναι, πρῶται δὲ καὶ προθυμότατα cυνεμάχηcαν αἱ κατὰ τὴν Εὔβοιαν οἰκοῦcαι χωρὶc Ἑcτιαίαc. οὐ μὴν ἀλλὰ τοῖc Ἀθηναίοιc εἰc cυμμαχίαν cυνέβηcαν ἑβδομήκοντα πόλειc καὶ μετέcχον ἐπ' ἴcηc τοῦ κοινοῦ cυνεδρίου. Sowohl das urkundliche Verzeichniss als die übrige Ueberlieferung thut dar, dass unmittelbar nach dem Erlasse des Psephisma — dieses ist die εἰρημένη αἰτία — nicht siebenzig Städte beitraten. Es ist dieses vielmehr die Anzahl derjenigen Städte, welche sich in der Folge dem Bunde überhaupt anschlossen. Da Diodoros nicht μετεῖχον sagt, d. h. nicht einen Zustand bezeichnet, sondern das Eintreten in einen solchen, so ist siebenzig auch nicht die Anzahl von Städten, aus deren Vertretern das Synedrion zur Zeit der grössten Ausdehnung des Bundes zusammengesetzt war, sondern die Zahl derjenigen, welche nach dem Erlasse des Psephisma in das Synedrion eintraten. Um also die Gesammtzahl der Bundesgenossen zu erhalten, muss man noch die neun Städte hinzurechnen, welche noch vor dem Psephisma die Bundesgenossenschaft bildeten. Dieses würde auf die Zahl neun und siebenzig führen, d. h. auf die früher gewonnenen Resultate. Die Differenz um eine Stadt lässt sich ebenso daraus erklären, dass Diodoros die näher liegende volle Zahl siebenzig giebt (statt neun und sechzig), wie aus der Möglichkeit eines kleinen Fehlers bei den Conjecturen zur Ergänzung des Psephisma.

Nach der gewöhnlichen Auffassung gehörten dem zweiten athenischen Bunde, ähnlich wie dem ersten, fast sämmtliche Seestädte und Inseln des aegaeischen Meeres an und die Zahl der Bundesmitglieder musste auf Hunderte zu berechnen sein. Unsere Untersuchung, deren Ergebniss wohl genügend gesichert ist, hat ein wesentlich verschiedenes Resultat ergeben. Auf Grund derselben wird das Bild von den politischen Verhältnissen des Gebiets der zahlreichen Insel- und Küstengemeinwesen der östlichen Hellenenwelt ein ganz anderes. Nicht die ganze Masse dieser Städte und Städtchen ist wie im ersten Bunde durch ein föderatives Band einigermassen zu einem staatlichen Organismus vereinigt, nur etwa der dritte oder vierte Theil gehörte dem Verbande an, denn nach der Zahl der

Bundesstädte des ersten Bundes, welche sich auf mehrere Hunderte belief, ist eine so hohe Zahl städtischer Gemeinden auf den Küsten des aegaeischen Meeres, der Propontis und der westlichen Gewässer anzunehmen. Der grosse Theil dieser Gemeinwesen hat nur einen losen oder gar keinen politischen Zusammenhang, sofern nicht besondere Bündniss- und Freundschaftsverträge zwischen einzelnen geschlossen waren. Diese unabhängigen, formell im vollsten Sinne des Wortes autonomen Politien sind, abgesehen von der schwachen Autorität des Reiches, mit der Anzahl freier Reichsstädtchen und Dörfer in Deutschland während des Mittelalters und der neueren Zeit zu vergleichen.

Der erste athenische Bund zählte mehrere Hunderte von Mitgliedern, der zweite musste schon deshalb weniger haben, weil er von Anfang an auf den grössten Küstenstrich, den des Festlandes von Kleinasien, ausdrücklich verzichtet hatte, um die Gunst des Grosskönigs zu erhalten. Damit waren die zahlreichen städtischen Gemeinwesen, und in solchen pulsirte überhaupt das politische Leben der Hellenen, von Lykien bis Sinope und Trapezunt ausgeschlossen, während sie im ersten Bunde von den fünf Steuerdistricten mehr als zwei ausmachten. Ferner vermochte Athen auf der thrakisch-makedonischen Küste nicht so wie früher seine Bundesgenossenschaft ausdehnen, es gelang nicht einmal die alte, wichtige Colonie Amphipolis zu gewinnen. Olynthos stand bis in die Zeit Philipps hinein den Athenern feindlich gegenüber und bildete sogar einen eigenen Bund chalkidischer Städte, der im Kampfe um Amphipolis den Athenern entschieden entgegentrat. Auch die thrakischen Fürsten konnte man nicht aus allen Küstenplätzen verdrängen, und am Hellespontos und an der Propontis war ebenfalls die Zahl der Bundesstädte gering. Im Westen fehlte der grösste Theil von Zakynthos, Leukas und eine Reihe anderer Gemeinwesen, während im aegaeischen Meere z. B. Naxos und das so nahe liegende Aegina ganz unabhängig blieben. Xen. Hell. V, 4, 61; V, 2, 1, vgl. Schaefer, De soc. Ath. S. 17.

Dem Abstande des perikleischen und kimonischen Athen von dem zur Zeit des Kallistratos, Chabrias, Timotheos entspricht das Verhältniss der ersten zur zweiten Bundesgenossenschaft.

Noch vor der Aufnahme des Demos der Zakynthier in Nellos war im Frühjahre 374 der grosse Krieg zwischen dem neuen athenischen und dem alten lakedaemonischen Bunde durch einen Frieden beendigt. Der Zustand der Quellen und das Auseinandergehen der Auffassungen Neuerer über den Frieden machen eine eingehendere Erörterung nothwendig.

Als einen Hauptgrund, weshalb Athen zum Frieden geneigt war, giebt Xenophon die Misstimmung und Eifersucht Athens gegen Theben an, weil die Thebaner, während Athen selbst in Folge der grossen Ausgaben für Marine an Geldmangel litt, keine Flottenbeiträge zahlten, vielmehr ihre Kraft auf die Unterjochung der boeotischen Städte verwandten, vgl. Hell. VI, 2, 1: Οἱ δ' Ἀθηναῖοι αὐξανομένους μὲν ὁρῶντες διὰ σφᾶς τοὺς Θηβαίους, χρήματα δὲ οὐ συμβαλλομένους εἰς τὸ ναυτικόν. Die Athener sahen eine Stadt, mit der sie früher lange Zeit in Feindschaft gelebt hatten, die ihre bundesgenössischen Pflichten nicht erfüllte, eine Landmacht bilden, welche dem benachbarten Athen gefährlich werden konnte. So entstand eine immer mehr sich erweiternde Spannung zwischen dem Vororte des Bundes und der mächtigsten bundesgenössischen Stadt. Ein schlechtes Verhältniss zu Theben führte naturgemäss zu einer Annäherung an die Lakedaemonier, deren sehnlichster Wunsch die Demüthigung der Thebaner war. Auch die fortwährenden Plünderungen der attischen Küste durch die von Aegina auslaufenden Kaperschiffe und Geldmangel machten den Athenern den Frieden, trotz der Erfolge, welche sie bisher errungen hatten, immer wünschenswerther. Dass andrerseits die Lakedaemonier den unglücklichen Krieg zu beendigen wünschten, ist erklärlich. (Xen. Hell. VI, 2, 1.)

Die beiden Berichte über den Frieden bei Xenophon und Diodoros stimmen nicht ganz überein. Xenophon erzählt kurz: 'Die Athener begehrten deshalb den Krieg zu beendigen, schickten nach Sparta Gesandte und schlossen Frieden'. Unter welchen Bedingungen, wer an den Verhandlungen theilnahm, wird nicht gesagt. Diodoros giebt insofern eine abweichende Darstellung, als er von Artaxerxes, dem Könige von Persien, den Frieden vermitteln lässt. Die Hellenen hätten bereits so viel in dem Kriege gelitten, dass sie bereitwillig auf den Frieden eingingen. Alle Städte sollen autonom und frei von einer Besatzung (ἀφρούρητοι) sein. Nur die Thebaner gingen auf diese Basis des Friedens nicht ein, sie wollten für alle Boeoter schwören und wurden in Folge dessen ἔκσπονδοι. Epaminondas spricht für Theben, Kallistratos für Athen. Endlich sagt der Bericht bei Diodoros XV, 38, 4: Οἱ Λακεδαιμόνιοι καὶ Ἀθηναῖοι περὶ ἡγεμονίας πάλαι φιλοτιμούμενοι παρεχώρουν ἀλλήλοις, οἱ μὲν τῆς κατὰ γῆν οἱ δὲ τῆς κατὰ θάλατταν ἀρχῆς ἄξιοι κρινόμενοι. Mit Ausnahme dieser letzten Bestimmung ist das dieselbe Geschichte, die Xenophon (Hell. VI, 3, 10 fg.) von dem Friedenscongresse des Jahres 371 in Sparta erzählt. Kallistratos tritt als Sprecher Athens auf, lässt in seiner Rede persische Vermittelung durchblicken, nur die Thebaner wurden ἔκσπονδοι, weil sie für alle boeotischen Städte schwören und den Vertrag unterzeichnen wollen. Epaminondas ist nach Plut. Ages. 28 der Wortführer Thebens. Endlich wiederholt Diodoros selbst mit Ausnahme der letzten die Hegemonie betreffenden Abmachung den Bericht über die Verhandlungen von 374 im Jahre 371.

| Diod. XV. 38 über die Verhaud- | Diod. XV. 50 über die Verhand- |
| lungen im Jahre 374. | lungen im Jahre 371. |

Artaxarxes schickt nach Griechenland Gesandte und fordert auf:

cυλλύcαcθαι τοὺc κατὰ τὴν Ἑλλάδα	cυλλύcαcθαι τοὺc ἐμφυλέουc πολέ-
πολέμουc· τῶν δὲ Ἑλλήνων ἀcμένωc	μουc τῶν δὲ Ἑλλήνων ἀcμένωc προc-
προcδεξαμένων τοὺc λόγουc διὰ τὸ	δεξαμένων τοὺc λόγουc cυνέθεντο
κάμνειν τῇ cυνεχείᾳ τῶν πολέμων,	κοινὴν εἰρήνην αἱ πόλειc πᾶcαι.
cυνέθεντο πάντεc τὴν εἰρήνην πλὴν	Θηβαῖοι γὰρ μόνοι τὴν Βοιωτίαν
Θηβαίων. Μόνων δὲ Θηβαίων οὐ	ὑπὸ μίαν cυντέλειαν ἄγοντεc οὐ
προcδεξαμένων κατὰ πόλειc γίγνε-	προcεδέχθηcαν κτλ.
cθαι τὴν εἰρήνην, ἀλλὰ τὴν Βοιωτίαν	
ἅπαcαν ὑπὸ τὴν τῶν Θηβαίων cυν-	
τέλειαν ταττόντων κτλ.	

Lob auf den Muth der Thebauer, ihre damals bereits erlangte kriegerische Tüchtigkeit, ihre 3 hervorragendeu Führer, dann Entschluss Thebens allein gegeu Sparta in den Kampf zu treten u. s. w.

Unger 'Chronologie des Manetho' (Berlin 1867) bespricht S. 302 fg. diesen Frieden ausführlicher, weil er ihn wegen des bei Diodoros enthaltenen Berichtes über eine persische Vermittelung (da Persien zum Kriege gegen Aegypten Söldner brauchte) interessirt, Unger weist darauf hin, dass von Wesseling bis auf die neuere Zeit, wo Rehdantz und Schaefer gegen die frühere Auffassung reagiren, die Verwechselung des Friedens von 374 mit dem von 371 bei Diodoros anerkannt sei. Ausser den oben angeführten, doppelt erzählten Ereignissen und Schilderungen bemerkt Unger ferner, dass die antispartanischen Erhebungen peloponnesischer Städte, worüber Diodoros nach dem Frieden von 374 berichtet, vielmehr nach dem von 371 erzählt werden müssen, deun sie hängen mit den Wirkungen der Schlacht von Leuktra zusammen, und ein Moment von ihnen ist der cκυταλιcμόc von Argos, den Diodoros richtig in die Zeit nach dem Frieden setzt. Es geht daraus hervor, dass hier Diodoros eine grosse Confusion macht, die Thatsachen aus dem wirklichen Zusammenhange reisst und durcheinander wirft, es wird dadurch ferner begreiflich, wie Diodoros in dieser Verwirrung eine bei ihm weder auffallende noch einzeln dastehende Dittographie leisten konnte.

Gegen die Annahme einer Dittographie führt Rehdantz den Umstand an, dass Diod. XV, 50 mehrere Male πάλιν und ὥcπερ καὶ πρότερον hinzusetzt, wenn er eine bereits XV, 38 erzählte Thatsache wiederholt. Der Umstand beweist, dass der Verfasser mit vollem Bewusstsein und nicht aus reiner Vergesslichkeit zum zweiten Male dasselbe erzählte. Es ist durchaus richtig, dass diese Wörtchen nicht so ohne Weiteres zu übersehen sind und zu grösserer Vorsicht in Bezug auf die Annahme einer Dittographie mahnen. Die Schwierigkeit, welche durch πάλιν und ὥcπερ καὶ πρότερον geboten wird, wäre leicht beseitigt durch folgende Erklärung: Die Dittographie war in der Quelle des Diodoros ohne die betreffenden Wörtchen bereits enthalten, indem der Verfasser aus Nachlässigkeit oder Vergesslichkeit zweimal dasselbe erzählte. Nun bemerkte Diodoros, dass zweimal dasselbe erzählt sei, besass aber nicht die genügende Kritik diese Dittographie als solche zu erkennen und zu entfernen, er bezeichnete nur die ihm auffallende Erscheinung durch ein bezügliches πάλιν und ὥσπερ καὶ πρότερον. Indessen erheben sich Bedenken dagegen, dass Ephoros, der nach den Untersuchungen Volkquardsens wohl als Quelle des Diodoros feststeht, diese Verwirrung angerichtet hat, weil Ephoros exact arbeitet und beinahe zeitgenössische Ereignisse darstellte, während der minder begabtere Diodoros auch nachlässiger schrieb.[1])

Es würde eine eingehendere Erörterung, ob Diodoros oder seine Quelle die Dittographie veranlasst hat, für eine Quellenkritik des Diodoros von Interesse sein, eine solche liegt aber ausserhalb des Bereiches dieser Untersuchungen, hier kommt es nur darauf an zu zeigen, dass überhaupt eine Dittographie vorliegt, dass die Wörtchen πάλιν und ὥσπερ καὶ πρότερον nicht berechtigt sind, weil diese Ereignisse sich nicht wiederholten, vielmehr nur im Jahre 371 stattfanden. In Bezug auf die persische Vermittelung ist das πάλιν sicherlich unrichtig und zwar aus folgenden Gründen. Erstlich schweigt Xenophon, obwohl er als Freund der Lakedaemonier ein lebhaftes Interesse haben musste, persische Vermittelung in den Vordergrund zu stellen und derselben es zuzuschreiben, wenn die Athener so günstige Bedingungen erlangten, so dass weniger die Athener selbst den Erfolg über die Lakedaemonier errungen zu haben schienen. Zweitens sagt Isokrates in der 373 gehaltenen plataeischen Rede, dass der König sich in der letzten Zeit der Einmischung in griechische Angelegenheiten enthalten habe. Isokr. Plat. 41: Ἔξω γὰρ αὐτοῦ (τοῦ βασιλέως) πραγμάτων γεγενημένου ὅμως Λακεδαιμονίων τοσοῦτον περιεγένεσθε πολεμοῦντες, ὥστ' ἐκείνους ἀγαπητῶς ἰδεῖν τὴν εἰρήνην γενομένην .... τούτων ὡς οὐ ὁ βασιλεὺς αἴτιος ἦν ὁ τελευταῖος χρόνος σαφῶς ἐπέδειξεν. vgl. A. Schaefer, Dem. u. s. Z. S. 46. Unger, Chronologie des Manetho S. 302 fg.

Ebensowenig entspricht es dem wahren Sachverhalt, wenn Diodoros im Berichte über die Ausschliessung Thebens von dem im Jahre 371 geschlossenen Friedensvertrage ein ὥσπερ καὶ πρότερον hinzufügt. Xenophon, der eben das Verhältniss Thebens zu Athen auseinandergesetzt hat, der kaum bei einer Sache mehr interessirt sein konnte als bei einem Ausschlusse des ihm verhassten, den Lakedaemoniern am schlimmsten verfeindeten Theben und daher im Jahre

---

1) Vgl. Joseph. g. Apion. I, 12. S. 183: Οἱ δοκοῦντες ἀκριβέστατοι cυγγραφεῖς, ὧν ἐστὶν Ἔφοροc. Josephus hatte für ein solches Urtheil das nöthige Verständniss, vgl. Polyb. V, 33. VI, 45. XII, 25. Strabo VIII, S. 332 fg. A. Schaefer Abriss der Quellenkunde der griechischen Geschichte § 28.

371 bis ins kleinste Detail die Ausstossung Thebens erzählt, musste VI, 2. 2. oder bei dem Berichte über die Friedensverhandlungen von 371 wenigstens mit einigen Worten ein solches Ereigniss andeuten. Wenn Xenophon über die Bedingungen des Friedens von 374 überhaupt schweigt, so erklärt sich dieses daraus, dass sie hauptsächlich den von ihm ignorirten Seebund betreffen, worüber das Nähere späterhin. Noch mehr spricht aber folgender Grund dagegen, dass Theben im Jahre 374 ἔκσπονδος war.

Die athenische Bundesgenossenschaft nahm, wie auch Rehdantz zugiebt, am Frieden Theil, denn sonst müsste, was keineswegs geschah, durch diesen Frieden die Auflösung des Bundes erfolgt sein. Nun war noch im Sommer 373 Theben Mitglied des Bundes, es stellte wie aus der Rede des Apollodoros gegen Timotheos hervorgeht, Schiffscontingente und hatte aus den Syntaxeis Besoldung seiner Flottenmannschaft zu beanspruchen. Hätte Theben den Frieden von 374 nicht angenommen, so konnte es im Jahre 373 nicht mehr Mitglied des Bundes sein, vgl. Ap. g. Tim. 10. 11. 21. 49. Isokr. Plat. 21. 34. 43. vgl. namentlich auch 17: νῦν δὲ τοῦ cυνεδρίου καὶ τῆς ἐλευθερίας μετέχουcιν. Boeckh Sth. III, 1a. 49 und b. 80. Die eine Wiederholung bezeichnenden Wörtchen sind also durchaus unberechtigt und entweder aus dem Mangel an kritischer Begabung Diodors oder wahrscheinlicher aus dessen Verwirrung und Flüchtigkeit zu erklären. Es liegt offenbar eine Dittographie vor.

Unger (Chronologie des Manetho S. 312 fg.) ist der Ansicht, dass der Bericht Diodors über den Frieden von 374 nicht nur eine Vermischung mit dem von 371 enthält, sondern auch mit dem antalkidischen Frieden und dem Vertrage des neuen athenischen Seebundes. Die Annahme einer Verwechselung mit dem Zustandekommen eines Bundesvertrages zwischen Athen und den Seestädten stützt sich darauf, dass Diodoros angiebt, die Verhandlungen hätten in dem 'κοινὸν cυνέδριον' stattgefunden. Indessen ist dieses κοινὸν cυνέδριον durchaus nicht, wie ausser Unger auch Rehdantz meint, die Versammlung der athenischen Bundesgenossen. Rehdantz übersieht, dass κοινὸν cυνέδριον ebenso ein aus Vertretern aller verhandelnden Staaten in Sparta versammelter Congress sein kann.

Um κοινὸν cυνέδριον nur auf den gemeinsamen Rath der athenischen Bundesgenossen beziehen zu können, müsste die nähere Bestimmung τῶν Ἀθηναίων cυμμάχων hinzugefügt sein. cυνέδριον überhaupt bezeichnet jede Vereinigung von Personen zur Berathung einer Angelegenheit, z. B. bei Herod. VIII, 56 den Kriegsrath der Hellenen vor der Schlacht bei Salamis, bei Xen. Hell. II, 4. 23 den Versammlungsort der Dreissig in Athen. Thukydides erzählt (IV, 22), wie die lakedaemonischen Gesandten beantragen, die Athener möchten cύνεδροι wählen, mit denen sie die Bedingungen des Friedensantrages berathen konnten. Die Convention der von den Athenern zur Berathung der Friedensbestimmungen gewählten Delegirten und der lakedaemonischen Gesandten würde also cuvέδριον heissen. In gleicher Weise wäre das κοινὸν cuvέδριον bei Diodoros die Convention der zur Berathung des Friedens von den hellenischen Staaten nach Lakedaemon geschickten Gesandten. Ueberdiess bezieht sich κοινὸν cuvέδριον bei Diodoros ebenso auf die Verhandlungen im Jahre 371, nicht bloss auf die im Jahre 374. Wenn es aber den im Jahre 371 zu Sparta berathenden allgemeinen Congress von Gesandten der hellenischen Staaten bezeichnen kann, so ohne Zweifel auch einen solchen von 374. Ausserdem sagt Xenophon ausdrücklich, die Athener hätten Gesandte nach Sparta geschickt und Frieden geschlossen. Vgl. Hell. VI, 2. 1: πέμψαντες πρέсβεις εἰс Λακεδαίμονα εἰρήνην ἐποιήсαντο. Auch Schaefer bezieht ohne Weiteres das κοινὸν cuvέδριον auf Athen und sucht die Schwierigkeit, welche dann die Xenophon-Stelle bietet, dadurch zu umgehen, dass er eine nach den Vereinbarungen in Sparta zu Athen zur Ratification des Friedens geführte Verhandlung annimmt. Eine solche ist indessen durchaus überflüssig, wie aus den im Jahre 371 geführten Friedensverhandlungen hervorgeht. In diesem Jahre beschwören die von allen athenischen Bundesstädten in Sparta anwesenden Vertreter den Vertrag sofort nach seiner Vereinbarung, denn die Thebaner verlangen bereits am nächsten Tage eine Abänderung in Bezug auf die Tragweite des von ihnen geleisteten Eides, vgl. Xen. Hell. VI, 3. 2 fg. und 3. 19. Unger, Chronologie des Manetho S. 302 fg. verwirft zwar mit Recht die Annahme Schaefers von zwei in Sparta und in Athen geführten Verhandlungen, im Uebrigen aber gilt auch gegen Unger das hier Bemerkte. Dass der Friede, wie Unger meint, ohne Wissen der Thebaner und athenischen Bundesgenossen abgeschlossen sei, ist eine ebenso unbegründete wie falsche Hypothese. Es wird dieses aus dem, was vorher über die Verfassung des athenischen Bundes und den vermeintlichen Ausschluss der Thebaner gesagt ist, hinreichend klar sein. Das κοινὸν cuvέδριον bei Diodoros bedeutet also nicht den Rath der athenischen Bundesgenossen und damit fällt auch Ungers Annahme einer Verwechselung der Friedensverhandlungen vom Jahre 374 mit den zu Athen gepflogenen Verhandlungen über die athenische Bundesverfassung.

Ferner nimmt Unger eine Vermischung mit dem Frieden des Antalkidas an. Aus dem antalkidischen Frieden sei der Passus über die Autonomie aller Städte entnommen, es liege daher auch in Bezug auf diesen Frieden in dem Berichte über die Verhandlungen und Resultate vom Jahre 374 eine Dittographie vor. Allein diese Bestimmung über die Autonomie kommt nicht nur in dem Frieden vom Jahre 371 ebenfalls vor, sondern bildet die unvermeidliche Grundlage der grossen, politischen Verhandlungen vom antalkidischen Frieden bis in die Zeit Philipps. Es liegt also gar kein Grund vor die Wiederholung dieser Bestimmung über die Autonomie als blosse Dittographie zu betrachten. Unger meint dieser Passus hätte gar nicht in dem Frieden von 374 gestanden, sondern sei von Diodoros aus dem des Antalkidas herübergenommen und deshalb zu streichen. Es sei zwar in der nach dem Frieden von 374 verfassten plataeischen Rede des Isokrates von Verträgen die Rede, welche die Thebaner durch ihren eben auf Plataeae gemachten Ueberfall verletzt hätten, und man habe unter diesen Verträgen den ein Jahr vorher geschlossenen Frieden verstanden und angenommen, er hätte eine Garantie der Autonomie aller ausgesprochen, allein diese Annahme sei aus einer Reihe von Gründen eine unrichtige. Wenn erstens der Friede vom Jahre 374, wie Diodoros berichte, die Autonomie aller hellenischen Städte verbürgt hätte, so konnten die Thebaner diesen Frieden durch Verletzung der Autonomie einer Stadt gar nicht brechen, weil sie ἔκσπονδοι gewesen wären und gar nicht sich verpflichtet hätten, die Autonomie zu achten.

Es ist indessen dargethan worden, dass die Thebaner nicht ἔκσπονδοι wurden, und dass gerade hier eine Dittographie vorliegt. Unger beruft sich, um die Behauptung, Theben hätte den Frieden von 374 nicht angenommen, zu bestätigen, auf Diodoros, der die Weigerung Thebens, sich den Friedensbestimmungen zu unterwerfen, als Ursache des im Jahre nach diesem Frieden ausbrechenden Krieges hinstellte. Allein dieses ist ohne Zweifel noch ein Moment der Dittographie und bezieht sich auf den Krieg, den die Lakedaemonier im Jahre 371 gegen die Thebaner eröffneten, weil dieselben die Anerkennung des eben geschlossenen Friedens verweigerten. Die Ursache des im Jahre 373 ausbrechenden Krieges war ein Conflict der Lakedaemonier und Athener über die zakynthische Frage, der sie wieder so gegen einander erbitterte, dass sie darüber auf einige Jahre die gemeinsame Feindschaft gegen das aufkommende Theben vergassen und sich in einen neuen, den Thebanern höchst erwünschten Krieg verwickelten, der sie verhinderte gegen das Vorgehen jener in Bocotien einzuschreiten. Im Jahre 374 nahmen die Thebaner die Bedingungen des Friedens an, beim Wiederausbruch der Feindseligkeiten zwischen Athen und Sparta im Jahre 373 glaubten sie sich über dieselben hinwegsetzen zu können, gingen gegen die bocotischen Städte vor, machten sie unterthänig und verletzten damit den auch sie bindenden Frieden von 374, nach welchem alle Städte autonom sein sollten.

Unger führt als zweiten Grund, weshalb man unter den Verträgen, von denen der Verfasser der plataeischen Rede spricht, und welche eine Bestimmung über die Autonomie aller Städte enthielten, nicht den Frieden vom Jahre 374, sondern nur den antalkidischen verstehen könne, Folgendes an. In der Rede sei zwischen cυνθῆκαι und εἰρήνη wohl zu unterscheiden, der erstere Ausdruck bezeichne bei Isokrates stets den antalkidischen Frieden. Die Plataeer beriefen sich aber gerade auf diese cυνθῆκαι, die von den Thebanern gebrochen seien, und hätten also den Frieden des Antalkidas im Sinne. Allein, obschon cυνθῆκαι bei Isokrates stets, wie auch Grote darthut, den antalkidischen Frieden bezeichnet, so hebt dieses nicht die Möglichkeit auf, dass derselbo im Frieden von 374 erneuert wurde und einen integrirenden Bestandtheil desselben bildete. Eine solche Erneuerung wurde öfter in Scene gesetzt, so gleich im Jahre 370 von den Athenern. Es hatte dieser Friede durch das Vorgehen der Lakedaemonier gegen Theben im Jahre 379 und gegen einige peloponnesische Städte einen bedenklichen Stoss erlitten, die Bestimmung über die Autonomie aller Städte war bereits von geringer praktischer Bedeutung, und eine Erneuerung des Friedens hatte um so mehr Sinn, als man den in der Bildung begriffenen thebanischen Bund auflösen wollte. Die häufigere Berufung in der plataeischen Rede auf die Verträge, in denen die Garantie der Autonomie aller Städte ausgesprochen sei, macht es noch wahrscheinlicher, dass eine Erneuerung desselben im Jahre vorher stattgefunden hatte, denn die Politik war seit der Besetzung der Kadmea und dem versuchten Handstreich auf den Peiraieus bereits factisch über den im Jahre 387 geschlossenen Frieden zur Tagesordnung übergegangen. Der Hauptzweck der Untersuchung Ungers über den Frieden von 371 ist der Nachweis, dass die Perser bei diesem Frieden nicht vermittelt haben. Indessen eine Erneuerung des antalkidischen Friedens involvirt durchaus nicht die Vermittelung des Königs. Dem König lag damals am meisten daran, dass die Bestimmung des antalkidischen Friedens über die hellenischen Städte Kleinasiens aufrecht erhalten würde, wenn man nur diesen Punkt nicht antastete, kümmerte er sich (wie auch der Friede vom Jahre 371 zeigt) wenig um eine Veränderung des Friedens und noch weniger um eine Erneuerung desselben.

Unger meint, es hätte überdies die Zerstörung Plataeaes im Jahre 375 stattgefunden, und wenn daher von einer Verletzung des Friedens die Rede sei, so könne man diese nicht auf den von 374 beziehen. Es werde zwar in der plataeischen Rede gesagt, die Stadt sei mitten im Frieden überfallen, allein dieser Friede wäre der factische Friedenszustand, der nach dem Abzug der Lakedaemonier in Boeotien eintrat. Das Participium οὔϲηϲ und der Mangel des Artikels in dieser Stelle: ἥκομεν ἱκετεύϲοντεϲ μὴ περιιδεῖν ἡμᾶϲ εἰρήνηϲ οὔϲηϲ ἀναϲτάτουϲ ὑπὸ Θηβαίων γεγενημένουϲ (Plat. 1) liesse es nicht zu, den erwähnten Frieden als den von 374 aufzufassen. Dieser Friede sei überhaupt bloss an der Stelle berührt, wo es heisst: ὅμωϲ αὐτῶν (Λακεδαιμονίων) τοϲοῦτον περιεγένεϲθε πολεμοῦντεϲ ὥϲτ' ἐκείνουϲ ἀγαπητῶϲ ἰδεῖν τὴν εἰρήνην γενομένην (Plat. 41). Es wäre aber in der That wunderbar, wenn den eben geschlossenen Frieden der Redner nur einmal in Betracht gezogen hätte.

Auch der Mangel des Artikels und das Participium οὔϲηϲ ist kein Grund gegen eine Beziehung auf den Frieden vom Jahre 374. 'Wir kommen Euch bitten, nicht ruhig zuzusehen, dass wir von den

Thebanern, obwohl doch Friede ist, überfallen und vertrieben sind.' Ueberhaupt ist zu bemerken, was besonders die folgenden von Unger angeführte Stellen betrifft, dass man bei einem Redner, namentlich wie Isokrates, nicht so mit der Bedeutung einzelner Worte, fehlenden Artikeln, Wortstellungen argumentiren darf, wie es etwa bei den präcisen Wendungen des Thukydides zulässig wäre. Unger glaubt darthun zu können, dass der Friede, während dessen Plataeae zerstört wurde, auch in der Rede von den Verträgen als factischer Friedenszustand unterschieden werde. Es werde nämlich im fünften Paragraphen gesagt: εἰρήνης οὔσης καὶ cυνθηκῶν γεγενημένων οὐχ ὅπως τῆς κοινῆς ἐλευθερίας μετέχομεν κτλ., wenn aber εἰρήνης οὔσης und cυνθηκῶν γενενημένων sich auf denselben Frieden bezögen und zusammengehörten, so müsste die Stellung der Worte eine umgekehrte sein, nämlich cυνθηκῶν γεγενημένων καὶ εἰρήνης οὔσης. Wenn schon eine solche Akribie bei Isokrates nicht angebracht ist, so genügte diesem Rhetor einfach die Vermeidung des Hiatus καὶ εἰρήνης, nun die andere Wortstellung vorzuziehen. Ausserdem führt Unger fort, zeige dieses die Aeusserung im achten Capitel: εἰρήνης οὔσης οὐ προcῆκε Θηβαίους μνηςικακεῖν περὶ τῶν τότε γενομένων, d. h. des in den Jahren 378 und 377 Geschehenen als die Plataeer im Bunde mit den Lakedaemoniern gegen Theben zogen. Es ist merkwürdig, dass Unger einen solchen Grund anführt, denn, wenn die Zerstörung Plataeaes nach Ungers Annahme im Jahre 375 stattfand, so befand Plataeae sich mit Theben noch im Kriege, der Friede wurde erst im folgenden Jahre geschlossen. Es durften sich dann die Plataeaer nicht beklagen, dass die Thebaner, nachdem die Lakedaemonier zum Rückzuge genöthigt waren, nun ihrerseits gegen die mit jenen verbündeten Städte vorgingen. Ueberdiess ist es vollkommen unklar, warum die Thebaner mehr während eines factischen Friedenszustandes in den Jahren 376 und 375 die Pflicht haben sollten, die Thaten der Plataeer in den Feldzügen von 378 und 377 nicht zu vergelten und sie zu vergessen, als nach einem durch beschworene Verträge sanctionirten Friedenszustande. Es pflegte in Friedensverträgen die Formel zu stehen, es solle der gegenseitig zugefügten Schädigung nicht weiter, um sie zu vergelten, gedacht werden. Viel natürlicher bezieht man daher die Beschwerde der Plataeer auf den eben beschworenen Frieden vom Jahre 374.

Um endlich den von Unger hervorgehobenen Friedenszustand in Boeotien in ein klares Licht zu setzen, wird es genügen folgende Schilderung desselben mit Ungers eigenen Worten zu geben. 'Die Unterwerfung der boeotischen Städte fällt aber vor den Friedensschluss, in die Jahre 376 und 375, vgl. Xen. Hell. V, 4. 63. εἰς τὰς Θήβας οὐκ ἐμβεβληκότων τῶν πολεμίων οὔτ᾽ ἐν ᾧ Κλεόμβροτος ἦγε τὴν ςτρατιὰν ἔτει (im Jahre 376) οὔτ᾽ ἐν ᾧ Τιμόθεος περιέπλευςε (im Jahre 375) θραςέως δὴ ἐςτρατεύοντο οἱ Θηβαῖοι εἰς τὰς περιοικίδας πόλεις καὶ πάλιν αὐτὰς ἐλάμβανον.'

Diese Unterwerfung ging durchaus nicht in aller Ruhe vor sich, sondern erforderte, wie aus andern Stellen hervorgeht, vielmehr harte Kämpfe, die aber Unger ohne Weiteres übersieht und 'Frieden in Boeotien' nennt.

Es hat sich also ergeben, dass sämmtliche Gründe, die Unger dagegen anführt, dass der Friede von 374 eine Bestimmung über die Autonomie aller Städte enthalten habe, gänzlich ohne Bedeutung sind, und dass daher die Annahme, es liege hier bei Diodoros eine Vermischung mit dem Frieden des Antalkidas vor, durchaus unberechtigt ist. Eine weitere Kritik der Untersuchungen Ungers im Allgemeinen verbreitet die Begrenzung des Objectes dieser Forschungen, doch ist eine solche sehr zu empfehlen.

Es findet also bei Diodoros nur eine Vermischung der Friedensverträge vom Jahre 374 und 371 statt, es fragt sich noch, wie dieselbe möglich war, ob es Gründe giebt, die einen nachlässigern Historiker zu einer Dittographie hier verführen konnten.

Fehlen solche Gründe, so wird man die Annahme einer Doublette mit grosser Skepsis aufzunehmen haben. Es sind indessen Momente vorhanden, die zu einer Doublette verleiten konnten. In beiden Jahren 374 und 371 war eine Hauptveranlassung des Friedens die Spannung zwischen Athen und Theben, wodurch Theben beide Male bei den Verhandlungen isolirt wurde. Ferner machten hier wie dort Mangel an Geldmitteln und Erschöpfung in Folge des Jahre lang geführten Krieges den Frieden wünschenswerth. Auch enthielt der Friede von 374 ebenso wie der von 371 ohne Zweifel die in allen Verträgen jener Zeit vorkommende Bestimmung: alle Städte sollen autonom, frei von Besatzungen u. s. w. sein, vgl. Isokr. Plat. 5, Schaefer Dem. u. s. Z. II, S. 47. Endlich erfolgten beide Friedensschlüsse zu Sparta, wobei wahrscheinlich Kallistratos, als der leitende Staatsmann Athens, und Epaminondas, als einer der hervorragenden Politiker Thebens, jedes Mal das Wort ergriffen, obwohl dieser nur von den Verhandlungen im Jahre 371 bestimmt berichtet wird. Eine Vermischung beider Verhandlungen und Dittographien lagen also für Diodoros nahe.

Nun findet sich aber bei Diod. XV, 38 ein Satz, der XV, 50 nicht vorkommt, nämlich die Bestimmung, dass den Athenern die Hegemonie zur See, den Lakedaemoniern die zu Lande zuerkannt sei. Es war dieses für die Athener von grosser Bedeutung, indem dadurch ihre Hegemonie und ihr Seebund anerkannt und ihnen die Berechtigung zugestanden wurde, dieselben über die Inseln und Küstenstädte auszudehnen. Die blosse Anerkennung war nicht von rein formeller Bedeutung, sondern hatte auch wichtige praktische Folgen. Es galt unter Anderem bei den Hellenen als ein anerkannter politischer Grundsatz, dass der Vorort befugt sei, seine Bundesgenossen als solche zu bestrafen und gegen sie mittelst Execution vorzugehen, wenn sie ihren Verpflichtungen nicht nachkamen. So sprachen die Korinthier schon zur Zeit des ersten athenischen Bundes, als die Athener gegen die abtrünnige Bundesstadt Samos vorgingen, entschieden gegen eine Intervention des peloponnesischen Bundes zu Gunsten der Samier, weil der Vorort das Recht habe seine Bundesgenossen zu züchtigen, vgl. Thuk. I, 40: τῶν ἄλλων Πελοποννηcίων δίχα ἐψηφιcμένων εἰ χρὴ αὐτοῖc ἀμύνειν, φανερῶc δὲ ἀντείπομεν τοὺc προcήκονταc ξυμμάχουc αὐτόν τινα κολάζειν κτλ.

Die Anerkennung der See-Hegemonie Athens durch den lakedaemonischen Bund war ohne Zweifel der Hauptpunkt des Friedensvertrages. Diese Annahme wird bestätigt, wenn es bei Cornelius Nepos heisst: Lacedaemonii sua sponte Atheniensibus imperii maritimi principatum concesserunt. (Tim. 2). Ferner deutet auf eine solche Bestimmung von grosser Tragweite Isokr. v. Umtausch. 109 fg.: Τιμόθεοc ταύτην Λακεδαιμονίουc ἠγάγκαcε cυνθέcθαι τὴν εἰρήνην ἢ τοcαύτην μεταβολὴν ἑκατέρᾳ τῶν πόλεων ἐποίηcεν, ὥcτε ἡμᾶc μὲν ἀπ' ἐκείνηc τῆc ἡμέραc θύειν αὐτῇ καθ' ἕκαcτον ἐνιαυτόν, vgl. Dem. g. Androt. 15, wo sich Demosthenes in ähnlicher Weise ausausspricht, und (Xen.) περὶ πόρων V, 7.

Es ist bereits darauf hingewiesen, dass ohne Zweifel an der Spitze der Urkunde der gewöhnliche Satz stand: Alle Städte sollen autonom und frei von Besatzungen (ἀφρούρητοι) sein, vgl. Isokr. Plat. 17 und 43. Bedenken dagegen würde nur der Umstand erregen, dass im Jahre 371 die Thebaner in Folge dieses Grundsatzes sich vom Friedensvertrage ausschliessen liessen, während sie doch den Frieden von 374 anerkannten und sich den Bedingungen desselben fügten. Jedenfalls bedarf das verschiedene Verhalten derselben Bedingung gegenüber einer Erklärung, die indessen unschwer in der Veränderung der politischen Verhältnisse zu finden ist. Auch im Jahre 371 hatten die Thebaner bereits die Bedingungen des Friedens beschworen und ihren Namen unter den Friedensvertrag setzen lassen, erst am nächsten Tage verlangten sie eine Abänderung ihrer Unterschrift. Ihr Entschluss, es auf eine Ausschliessung ankommen zu lassen, war also erst nach grossen Bedenken und längerm Schwanken gefasst worden. Als sie dann ἔκcπονδοι wurden, gingen ihre Vertreter in sehr gedrückter Stimmung nach Hause. Trotzdem hatten sie 371 weniger zu wagen und mehr zu verlieren als im Jahre 374. Im Jahre 374 umfasste ihre neue Bundesgenossenschaft noch nicht ganz Boeotien, während 371 bereits alle boeotischen Städte von den Thebanern abhängig waren. Theben hatte seit 374 seine Macht consolidirt, war kriegsgerüsteter und kriegsgeübter. Ausserdem brachte den Thebanern die Anerkennung des Friedens von 374 auch den Vortheil, dass dieselbe Bestimmung, welche sie die bereits unterworfenen Städte frei zu geben zwang, auch die Lakedaemonier nöthigte, die in Boeotien besetzten Städte zu räumen. Dadurch erhielten die Thebaner für die Zukunft freiere Hand in Boeotien. Der bald darauf erfolgende Ueberfall Plataeaes wurde nur dadurch möglich, dass die lakedaemonische Besatzung abgezogen war, vgl. Diod. XV, 38. Bei Isokr. Plat. 14 ist eine bis zum Frieden in Plataeae stehende lakedaemonische Besatzung erwähnt, nach dem Abschlusse des Friedens hat Plataeae keine Besatzung mehr, Diod. XV, 64. 4.

Es hat sich mithin als Resultat dieser Untersuchungen über den Frieden Folgendes ergeben: 1) Diodoros arbeitet die Friedensverträge vom Jahre 374 und 371 zusammen und enthält eine Dittographie. 2) Der Friede erklärte die Autonomie aller hellenischen Städte. Theben wurde nicht ausgeschlossen, sondern erkannte die Friedensbestimmungen an und blieb im athenischen Bunde. Für den athenischen und lakedaemonischen Bund hatte der Friede zunächst nur die Folge, dass die im Kriege besetzten Städte freizugeben waren, und dass im Besondern die Lakedaemonier ihre Besatzungen aus den boeotischen Städten herausziehen musste. 3) Es wurde die Hegemonie der Athener über die Seestädte wie die der Lakedaemonier über die Landstaaten anerkannt.

Dieser Friede bezeichnet einen wesentlichen Abschnitt in der Entwickelung des Bundes. Der Gegner, mit dem man um die Existenz des Bundes gekämpft hatte, erkannte ihn an und gestand die Berechtigung seiner Ausdehnung über die Seestädte zu. Zugleich bedeutet der Friede die Anzeichen einer Wendung der athenischen Politik, die sich von dem aufstrebenden Theben ab und dem herabsinkenden Lakedaemon zuwendet, es gilt mit dem ungefährlich gewordenen Rivalen den gefährlich werdenden niederzuhalten. Der Bruch mit Theben, der mächtigsten Bundesstadt war ein Hauptgrund des Friedens, Theben war zu isolirt und noch nicht mächtig genug, um auf die Friedensbedingungen nicht einzugehen und einen gefährlichen Krieg ruhig zu erwarten. Theben nahm widerwillig den Frieden an, durfte aber mit ziemlicher Sicherheit darauf rechnen, dass irgend eine Streitfrage das noch zu lockere Verhältniss zwischen Athen und Sparta von Neuem brechen, und dass ein Krieg die Möglichkeit geben würde, die Action in Boeotien wieder aufzunehmen und den Plan einer thebanischen Hegemonie über die boeotischen Städte durchzuführen. Zunächst fügte sich Theben selbst der Hegemonie Athens, und blieb Mitglied von dessen Bundesgenossenschaft. Der athenische Bund war auf dem Höhepunkt seiner Entwickelung angelangt. In der nächsten Zeit beginnen mit dem Austritte Thebens und dem Verluste der euboeischen Städte bereits die Anzeichen des Verfalles hervorzutreten. Doch werden noch diese Verluste durch maritime Erfolge und den Gewinn von andern Bundesstädten so weit ausgeglichen, dass im Ganzen die Machtentwickelung des Bundes sich gleich bleibt, während im Innern die bundesfeindlichen Elemente allmählich sich entwickeln und die Katastrophe vorbereiten.

Cap. IV.

Der athenische Bund mit der lakedaemonischen Symmachie gegen Thebens Machtentwickelung; die Anzeichen des Verfalles; die maritimen Unternehmungen Athens und die weitere Entwickelung des Bundes bis zum Bundesgenossenkriege.

Der Friede von 374 hatte so wenig Bestand, dass im nächsten Frühjahre bereits der Krieg von Neuem entbrannte. Doch stand man sich nicht mehr mit der Erbitterung wie im Jahre 378 gegenüber. Theben kämpfte nicht mehr eifrig für Athen, sondern hatte eine Annäherung der beiden Rivalen Athen und Sparta durch das gemeinsame Interesse dem Wachsthume Thebens entgegenzutreten veranlasst. Der Krieg zwischen Athen und Sparta war den Thebanern sehr erwünscht, sie konnten nach Belieben in Boeotien schalten, während ihre Gegner sich in einen Krieg verwickelt hatten, sich selbst dabei schwächten und ihre Aufmerksamkeit nicht den boeotischen Angelegenheiten zuwenden konnten.

Im April 373 lief Timotheos mit einer nach Korkyra bestimmten Flotte aus dem Peiraieus aus. Er hielt sich jedoch, während Korkyra von den Lakedaemoniern bedrängt war, in unverantwortlicher Weise zu lange im aegaeischen Meere auf, wurde daher ab und Iphikrates mit Kallistratos an seine Stelle gesetzt (Herbst 373). Iphikrates unterwarf nach einem rühmlich um den Peloponnes ausgeführten Periplus die noch nicht zum athenischen Bunde gehörigen und auf der Seite des Feindes stehenden kephallenischen Städte[1]).

Es wird in Frage kommen, welche Stellung diese unterworfenen Städte — es sind die ersten, von denen ganz bestimmt eine Unterwerfung berichtet wird — zum Bunde oder zu Athen einnahmen. Eine Aufnahme in den Bund als unterthänige Bundesgenossen ist nicht wahrscheinlich, denn die Bundesconstitution wäre dadurch schon sechs Jahre nach ihrer Entstehung in so offener Weise verletzt worden, wie es die Athener, während der Krieg gegen die Lakedaemonier aufs Neue entbrannt war, nicht wagen durften. Auch wäre der Widerspruch, in dem sich dann die athenische Politik bewegte, zu gross gewesen, wenn sie gerade in diesen Jahren die Opposition

---

1) Xen. Hell. VI, 2, 33 sagt: Ἰφικράτης καταστρεψάμενος τὰς ἐν τῇ Κεφαλληνίᾳ πόλεις ἐπλευσεν κτλ. Man würde daraus schliessen, dass Iphikrates damals alle Städte Kephallenes unterwarf, allein das ist nicht der Fall. Pale war schon seit 376/5, Pronos seit 375 urkundlich Mitglied des Bundes. Es ist dieses eine von den Stellen, welche zeigen, dass Xenophons Kürze in Bezug auf die See-Verhältnisse Ungenauigkeiten unvermeidlich macht, da er nicht das Talent des Thukydides besitzt sich kurz und präcis auszudrücken.

gegen die Bildung einer unterthänigen Bundesgenossenschaft durch Theben eifrig fortsetzte und zugleich selbst eine solche gebildet hätte. Man wird vielmehr diese auf der Seite des Feindes stehenden und eroberten Städte nach Kriegsrecht einfach besetzt, als occupirtes Gebiet während des Krieges behandelt und (wie es noch in unserer Zeit geschieht) zur Zahlung von Kriegscontributionen gezwungen haben. Vgl. Xen. Hell. VI, 2, 33. 3, 38. Der Friede bestimmte dann gewöhnlich, dass die Besatzungen herausgezogen werden und die Städte ihre volle Autonomie zurückerhalten sollten. Vgl. Diod. XV, 38, dann den Friedensartikel bei Xen. Hell. VI, 3, 18: Τοὺc δὲ ἁρμοcτὰc ἐκ τῶν πόλεων ἐξάγειν, τά τε cτρατόπεδα διαλύειν καὶ τὰ ναυτικὰ καὶ τὰ πεζικὰ τάc τε πόλειc αὐνονόμουc ἐᾶν. Dazu 4, 1: ἐκ τούτου οἱ μὲν Ἀθηναῖοι τάc τε φρουρὰc ἐκ τῶν πόλεων ἀπῆγον καὶ Ἰφικράτην καὶ τὰc ναῦc μετεπέμποντο καὶ ὅcα ὕcτερον ἔλαβε μετὰ τοὺc ὅρκουc τοὺc ἐν Λακεδαίμονι γενομένουc πάντα ἠνάγκαcεν ἀποδοῦναι κτλ.

Mittlerweile waren die Beziehungen Athens zu Theben so gespannt geworden, dass nur die Rücksicht auf die Verwickelungen mit den Lakedaemoniern Athen noch vom Kriege zurückhielt. Hell. VI, 3. 3. Da das Vorgehen der Thebaner gegen die übrigen Städte Boeotiens die Hauptursache des Bruches mit Athen war und die Ausstossung Thebens aus der athenischen Bundesgenossenschaft zur Folge hatte, so wird es nöthig sein auf das Verhältniss Thebens zu den boeotischen Städten einen Blick zu werfen.

Im Jahre 375/4 hatten die Thebaner bereits einen grossen Theil der boeotischen Städte unterworfen. Xen. Hell. VI, 1, 1 sagt wieder kurzweg: Θηβαῖοι ἐπεὶ κατεcτρέψαντο τὰc ἐν Βοιωτίᾳ πόλειc, d. h. alle boeotischen Städte, doch gilt hier dasselbe, was von dem Berichte über die Unterwerfung der kephallenischen Städte gesagt wurde. Wie gross die Ungenauigkeit ist, lässt sich aus dem lückenhaften Quellenmaterial nicht feststellen, so viel steht jedoch fest, dass in Plataeae eine lakedaemonische Besatzung lag (Isokr. Plat. 14), und dass diese Stadt bis 373 selbstständig blieb (Diod. XV, 46). Orchomenos und Thespiae bewahrten gleichfalls unter lakedaemonischem Schutze ihre Unabhängigkeit von Theben. Vgl. Diod. XV, 37. 46. 57 und Isokr. Plat. 18.

Der Friede von 374 zwang die Thebaner den unterworfenen Städten ihre Selbstständigkeit zurückzugeben, aber auch die Lakedaemonier ihre Besatzungen aus den boeotischen Städten herauszuziehen. Thebens Einfluss wurde deshalb bald in Boeotien durchaus massgebend. Da nicht lange nach dem Abschluss des Friedens von 374 von Neuem Conflicte zwischen Athen und Sparta ausbrachen, und die baldige Wiederaufnahme des offenen Krieges sich erwarten liess, so durfte Theben es wagen, schon Winter 374/3 an die Neubildung eines unterthänigen Bundes der boeotischen Städte heranzugehen. Ausser zwei Momenten in diesen Operationen Thebens ist

nichts als das Resultat bekannt, dass Sommer 371 alle bocotischen Städte ausser Orchomenos als unterthänige, doch noch nicht ganz zuverlässige Bundesgenossenschaft unter der Hegemonie Thebens vereinigt waren. Xen. Hell. VI, 3, 19. 4, 6. Diod. XV, 54.
Im Winter 374/3 that Plataeae einleitende Schritte, um Mitglied des athenischen Bundes zu werden und dadurch seine Autonomie gegen Theben zu sichern[1]). Plataeae ersuchte in Athen um eine Besatzung, um besser gegen die drohende Haltung Thebens geschützt zu sein. Allein eine athenische Besatzung in einer boeotischen Stadt wollten die Thebaner unter keinen Umständen dulden, mitten im Frieden überfielen sie, noch vor der Ankunft der athenischen Mannschaft Plataeae, zwangen die Einwohner dieser unglücklichen Stadt Boeotien zu verlassen und zerstörten ihre Häuser. Isokr. Plat. 14 fg. Diod. XV, 46.
Clinton, Fast. hell. 374 setzt die Zerstörung von Plataeae Frühjahr 374 an. Rehdantz führt dagegen aus, dass der Abschluss des Friedens von 374 bereits erfolgt war, da die Rede des Isokrates für die Plataeer betont, dass die Thebaner trotz der Bestimmungen des abgeschlossenen Friedens und mitten im Frieden den Angriff machten. Diodor verlegt die Zerstörung auf Frühjahr 373 kurz vor Ausbruch des Krieges zwischen den Athenern und Lakedaemoniern (XV, 46), Pausanias auf das Archontenjahr 374/3 (IX, 4, 3). Es wird also der Ueberfall Plataeaes etwa Frühjahr 373 erfolgt sein[2]).

1) Es geht dieses aus Diod. XV, 46 hervor: Πλαταιεῖс ἀντεχόμενοι τῆс Ἀθηναίων cυμμαχίαс μετεπέμποντο cτρατιώταс κτλ. ἀντέχεcθαι heisst nach dem Sprachgebrauche des Diodoros und der Koine überhaupt: 'nach etwas streben', 'sich eifrig um etwas bewerben'. Man darf die Stelle nicht etwa so verstehen, als ob die Plataeer bereits Bundesgenossen der Athener waren, indem ἀντέχεcθαι in der sonst auch vorkommenden Bedeutung: 'sich an etwas halten' aufgefasst würde. Eine solche Auffassung würde indessen nicht nur dem Sprachgebrauche des Diodoros entgegen sein, sondern auch mit einer Stelle bei Xenophon nicht im Einklange stehen. Xenophon nennt Hell. VI, 3, 11 zweimal die Plataeer nur φίλοι der Athener, obwohl, wenn sie Bundesgenossen gewesen wären, der Ausdruck cύμμαχοι natürlich sein würde: ἐκπεπτωκόταс μὲν ὁρῶντεс (Ἀθηναῖοι) ἐκ τῆс Βοιωτίαс Πλαταιέαс, φίλουс ὄνταс καὶ καταπεφευγόταс. und dann ἐπειδὴ ἑώρων cτρατεύονταс τε αὐτοὺс ἐπὶ φίλουс ἀρχαίουс τῇ πόλει Φωκέαс καὶ πόλειс πιcτάс (Thespiae und Plataeae) ἐν τῷ πρὸς τὸν βάρβαρον πολέμῳ καὶ φίλας ἑαυτοῖς. Es wird Plataeae in ein und dieselbe Kategorie mit Thespiae gestellt, Thespiae war aber niemals eine bundesgenössische Stadt.
2) Die Rede des Isokrates für die Plataeer betrachtet Theben noch als bundesgenössische Stadt (vgl. Plat. 19. 21. 43) und kennt noch nicht die bald nach der Katastrophe Plataeaes erfolgende Zerstörung Thespiae; (vgl. Plat. 9, ferner Diod. XV, 46. Xen. Hell. III, 3, 7). Die Rede wird also in den Monaten März bis Mai 373 gehalten sein, nicht, wie man gewöhnlich anzunehmen pflegt — so auch Benseler in seiner Ausgabe des Isokrates — im Jahre 374. Diese Zeitbestimmung wird für späterhin folgende Untersuchungen über den thebanischen Bund nicht ohne Bedeutung sein.

Die Vernichtung dieser mit Athen in alter Freundschaft stehenden Stadt, die bald darauf folgende Zerstörung von Thespiae, die dringenden Vorstellungen der in Attika weilenden boeotischen Exulanten würden die Athener zur Kriegserklärung gegen Theben veranlasst haben, wenn nicht der Krieg gegen die Lakedaemonier zunächst ihre Kräfte ganz in Anspruch genommen hätte. Allein in dem bisherigen formell bundesgenössischen Verhältnisse konnten die Thebaner fernerhin nicht bleiben. Indem von ihnen bocotische Städte unterworfen oder vernichtet wurden, handelten sie durchaus gegen die Grundsätze der Bundesverfassung.

Mit Recht sagt Isokrates in seiner Rede für die Plataeer: Πάντων cχετλιώτατον (ὦ ἄνδρες Ἀθηναῖοι) εἰc τὰc πόλειc ἃc οὐκ ᾤεcθε δεῖν Λακεδαιμονίοιc δουλεύειν ταύταc περιόψεcθε νῦν ὑπὸ Θηβαίων ἀπολλυμέναc (Plat. 17). Während die Thebaner für sich allein Vortheil von dieser Gewaltthat hatten, indem sie das Gebiet von Plataeae nahmen, musste der ganze Bund, dem Theben noch als Mitglied angehörte, den schlimmen Ruf derselben theilen. 2) Der Bund garantirte allen seinen Mitgliedern Schutz und Beistand gegen jeden Angriff und musste daher im Falle 3) des Vorgehens einer andern Macht gegen Theben dasselbe schützen. Der Bund hatte als seinen Hauptzweck Befreiung der hellenischen Städte von der lakedaemonischen Herrschaft und Autonomie hingestellt, er konnte unmöglich zulassen, dass ein Mitglied hellenische Städte unterthänig machte. Wenn man die Thebaner nicht zur Herausgabe der unterdrückten Städte zwingen konnte oder wollte, so musste man sie wenigstens aus dem Bunde ausschliessen, sonst trug man die Verantwortung mit und ertheilte den Thebanern eine gewisse Indemnität (ἄδεια vgl. Plat. 84). Da es nun einerseits nicht politisch gewesen wäre, während man gegen die Lakedaemonier Krieg führte, Theben anzugreifen, da man andrerseits keinen Theil an seinem Thun haben wollte, so blieb nichts Anderes übrig als vielleicht die bedeutendste bundesgenössische Gemeinde aus dem Bunde auszustossen. Vgl. Xen. Hell. VI, 3. 1: κοινωνεῖν μὲν αὐτοῖc ὧν ἔπραττον οὐκέτι ἤθελον κτλ.

Es steht fest, dass im Frühjahre 371 die Thebaner nicht mehr im Rathe der Bundesgenossen vertreten waren, denn da dieser permanent war und vor dem Beschlusse des Demos den seinigen fasste, so wäre es unnöthig gewesen nach Theben Gesandte zu schicken und anzufragen, was die Thebaner thun wollten, ob sie beabsichtigten mit den Athenern zugleich nach Sparta zu den Friedensverhandlungen Gesandte zu schicken. Vgl. Hell. VI, 3. 2: ψηφιcάμενοc ὁ δῆμοc εἰρήνην ποιήcαcθαι πρῶτον μὲν εἰc Θήβαc πρέcβειc ἔπεμψεν, εἰ βούλοιντο εἰc Λακεδαίμονα περὶ εἰρήνηc. Wenn Theben noch im Synedrium als Bundesmitglied vertreten war, so musste man in Athen nicht nur die Absichten der Thebaner kennen, sondern es verstand sich auch von selbst, dass Theben wie die andern

Bundesstädte auf dem Congresse in Sparta vertreten war, wenn man in Athen beschlossen hatte, über den Frieden zu verhandeln.

In formeller Weise schied indessen Theben wohl erst auf dem Friedenscongresse selbst aus. Bei den Friedensverhandlungen ist zwar das Verhältniss Athens zu Theben mehr ein feindseliges als ein bundesgenössisches (vgl. Xen. Hell. VI, 3, 5 und 3, 20), allein darauf, dass Theben noch als rechtlich zum Bunde gehörig betrachtet wurde, deuten wohl die Worte Xenophons: — — ἐπὶ τούτοις (die Friedensbedingungen) Λακεδαιμόνιοι μὲν ὑπὲρ αὑτῶν καὶ τῶν ϲυμμάχων, Ἀθηναῖοι δὲ καὶ οἱ ϲύμμαχοι κατὰ πόλεις ἕκαϲτοι. Ἀπογραψάμενοι δ' ἐν ταῖς ὀμωμοκυίαις πόλεϲιν καὶ οἱ Θηβαῖοι, προϲελθόντες κτλ. Das Ende des ersten Satzes: ὤμοϲαν Ἀθηναῖοι καὶ οἱ ϲύμμαχοι κατὰ πόλεις zusammengehalten mit dem Anfange des nächsten ἀπογραψάμενοι δ' ἐν ταῖς ὀμωμοκυίαις πόλεϲιν καὶ οἱ Θηβαῖοι weist entschieden darauf hin, dass von Xenophon die Thebaner noch als Mitglieder des athenischen Bundes angesehen wurden.

Als aber am nächsten Tage die Thebaner die Forderung stellten, an Stelle von Θηβαῖοι auf die Vertragsäule Βοιωτοὶ zu setzen, womit anerkannt wäre, dass Theben für alle boeotischen Städte rechtsgültig geschworen hätte, und dass die thebanische Bundesgenossenschaft im Vertrage als zu Recht bestehend und mit dem Vertrage vereinbar betrachtet würde, da führte diese Forderung zur Ausstossung Thebens aus dem allgemeinen Frieden und weiterhin aus dem athenischen Bunde, der als solcher den Frieden geschlossen hatte. Theben verweigerte die Anerkennung des Friedens und konnte daher nicht länger Mitglied eines Bundes bleiben, der seine Mitglieder zur Beschwörung der Friedensbedingungen verpflichtete. Vgl. Schaefer, Dem. u. s. Z. I, S. 62.

Den Frieden vom Jahre 371 veranlassten wesentlich dieselben Gründe wie den von 374. Der Wunsch den seit sieben Jahren mit kurzer Unterbrechung geführten Krieg zu beendigen war allgemein, Athen litt sehr an Goldmangel (Xen. Hell. VI, 3, 3) und stand so schlecht mit den Thebanern, dass es nahe daran war, mit ihnen einen offenen Krieg zu führen. Dieses musste wie im Jahre 374 eine Annäherung Athens an Sparta, das im Hasse gegen Theben mit Athen übereinstimmte (Hell. VI, 3. 5), zur Folge haben. Auf der andern Seite hatten auch die Lakedaemonier Ursache die Beendigung dieses Krieges zu erstreben, denn die Bundesgenossen waren durch die häufigen Kriegszüge und Auflagen missgestimmt (vgl. Xen. Hell. V, 4, 60. 61. VI, 2, 3. 2, 16), während anderseits der Friede mit Athen die Möglichkeit gab das verhasste Theben zu demüthigen. Es war beinahe selbstverständlich, dass der Grundsatz der Autonomie aller Städte wieder an der Spitze des Vertrages stand, dann aber musste Theben, wenn es, wie im Jahre 374, dem Frieden beitrat, die Bundesgenossenschaft auflösen, wenn nicht, so wurde es ἔκϲπονδοϲ und isolirt, und die Lakedaemonier hatten es leicht gegen ihre Feinde vorzugehen.

Es bleibt noch die Erklärung übrig, warum unter solchen Umständen Theben von Athen eingeladen wurde Gesandte nach Sparta zu schicken. Theben war noch formell Mitglied der athenischen Bundesgenossenschaft, man durfte nicht den Lakedaemoniern zeigen, wie schlecht man bereits mit Theben stand, es hätte dieses leicht ein für Athen ungünstigeres Resultat der Friedensverhandlungen zur Folge gehabt. Ferner lag es immerhin im Bereiche der Möglichkeit, dass Theben sich wie 374 beugte, wodurch sich Athen dieses mächtige, wenn auch widerstrebende Mitglied der Bundesgenossenschaft erhalten hätte. Das Verhalten der Thebaner am ersten Tage, wo sie allein für Theben beschworen und unterzeichneten, beweist die Berechtigung einer solchen Erwägung.

Der Friedensvertrag, wie er auf den Vorschlag Athens von den Lakedaemoniern angenommen wurde, bestimmt: 1) Man soll allen Städten ihre Autonomie lassen und alle Besatzungen herausziehen. Dieser Artikel hatte auch für die Lakedaemonier und Athener insofern praktische Bedeutung, als er sie nöthigte die im Kriege besetzten feindlichen Plätze zu räumen und aus den Bundesstädten die zu grösserer Sicherheit hineingelegten Besatzungen herauszuziehen. · Vgl. Xen. Hell. VI, 3, 18. 3, 22. Diod. XV, 38. Besonders aber betraf er, wie der gleiche Passus des antalkidischen Friedens, die Thebaner, indem er sie zum Aufgeben ihrer abhängigen Bundesgenossenschaft nöthigte. Es galt diesen gefährlichen Gegner von Lakedaemons Hegemonie zu Lande und von Athens Einfluss in Mittel-Griechenland matt zu setzen.

Die Thebaner hielten die Gefahr einer völligen Isolirung für so schwerwiegend, dass sie am ersten Tage in correcter Weise wie die übrigen Mitglieder der athenischen Bundesgenossenschaft für Theben schworen und Θηβαῖοι unter die Friedensurkunde setzen liessen. Mittlerweile wurden indessen die Vertreter Thebens andern Sinnes, am nächsten Tage versuchten sie eine Anerkennung ihrer Bundesgenossenschaft so zu erreichen, dass sie von Agesilaos verlangten, er solle an Stelle von Θηβαῖοι Βοιωτοί setzen. Es wäre damit gesagt worden, dass der Schwur der Thebaner zugleich für die übrigen boeotischen Städte bindend sei, wie derjenige der Lakedaemonier für alle Mitglieder des lakedaemonischen Bundes galt, was, wie bereits auseinandergesetzt ist, einer Anerkennung des thebanischen Bundes gleichkam. Eine solche Anerkennung der rechtlichen Existenz des Bundes war aber mit den Grundsätzen des Friedens unvereinbar, denn derselbe bestimmte, dass alle Städte autonom sein sollten, während die boeotischen Städte zu Theben im Verhältnisse der Unterthänigkeit standen.

Eine Isolirung Thebens und eine Weigerung desselben den Frieden anzuerkennen war den Athenern und Lakedaemoniern höchst erwünscht, man hatte dann sowohl einen Grund, als, wie man annehmen durfte, keine besonderen Schwierigkeiten Theben niederzuwerfen. Daher lehnte man die Forderung Thebens schroff ab und erklärte es ἔκcπovδoc.

Zweitens bestimmte der Friede: Es soll dem Willen eines Jeden anheimgestellt sein gegen den, der dem ersten Artikel zuwiderhandele zur Unterstützung der Unrecht Leidenden zu Felde zu ziehen. Xen. Hell. VI, 3, 18: εἰ δέ τιc παρὰ ταῦτα ποιοίη τὸν μὲν βουλόμενον βοηθεῖν ταῖc ἀδικουμέναιc πόλεcι, τῷ δὲ μὴ βουλομένῳ μὴ εἶναι ἔνορκον cυμμαχεῖν τοῖc ἀδικουμένοιc.

Es war dieses eine Aenderung des antalkidischen Friedens, welcher jedem Theilnehmer das Recht und die Pflicht gab, gegen die den Frieden nicht Annehmenden zu Felde zu ziehen, während hier nur die Berechtigung, nicht aber die Pflicht eines jeden Theilnehmers anerkannt wurde. Vgl. den betreffenden urkundlichen Passus des antalkidischen Friedens: ὁπότεροι δὲ ταύτην τὴν εἰρήνην μὴ δέχονται, τούτοιc ἐγὼ πολεμήcω μετὰ τῶν ταῦτα βουλομένων καὶ πεζῇ καὶ κατὰ θάλατταν καὶ ναυcὶ καὶ χρήμαcι (Xen. Hell. V, 1, 31).

Es fragt sich, was die Staatsmänner zu dieser Abänderung bewog und was dieselbe bedeutet. Grote (II, S. 178 der Uebersetzung) meint, sie sei ein Ausdruck des liberalen Geistes, in welchem der Friede erlassen sei. 'Nach dem Geiste der Convention, die 371 zu Sparta beschworen war, standen verpflichtende Bündnisse bei den Hellenen verurtheilt da.' Diese Auffassung Grotes ist die geltende, ihre Berechtigung soll indessen einer Kritik unterzogen werden. Thatsächlich wird in Bezug auf die Autonomie der antalkidische Frieden völlig verändert und verliert seine ursprüngliche Bedeutung. Jede Stadt konnte ohne Furcht ihre benachbarten Gemeinden unterwerfen und gegen den Frieden handeln, wenn sie nur die genügende Macht besass und sich der Nichtintervention der dazu befähigten Staaten versichert hatte. Während man bei der gewöhnlichen Auffassung keine bestimmte in den damaligen politischen Verhältnissen unmittelbar begründete Veranlassung zu dieser Abänderung findet, wird eine solche bei folgender Auffassung sofort klar und verständlich.

Nach dem antalkidischen Frieden hatten die Lakedaemonier die Autonomie von Phlius und Mantinea in der gröbsten Weise verletzt und beide Städte thatsächlich zu unterthänigen Bundesgenossen gemacht. Xen. Hell. V, 2, 1 fg. 3, 25 fg. Die Lakedaemonier mochten aber nicht gern den beiden Städten ihre frühere Selbstständigkeit zurückgeben, denn vermöge der dort ans Ruder gelangten radicallakonisirenden Oligarchie folgten sie gefügiger und bereitwilliger ihrem Vororte als je. Xen. Hell. V, 2, 7 und 8.

Obwohl im Allgemeinen die Autonomie der Mitglieder der Bundesgenossenschaft anerkannt war, so enthielt dennoch die Verletzung derselben bei einzelnen Mitgliedern eine Negation der betreffenden

Bestimmung des antalkidischen Friedens. Hätte man einfach jetzt diesen Frieden erneuert, so wäre Athen verpflichtet gewesen mit den übrigen Städten gegen Sparta zu ziehen. In der That operiren, wie wir sehen werden, im nächsten Jahre die Athener in der Weise gegen Sparta, dass sie die Erneuerung des antalkidischen Friedens veranlassen. War also die Abänderung ganz im Interesse der Lakedaemonier, so enthielt sie auch für Athen den Vortheil, dass es nicht verpflichtet wurde gegen Theben activ vorzugehen. Die Athener konnten in dem zu erwartenden lakedaemonisch-thebanischen Kriege sich freie Hand halten und ruhig zusehen, wie ihre beiden Rivalen gegenseitig auf einander losschlugen und sich gegenseitig schwächten. Die Ansicht Grotes, dass Athen damals in gleicher Weise mit Theben und Lakedaemon verbündet war, ist nach den bisherigen Ausführungen entschieden unrichtig. Vgl. Xen. Hell. VI, 3, 3. 3, 5. 3, 20. 4, 19. Auch nicht 'Misstrauen zwischen Athen und Sparta dictirte den Frieden' (Nitzsch), sondern man könnte sagen, der Vertrag sei das Ergebniss einer zeitweiligen Vertraulichkeit zwischen Athen und Sparta, die nur in den beiderseitigen Wunsche, Theben zu demüthigen, begründet war.

Endlich wurde auf dem Friedenscongresse den Athenern ausser Lemnos, Imbros, Skyros auch noch das ebenfalls von ihnen colonisirte Amphipolis als Eigenthum zugesprochen. Dass Xenophon darüber schweigt darf nicht auffallen. Es ist dieser Fall nur wieder zu den übrigen zu fügen, in denen er über Verhältnisse des athenischen Seebundes mit Stillschweigen hinweggeht. Diese Thatsache steht aber unzweifelhaft fest, denn sie wird von Aischines und Demosthenes in gleicher Weise bezeugt. Aisch. g. Ktesiph. 32: τὸ κοινὸν δόγμα τῶν Ἑλλήνων (Ἀμφίπολιν τὴν Ἀθηναίων ἐξαιρεῖν) καὶ τοὺς ψηφισαμένους ἐκ τῶν δημοσίων γραμμάτων μάρτυρας παρεσχόμην. Dem. v. d. Trugges 283: ἦν βασιλεὺς καὶ πάντες οἱ Ἕλληνες ὑμετέραν ἔγνωσαν Ἀμφίπολιν.

Weder im Frieden vom Jahre 387, noch von 374, wo überdies der König gar nicht mitwirkte, war den Athenern diese Stadt zugesprochen, so dass nur der allgemeine Congress hellenischer Städte von 371 übrig bleibt. Um so mehr gewinnt es an Wahrscheinlichkeit, dass im Jahre 371 Ansprüche Athens auf Amphipolis ausdrücklich anerkannt wurden, als Athen bald nach dem Frieden Versuche macht, Amphipolis zu gewinnen.

Die Lakedaemonier beschlossen sofort auf Grund des Friedens gegen Theben vorzugehen. Allerdings würden sie ganz dem Wortlaut des Friedens gemäss gehandelt haben, wenn sie das in Phokis stehende Heer nicht gleich gegen Theben beordert, sondern erst aufgelöst und dann von Neuem zum Kriege gegen die den Frieden nicht anerkennende Stadt zusammengezogen hätten (vgl. Hell. VI, 4, 2). Allein dieses wäre eine unnöthige, pedantische Weitläufigkeit gewesen. Im Uebrigen hatten die Lakedaemonier nach dem Frieden und dem damals üblichen Völkerrecht durchaus rechtmässige Befugnisse die Thebaner zu bekriegen, ihr Verfahren ist nicht, wie Schaefer meint, 'dem eben beschworenen Frieden geradewegs zuwiderlaufend'.

Die Lakedaemonier kamen aber nicht zum erwarteten Ziele. Die Schlacht von Leuktra entschied zum allgemeinen Erstaunen für Theben. Man hatte in Athen gehofft, 'Theben würde gezüchtet werden' (Hell. VI, 3, 20), und die Nachricht von dem Siege der Thebaner brachte nicht geringe Bestürzung hervor. Xen. Hell. VI, 4, 19.

Man hatte mit der Möglichkeit zu rechnen, dass der lakedaemonische Bund, der eben zwei nicht glückliche Kriege durchgemacht hatte, nach diesem grossen und bedeutenden Eindruck machenden Schlage wie der athenische nach der Schlacht bei Aigospotamoi auseinanderging, und dass die Lakedaemonier völlig niedergeschlagen wurden. Vgl. Xen. Hell. VI, 5, 1. Theben musste dann mit aller Macht auf Athen drücken (Hell. VI, 5, 38), und gemäss seiner rücksichtslosen Politik durfte man in einem solchen Falle auf das Schlimmste gefasst sein. Zum Glück für Athen und seine Bundesgenossenschaft hatten aber die Thebaner vorläufig noch genug in Phokis und Lokris zu thun und mussten den mächtig aufstrebenden Jason von Thessalien beobachten, mit dem früher oder später der Zusammenstoss unvermeidlich war. Athen begann mit grossem Geschick eine neue den Verhältnissen gemässe Stellung einzunehmen. Es kamen dabei zwei Umstände in Betracht, erstens ging Epaminondas nicht gleich nach Süden vor, zweitens war der lakedaemonische Bund zwar gelockert, löste sich aber nicht auf (Hell. VI, 5. 1). Die Athener gedachten nun so aus dem Siege der Thebaner Vortheil zu ziehen, dass sie sich so schnell wie möglich in die Stellung hineinschoben, welche die Lakedaemonier als Vorsteher des antalkidischen Friedens einnahmen, und die unter dem Einflusse einer solchen Hegemonie stehenden Elemente zu einem grossen Bündnisse gegen das weitere Vorgehen Thebens vereinigten. Zu diesem Zwecke that Athen den kühnen, aber wohlberechneten diplomatischen Schachzug, dass es alle diejenigen Städte, welche gesinnt wären noch fernerhin am antalkidischen Frieden festzuhalten, zu einer Convention nach Athen auf Frühjahr 370 (Hell. VI, 5, 5) berief.

Athen operirte noch immer mit der Autonomie und trat mit einer Politik der bundesgenössischen Autonomie entgegen einer Politik der bundesgenössischen Unterthänigkeit, welche für Theben massgebend war. Vgl. Xen. Hell. VI, 5, 23. VI, 1, 1. 3, 19. 4, 6. 3. 1. Diod. XV, 46, 54. Isokr. Plat. 9, 24. Die Städte folgten der Einladung der Athener, und es versammelte sich in Athen eine allgemeine Convention hellenischer Staaten. Athen aber machte sich, indem es den antalkidischen Frieden zu erneuerter Beschwörung vorlegte, auf geschickte Weise zum Prostates desselben, d. h. trat in die frühere Stellung Spartas. Von welcher politischen Bedeutung aber dieselbe war, zeigt die mächtige Stellung der Lakedaemonier in den Jahren 387 bis 379, die zum guten Theil auf die Vorsteherschaft des Friedens, hinter dem der Grosskönig stand, gestützt war und so begreiflich wird. Die Beschwörung des Friedens hatte aber noch eine andere Bedeutung. Nach dem Frieden von 371 wurde es jedem Staate freigestellt gegen die dem Frieden Entgegenhandelnden zu Felde zu ziehen, der des Antalkidas verpflichtete den als ἔκσπονδοc Erklärten zu bekriegen, die Bestimmung von 371 vereinzelte daher mehr den Angriff auf Theben, die von 387 musste eine allgemeine Cooperation gegen Theben zur Folge haben.

Die Convention von Athen beschloss, dass jeder Staat der an ihr theilnehmen wolle, folgenden Eid zu leisten habe: Ἐμμένω ταῖς cπονδαῖς, ἃς βαcιλεὺc κατέπεμψε καὶ τοῖc ψηφίcμαcι τοῖc Ἀθηναίων καὶ τῶν cυμμάχων. Ἐὰν δέ τιc cτρατεύῃ ἐπί τινα πόλιν τῶν ὁμοcαcῶν τόνδε τὸν ὅρκον βοηθήcω παντὶ cθένει. Es ist zu bedauern, dass Xenophon kein Wort über den Inhalt dieser Beschlüsse der Athener und ihrer Bundesgenossen sagt[1]). Man wird fragen müssen, was mit ψηφίcματα Ἀθηναίων καὶ cυμμάχων bezeichnet sein könnte, ob Beschlüsse der Convention, in welchem Falle dann cύμμαχοc im weitern Sinne des Wortes aufzufassen ist, oder Beschlüsse des athenischen Bundes.

Nun sind die Beschlüsse der Convention folgende: 1) Beobachtung des antalkidischen Friedens; 2) der Beschlüsse τῶν Ἀθηναίων καὶ τῶν cυμμάχων; 3) Hülfe bei einem Angriffe auf einen der Eidgenossen; 4) Beschwörung dieser Beschlüsse durch die Spitzen der Behörden eines jeden Staates. Xenophon sagt nämlich, nachdem er den Widerspruch der Eleer erwähnt hat, οἱ δ' Ἀθηναῖοι καὶ οἱ ἄλλοι ψηφιcάμενοι ὥcπερ βαcιλεὺc ἔγραψεν, αὐτονόμουc εἶναι ὁμοίωc καὶ μικρὰc καὶ μεγάλαc πόλειc ἐξέπεμψαν ὁρκωτὸc κτλ.

Es ist zu bemerken, dass Xenophon nicht sagt: οἱ δ' Ἀθηναῖοι καὶ οἱ cύμμαχοι ψηφιcάμενοι, sondern: οἱ ἄλλοι ψηφιcάμενοι, obwohl es nahe gelegen hätte den sonst gebräuchlichen und gewöhnlichen Ausdruck auch hier anzuwenden, wenn 'die Andern' cύμμαχοι der Athener gewesen wären. Die 'οἱ ἄλλοι' nennen sich officiell nicht cύμμαχοι, obwohl sie so dem weitern Sinne des Wortes nach heissen könnten, sondern 'Eidesgenossen': οἱ ὀμόcαντεc τὸν ὅρκον, um im Ausdruck den Unterschied von Ἀθηναῖοι καὶ οἱ cύμμαχοι, d. h. den Mitgliedern des athenischen Bundes, erkennen zu lassen. Wären die ὀμόcαντεc τὸν ὅρκον identisch mit den Ἀθηναῖοι καὶ οἱ

---

1) Es wird wieder recht klar, dass Xenophons Geschichte nicht Ἑλληνικά, sondern Πελοποννηcιακά heissen sollte, oder dass der Verfasser nicht im Stande war, eine allgemeine hellenische Geschichte zu schreiben. Ueber diesen wichtigen Congress giebt Xenophon einige abgerissene Notizen, während er breit und bis ins kleinste Detail die phliasisch-lakedaemonische Verwickelung schildert, welche nur für eine Geschichte des Peloponnesos von einiger Bedeutung ist, in einer hellenischen Geschichte konnte sie mit einigen Sätzen abgemacht werden.

cύμμαχοι in der zweiten Bestimmung des Vertrages, so würde einfach wie in ähnlichen Urkunden wiederholt sein. Z. B. 'Ἐὰν δέ τιc cτρατεύῃ ἐπί τινα τῶν cυμμαχίδων πόλεων βοηθήcω κτλ. oder ἐπί τινα τῶν ποιηcαμένων τὴν cυμμαχίαν (vgl. Psephisma über den athenischen Grundbesitz im Gebiete der Bundesgenossen).

Ferner wird die Urkunde dieser Eidesgenossenschaft nicht cυμμαχία, sondern nur ὅρκοι genannt, nicht nur an dieser Stelle, sondern auch später vom lakedaemonischen Gesandten (Hell. VI, 5, 37). Der Unterschied, den man formell zwischen cπονδαί oder ὅρκοι und cυμμαχία machte, wird aus Thukydides deutlich. Cπονδαί oder ὅρκοι könnte man allgemein 'Abmachung' oder 'Vertrag' nennen, cυμμαχία ist ein engerer Begriff, er bezeichnet einen Vertrag, dessen Hauptzweck nicht etwa der Abschluss eines Friedens, oder einer Handelsconvention, sondern ein Kriegsbündniss zu einem bestimmten Zweck oder auf unbestimmte Dauer ist. Daher tritt oft cυμμαχίαι zu cπονδαί als ergänzende Bestimmung. hinzu (vgl. Thukyd. V, 48, 79). Der Friede des Nikias wird von Thukydides: cπονδαί, der darauf folgende Bündnissvertrag zwischen Athen und Sparta im Unterschiede von den cπονδαί: cυμμαχία genannt und zwar in den auf die Urkunden folgenden, Erwähnungen beider Verträge enthaltenden Capiteln. Vgl. Thuk. V, 18, 25, 29 und 30. VIII, 18.

Obwohl die Convention zunächst dazu bestimmt war, dem weitern Vordringen Thebens entgegenzutreten, so hatte sie doch eine weitere Bedeutung als die eines blossen Kriegsbündnisses, denn man vereinigte sich auch zur Festhaltung anderer Punkte, z. B. der Bestimmungen des antalkidischen Friedens und der Psephismata der Athener und ihrer Bundesgenossen. Daher wird die Convention nicht unpassend mit ὅρκοι, 'Eidgenossenschaft', bezeichet, obwohl dieser Ausdruck durch ein hinzutretendes 'καὶ cυμμαχίαι', wie bei Thuk. V, 48 und 79 ein präciserer geworden wäre. Indessen wird sich häufig keine Grenzlinie ziehen lassen, es sollte hier nur betont werden, dass überhaupt ein solcher Unterschied vorkommt und für diese Frage, ob die ψηφίcματα Ἀθηναίων καὶ τῶν cυμμάχων Beschlüsse des athenischen Bundes sind, zu verwenden ist. Jedenfalls hat die Auseinandersetzung über ὅρκοι, cπονδαί, cυμμαχίαι sehr wahrscheinlich gemacht, dass αἱ ὀμόcαcαι τὸν ὅρκον πόλεις nicht identisch mit den im Eide erwähnten Ἀθηναῖοι καὶ οἱ cύμμαχοι, sondern ein weiterer Begriff sind, der die athenischen Bundesgenossen als Theilnehmer der Convention und besondere Gruppe in derselben ebenfalls umfasst.

Wenn auch der Inhalt der Psephismata unbekannt ist, und sich nur vermuthen lässt, dass er die Autonomie betraf, so geht jedenfalls hervor, dass Athen auf der Convention die leitende Rolle spielte und deren Beschlüsse wesentlich bestimmte.

Der deutlichste Beweis, dass damals als Thebens Macht noch nicht consolidirt war, Athen die erste Stellung unter den griechischen Staaten einnahm, ist auch das Verhalten der Lakedaemonier. Diese hatten durch ihr Verhalten gegen einige Städte in Peloponnesos den antalkidischen Frieden verletzt und waren auch nicht geneigt durch Aenderung ihres Verhältnisses zu diesen Städten sich wieder in Einklang mit dem Frieden zu setzen. Gaben nun die Lakedaemonier diesen Städten nicht die Autonomie zurück oder entzogen sie sich der Beschwörung des Friedens, so drohte ihnen gemäss den Bestimmungen desselben ein Kriegszug Athens an der Spitze der Eidgenossen, unter denen sich der grösste Theil der lakedaemonischen Bundesgenossen befand. Dieser Möglichkeit, welche ihr ganzes Bundessystem über den Haufen geworfen hätte und die Existenz des lakedaemonischen Staates gefährden konnte, wagten die Lakedaemonier nicht zu trotzen, sie beugten sich und leisteten den von Athen vorgelegten Eid[1]) (Xen. Hell. VI, 5, 37). Es ergab sich daraus, dass sofort die Autonomie und Freiheit Mantineas hergestellt wurde (Xen. Hell. VI, 5, 5).

Selbstverständlich hatte Theben an der Convention nicht theilgenommen, in den Jahren 387 und 74 hatte es sich der Beschwörung von Verträgen, die als Basis die Autonomie hinstellten, nur mit grösstem Widerwillen unterzogen, 371 sie entschieden verweigert oder vielmehr die Anwendung der Vertragsbestimmungen auf den eigenen Bund entschieden zurückgewiesen. Jetzt war Theben mit der Bildung einer unterthänigen Bundesgenossenschaft weiter vorgegangen, es hatte den Versuch zur Sprengung derselben bei Leuktra siegreich zurückgewiesen, es konnte also nicht daran denken, gutwillig einen Vertrag zu beschwören, dessen Durchführung es aufs Aeusserste bekämpft hatte. Mussten die Eidgenossen schon wegen ihrer Beschwörung des antalkidischen Friedens eine gegen Theben feindselige Stellung einnehmen, so bildeten sie noch ausserdem eine grosse Coalition gegen ein offensives Vorgehen Thebens und zwar zunächst nach Attika hin.

Diese grosse Coalition gelangte als solche nicht zu grosser praktischer Bedeutung, denn schon in den nächsten Jahren löste

---

1) Es ist nicht ersichtlich, wie Schaefer zu der Behauptung kommt: die Lakedaemonier hätten selbstverständlich den Eid nicht beschworen. Nach Xen. Hell. VI, 5. 37 bleibt kein Zweifel, dass die Lakedaemonier ebenfalls den Eid leisteten, es sagt hier nämlich der Korinthier Kleiteles, Mitglied einer Gesandtschaft des lakedaemonischen Bundes, in der athenischen Volksversammlung, die er überreden will, den im eigenen Lande bedrängten Lakedaemoniern Hülfe zu bringen: Πῶς οὖν ἐὰν μὴ βοηθήσετε οὕτω περιφανῶς ἡμῖν ἀδικουμένοις οὐ παρὰ τοὺς ὅρκους ποιήσετε· καὶ ταῦτα ὧν αὐτοὶ ἐπεμελήθετε, ὅπως πᾶσιν ὑμῖν πάντες ἡμεῖς ὀμόσαιμεν. Dann heisst es im weitern Berichte über diese Versammlung: Ὁ δὲ πλεῖστος ἦν λόγος ὡς κατὰ τοὺς ὅρκους βοηθεῖν δέοι. οὐ γὰρ ἀδικησάντων σφῶν ἐπιστρατεύοιεν οἱ Ἀρκάδες καὶ οἱ μετ᾽ αὐτῶν τοῖς Λακεδαιμονίοις ἀλλὰ βοηθησάντων τοῖς Τεγεάταις, ὅτι οἱ Μαντινεῖς παρὰ τοὺς ὅρκους ἐπεστράτευσαν αὐτοῖς (Hell. V, 5, 36). Vgl. dazu den zweiten Satz des Eides der Convention: Ἐὰν δέ τις στρατεύῃ ἐπί τινα πόλιν τῶν ὀμοσασῶν τόνδε τὸν ὅρκον βοηθήσω παντὶ σθένει.

sie sich allmählich und wenig bemerkbar auf. Die Zugehörigkeit zur Eidgenossenschaft, welche jedem Mitgliede gegen jeden Angriff die Unterstützung der vollen Heeresmacht einer jeden eidgenössischen Stadt garantirte, wurde jedoch ein halbes Jahr nach jener Convention in Athen mit Erfolg von den durch die Thebaner bedrohten Lakedaemonier geltend gemacht. Ὁ δὲ πλεῖςτος ἦν λόγος ὡς κατὰ τοὺς ὅρκους βοηθεῖν δέοι, (Hell. VI, 5, 38). Diese letzte Bestimmung über Hülfe bei einem feindseligen Angriffe war, wenn die Bundesgenossen Athens, wie es ohne Zweifel der Fall ist, an der Convention theilnahmen, eine wichtige Erweiterung der bundesgenössischen Verpflichtungen. Die Bundesverfassung verlangte nur Ἐάν τις ἴῃ ἐπὶ πολέμῳ ἐπὶ τοὺς ποιηςαμένους ςυμμαχίαν ἢ κατὰ γῆν ἢ κατὰ θάλατταν βοηθεῖν κτλ., jetzt mussten die Bundesgenossen bei jedem Angriffe auf einen der Eidgenossen Krieghülfe leisten. Die Convention zog die athenische, wesentlich aus Seestädten zusammengesetzte Bundesgenossenschaft in die grossen Verwickelungen hinein, welche in den nächsten Jahren den Inhalt der politischen Geschichte von Hellas bilden und sich in Landkriegen vollziehen, an denen der Bund seinem Zwecke nach nicht Verananlassung hatte theilzunehmen. Es hiess in der Bundesverfassung nur, der Bund bezwecke die Lakedaemonier zu zwingen, die Hellenen in Freiheit und Frieden leben zu lassen: ὅπως ἂν Λακεδαιμόνιοι ἐῶςι τοὺς Ἕλληνας ἐλευθέρους καὶ αὐτονόμους ἡςυχίαν ἄγειν. Nun hatten die Lakedaemonier im Frieden von 374 und 371 die Autonomie anerkannt und auf die See-Hegemonie verzichtet, es war damit zunächst dieses Ziel des Bundes erreicht. Es konnte fernerhin Athen von den Bundesgenossen nur dann Contingente verlangen, wenn Bundesgebiet angegriffen wurde. Nachdem jedoch die Bundesgenossenschaft zur Theilnahme an der Convention bestimmt war, mussten die Kriegsleistungen der Bundesgenossen permanent werden.

Nach der Schlacht bei Leuktra und in Folge derselben fand im Peloponnesos eine lebhafte Bewegung derjenigen Elemente statt, welche sich von den Lakedaemoniern emancipiren wollten. Namentlich seit der Herstellung eines demokratischen Mantinea fanden diese Bestrebungen in Arkadien günstigen Boden. Im Gegensatze zum oligarchischen Sparta trug naturgemäss diese Bewegung einen demokratischen Charakter. Die arkadischen Gemeinden vereinigten sich zu einem festgeschlossenen Bunde mit demokratischer Verfassung (Diod. XV, 59) und antilakedaemonischer Richtung. Es musste dieser neue arkadische Bund eine natürliche Stütze in Theben suchen und finden, denn auch der Eidgenossenschaft von Athen konnte er nicht zu günstig gestimmt sein, weil ihr die Lakedaemonier angehörten und sich den Athenern immer mehr näherten, weil ferner die centralisirte, arkadische Bundesverfassung mit dem antalkidischen Frieden, den die Eidgenossenschaft ausdrücklich als ihre Grundlage hinstellte, leicht in Conflict kommen konnte.

Der Gegensatz zu Lakedaemon verschärfte sich noch durch die Parteikämpfe in Argos und Tegea, welche der Bewegung eine entschiedene demokratische Tendenz gaben. (Diod. XV, 58). Als daher im Winter 370/69 Epaminondas gegen die Lakedaemonier und ihre Bundesgenossen nach dem Peloponnesos zog, leisteten die Arkader nicht, wie es die Convention — der sie sowohl als die Lakedaemonier angehörten — gebot, den Lakedaemoniern Hülfe, sondern traten sofort auf die Seite der Thebaner. Den Arkadern folgten die Argiver, dann die Eleer, welche schon im Jahre 370 die Theilnahme an der Eidgenossenschaft entschieden verweigert hatten. Dadurch hatte die Eidgenossenschaft einen bedeutenden Riss erhalten. Athen leistete den Lakedaemoniern auf deren Ersuchen die durch den Eid vorgeschriebene Hülfe, und der Auszug der athenischen Herresmacht wurde ein Hauptgrund, weshalb Epaminondas sich genöthigt sah den Peloponnesos zu räumen.

Es findet sich Xen. Hell. VI, 5, 23 bei der Aufzählung der thebanischen Bundesgenossen, die Contingente zu diesem Heereszuge nach dem Peloponnesos geschickt hatten, die auffallende Angabe, dass die Euboeer ἀπὸ πασῶν τῶν πόλεων darunter waren. Ebenso stellten im Jahre 362 alle euboeischen Städte den Thebanern Contingente (Hell. VII, 5, 4).

Es steht also fest, dass in der Zeit von der Schlacht bei Leuktra bis Winter 370/69 die euboeischen Städte aus der athenischen Bundesgenossenschaft ausschieden; erst im Frühjahre 357 gelang es den Athenern dieselben wiederzugewinnen. Diesen Verlust erlitt Athen etwa im Herbst 370, als die Thebaner den grossen Vorstoss nach dem Peloponnesos vorbereiteten. Es liegt nahe, dass unter dem Eindrucke der Machtentwickelung Thebens und unter Benutzung der bei vielen Bundesstädten ohne Zweifel durch die Verpflichtungen zur Eidgenossenschaft hervorgerufenen Missstimmung schnell eine thebanische Partei Bedeutung gewann, die bestehende Verfassung stürzte und die Stadt zum Abfall von Athen und Anschluss an Theben brachte. Wenige Jahre später finden wir nämlich in den euboeischen Städten Tyrannenherrschaften, die an den Thebanern, welche bereits Lokris beherrschten, eine ebenso nahe, wie erwünschte Stütze fanden. Man darf wohl annehmen, dass diese Verfassungsänderungen mit dem Abfall der euboeischen Städte zusammenhängen. Eine Mitwirkung thebanischer Heeresabtheilungen ist höchst wahrscheinlich, wenigstens erwähnt Isokrates (Phil. 53) eine Plünderung Euboeas durch die Thebaner vor dem Seezuge des Epaminondas, der um das Jahr 365 ausgeführt wurde. Man darf einerseits diese Bemerkung nicht unbeachtet lassen, andrerseits ist keine Gelegenheit bekannt, bei der sich bis zum Jahre 365 die Thebaner hätten in euboeische Angelegenheiten mischen sollen.

Die vor einem und einem halben Jahre erfolgte Ausscheidung Thebens, dann dieser Abfall der euboeischen Städte zeigt, dass die

Bundesgenossenschaft bereits wankte und zu zerbröckeln begann. Ein Zurückgehen des Bestandes der Bundesgenossen in verhältnissmässig so kurzer Zeit nach der Begründung der Symmachie, ist ein Beweis, dass das System auf keiner festen Grundlage ruhte, und die Gemeinsamkeit der Interessen, welche die Mitglieder binden sollte, weder eine dauernde noch hinreichend grosse war. Es ist zu beachten, dass der Bund zunächst einen ganz bestimmten Zweck, Befreiung von der Uebermacht der Lakedaemonier in den Vordergrund gesetzt hatte, und dass dieses Ziel erreicht war. Damit fiel aber auch ein wesentlicher Moment der gemeinsamen Interessen, und die Mitglieder suchten naturgemäss auszuscheiden, welche überhaupt nur dieser Moment zum Anschlusse an den Bund bewogen hatte.

Die massgebende Stellung, welche Athen bei der Bildung der Eidgenossenschaft einnahm, war von kurzer Dauer. Schon nach einem halben Jahre zeigte sich die Eidgenossenschaft als solche leistungsunfähig, sie ging theilweise bei der ersten Probe auseinander. Während man sich in den thebanisch-lakedaemonischen Streit verwickelt hatte und nicht die genügende Landmacht besass, um in dem Kriege zwischen den beiden ersten Landmächten auf die Dauer die entscheidende Rolle zu spielen, konnte man nicht einmal die nahe liegenden und so wichtigen Bundesstädte auf Euboea behaupten. Was in nächster Nähe verloren war, suchte man an den fernern, für Athen nicht minder wichtigen Küsten wieder zu gewinnen. Im Jahre 371 war Amphipolis von den Hellenen den Athenern zuerkannt, Athen bemühte sich diese Ansprüche zu realisiren, ohne indessen zum gewünschten Ziel zu kommen. Der von Olynth geführte chalkidische Städtebund nahm Amphipolis in seinen Schutz, denn er hatte begreiflicher Weise das höchste Interesse daran, dass Athen sich an dieser wichtigen Stelle nicht festsetzte. In dem seit dem Jahre 368 geführten Kriege gelang es den Athenern nicht Amphipolis zu nehmen. Vgl. Schaefer 'Dem. u. s. Z.' II, S. 12 fg. Günstiger schienen sich die Verhältnisse auf dem Festlande zu gestalten. Im Frühjahre 369 kam es zu einem engern Bündnisse zwischen den Athenern, Lakedaemoniern und den beiderseitigen Bundesgenossen, man einigte sich, dass die Lakedaemonier und Athener abwechselnd die Führung der gesammten Land- und Seemacht übernehmen sollten. Vgl. Xen. Hell. VII, 1, 14. Wie weit indessen diese Vertragsbestimmung praktische Geltung erlangt hat, ist aus dem vorhandenen Quellenmaterial nicht ersichtlich[1]).

---

1) Schaefer 'Dem. u. s. Z.' I. S. 80 macht hier folgende Bemerkung: Nach keiner Seite hin bewährten sich die Athener fernerhin als Hüter des Rechts. Statt, wie sie sich anheischig machten, die maritimen Interessen Griechenlands zu vertreten und alle Gemeinden bei ihrer Selbstständigkeit zu unterhalten, waren sie höchstens auf Erweiterung ihrer Herrschaft bedacht. Die Bundesgenossen wurden wieder als Untergebene

Während in den Jahren 367 und 366 in dem grossen Kampfe der Lakedaemonier und Athener gegen die Thebaner kein entscheidender Schlag geführt wurde, traf im Jahre 366 die Athener ein neuer Verlust. Mit Hülfe des Themison, Tyrannen von Eretria, eroberten oropische Exulanten die den Athenern gehörende Oreose gegenüber liegende Stadt Oropos. Die Athener zogen gegen Themison aus, allein eine thebanische Heeresabtheilung brachte dem Tyrannen schnell genug Hülfe, das Unternehmen der Athener scheiterte, die Thebaner besetzten Oropos und behielten es für sich. Die Verbündeten liessen Athen im Stich und gaben die vorläufige Occupation der Stadt durch die Thebaner bis zur rechtlichen Entscheidung zu (μέχρι δίκης). Vgl. Xen. Hell. VII, 4, 1; Diod. XV, 76; Aesch. g. Ktes. 85; Schaefer, Dem. u. s. Z. I, S. 90.

In demselben Jahre unternahm Epaminondas in Folge der veränderten Verhältnisse in Achaja und Arkadien einen neuen Zug nach dem Peloponnesos (Hell. VII, 1, 41 fg.); während Pelopidas als Gesandter nach Persien ging, um am Hofe zu Susa dem Einflusse der Verbündeten entgegenzuwirken. Pelopidas musste den antalkidischen Frieden anerkennen, wenn er die Gunst des Grosskönigs gewinnen wollte. An praktische Durchführung des Artikels über die Autonomie aller hellenischen Städte, woran dem Grosskönige an und für sich weniger lag als an dem Besitz der hellenischen Städte in Asien, konnte Pelopidas nicht denken, denn dieses musste die Auflösung des wesentlich auf Unterthänigkeit beruhenden thebanischen Bundessystems zur Folge haben. Die Thebaner hatten auch in der letzten Zeit durchaus nicht ihre bundesgenössischen Politik verändert. Vgl. Xen. Hell. VII, 1, 43; 2, 11; 3, 4.

In den letzten Jahren, als Theben trotz des antalkidischen Friedens eine unterthänige Bundesgenossenschaft gebildet und sich

behandelt und keine Gemeinde wird mehr in den Bundesrath aufgenommen.
Schaefer citirt leider für diese Aeusserung keine Belegstelle, über die Beurtheilung der bundesgenössischen Politik Athens wird in einem besonderen Abschnitte gesprochen werden, hier sei nur bemerkt, dass der letzte Satz entschieden falsch ist. Es ergiebt sich dieses erstens aus Schaefer selbst, denn zehn Seiten nach dieser Aeusserung, liest man (I, S. 90): 'Wie die Athener mit den (durch Timotheos seit 365) eroberten Städten an der thebanischen Küste verfuhren, wissen wir des Näheren nicht, Pydna und Methone treffen wir weiterhin als selbstständige (d. h. autonome) Gemeinden und mit Athen verbündet' (bundesgenössisch in unserem Sinne). Dasselbe folgt aus Rangabé Ant. hell. Nr. 392; Aesch. g. Kts. 85 fg.; Dem. v. Megal. 16, v. Kr. 123.
Selbst Isokrates giebt die rechtliche Anerkennung der Autonomie bis zum Bundesgenossenkriege zu. Vgl. v. Fr. 134. — Wenn Schaefer an jener Stelle unter 'maritimen Interessen' Sicherung und Hebung des See-Verkehrs versteht, so vernachlässigten die Athener dieselben keinesfalls in dem Grade, wie Schaefer anzunehmen scheint. Vgl. g. Theokr. 69 fg.; Ap. g. Polykl. 20.

an deren Spitze zur ersten Grossmacht von Hellas emporgeschwungen hatte, kam jene Bestimmung des antalkidischen Friedens über Autonomie thatsächlich in einem grossen Theile Griechenlands ausser Geltung und verlor schnell an praktischer Bedeutung. Es war klar, dass sich weder der Grosskönig noch eine hellenische Grossmacht ernstlich um seine Durchführung kümmerte, was besonders der Friede von 371 und das Scheitern der Eidgenossenschaft von 370 gezeigt hatte. Seitdem Theben in Hellas massgebend war, hatte von den Bestimmungen des antalkidischen Friedens wirkliche Bedeutung die Abtretung der hellenischen Küstenstädte Asiens an den Grosskönig. Die Macht in Hellas, welche diese Abtretung anerkannte und Garantien für die Aufrechterhaltung dieser Friedensbestimmung zu bieten schien, hatte die Aussicht ein Bündniss mit Persien zu erlangen und Prostates des Friedens zu werden. Ausser an dem Besitze der asiatischen Hellenenstädte hatte der Grosskönig noch ein besonderes Interesse an einem gutem Verhältniss mit dem wichtigsten Staate von Hellas, um für die Feldzüge gegen die fortwährenden Aufstände von Satrapen ohne Schwierigkeiten hellenische Söldner zu erhalten. Xen. Hell. VII, 1, 35.

Das waren die Momente, welche es dem Pelopidas möglich machten, mit dem Könige in Verhandlung zu treten, obwohl Theben diesen Frieden bis aufs Aeusserste bekämpft hatte. Nach Xen. Hell. VII, 1, 36 forderte und erlangte Pelopidas folgende Friedensbestimmungen: Μεσσήνην αὐτόνομον εἶναι ἀπὸ Λακεδαιμονίων, καὶ Ἀθηναίους ἀνέλκειν τὰς ναῦς· εἰ δὲ ταῦτα μὴ πείθοιντο, στρατεύειν ἐπ' αὐτούς· εἴ τις δὲ πόλις μὴ ἐθέλοι ἀκολουθεῖν ἐπὶ ταύτην πρώτην ἰέναι. Von der Autonomie 'aller Städte, grosser und kleiner' ist nicht die Rede, im Gegentheil, es wird ein Zwang auf sie ausgeübt, da eventuelle Kriegsfolge gegen die Lakedaemonier oder Athener verlangt wird.

Dieser Vertrag ist ganz im Geiste der thebanischen Politik gehalten. Seine Bestimmungen wurden wahrscheinlich als Zusätze des antalkischen Friedens hingestellt. Bei Plut. Pelop. 30 wird als Inhalt dieses Vertrages der Thebaner mit dem Könige angegeben: Αὐτονόμους εἶναι τοὺς Ἕλληνας, οἰκεῖσθαι δὲ Μεσσήνην, womit angedeutet wird, dass der antalkidische Friede bestehen blieb und ergänzt wurde. Bei den wiederholten Auflagen des antalkidischen Friedens in den politischen Verhandlungen der letzten zwanzig Jahre, denen er als unumgängliche Basis diente, war der Inhalt der Bestimmung über Autonomie allmählich zur blossen Phrase geworden, die man als nothwendige Eingangsformel eines Friedens zu betrachten gewohnt war. Wenn man erwägt, dass oft in Friedensverträgen Sätze stehen, an deren praktische Bedeutung oder Durchführung nie gedacht wird, dass ferner in desem Falle die Lakedaemonier bereits als Vorsteher des Friedens denselben je nach ihrem Interesse entweder entschieden durchgeführt oder verletzt hatten (Verhalten gegen Theben und

Olynth einerseits, andrerseits gegen Mantinea und Phlius), so darf es nicht Wunder nehmen, wenn nun die Thebaner selbst einen Frieden vornahmen, der zwei Jahrzehende vorher gerade gegen sie gerichtet war. Damals hatte Lakedaemon die Macht, jetzt Theben; damals erklärte Lakedaemon die Forderung Thebens: die Lakedaemonier sollten die Perioekenstädte autonom lassen, wenn sie von Theben die Freigebung der boeotischen Städte verlangten, als unberechtigt, jetzt machte es Theben umgekehrt. In den Jahren 371 und 370 waren die Zusätze zum Frieden vom Sonderinteresse der lakedaemonischen und athenischen Politik bestimmt, jetzt von der thebanischen. 371 hatte man Amphipolis als den Athenern zugehörig anerkannt, jetzt strich Theben diesen Zusatz, Amphipolis sollte autonome Stadt sein. Schaefer 'Dem. u. s. Z.' 1, S. 84. Ferner wurde in einem weitern Zusatze bestimmt, dass Messene autonom sein solle, endlich den Athenern geboten, ihre Kriegsschiffe ans Land zu ziehen. Theben wollte für sich die See klar haben und deshalb athenische Kriegsschiffe nicht dulden. Diese Absicht ist im Hinblicke auf die See-Expedition, die im folgenden Jahre Epaminondas unternahm, unzweifelhaft. Einer der athenischen Gesandten in Susa setzte zu diesem für Athen ungünstigen Frieden die Schlussklausel durch, εἰ δέ τι δικαιότερον τούτων γιγνώσκουσι, οἱ Ἀθηναῖοι ἰόντας πρὸς βασιλέα διδάσκειν, wodurch die Möglichkeit einer Verständigung zwischen den Athenern und dem Könige erhalten blieb. Vgl. Xen. Hell. VII, 1, 37.

Als Pelopidas mit diesem Frieden nach Hellas zurückgekehrt war, beriefen die Thebaner einen allgemeinen hellenischen Congress nach Theben, sie wollten in Theben wiederholen, was nur in anderm Sinne in den Jahren 387, 374, 371 in Sparta, 370 in Athen geschehen war. Allein dieser Plan Thebens, als Prostates des Friedens aufzutreten, scheiterte vollständig. Die Städte verweigerten entschieden den Schwur auf den zu offen in thebanischem Interesse veränderten Frieden. Ausserdem war früher der Friede von einem Staate zur Beschwörung vorgelegt, der wenigstens formell und zur Zeit auch thatsächlich die Autonomie der Bundesgenossen anerkannte, jetzt setzte sich Theben so über alle Rücksichten hinweg, dass es selbst an der Spitze einer unterthänigen Bundesgenossenschaft stand. Eine solche Politik musste natürlich entschiedene Opposition hervorrufen. Der grösste Theil der hellenischen Städte erklärte, man bedürfe durchaus nicht gemeinschaftlicher, eidlicher Abmachungen mit dem Grosskönige. 'Und diese Bestrebungen des Pelopidas und der Thebaner wurden so vereitelt.' Xen. Hell. VII, 1, 40.

Theben dachte auch daran auf die Seeverhältnisse seinen Einfluss auszudehnen und hier den Athenern entgegenzutreten, weil nur so die neue Machtstellung derselben zu brechen war. Die erste Hinweisung auf derartige Pläne der Thebaner findet sich bei den Verhandlungen des Pelopidas mit dem Könige und zwar in der von

Pelopidas durchgesetzten Bestimmung, dass die Athener ihre Kriegsschiffe ans Land ziehen sollen. (Hell. VII, 1, 36). Wie aus Diod. XV, 79 hervorgeht, begannen damals die Thebaner eine Flotte zu bauen. Theben erstrebte nicht nur die Hegemonie in Mittelgriechenland oder über die Landstaaten, sondern über ganz Hellas, wie sie einst Lakedaemon besessen hatte. Dazu war eine Marine nothwendig, ihre Begründung war die natürliche Consequenz der Pläne, welche die leitenden Staatsmänner Thebens nach dem grossen Siege von Leuktra gefasst hatten. Vgl. Xen. Hell. VII, 1, 33: Cυνεχῶc δὲ βουλευόμενοι Θηβαῖοι ὅπωc ἂν ἡγεμονίαν τῆc Ἑλλάδοc λάβοιεν κτλ. Diod. XV, 50: ἦτε πόλιc τῶν Θηβαίων φρονήματοc ἦν πλήρηc καὶ μεγάλων ὀρέγετο πραγμάτων κτλ. Diod. XV, 87: Ἐπαμεινώνδου cυμβουλεύcαντοc ὅτι . . . . τοὺc τῆc τῶν Ἑλλήνων ἡγεμονίαc ὀρεγομένουc κτλ. Isokr. Phil. 53.

Die Thebaner knüpften, noch bevor ihre Flotte in See ging, im Jahre 366 mit den bedeutendsten athenischen Bundesstädten: Rhodos, Chios, Byzanz Beziehungen an[1]). Schwerlich dürften die Thebaner ohne Aussichten auf Erfolg diese Verhandlungen begonnen haben, wahrscheinlich liessen gewisse Anzeichen darauf schliessen, dass die Stimmung der Seestädte gegen Athen seit der Gründung des Bundes sich wesentlich zum Nachtheile der Athener verändert hatte. In der That war dies der Fall, und zur Erklärung dieser Thatsache genüge zunächst Folgendes.

Die Seestädte hatten sich nicht aus Zuneigung gegen Athen, sondern aus Hass gegen die Lakedaemonier dem Bunde angeschlossen, sie wollten sich von der lästigen und drückenden Hegemonie derselben emancipiren. Athen nahm zur Zeit der Begründung des Bundes keineswegs eine Machtstellung ein, von der man eine ähnliche Bedrohung der Selbstständigkeit wie durch die Lakedaemonier zu erwarten hatte. Athen hatte sogar zu grossen Concessionen sich genöthigt gesehen, um überhaupt ein Bundessystem zu begründen. Jetzt lagen die Verhältnisse anders, Athen hatte in wenigen Jahren einen unerwarteten Aufschwung genommen, es beherrschte die See und musste dadurch von selbst auf die einzelnen Seestädte einen fühlbaren, bestimmenden Einfluss ausüben, ohne dass gerade die Bundesverfassung verletzt wurde. Ein fremder Einfluss war aber hellenischen Gemeinden unerträglich, man suchte sich so viel als möglich von ihm zu emancipiren. Man hatte Athen für schwach genug gehalten, um sich unter seiner Hegemonie viel freier als unter der lakedaemonischen bewegen zu können, man fiel daher von der Lakedaemoniern ab und stellte sich unter die Führung der Athener Nun aber war Athen zur See wenigstens gleich einflussreich wie vorher Lakedaemon, formell erkannte es die Autonomie der Bundes-

---

1) Bei Xenophon findet man natürlich über diese maritimen Unternehmungen Thebens kein Wort.

genossen an, thatsächlich wurde den Machtverhältnissen gemäss die freie Bewegung der Bundesstädte in den mannigfachsten Beziehungen wesentlich beeinträchtigt.

So erwachte die autonomistische Reaction der Bundesgenossen. Gegenüber der mächtigen Marine der Athener war die der Thebaner erst im Entstehen, und nie hatte Theben zur See eine bedeutende Rolle gespielt oder Aussichten eine solche zu spielen[1]). Von dieser Seite fürchtete man zunächst keine wesentliche Beschränkung der Selbstständigkeit. Es wird erklärlich, warum man die maritimen Pläne der Thebaner, die darauf abzielten der Machtentwickelung Athens entgegenzutreten, günstig aufnahm. Ausserdem gab es noch andere Gründe, welche die Seestädte von Athen abwendeten. Die Bundesgenossen der ersten Symmachie waren durchaus geneigt in Ruhe und Frieden, Ackerbau, Handel und Gewerbe zu treiben. Vgl. Thuk. I, 97—99. Man lebte lieber der Förderung seiner materiellen Interessen, als dass man einen Feldzug mitmachte. Nun geht namentlich aus den Reden des Demosthenes hervor, dass sich der Charakter der Athener nach derselben Richtung hin umgebildet hatte, und dass die τόλμη und πολυπραγμοcύνη, welche Thukydides als charakteristisches Merkmal der Athener hervorhebt, zum grossen Theil geschwunden war. Es ist dieses ein sicheres Anzeichen, dass diese friedliche, auf Förderung der materiellen Interessen gerichtete Tendenz in dem letzten Jahrhundert noch weitere Ausdehnung gewonnen hatte. Ebenso sehr wie eine autonome Stellung wünschten die Seestädte Ruhe und Frieden als sie sich unter die Hegemonie der Athener stellten. Vgl. das Psephisma über den Grundbesitz im Gebiete der Bundesgenossen 6: ἐν βεβαίῳ τὴν αὑτῶν ἔχοντεc ἡcυχίαν ἄγειν. Bis zur Bewältigung der Uebermacht Spartas stellte man gern Kriegscontingente, weil es das eigene Interesse erforderte. Doch schon im Jahre 374 hatte Lakedaemon auf die Hegenomie zur See verzichtet, seit der Schlacht von Leuktra vollends war von dieser Seite auf lange Zeit nichts zu besorgen. Es schien nun nach siebenjährigem Kriege die Zeit der erwünschten Ruhe zu kommen, besonders da Athen am Anfange des grossen Kampfes zwischen Theben und Lakedaemon eine neutrale Stellung einnahm. Der so plötzliche und mächtige Aufschwung Thebens zwang die Athener Stellung zu nehmen, es gelang ihnen eine Zeit lang auch in den landstaatlichen Verhältnissen die leitende Rolle zu spielen. Athen zog natürlich seine Bundesgenossenschaft in diese politischen Bewegungen mit hinein, es musste dieselbe in Folge der Theilnahme an der Eidgenossenschaft vom Jahre 370 neue Verpflichtungen zu kriegerischer Hülfeleistung übernehmen. So waren die Bundesgenossen in unab-

---

1) Ueber die Unfähigkeit Thebens auf einige Dauer eine seebeherrschende Stellung einzunehmen vgl. Schaefer 'Dem. u. s. Z.' I, S. 101; Grote 'Hist. of Gr.' X, S. 417.

sehbare, politische Wirren verwickelt, anstatt dass sie die erwünschte Ruhe hatten. Als die Thebaner im Jahre 366/5 mit den Seestädten Beziehungen anknüpften, gab es wieder seit drei Jahren Krieg ohne Aussicht auf baldigen Frieden. Es wird daher eine Verstimmung der Bundesgenossen leicht erklärlich. Gerade eine Anzahl der bedeutenderen Städte wie: Chios, Rhodos, Byzanz, deren Bedeutung und Wohlstand auf Ackerbau, Handel und Gewerbe beruhte, die daher Frieden brauchten, mussten schliesslich entschiedene Opposition gegen eine Politik machen, die aus Kriegen gar nicht herauskam.

Es ist zweifelhaft, wie weit die Verhandlungen Thebens mit diesen Seestädten bereits gediehen waren, als im Jahre 365 Epaminondas mit einer thebanischen Flotte in See ging und zunächst seinen Curs nach Byzanz nahm. Diod. XV, 99; Isokr. Phil. 53; Schaefer 'Dem. u. s. Z.' I, S. 105 und 109 Anm. 2. Eine ihm entgegentretende athenische Flotte trieb er zurück und 'ἰδίας τὰς πόλεις τοῖς Θηβαίοις ἐποίησε'. Diod. XV, 79.

Dieser Ausdruck ist zu unbestimmt, um daraus auf das Verhältniss der Städte zu Theben einen Schluss zu ziehen und zu entscheiden, ob sie Bundesgenossen oder Verbündete Thebens wurden. Dieses Letztere ist wahrscheinlicher, denn Diodoros hätte sonst wohl den dafür gewöhnlichen Ausdruck cuμμάχους gebraucht. Wie diese Städte nach der Schlacht bei Knidos mit Athen, so mögen sie jetzt mit Theben ein Schutz- und Trutzbündniss geschlossen haben. Byzanz schied ohne Zweifel schon damals aus dem athenischen Bunde aus, es führte in den nächsten Jahren in Verbindung mit Kotys gegen die Athener Krieg. Dem. g. Arist. 149 fg.; Corn. Nep. Tim. 1; Rehdantz 'Vit. Iph.' S. 138 fg.

Chios und Rhodos hat wohl Epaminondas nicht berührt, die Quellen geben wenigstens in dieser Hinsicht keine Andeutung, wobei noch der Umstand in Betracht kommt, dass Epaminondas hätte auf das Geschwader des Timotheos stossen müssen, das damals noch vor Samos lag. Vgl. Schaefer 'Dem. u. s. Z.' S. 106. Auch Isokrates weiss bei der Aufzählung der Schädigungen, welche die Thebaner nach der Schlacht bei Leuktra den Athenern zugefügt hätten, nur von der Sendung einer thebanischen Flotte nach Byzanz, obwohl Isokrates sicherlich alles, was er wusste, anführte (Isokr. Phil. 53). Chios und Rhodos werden kaum einen Bündnissvertrag mit Theben abgeschlossen haben, sondern nur mit dieser Stadt in freundliche Beziehungen getreten sein, die Lösung des bundesgenössischen Verhältnisses zu Athen trat sicher erst in den nächsten Jahren ein.

Der Verlust der euboeischen Städte, von Oropos und Byzanz, das Erscheinen eines thebanischen Geschwaders in See, dessen Erfolge über den athenischen Strategen und bei Byzanz bezeichneten ein bedenkliches Zurückgehen der athenischen Macht. Timotheos war es, der ihr einen neuen Aufschwung gab, der wesentlich dazu beitrug, dass sich die thebanische Flotte bald zurückzog, nachdem er vorher bereits beachtenswerthe Erfolge errungen hatte.

Im Jahre vor diesem Zuge des Epaminondas war der persische Satrap Ariobarzanes vom Grosskönig abgefallen und hatte mit Athen Beziehungen angeknüpft. Die Athener erbittert über den Frieden, welchen der König den Thebanern gewährt hatte, nahmen keinen Anstand den Abfall zu unterstützen und schickten ihm den Timotheos zu Hülfe. Vgl. Dem. v. d. Fr. d. Rhod. 9. Doch erhielt der Feldherr die Weisung nicht das Vertragsverhältniss zum König zu lösen, d. h. nicht sein Gebiet zu verletzen[1]). Es stimmt dieses vollständig mit dem Berichte Xenophons über das Verhältniss der Athener zum Grosskönige, die Beziehungen sind zwar nicht die besten, doch will man einen offenen Bruch vermeiden.

Timotheos fand, da er das eigene Gebiet des Grosskönigs nicht verletzen durfte, das geeignete Angriffsobject an Samos. Die Insel wurde von einer Oligarchie regiert, welche sich auf den Grosskönig und eine persische Besatzung stützte.

Zur Zeit der Ernte, im Sommer 366, langte Timotheos in Samos an (Polyain. III, 109). Nach einer Belagerung von zehn Monaten wurde Samos genommen, am Anfange des Sommers 365. Vgl. Isokr. v. Unit. 111,57[2]). Fast die ganze oligarchische Partei wurde verbannt

---

1) Nach der Auffassung unserer Zeit würden sich die Athener, wenn sie den aufständischen Satrapen mit einem Heere unterstützten, mit dem Grosskönig im Kriege befinden, die Hellenen hatten eine etwas andere Anschauung. Z. B. kämpfen im Jahre 418 die Athener als Verbündete der Argiver gegen die Lakedaemonier und späterhin unterstützen die Lakedaemonier Syrakus gegen Athen, trotzdem sagt Thukydides (VI, 15 und VII, 8) erst als die athenische Flotte das lakedaemonische Gebiet selbst verletzte: τὰς σπονδὰς φανερώτατα ἔλυσαν πρὸς Λακεδαιμονίους, d. h. nun erst befinden sich Athener und Lakedaemonier eigentlich im Kriegszustande unter einander, sie bekämpfen sich von jetzt an unmittelbar, nicht mehr so, dass man die Feinde des Andern unterstützt. 'Die Verträge sind gelöst' bedeutet, der Krieg ist formell erklärt. Aehnlich hatten im Anfang des Jahres 378 die Athener, obwohl nicht die Thebaner bei der Befreiung ihrer Stadt unterstützt, so doch dem lakedaemonischen Heere eine Strasse nach Boeotien verlegt, trotzdem erklären sie erst nach der Verletzung ihres eigenen Gebietes durch Sphodrias λελύσθαι τὰς σπονδὰς καὶ πολεμεῖν. Diod. XV, 29, 6; Xen. V, 4, 33 fg.

2) Die Zeit wird dadurch bestimmt, dass Ariobarzanes im Jahre 367 noch im Auftrage des Königs in Athen verhandelt, aber schon eigene Pläne durchbliken lässt, es wird nicht lange darauf der Abfall erfolgt sein. Vgl. Xen. Hell. VII, 1, 27; Diod. XV, 70. Ferner wird die Aussendung des Timotheos sicherlich nicht vor die Entscheidung des Königs für Theben zu setzen sein, denn es wäre eine zu grosse Thorheit gewesen, wenn die Athener sich am Hofe zu Susa um die Gunst des Königs beworben und zugleich offenkundig aufständische Satrapen unterstützt hätten. Vgl. Plut. Pelop. 30. Mithin wurde Timotheos frühestens im Jahre 366 ausgeschickt. Rehdantz thut dar, dass im Jahre 366 Agesilaos nach Asien gegangen sei, um Ariobarzanes zu unterstützen. Nach Corn. Nep. Ages 7 ging Agesilaos zu gleicher Zeit (simul) wie Timotheos

und, da diese meist aus Grundbesitzern bestand, für Athen ein grosser Complex fruchtbarer Ländereien verfügbar. Athen benutzte diese äusserst günstige Gelegenheit, um eine Kleruchie einzurichten, es schickte im Jahre 361/0 zweitausend Kolonisten nach Samos ab[1]). Diod. XVIII, 8; Strabo XIV, S. 638; Diog. Laert. X, 1; Grote Hist. of Gr. X, S. 407; Schaefer Dem., u. s. Z. I, S. 87.

Schaefer äussert sich über dieses Verfahren der Athener in folgender Weise: 'Es war von einem nichtswürdigen samischen Exulanten angerathen, und von Herrschsucht und Eigennutz geblendet griffen die Athener zu u. s. w.' Wie Schaefer machen auch Andere den Athenern wegen dieses Verhaltens die stärksten Vorwürfe. Ist aber wirklich ein so scharfer Tadel gerechtfertigt und hatten in der That die Athener innerhalb eines Zeitraumes von zwölf Jahren ihre ausserordentlich liberale und wohlwollende Gesinnung in rücksichtslose Herrschsucht verändert? War von der ὁσιότης und πραότης, welche an den Athenern im Gegensatze zu den Thebanern ebenso von gleichzeitigen Rednern (Isokr. Plat. 18, 22) und von neueren Darstellern zur Zeit der Begründung des Bundes gepriesen wird, in so kurzer Zeit so wenig übrig geblieben? Zunächst handelt es sich um diesen bestimmten Fall. Das Vorgehen gegen Samos ist nicht für sich ausserhalb der Ereignisse zu betrachten, sondern im Zusammenhange mit denselben. Es erfolgte der Angriff auf Samos nicht weil die Athener damals gerade kein geeignetes Object zur Befriedigung ihrer Herrschsucht fanden, sondern als ein Moment in der grossen athenisch-lakedaemonischen Action gegen Theben und den mit dieser Stadt damals verbündeten Gross-

---

ab, man kommt also wieder auf das Jahr 366. Dasselbe Resultat hat Grote, der die ungefähr ein Jahr nach der Ausfahrt des Timotheos erfolgende Einnahme von Samos auf das Jahr 365 setzt. Rehdantz setzt dasselbe Ereigniss auf 367, was nach der eben geführten Untersuchung entschieden unrichtig ist. Ueberdies acceptirt Rehdantz selbst die Angabe bei Diod. XVIII, 8, dass im Jahre 323/2 die samischen Exulanten nach 43 Jahren zurückgekehrt seien, was für ihre Vertreibung und die Einnahme von Samos ebenfalls das Jahr 366/5 ergiebt.

[1]) Ueber die Zeit der Aussendung der Kleruchie giebt es zwei sich gegenüberstehende Angaben, einerseits bei Schol. 2; Dem. g. Timoth. S. 731, wo das Jahr 361/0, andrerseits von Philochoros bei Dionys. v. Dein. 13, wo das Jahr 352/1 angegeben wird. Rehdantz giebt der letztern Angabe den Vorzug, wie es richtig wäre, wenn man den Werth derselben rein nach dem Werth des Schriftstellers, von dem sie herrührt, im Vergleich zu dem des Scholiasten bemessen würde. Schaefer ist indessen mit Recht wohl der entgegengesetzten Ansicht, es sprechen nämlich sachliche Gründe entschieden für das Jahr 361/0. Die Athener liessen schwerlich dreizehn Jahre lang die Aecker brach liegen, sie werden sie vielmehr sogleich occupirt haben. Verpachtung derselben ist auch kaum anzunehmen. Vor allen Dingen aber waren die Athener nach dem Bundesgenossenkriege (357—355) kaum im Stande eine Kleruchie nach Samos zu schicken, sie mussten vielmehr als an Erweiterung an die Erhaltung ihrer noch übrigen Besitzungen denken.

könig. Die Einnahme von Samos war ein nationaler Gewinn. Es gab bei der Cooperation mit Ariobarzanes keinen geeigneteren Punkt für den Angriff, man griff deshalb diese Insel an, weshalb doch sicherlich nicht der Vorwurf besondrer Herrschsucht zu machen ist. Was die Vertreibung der bisher herrschenden, auf die Perser sich stützenden oligarchischen Partei betrifft, so war es in Hellas, ausser vielleicht in Athen, etwas ganz gewöhnliches eine im Kampfe unterlegene Partei durch Verbannung und Processe zu vernichten, eine im Kriege genommene Stadt galt durchaus als vorläufiges Eigenthum des Siegers, worüber er als Herr nach Kriegsrecht verfügen konnte. Vgl. Aesch. v. d. Trugges 34, wo der Redner zu Philippos sagt: εἰ μὲν πρὸς ἡμᾶς πολεμήσας δοριάλωτον τὴν πόλιν εἷλες κυρίως εἶχες τῷ τοῦ πολέμου νόμῳ κτησάμενος. Und von den Korkyraeischen Parteikämpfen zu schweigen, vergleiche man dieses Verfahren Athens mit dem Thebens gegen die boeotischen Städte[1]), Spartas gegen Mantinea und Phlius, der demokratischen Partei von Argos, und es wird keiner weiteren Beispiele bedürfen, um zu zeigen, dass sich dasselbe nach den damaligen Zeitverhältnissen und Anschauungen durchaus nicht durch Härte auszeichnete. Die Geschichte wird aber ohne Zweifel Handlungen nicht absolut oder von dem Standpunkte

---

1) Das Verfahren Thebens ist nicht auf eine Stufe mit dem Athens gegen Samos und andere Städte zu stellen. Athen zog zwar damals einen grossen Theil des Gebietes von Samos ein und vertrieb die feindliche Partei, wie es Theben mit Plataea machte, allein Theben hatte es mit freien hellenischen Städten zu thun, die es unterwarf, um die Hegemonie in Boeotien zu erlangen, Athen griff eine Insel an, die mit dem Feinde, und zwar dem Könige verbündet war, auf der eine antinationale Partei mit Hülfe einer persischen Besatzung herrschte. Eine Eroberung und Sicherung dieser Insel musste ein nationaler Gewinn sein. Wenn nun Athen als Entschädigung für die lange Belagerung die grossen Güter der antinationalen Partei confiscirte, so wird man dieses nach damaligen Zeitverhältnissen durchaus nicht hart finden. Freilich wäre es vollständig in der Richtung der ausserordentlichen, vor einem Jahrzehnd zur Schau getragenen, aber durch die Verhältnisse geforderten Liberalität gewesen, wenn man der befreundeten Partei, der Demokratie, die ganze Insel zurückgegeben hätte, allein die politische Lage der Athener war jetzt eine andere geworden, Athen brauchte bei seiner Machtstellung nicht mehr übergrosse Liberalität zur Schau zu tragen. Ueberdies wäre es ohne Zweifel nicht gerade klug gewesen, wenn man die ganze Insel einfach der demokratischen Partei überlassen und sich selbst zurückgezogen hätte. Die demokratische Partei hatte offenbar in Folge der langen oligarchischen Regierung nicht den Boden und die Stärke gewonnen, um sichere Garantie gegen eine Reaction zu bieten. Ueberhaupt weist die Möglichkeit eines so langen Regiments der Oligarchie darauf hin, dass sie auf dieser Insel feste Wurzel geschlagen hatte, und dass die Demokratie jedenfalls nicht kräftig genug war, auf die Dauer erfolgreich ihre Regierung gegen die von den Persern unterstützten Reactionsversuche der Oligarchen zu vertheidigen. Auf diesem Vorposten gegen die persische Grossmacht musste sich eine griechische, wie es Athen war, festsetzen, um ihn mit Erfolg zu behaupten.

der heutigen Zeit beurtheilen, sondern nach den Culturverhältnissen der betreffenden Periode messen.

Endlich sagt man, es sei die Einrichtung einer Kleruchie eine schnöde Verletzung der Grundsätze gewesen, die Athen in dem Psephisma über den Grundbesitz im Gebiete der Bundesgenossen ausgesprochen hatte, Athen hätte sich auf seine Macht trotzend über die Bundesverfassung und alles Recht hinweggesetzt. Allein in dem Psephisma steht nur, was man durchaus übersehen hat, Athen verzichte auf den Grundbesitz: ἐν ταῖς τῶν cυμμάχων χώραις, oder ἐν τῇ τῶν ποιηcαμένων cυμμαχίαν χώρᾳ, es ist nicht den Athenern verboten, in andern, nicht-bundesgenössischen Gebieten, Grundbesitz zu erwerben und Kleruchien zu gründen.

Samos war aber gar nicht bundesgenössisches Gebiet und wurde es niemals. Athen hatte einer auf die Barbaren sich stützenden Faction die Insel entrissen und behielt sie nach Kriegsrecht. Man siedelte wie einst auf Lemnos, Imbros, Skyros, welche Inseln trotz des Psephisma nicht von Athen geräumt wurden, athenische Bürger an. Samos wurde nicht bundesgenössisch, sondern so zu sagen eine Deme des athenischen Staates. Die Einwohner von Samos hiessen fernerhin zwar noch 'Samier', aber auch 'Volk der Athener in Samos', vgl. Boeckh, Sth. III, 18, S. 460 fg. Das Psephisma verbot nur den Athenern, irgend eine passende Gelegenheit zu ergreifen, um, wie es im ersten Bunde geschah, auf einer bundesgenössischen Insel ein Stück Land zu occupiren und dorthin eine Colonie athenischer Bürger zu schicken, welche nun die Insel vollständig in der Hand haben mussten. Es verbot ferner selbst einzelnen athenischen Bürgern auf eigene Rechnung Grundbesitz zu erwerben, weil natürlich diese als Bürger des leitenden Staates häufig Mittel und Wege finden mussten, zu ihrem Vortheil und zum Nachtheile der bundesgenössischen Gemeinde Erwerbungen zu machen und auf die Verwaltung der Gemeindeangelegenheiten fühlbaren Einfluss zu üben. In den Seestädten, welche nach der Auflösung des ersten athenischen Bundes Mitglieder des lakedaemonischen geworden waren, machte sich der Einfluss der einzelnen lakedaemonischen Bürger in so hohem Grade geltend, dass Xen. Anab. VI, 4, 12 sagt: ἱκανοὶ δέ εἰcι καὶ εἰc ἕκαcτος Λακεδαιμονίων ἐν ταῖc πόλεcιν ὅτι βούλοιτο διαπράττεcθαι.

Athen würde vielleicht im Jahre 378/7, um den neuen Bundesgenossen nicht die geringste Veranlassung zum Misstrauen zu geben, keine Kleruchie ausgeschickt haben, seitdem hatten sich aber die politischen Machtverhältnisse der Athener zu ihrem Vortheil, nicht in dem Grade ihre Gesinnungen zum Nachtheil verändert. Neuere Darsteller pflegen ebensosehr die hohe, wohlwollende Willensrichtung der Athener in den Jahren der Entstehung des Bundes hervorzuheben, wie fünfzehn Jahre später ihre egoistische, nur auf Befriedigung ihrer Herrschsucht hinzielende. Man geht darin entschieden fehl, ein solcher Contrast besteht nicht, denn ein Volk, das wie das athenische eine lange historische Entwickelung hinter sich hat, wird ohne grosse innere Umwälzungen innerhalb eines Jahrzehends schwerlich seinen Charakter verändern, dass es aus einem durch wohlwollende Humanität ausgezeichneten zu einem von rücksichtsloser Herrschsucht getriebenen, sich über alles Recht und Gesetz hinwegsetzenden wird. Zu einer solchen Annahme werden diejenigen genöthigt, welche die Ursachen einer weniger Rücksichten nehmenden und selbstbewussteren Politik Athens in einer Charakterveränderung der Athener und nicht in einer andern Gestaltung der politischen Verhältnisse suchen. Früher bei der Begründung des Bundes war eine so ausserordentliche Liberalität politisch, und darum zeigte man sich mehr nachgiebig und liberal als es in der eigentlichen Gesinnungsrichtung lag. Jetzt war eine solche Liberalität nicht mehr nöthig, vielleicht sogar unpolitisch, und man trat so wie gewöhnlich auf. Jedenfalls ist von einer flagranten Verletzung der Bundesverfassung durch die von Eigennutz verblendeten Athener nicht die Rede.

Nach der Einnahme von Samos begab sich Timotheos nach dem Hellespontos (vgl. Isokr. v. Umtausch 111) und wurde höchst wahrscheinlich eine Veranlassung, weshalb Epaminondas so schnell den Hellespontos verliess und nach Boeotien zurückging. Timotheos aber nahm einen grossen Theil der Chersonesos, darunter die Städte Krithote und Sestos, wodurch zuerst wieder die Aufmerksamkeit der Athener in höherm Masse nach dieser Seite hin gerichtet wurde. Nach diesen bedeutenden Erfolgen wurde Timotheos nach der thrakisch-makedonischen Küste geschickt, wo seit dem Jahre 368 im Bunde mit Makedonien der Krieg um Amphipolis gegen den chalkidischen Städtebund ohne ersichtlichen Erfolg geführt wurde. Vgl. Isokr. v. Umtausch 113. Dem. Ol. II, 14. Ps. Aristot. Oik. II, 23. Timotheos begann den Krieg mit neuer Energie, errang wesentliche Vortheile und gewann eine Reihe von Städten: Torone, Methone, Pydna, Potidaea und andere. Vgl. Dem. Phil. II, 20. Heges. v. Hal. 10. Isokr. v. Umt. 111 und 113. Diod. XV, 81. Schol. z. Dem. Ol. III, 36. Dein. g. Philokl. 17. Corn. Nep. Tim. 1. Ein Angriff auf den Hauptgegenstand des Kampfes, auf Amphipolis, schlug jedoch fehl (Polyain. III, 10, 8). In welches Verhältniss diese von Timotheos gewonnenen Städte zu Athen traten, ist nach den Quellen nicht vollständig zu bestimmen. In Bezug auf Potidaea braucht Isokr. v. Umtausch 113 den Ausdruck εἷλε, was in der Regel gewaltsame Einnahme durch Belagerung oder Sturm bedeutet. Diodoros bestätigt die Angabe des Isokrates, sie dahin ergänzend, dass er sagt πολιορκήcαc (XV, 87).

Dasselbe geschah mit Torone. Von Krithote und Sestos sagt Isokrates an der einen Stelle ἐκτήcατο, an der andern ἔλαβε, woraus auf ein gütlicheres Abkommen zu schliessen ist. Freiwillig im vollen, wahren Sinne des Wortes werden diese Städte schwerlich dem Bunde beigetreten sein, sondern unter dem Einflusse der siegreichen athenischen Kriegsmacht sich angeschlossen haben. Zur Noth konnte nach der Auffassung griechischer Staatsmänner, wie eine jede Ergebung durch ὁμολογία, ein solcher Anschluss als ein freiwilliger bezeichnet werden, so dass man formell gegen die Bundesverfassung nicht verstiess: 'Da wir weiterhin Pydna und Methone als selbstständige Stadtgemeinden treffen' (Schaefer, Dem. u. s. Z. I, 890), so darf man mit gutem Grunde annehmen, dass Krithote und Sestos dieselbe Stellung erhielten.

Potidaea und Torone waren im Kriege mit dem Bunde chalkidischer Städte, dem sie angehörten, mit Gewalt genommen. Athen hatte nach Kriegsrecht durchaus die Befugniss sie bis zum Friedensschlusse wenigstens als eroberte feindliche Städte besetzt zu halten, kein Staat hätte anders gehandelt. Athen begnügte sich aber nicht mit der Besetzung der Stadt Potidaea, welche über fünf und zwanzig Jahre lang einst athenische Colonie gewesen war, sondern behandelte (Thuk. II, 27. Diod. XII, 47) sie als alten Colonialbesitz und schickte im Jahre 364 eine Schaar Colonisten hin, um die Kleruchie zu erneuern. Auch diese Kleruchie wurde in keinem bundesgenössischen Stadtgebiete angelegt und also kein Verstoss gegen die Bestimmungen der Bundesverfassung begangen. Ueber die Anlegung dieser Kleruchie vgl. Schaefer, Dem. u. s. Z. I, S. 90.

Das Schicksal Torones ist völlig unbekannt, doch wurde ohne Zweifel, wie im Jahre 372 in die kephallenischen Städte eine athenische Besatzung hineingelegt und zuweilen eine Kriegscontribution erhoben. Der Friede hatte über das Schicksal dieser Städte endgültig zu entscheiden. Welche von den unbedeutenden Städten dieser Küste und wie sie genommen sind, ist unbekannt, doch wird ihre Zahl nicht gross gewesen sein, denn Timotheus gewann auf seiner ganzen Laufbahn vier und zwanzig Städte, und zwar im Jahre 375 etwa zehn, seit dem Jahre 367 etwa neun, deren Namen bekannt sind, es bleiben somit noch fünf übrig, die jedenfalls ziemlich unbedeutend waren, da selbst Krithote und Torone von Isokrates und Deinarchos namentlich angeführt sind. Ueberhaupt wurden nach dem Jahre 374 nur noch etwa achtzehn Mitglieder in den Bund aufgenommen, wie sich aus dem Verzeichnisse entnehmen lässt. Pydna, Methone, Krithote, Sestos und eine Reihe einzelner Städte, von denen nur durch zufällige Erwähnung bekannt ist, dass sie Bundesstädte waren, ohne dass über die Art ihres Anschlusses etwas Näheres berichtet wird, so Prokonnesos (Apollod. g. Polykl. 6), gehören hierher. Es berechtigt nichts zu der Annahme Schaefers, dass diese Städte in die Stellung unterthäniger Bundesgenossen geriethen, thatsächlich mag der Einfluss Athens durchaus bestimmend gewesen sein, rechtlich waren sie autonom, und für Pydna und Methone gesteht Schaefer die Autonomie selbst zu.

Nachdem ein Angriff auf Amphipolis fehlgeschlagen war, musste es Timotheos aufgeben neue Anstrengungen zur Einnahme dieser

Stadt zu machen, weil Kotys im Bündnisse mit den Byzantiern einen erfolgreichen Angriff auf den Chersonesos gemacht hatte. Im Herbst 363 begab sich daher Timotheos nach dem Hellespontos und errang über die Byzantier bedeutende Erfolge. Vgl. Dem. g. Arist. 149 fg. Corn. Nep. Tim. 1. Rehdantz, Vita Iph. S. 138 fg. Cornelius Nepos sagt zwar: 'Timotheus Byzantios bello subegit', und Schaefer lässt es dahingestellt sein, ob die Unterwerfung von Byzanz Thatsache sei, aber es ist zweifellos, dass diese Bemerkung eine starke Uebertreibung enthält. Die Hauptstütze für die Angabe Cornels wäre Diod. XV, 7, wo es bei Ausbruch des Bundesgenossenkrieges, im Jahre 357 heisst: Χίων καὶ Ῥοδίων καὶ Κώων ἔτι δὲ Βυζαντίων ἀποστάντων. Die Möglichkeit eines Abfalles im Jahre 357 setzt natürlich eine vorhergehende Unterwerfung voraus. Indessen hat dieser Satz bei Diodoros geringe Bedeutung, da sich erstens Diodoros dadurch selbst widerspricht, indem er im Jahre 365 (XV, 70) den Abfall von Byzanz zu den Thebanern berichtet, aber bis 357 keine Nachricht giebt, dass die Athener diese Stadt wiedergewannen. Zweitens bedient sich Demosthenes, indem er über dasselbe Ereigniss vom Jahre 357 berichtet, eines umfassenderen Ausdruckes als ἀπέστησαν, es heisst nämlich in der Rede von der Freiheit der Rhodier 3: Χίοι καὶ Ῥόδιοι καὶ Βυζάντιοι συνέστησαν. Dieser Ausdruck ist natürlich auch auf Byzanz anwendbar, selbst wenn es nicht mehr zum Bunde gehörte. Dazu sprechen gegen die Annahme einer Unterwerfung andere Gründe. Cornelius sagt an der betreffenden Stelle Olynthios et Byzantios bello subegit, obwohl von einer Unterwerfung Olynths nicht die Rede ist, und Timotheos nur unbedeutende kriegerische Erfolge über diese Stadt errangen hat. Man wird in Bezug auf Byzanz den Ausdruck 'bello subegit' in derselben abgeschwächten, dadurch der Wahrheit entsprechenden Bedeutung nehmen, wie in Bezug auf Olynth. Ferner befehligte Timotheos am Hellespontos vom Herbst 363 bis Herbst 362[1]). Vgl. Rehdantz, Vita Iph. S. 138 fg.

Noch im Herbst 362 bringen aber die Byzantier verbündet mit den Chalkedoniern[2]), Kyzikenern athenische aus dem Pontos zurückkehrende Getreideschiffe auf und zwingen sie ihre Ladung in Byzanz zu löschen, was eben nicht auf eine vorhergehende Unterwerfung hindeutet. Vgl. Ap. g. Polykl. 6 und 22: Βυζάντιοι καὶ Χαλκηδόνιοι πάλιν κατάγουσι τὰ πλοῖα καὶ ἀναγκάζουσι τὸν σῖτον ἐξαιρεῖσθαι. Schaefer, Dem. u. s. Z. III, Beilage 5, S. 149.

---

1) Schaefer, Dem. u. s. Z. I, S. 108 setzt die Zeit des Commandos auf 364/63, was nicht weniger für die folgende Ausführung passen würde.
2) Chalkedon gehörte, weil es auf dem Festlande von Asien lag und somit als Eigenthum des Königs anerkannt war, nie zum zweiten athenischen Bunde (vgl. Dem. v. d. Fr. d. Rhod. 33). Ausser in einer flüchtigen Bemerkung bei Diod. XV, 81 wird nirgends über Kyzikos etwas berichtet. Schaefer hält Kyzikos für eine unabhängige Stadt. Dem. u. s. Z. I, S. 108, Anm. 1.

Entscheidend für diese Frage ist aber das Schweigen des Isokrates in der Rede vom Umtausch 107—114, wo er die Thaten seines intimen Freundes Timotheos aufzählt und sicherlich die Unterwerfung einer so wichtigen Stadt wie Byzanz nicht ausgelassen hätte. Auch in den Jahren bis zum Bundesgenossenkriege fand keineswegs eine Unterwerfung von Byzanz statt, denn während dieser Zeit hatten die Athener Mühe und Noth nur ihre Besitzungen auf der Chersonesos zu behaupten.

Während Timotheos auf der Chersonesos operirte, erfolgten die grossen kriegerischen Ereignisse in Arkadien. Epaminondas fiel im Sommer 362 siegend bei Mantinea. Er hatte den Plan eines allgemeinen hellenischen Bundes unter Thebens Führung ins Auge gefasst und durchzuführen versucht, ein zu früher Tod und die Grösse der Schwierigkeiten vereitelten die Lösung seiner Aufgabe. Athen hatte nun von den weitgehenden Plänen des grossen Mannes nichts mehr zu fürchten und damit von Theben wohl überhaupt nichts, wenigstens in Bezug auf seinen Seebund.

Das Resultat der Schlacht von Mantinea war ein trostloses, Xenophon sagt am Schlusse seines Geschichtswerkes: Sie liess Griechenland, wenn auch des Kampfes müde, so doch voll unentschiedener Wirren. Athen hatte sich in den grossen Krieg der Landstaaten verwickeln lassen, ohne Vortheil für sich oder die Bundesgenossenschaft zu ziehen. Die Kriegskosten waren so bedeutend, dass schliesslich nicht die gehörigen Mittel auf die Marine verwandt werden konnten. Schaefer, Dem. u. s. Z. I, S. 115. Die schlimmen Folgen davon machten sich bald bemerkbar. Der ganze Chersonesos ausser Krithote und Elaeus ging an Kotys, den Odrysenfürsten, verloren (Dem. g. Arist. 189), vor Amphipolis musste der athenische Stratege einen ungünstigen Waffenstillstand abschliessen, die pontischen Getreideschiffe wurden von Byzanz und seinen Verbündeten aufgehalten, wodurch die Preise in Athen auf eine bedenkliche Höhe stiegen. Dazu erschien noch Alexandros, der Dynast von Pherai, mit einem Geschwader raubend und plündernd an den Küsten Attikas, verwüstete die Kykladen und besetzte sogar Tenos. Zunächst wurde ein athenisches Geschwader nach dem Hellespontos geschickt (Ap. g. Polykl. 9 fg.), dann Leosthenes mit einem andern zum Entsatz des von Alexandros belagerten Peparethos, einer für den athenischen Handel durch ihren Weinbau wichtigen Insel. Leosthenes liess sich überfallen und schlagen, er wurde von den Athenern zum Tode verurtheilt, und an seine Stelle trat Chares, der mit einer neuen Flotte aus dem Peiraicus auslief. Diod. XV, 95. Dem. g. Arist. 104. Polyain. VI, 2, 1. Schaefer, Dem. u. s. Z. I, S. 133. 'Wir erfahren indessen nach der Niederlage des Leosthenes kein Wort weiter über die Feindseligkeiten des Tyrannen von Pherai' (Schaefer, Dem. u. s. Z. I, S. 133). Wahrscheinlich hinderten dynastische Streitigkeiten, als deren Opfer zwei Jahre darauf Alexander fiel, weitere Seeunternehmungen.

Ueber die Thätigkeit des Chares giebt Diodoros folgenden Bericht: Χάρης δὲ τοὺς μὲν πολεμίους εὐλαβούμενος τοὺς δὲ συμμάχους ἀδικῶν διετέλει· καταπλεύσας γὰρ εἰς Κέρκυραν, συμμαχίδα πόλιν, στάσεις ἐν αὐτῇ μεγάλας ἐκίνησε, ἐξ ὧν συνέπεσε γενέσθαι σφαγὰς πολλὰς καὶ ἁρπαγάς, δι' ἃς συνέβη τὸν δῆμον τῶν Ἀθηναίων διαβληθῆναι παρὰ τοῖς συμμάχοις (Diod. XV, 95). Man wird dieser Nachricht an sich mit grossen Bedenken entgegentreten, denn so arg waren doch nicht die Zustände in einer Stadt, wo noch Männer wie Chabrias, Timotheos, Iphikrates, Phokion mit bedeutendem Einflusse wirkten, dass ein Stratege, nachdem sein Vorgänger seine Nachlässigkeit mit dem Tode gebüsst hatte, es wagen durfte, dem Feinde furchtsam auszuweichen, statt dessen die Bundesgenossen zu plagen und die bedeutendste bundesgenössische Stadt in die furchtbarste Verwirrung und alle Schrecken des Bürgerkrieges zu stürzen. Was sollte man von einem Volke sagen, dass denselben Mann noch über ein Jahrzehend lang nach diesen ihm bei Diodoros vorgeworfenen Thaten oft und für die schwierigsten Aufgaben zum Feldherrn erwählt? Ein solches Staatswesen wäre rein unmöglich, eine solche Wirthschaft ist mit einem Staat von so geordneter Verwaltung, wie sie der athenische hatte, unvereinbar. Trotzdem wird diese Erzählung Diodors von den meisten neuern Darstellern unbedenklich copirt und natürlich zur Charakteristik der bundesgenössischen Politik Athens angeführt.

Schaefer, Dem. u. s. Z. II, S. 49 fg. zeigt, dass Chares besser sei als sein Ruf, dass die schlimmen Schilderungen von ihm meist in Folge seines Zerwürfnisses und der heftigen Feindschaft mit Timotheos und Iphikrates entstanden sind. Diese fanden an Aeschines, Isokrates und den mit dem Letztern in enger Beziehung stehenden Historikern Ephoros und Theopompos warme Vertheidiger, während Chares von denselben Schriftstellern nach Kräften herabgesetzt und getadelt wurde. Die meisten Nachrichten über Chares stammen aber gerade aus diesen Quellen (Diodoros und Plutarchos geben hier im Wesentlichen Ephoros und Theopompos), nur bei Demosthenes finden sich einige Hinweise über die Beurtheilung, die Chares in andern Kreisen fand. So heisst es v. d. Trugges S. 447, 21: Πάντα τρόπον κρινόμενος Χάρης εὕρηται πιστῶς καὶ εὐνοϊκῶς ὅσον ἦν ἐπ' ἐκείνῳ πράττων ὑπὲρ ὑμῶν. Bei Diodor. XVI, 21 und 22 erscheint Chares auf Grund der daselbst erzählten Thatsachen als siegreicher und kühner Feldherr. Da das an dieser Stelle über Chares Berichtete doch in zu offenem Widerspruche mit dem früher Erzählten stand und Diodor denselben auch bezweckte, schob er naiver Weise hier παρὰ φύσιν ein, Chares habe ganz gegen Natur gehandelt, dass er z. B. eine Seeschlacht liefern wollte (παρὰ φύσιν Χάρητος βουλομένου ναυμαχεῖν). Dass dieses nicht παρὰ φύσιν war, zeigt das, was

Diodoros XVI, 22 erzählt, ebenso die Schilderung eines Kampfes bei Phlius, wo Chares Anführer war, bei Xen. Hell. VII, 2, 18 fg. In dem grossen Processe, in welchem es sich um die Frage handelte, ob Timotheos und seine Collegen Unrecht hatten, weil sie eine Seeschlacht vermieden und den Chares, der trotz ihres entgegengesetzten Beschlusses angriff, im Stiche liessen, oder Chares, weil er sich gegen den Beschluss des Kriegsrathes der andern Flottenabtheilung allein in den Kampf einliess, muss Chares im Recht gewesen sein, denn er setzte des Timotheos Verurtheilung durch, indem er sich nach der Angabe Diodors auf die Zeugnisse der Krieger berief. Zu einer Handlungsweise, wie sie bei Diodor von Chares erzählt wird, gehörte ein anderer Charakter als Chares, der sicherlich nicht dem Feinde ausgewichen und statt zu kämpfen, feige die Bundesgenossen ausplünderte.

Auch Schaefer (Dem. u. s. Z. S. 133, Anm. 3) hat Bedenken gegen diesen Bericht Diodors, er meint Alexandros werde sich, als Chares auslief, bereits zurückgezogen haben, und der athenische Stratege würde dann nach Korkyra gegangen sein, weil dort ein Bürgerkrieg ausgebrochen war. Die Annahme Schaefers betreffend den Rückzug Alexanders ist wohl begründet, dagegen die über den Ausbruch des Bürgerkrieges entschieden falsch. Dafür, dass vor der Ankunft des Chares auf Korkyra noch kein Bürgerkrieg ausgebrochen war, ist weniger beweisend die Angabe Diodors Χάρης ἐκίνηce ctάcειc, was voraussetzt, dass vor der Ankunft des Chares wenigstens äusserlich noch Ruhe auf Korkyra herrschte, als die des zeitgenössischen Militärschriftstellers Aeneas Taktikos. Vgl. Schaefer, Abriss der Quellenkunde zur griechischen Geschichte § 24.

In den Schriften desselben ist die genaue Beschreibung des Anfanges dieser Wirren enthalten. Es heisst dort XI, 7: Ἐν Κερκύρᾳ δὲ ἐπανάcτacιν δέον γενέcθαι ἐκ τῶν πλουcίων καὶ ὀλιγαρχικῶν τῷ δήμῳ, ἐπεδήμει δὲ Χάρης ὁ Ἀθηναῖος φρουρὰν ἔχων, ὅcπερ cυνήθελε τῇ ἐπαναcτάcει κτλ.

Dieser Autor, welcher hauptsächlich für die militärische Seite dieser Ereignisse Interesse hat, sagt ganz klar, Chares befand sich bereits auf der Insel, als der Aufstand der Oligarchen erst in Aussicht stand. Der Staatsstreich gegen die demokratische Regierung gelang hauptsächlich durch das Unerwartete des Angriffes. Die Oligarchen verlangten und erhielten von Chares einige Söldnerhaufen, drangen in die Volksversammlung, setzten die προcτάται τοῦ δήμου fest und τὰ ἄλλα μεθίcταcαν πρὸc τὸ cυμφέρον αὐτοῖc.

Es geht daraus unzweifelhaft hervor, dass Chares die Aufrührer unterstützte, es ist aber eine andere Frage, ob Chares durch seine Intriguen den Aufstand erregt oder gar zu diesem Zwecke nach Korkyra gekommen sei. Aus dem Bericht des Aeneas geht wohl mit ziemlicher Sicherheit hervor, dass die Oligarchie wie im Jahre 373 selbstständig seit längerer Zeit einen Aufstand vorbereitet hatte, der über kurz oder lang zum Ausbruch kommen musste (δέον γενέσθαι). Man schlug los, als Chares angekommen war, nachdem man ihn für die eigenen Parteizwecke gewonnen hatte. Eine solche Darstellung dieser Ereignisse stösst auf keine Bedenken und erklärt deutlich, wie Chares dazu kam, sich in die innern Angelegenheiten dieser Insel einzumischen.

Was aber weiterhin auf Korkyra geschah, die cφαγαὶ καὶ ἁρπαγαί wird sicherlich nicht auf die Rechnung des athenischen Befehlshabers zu setzen, sondern von den wegen ihrer Rohheit in Hellas bekannten Korkyraeern verschuldet sein. Auch Diodoros sagt nicht, Chares habe sich bei dem Gemetzel und den Plünderungen betheiligt, sondern nur, die cφαγαί und ἁρπαγαί waren die Folgen von den Unruhen, welche Chares hervorrief: cτάceιc ἐκίνηcεν, ἐξ ὧν cυνέβη γενέcθαι cφαγὰc καὶ ἁρπαγάc κτλ.

Obwohl solche Ausschreitungen der siegenden Partei gerade bei den Korkyraeern und Oligarchen nicht auffallend sein würden, so sind sie doch sehr anzuzweifeln, da Aeneas mit keinem Worte auf Hinrichtungen, Plünderungen u. s. w. hindeutet, sondern nur sagt μεθίcταcαν τὰ ἄλλα πρὸc τὸ cυμφέρον αὐτοῖc, 'sie veränderten das Uebrige gemäss ihrem Interesse'.

Man wird das Verhalten des Chares ohne Zweifel tadeln, weil er sich gegen die Bestimmungen der Bundesconstitution in die innern Angelegenheiten eines Bundesstaates einmischte, allein sein Vergehen ist durchaus nicht ein in der griechischen Geschichte in hervorragender Weise als solches bemerkenswerthes. Namentlich griffen die Lakedaemonier sehr oft in die Parteiungen ihrer Bundesstädte ein, obwohl deren Autonomie anerkannt war. Endlich darf man das, was Chares that, nicht in vollem Umfange dem athenischen Staate zur Last legen. Chares kann auf eigene Faust gehandelt haben, und gegen einzelne derartige Vorkommnisse konnte sich selbst der wohlgeordnetste Staat nicht schützen.

Der Staat der Lakedaemonier war von einer als musterhaft anerkannten Disciplin, dennoch konnten Fälle wie der Hochverrath des Pausanias vorkommen, und es wagten Phoebidas und Sphodrias zunächst ohne Autorisirung durch die Staatsregierung Unternehmungen von der grössten politischen Tragweite ins Werk zu setzen. Die politische Moralität der griechischen Staatsmänner war, wie namentlich Grote hervorgehoben hat, eine sehr schwache, bei der grossen Ueberzahl derselben war vor dem Staatsgedanken der Egoismus massgebend. Namentlich aber gehörte Bestechlichkeit zu den gewöhnlichen Fehlern, von denen wenige Staatsmänner frei waren.

Nach Diodoros kam wegen dieses Verhaltens eines seiner Feldherren 'der athenische Demos in übeln Ruf bei den Bundesgenossen'. Es konnte ein Sinken der guten Stimmung gegen Athen nicht ausbleiben, denn die Thatsache stand fest, dass ein athenischer Stratege sich mit einer oligarchischen Faction zum Sturze der bestehenden

Staatsordnung verbunden hatte, mochte auch Athen selbst mit dem Verhalten des Feldherrn höchst unzufrieden sein. Es lag eine entschiedene Verletzung der Grundsätze der Bundesverfassung vor, welche jeder bundesgenössischen Stadt volle Selbstständigkeit in Bezug auf die Bestimmung der Verfassungsform und die Verwaltung der innern Angelegenheiten garantirt hatte. Da in fast allen Bundesstädten demokratische Regierungen bestanden, so mussten diese überall mit berechtigter Besorgniss vor ähnlichen Fällen erfüllt werden. Um so stärker musste diese Besorgniss sich geltend machen, als die Demokratien, wie aus der wenige Jahre darauf erfolgenden, grossen oligarchischen Reaction zu schliessen ist, mehr oder weniger erschüttert waren.

In Athen selbst hatte man sicherlich nicht Grund mit dieser Politik des Chares zufrieden zu sein. Die Bundespolitik war wesentlich eine demokratische, denn die demokratische Partei war in Athen Trägerin der Idee einer grossen Seebundesgenossenschaft, hatte den zweiten Seebund ins Leben gerufen und stützte sich naturgemäss auf die Vertreter der Demokratie in den Bundesstaaten. Das Verhältniss des oligarchischen Korkyra zu Athen konnte kein vertrauliches sein, wenige Jahre darauf nimmt Korkyra eine entschieden feindselige Haltung gegen die athenische Demokratie ein, die korkyraeische Oligarchie war bereits abgefallen. Vgl. Dem. v. Kr. 293; v. d. Fr. d. Rhod. 3; g. Timokr. 230. Wie sich indessen die Athener ihrem eigenmächtigen Feldherrn gegenüber verhielten, ob dieser einen Process oder gar eine Verurtheilung zu erleiden hatte, darüber schweigen die lückenhaft oder kurz gefassten Quellen gänzlich.

Es bleibt noch die Frage übrig, ob Chares, wenn er also nicht eines ausgebrochenen Bürgerkrieges wegen nach Korkyra geschickt war, ein anderes Ziel seiner Fahrt haben konnte, welches seinen zeitweiligen Aufenthalt in Korkyra erklärt. In der That lässt sich diese Frage in befriedigender Weise beantworten und ein anderes Ziel der Expedition des Chares ausfindig machen, eine Bestimmung, welche zugleich einen längern Aufenthalt in den Korkyraeischen Gewässern zur Folge haben musste. Die gegenüberliegende Küste des Festlandes gehörte zum Reiche des Molosserfürsten Neoptolemos, dessen Vater schon Mitglied des Bundes geworden, und dessen Name selbst auf der Bundessäule unter den übrigen Bundesgenossen Athens verzeichnet war. Gegen diesen Fürsten hatte sich gerade zu dieser Zeit ein Prätendent Arybos erhoben, der für sich den Thron in Anspruch nahm. Vgl. Schaefer, Dem. u. s. Z. II, S. 297. Athen durfte natürlich die Entwickelung dieses Streites nicht ruhig mit ansehen, es konnte auch in dem Verhältnisse zu Athen Arybos als Herrscher dieser Stämme eine seinem Rivalen entgegengesetzte Politik befolgen, es handelte sich um die Sicherung des athenischen Einflusses bei den epeirotischen Küstenstämmen. Wahrscheinlich wurde also Chares, dessen Geschwader nach dem Abzuge des Alexandros von Pherai verfügbar war, zur Vertretung der athenischen Interessen dorthin geschickt.

Während also im Westen die Lage sich zu Ungunsten der Athener gestaltete, hatten sie an den Küsten des aegaeischen Meeres nicht grösseres Glück. Der Odrysenfürst Kotys hatte den ganzen Chersonesos ausser den beiden Städten Sestos und Krithote eingenommen. Vgl. Schaefer, Dem. u. s. Z. I, S. 134 bis 145. Obwohl im Jahre 360/59 dieser gefährliche Gegner ermordet wurde, so hatten die Athener zunächst doch noch weitere Demüthigungen zu erleiden.

An der thrakisch-makedonischen Küste ging es ebenfalls nicht sonderlich. Als Timotheos diesen Kriegsschauplatz verlassen und sich nach dem Hellespontos begeben hatte, ging Perdikkas, König von Makedonien und bisher Verbündeter Athens, zu den Gegnern über, Amphipolis erhielt eine makedonische Besatzung. Zwar erfolgten nach dem Tode des Perdikkas (im Jahre 360/59) in Makedonien Thronstreitigkeiten zwischen Philippos und Argaios, weshalb Philippos, um sich die Athener günstig zu stimmen, mit ihnen einen Vertrag schloss, nach welchem die Makedonier Amphipolis räumen sollten. Amphipolis war aber damit noch nicht gewonnen (Diod. XVI, 4). Bevor jedoch die Katastrophe über die athenische Macht hereinbrach, schien dieselbe noch einmal einen Aufschwung zu nehmen, der namentlich durch die Wiedergewinnung Euboeas bezeichnet wird.

Die Ueberlieferung über diese für eine Geschichte des zweiten Bundes wichtigen Ereignisse auf Euboea ist sehr fragmentarisch, sie besteht aus einzelnen Notizen bei Demosthenes und Aeschines nebst einem kurzen Berichte Diodors. Diodoros sagt XVI, 7, 2: 'Die Euboeer ἐcταcίαcαν πρὸc ἀλλήλουc, ein Theil rief die Thebaner, der andere die Athener herbei. Zur athenischen Partei gehörte Eretria unter der Leitung des Themison und Theodoros, welche einst zur boeotischen Partei gezählt und sich mit Hülfe derselben zur einflussreichsten Stellung in der Stadt emporgeschwungen hatten'. Vgl. Aesch. v. d. Trugges. 164, g. Ktes. 85. 92. 103. Dem. v. Kr. 123. Diod. XV, 76. Themison und Theodoros hatten sich aber mit ihren bisherigen Freunden überworfen und knüpften wieder mit Athen an. Aeschines betont ausdrücklich diese Veränderung ihres Verhältnisses zu Athen. Mit Eretria verbündet war Chalkis, wo Mnesarchos, der Vater der beiden späterhin bekannten Führer der Demokratie von Chalkis, Kallias und Taurosthenes, an der Spitze des Staates stand. Aesch. g. Ktes. 85. Schaefer, Dem. u. s. Z. II, S. 75. Endlich hatte sich Korystos dieser Partei angeschlossen. Vgl. das Psephisma bei Rangabé Nr. 391 und 392.

Welche Städte der Gegenpartei angehörten, ist zwar nicht direkt überliefert, ergiebt sich aber mittelbar aus dem, was über die athenische Partei bekannt ist. Oreos nahm schon im Jahre 377 eine andere Haltung ein als Chalkis und Eretria, es stand jetzt sicherlich wieder auf der entgegengesetzten Seite, ebenso die andern Städte des nördlichen Euboea. Die boeotisirende Partei rief die Intervention der Thebaner an, und diese beeilten sich eine Heeresabtheilung nach Euboea überzusetzen, um die abfallenden Bundesstädte — seit 370/69 waren die euboeischen Städte Thebens Bundesgenossen — zu unterwerfen. Dem. v. Chers. 80, v. Kr. 123.

Die Leiter Eretrias, welche thatsächlich im Wesentlichen die Stellung von Tyrannen einnahmen (Diod. XV, 76, Aesch. g. Ktes. 92. 103), wandten sich an Athen, weil ohne dieses ein erfolgreicher Widerstand gegen die Thebaner undenkbar war, und gaben die freundschaftlichsten Versicherungen. Aesch. g. Ktes. 86.

In Athen wirkte am eifrigsten Timotheos für schnelle und energische Aussendung einer Expedition nach Euboea, er erkannte wohl, dass es eine günstige Gelegenheit sei, diese wichtige Insel zu gewinnen und trieb durch eine hinreissende Rede das Volk an, mit dem grössten Eifer die Rüstung auszuführen. (Dem. v. Chers. 80.) Nach nur dreissigtägigen Operationen auf Euboea zwang der athenische Stratege Diokles die Thebaner zu einem Vertrage, nach welchem sie die Insel räumen mussten. Schaefer, Dem. u. s. Z. I, S. 143.

Die Athener waren Herren der ganzen Insel, ohne grosse Schwierigkeiten hätten sie die euboeischen Städte als unterthänige Mitglieder ihrem Bunde einfügen können, wenn sie bereits Unterthänigkeit als Maxime ihrer bundesgenössischen Politik befolgt hätten. Vgl. Aesch. g. Ktes. 85. Dem. v. Kr. 123. Allein Athen verfuhr mit grosser, durch den schlechten Stand der bundesgenössischen Verhältnisse offenbar bedingten Liberalität, es griff nicht im Mindesten in die innern Angelegenheiten einer euboeischen Stadt ein, sondern zog nach Beendigung des Feldzuges die Besatzungen heraus und nahm die Städte als autonome, im Synedrion vertretene Mitglieder in den Bund auf. Vgl. die Psephismata bei Rangabé, Nr. 391 und 392. Dem. v. Megal. 16, v. Kr. 123. Aesch. g. Ktes. 85.

Was die Zeit dieser Ereignisse betrifft, so lässt sie sich dadurch bestimmen, dass einerseits das Psephisma, welches die Karystier und Chalkidier belobt, weil sie den Eretriern zu Hülfe gezogen waren, und alle drei Städte in den Bund aufnimmt, in dem mit Sommer 357 beginnenden Archontenjahre und jedenfalls nicht lange nach den Ereignissen auf Euboea erlassen ist. Anderseits brach bald nach der Wiedergewinnung Euboeas im Hochsommer 357 der Bundesgenossenkrieg aus. Vgl. Diod. XVI, 8. Schaefer, Dem. u. s. Z. I, S. 147, Anm. 2. Es gehört also die euboeische Expedition in das Frühjahr oder in den Anfang des Sommers 357, d. h. in das Archontenjahr des Kephisodotos, welches Sommer 358 beginnt[1]).

---

1) Man sieht nicht, warum Schaefer daran Anstoss nimmt, dass Diodoros die Ereignisse auf Euboea in das Archontenjahr des Kephisodotos setzt, es stösst dieses nirgends auf Schwierigkeiten.

Als die Athener von Euboea zurückkehrten, traf gerade ein Hülfegesuch von Amphipolis gegen Philipp ein. Die Stadt erklärte sich zur Uebergabe an Athen bereit, wenn die verlangte Unterstützung gewährt würde. Schaefer, Demosth. u. s. Z. I, S. 143 fg. Athen hatte zwar eben durch Chares ein Söldnerheer anwerben lassen, dieses war aber nach dem Chersonesos bestimmt, weil durch das Erscheinen einer athenischen Kriegsmacht sich dort die Verhältnisse wieder zu Gunsten Athens ändern mussten. Athen machte keinen politischen Fehler, wenn es den Chares nach dem Chersonesos und nicht nach Amphipolis schickte, denn dort war eine athenische Streitmacht ebenso nothwendig wie hier, und der Chersonesos bedeutete wohl für Athen noch mehr als Amphipolis. Sehr zu tadeln ist aber die Schwäche der Athener, dass sie selbst in einer solchen Zeit sich nicht aufrafften und für die wichtigsten Interessen des Staates ins Feld zogen. Persönlicher Dienst der Bürger war aber durchaus nöthig, denn es fehlte an Geld und Zeit, um ein zweites Söldnerheer für Amphipolis zusammenzubringen. Da man kein Bürgerheer aufstellte, so war nur das Söldnerheer des Chares verfügbar und dieses schickte man mit Recht nach dem Chersonesos, weil dort eine schnelle Ordnung der Verhältnisse zu Gunsten Athens zu erwarten war, während anderseits das feste Amphipolis längere Zeit den Angriffen Philipps Stand halten konnte, so dass Chares, nachdem er den Chersonesos gesichert hatte, nach Amphipolis voraussichtlich nicht zu spät kam. Nicht die Politik der Athener war 'thöricht', wie Schaefer meint[1]), sondern Tadel verdient ihr Mangel an Thatkraft und Selbstüberwindung, welcher so weit ging, dass sie nicht einmal, wenn es das Interesse des Staates durchaus erforderte, ihre friedliche Beschäftigung aufgaben und persönlich ins Feld zogen.

Die Athener liessen sich mit Philipp in Unterhandlungen ein, die keinesfalls so thöricht sind, wie es späterhin Demosthenes und andere Redner, um die Athener zu energischen Leistungen anzutreiben, schildern. Athen liess sich von Philipp durchaus nicht wie ein unerfahrener Knabe leiten, es hatte wegen des eben ausbrechenden Bundesgenossenkrieges das höchste Interesse mit Philipp nicht völlig und offen zu brechen, sondern einen offenen Bruch durch Verhandlungen aufzuhalten. Man durfte auch hoffen durch Verhandlungen seine Operationen gegen Amphipolis etwas aufzuhalten und so einen längern Widerstand der belagerten Stadt zu ermöglichen. Es wird gewöhnlich der Bundesgenossenkrieg nicht in dem Zusammenhange mit Philipps Operationen betrachtet, wie es offenbar zu betrachten ist. Wenn man bedenkt, dass die Athener damals mit den abgefallenen Bundesgenossen, auf dem Chersonesos mit den Thrakerfürsten, mit Philipp zu gleicher Zeit zu thun hatten, so ist

---

1) Schaefer copirt Dem. Ol. 1, 6, wo Demosthenes aus begreiflichen Gründen Athens Politik recht schlecht macht.

es weniger tadelnswerth als natürlich, dass sio nicht überall mit genügender Kraft und Entschiedenheit auftraten. Inwiefern ein Tadel Berechtigung hat, ist bereits gesagt worden.

Auf dem Chersonesos schloss Chares mit dem Thrakerfürsten Kersobleptes einen nach Demosthenes für Athen vortheilhaften und gerechten Vertrag ab. Sestos, von den Abydenern genommen, blieb jedoch noch vorläufig in der Hand des Feindes. Im Ganzen war auch der Chersonesos wiedergewonnen. Vgl. Schaefer, Dem. u. s. Z. I, S. 147 fg.

Grote meint, dass jetzt kurz vor dem Ausbruche des Bundesgenossenkrieges die Macht Athens in der Periode ihrer zweiten Seeherrschaft ihren Höhepunkt erreicht hatte. Allein diese Ansicht wäre nur dann richtig, wenn man die Macht eines Staates nach seiner äussern Ausdehnung messen würde. Es erlangte der athenische Bund allerdings trotz des Verlustes von Byzanz und Sestos jetzt im Sommer 357 seine grösste Ausdehnung, allein die Grundlagen des Gebäudes waren bereits erschüttert und der ganze Bau hatte keinen innern Halt mehr.

Der Vorort wurde nicht von einem bedeutenden Staatsmann wie Kallistratos geleitet, der damals einflussreichste Politiker Aristophon stand jenem weit nach. Die vortrefflichen Feldherren Iphikrates, Timotheos, Chabrias waren alt geworden und nicht mehr fähig mit derselben Kühnheit und Entschlossenheit Krieg zu führen wie in der frühern Zeit ihrer Laufbahn, sie wurden durch Chares und Phokion nicht ersetzt. Dann hatten sich die Athener immer mehr an die immer grössere Ausdehnung gewinnende Söldnerei gewöhnt, die Bürger waren des Kriegsdienstes entwöhnt und konnten nur in den höchsten Nothfällen zu persönlichem Dienst bewogen werden. Nachdem während und in Folge der grossen, erhebenden Ereignisse zur Zeit der Befreiung Thebens und der Constituirung des Bundes die Eigenschaften, welche die Athener zur Zeit des Perikles ausgezeichnet hatten, wieder eine Zeit lang hervorgetreten waren, folgte auf die mehrjährige Anspannung naturgemäss eine allmählige Ermattung. Neigte schon an sich die Entwickelung des Charakters der Athener nach einer Seite hin, welche einer entschiedenen auswärtigen Politik wenig entsprach, so beförderten die politischen Verhältnisse von Hellas nach der Schlacht bei Leuktra entschieden diese Richtung. Der Kampf um die Seeherrschaft war durchgefochten, und von Lakedaemon durfte man nicht befürchten, dass es nach so bedeutenden Verlusten die Seebundesgenossenschaft gefährden würde. Zwar nahm nun Theben einen solchen Aufschwung, dass einige Gefahr von diesem durch einen grossen Mann geleiteten Staate zu drohen schien, aber einerseits war Boeotien von Natur zu einer maritimen Politik nicht geeignet, anderseits zeigte der kurze Seezug des Epaminondas, dass die Kräfte Thebens für so weitgehende Pläne nicht ausreichten. Theben machte keinen Versuch mehr den Athenern die Seeherrschaft streitig zu machen, welche durch die erfolgreichen Operationen des Timotheos noch mehr befestigt wurde.

In Athen begann man sich deshalb sicherer zu fühlen, sich mehr seinen friedlichen Beschäftigungen hinzugeben als mit der gehörigen Aufmerksamkeit die Entwickelung der bundesgenössischen Verhältnisse und der Ereignisse auf der thrakisch-makedonischen Küste zu verfolgen und zur rechten Zeit mit der nöthigen Energie und Entwickelung genügender Streitkräfte einzugreifen. Man liess den ohne die gehörige Anstrengung um Amphipolis geführten Krieg sich Jahre lang ohne Entscheidung hinziehen und statt hier eine feste Stellung zu gewinnen, blieb eine Wunde offen, die dem ganzen Staatsorganismus der Athener gefährlich werden sollte.

An guten Rathschlägen fehlte es nicht, Psephismata wurden erlassen, aber, wie Demosthenes beständig klagt, nicht ausgeführt. Man blieb stehen, während Makedonien fortschritt, und als man sich schliesslich aufraffte, war es zu spät.

Doch nicht nur der Mangel an tüchtigen Männern, an τόλμη und πολυπραγμοσύνη war die Ursache, weshalb Athen nicht mehr die hervorragende Stellung wie in den Jahren von 374 bis 370 einnahm, auch der Mangel an finanziellen Mitteln hinderte, wie schon in den Jahren 374 und 371, die Actionen Athens. Schon damals war die Geldnoth gross, und seitdem hatte man fast ununterbrochen Krieg geführt und zwar hauptsächlich mit Söldnerschaaren, die noch grössere Summen verschlangen als Bürgerheere, namentlich erforderten die grossen Operationen vom Jahre 362 in Arkadien sehr erheblichen Aufwand. Diesem matter gewordenen Vorort stand eine Bundesgenossenschaft gegenüber, die nicht mehr durch die politischen Verhältnisse, um von einer lästigen Herrschaft befreit zu werden, genöthigt war der Führung Athens zu folgen, sondern mit autonomistischer Tendenz gegen Athens Hegemonie stärker reagirte und durch ein weniger Rücksichten nehmendes Auftreten des Vorortes und einige Fehlgriffe athenischer Feldherrn erbittert war.

Ausserdem waren die Demokratien in den Seestädten zerrüttet d. h. die Verfassungen und Parteien, auf welche der Seebund mit einem demokratischen Vorort wesentlich begründet sein musste, denn ein dauerndes Zusammengehen einer Demokratie mit Oligarchien war, was Demosthenes in der für die Rhodier gehaltenen Rede betont, undenkbar. Unter diesen Umständen wird es erklärlich, warum jetzt bei einem von zwei Seiten her geführten, kräftigern Stoss der grösste Theil dieses Gebäudes der athenischen Politik zusammenbrach.

Cap. V.

Die Ursachen des Bundesgenossenkrieges und die Beurtheilung der bundesgenössischen Politik Athens.

Man sucht gewöhnlich, ohne indessen alle hierher gehörigen Stellen einer genauen Prüfung zu unterziehen, die Gründe des Abfalles der meisten Bundesgenossen in einer von den Athenern geübten unerträglichen Willkürherrschaft, welche sich, wie Schaefer meint, über die Bundesverfassung und überhaupt den Bundesgenossen gegenüber über Recht und Gesetz hinwegsetzten. Selbst Grote, der in Bezug auf den ersten Bund — worin ihm Köhler noch weiter gehend folgt — so trefflich Athen gegen viele Vorwürfe vertheidigt hat, theilt diese Ansicht, wobei jedoch zu bemerken ist, dass er sich keineswegs auf eine so eingehende Untersuchung wie früher eingelassen hat.

Dass es genug Gründe giebt, welche einen Aufstand der Bundesgenossen auch ohne ein so arges Verhalten der Athener veranlassen konnten, ist schon mehrfach angedeutet, fassen wir, was an verschiedenen Stellen zerstreut ist, nochmals in Kürze zusammen und fügen noch Weiteres hinzu.

Die Bundesgenossen hatten Befreiung von der lästigen lakedaemonischen Herrschaft verlangt, dieser Hauptzweck des Bundes war erreicht, und somit ein sehr wesentliches Interesse, das sie an denselben fesselte, fortgefallen. Sie hatten freiere Bewegung erstrebt, aber nur zum Theil erreicht, denn das seebeherrschende Athen übte thatsächlich auf sie in jeder Weise einen bestimmenden Einfluss aus. Die Folge davon war eine stärker werdende autonomistische Opposition gegen den Vorort und ein intensiveres Streben der Bundesgenossen unabhängiger zu werden, da man im Allgemeinen weder von Sparta, noch von Theben, noch von Persien einen gefährlichen Angriff zu befürchten hatte.

Die Bundesgenossen wünschten ferner in Ruhe der Förderung ihrer materiellen Interessen zu leben, sie wurden aber durch ihren Vorort in die grossen landstaatlichen Wirren verwickelt, so dass die Kriege und die dazu nöthigen Auflagen kein Ende nahmen. Erhielt man einerseits nicht den gewünschten Frieden, so zeigte sich anderseits der Vorort keineswegs fähig vor Plünderungszügen das Gebiet der Bundesgenossenschaft sicher zu stellen, was man ohne Zweifel vom Seebunde erwartet hatte. Der Dynast von Pherai konnte Monate lang die Kykladen und die benachbarten Küsten brandschatzen. Bald darauf erlaubte sich ein athenischer Stratege einen Eingriff in die innern Angelegenheiten zum Sturze der bestehenden Ordnung in der angesehensten Bundesstadt und half einer oligarchischen Faction die Regierung der Demokratie entreissen. Jede Bundesstadt sah darin eine Gefährdung der eigenen Autonomie. Wenn der mächtigste Bundesgenosse gegen derartige Vorkommnisse nicht geschützt war, so hielten sich mit Recht die andern Städte noch mehr gefährdet. Dadurch wurde das Misstrauen gegen Athen bedeutend gesteigert, nachdem dasselbe bereits durch die Kleruchien, die nur zu sicherer Beherrschung der Bundesgenossen bestimmt schienen, erregt war. Wie stark aber ein solches Misstrauen, eine solche Besorgniss vor künftigen Angriffen auf die Autonomie wirkten und das Verhalten der Bundesstädte bestimmten, wird kaum deutlicher als durch die Gründe, mit welchen im Jahre 428 die Mytilenäer ihren Abfall rechtfertigen. Man erwartet, sagt Grote,¹ in der Rede der mytilenäischen Gesandten an die Peloponnesier eine Sammlung von Ungerechtigkeiten und Bedrückungen, die sich Athen gegen Mitylene hatte zu Schulden kommen lassen, aber man findet nichts dergleichen. Die Gesandten gestehen vielmehr ein, dass die Mytilenäer von Athen bisher eine ehrenvolle Behandlung erfahren hatten¹) und führen als Hauptgrund ihres Abfalles an, 'sie hätten keine Bürgschaft, dass sie von Athen nicht auch in die Stellung von unterthänigen Verbündeten herabgesetzt würden'. Dazu kommt noch dass, als die Mytilenäer in dieser Weise ihren Abfall motivirten, die Athener in den gefährlichsten Krieg verwickelt waren und mehr auf die Erhaltung ihrer Machtstellung als auf die Ausdehnung ihrer Herrschaft bedacht sein mussten, während die Bundesgenossen weniger als früher für ihre Autonomie zu fürchten hatten.

Um wie viel mehr musste jetzt im Jahre 357 diese Besorgniss wirken, da Athen nach der glücklichen Seeexpedition und dem Wiedergewinne Euboeas in seiner Machtentwickelung entschiedene Fortschritte zu machen schien. Diese Erwägungen wurden vollkommen gesichert durch das Zeugniss des Demosthenes, welcher geradezu als Ursache des Abfalles der Rhodier, Chier, Byzantier die gleichen Befürchtungen anführt, welche trotz ehrenvoller, guter Behandlung die Mytilenäer zum Aufstande bewogen hatten. Demosthenes sagt einige Jahre nach dem Bundesgenossenkrieg: Ἡτιάcαντο γὰρ ἡμᾶς ἐπιβουλεύειν αὐτοῖς Χῖοι καὶ Βυζάντιοι καὶ Ῥόδιοι καὶ διὰ ταῦτα cυνέcτηcαν ἐφ' ἡμᾶς τὸν τελευταῖον τουτονὶ πόλεμον v. d. Fr. d. Rhod. 3, vgl. περὶ cυμμοριῶν LI: Εἰ τοῦτο γένοιτο νομίζων . . . . . ἐπικεκουρῆcθαι ἄν, καὶ τοῦ ἀνυπόπτουc τοῖc Ἕλληcιν εἶναι.

Dazu kommen die allgemeinen Ursachen, welche das Bestehen hellenischer Bünde überhaupt gefährdeten, der eigenthümlich ausgeprägte, autonomistische Charakterzug der Hellenen und das zu unvermittelte Gegenüberstehen der beiden Elemente eines Bundes,

---

1) Vgl. Thuk. III, 10: ἐν τῇ εἰρήνῃ τιμώμενοι ὑπ' Ἀθηναίων κτλ. III, 12. III, 39.

Vorort und Bundesgenossen, worüber an einer andern Stelle gesprochen ist.

Der Hauptfehler der Athener lag, wie Grote in Bezug auf den ersten Bund ausgeführt hat, auch beim jüngern Bunde darin, 'dass sie nicht verstanden bei den Bundesgenossen ein Gemeininteresse für den Bund zu erwecken, dass sich der athenische Staatsmann zuerst und vor Allem als Athener und dann erst als Hellene fühlte'. Der Vorort versäumte die Schöpfung und Entwickelung von Bundesorganen und Zwecken, welche geeignet waren ein solches allgemeines Interesse hervorzurufen und zu erhalten. Der gemeinsame Hauptzweck dieses Seebundes war mit der Niederlage der Lakedaemonier und der Befreiung von ihrer Herrschaft erreicht und fortgefallen, es zeigte sich, dass die übrigen gemeinsamen Interessen nicht stark genug waren, um die Symmachie zusammenzuhalten.

Der bundesgenössische Rath war seiner beschränkten Competenz und Zusammensetzung nach nicht geeignet auf sich ein gemeinsames Interesse zu concentriren. Es führte in ihm jede bundesgenössische Stadt eine Stimme, Korkyra ebenso wie Athenai Diades. Man machte keinen Versuch das gerechtere Princip einzuführen, welches in dieser Hinsicht für den deutschen Bundesrath gilt.[1])

Endlich war der grösste Uebelstand die Abneigung der Athener gegen den persönlichen Dienst und das dadurch veranlasste Ueberhandnehmen der damals allgemein verbreiteten Söldnerei, gegen welche Demosthenes unaufhörlich mit den stärksten Ausdrücken zu Felde zieht. Abgesehen von den andern damit verbundenen Missständen kommt namentlich in Betracht, dass Schädigungen der Bundesgenossen durch die verwilderten, vaterlandslosen Schaaren beim besten Willen der Athener und ihrer Feldherrn nicht zu vermeiden waren. Namentlich stand es schlimm, wenn die athenischen Strategen nicht die nöthige Energie besassen oder wenn gar der Anführer nicht ein Athener, sondern ein Soldnerhäuptling war, den Athen mit seiner Schaar gemiethet hatte. In allen Fällen waren die Bundesstädte bereit die Schuld auf ihren Vorort zu werfen, obwohl diese Missstände nicht sowohl in der bundesgenössischen Politik oder in der Rücksichtslosigkeit Athens, sondern in dem System selbst begründet waren, das die Bundesstädte nicht weniger als Athen angenommen hatten.

Diese Gründe bewogen die athenischen Bundesgenossen abzufallen, besondere Gewaltthaten, Bedrückungen und Willkürlichkeiten, welche sich der führende Staat erlaubte, braucht man zur Erklärung

---

1) Das Synedrion bestand ferner nur aus bundesgenössischen Delegirten, Athen war nicht darin vertreten, folglich fehlte in ihm das eine Element des Bundes, der Vorort, und es war nicht, wie der deutsche Bundesrath, eigentlich ein Organ des Bundes als solchen, sondern nur der Bundesgenossenschaft.

des Abfalles durchaus nicht anzunehmen. Es sind jedoch derartige Vorwürfe mit den stärksten Ausdrücken den Athenern von Schaefer, Rehdantz und überhaupt im Allgemeinen von den neuern Darstellern gemacht worden, es wird daher nöthig sein alle Stellen, auf welche sich solche Vorwürfe stützen können, einer genauen Untersuchung zu unterziehen, um zu erforschen, ob und wie weit die gegen Athen gerichteten Anklagen wirklich begründet sind, worauf dann Zeugnisse, welche für eine andere Ansicht sprechen, folgen sollen.

Beginnen wir mit den Quellen im Allgemeinen, deren Aussagen man ohne Weiteres copirt hat, ohne auf die Parteistellung und Tendenz derselben die Aufmerksamkeit zu richten. Die Hauptquelle ist Isokrates, ein Redner, der an Unzuverlässigkeit nicht nur bei Angabe von Motiven, sondern auch von etwas ferner liegenden Ereignissen durch keinen andern attischen Redner übertroffen wird. Einige Beispiele sind bereits angeführt worden, im Uebrigen ist das über Isokrates Gesagte etwas so Ausgemachtes, dass es einer neuen, weitern Begründung nicht bedarf. Am vorsichtigsten muss man aber die Angaben der attischen Redner überhaupt und namentlich des Isokrates in dem Falle aufnehmen, wo es zum Zwecke der Rede passt zu übertreiben oder Thatsachen in einem falschen Lichte erscheinen zu lassen. Nun war Isokrates ein Mann, der eine Politik des Friedens und der materiellen Interessen vertrat, der, wie aus der Rede vom Frieden hervorgeht, eine grundsätzliche Abneigung gegen die Bildung eines seiner politischen Doctrin entgegenseienden Seebundes hatte und nicht frei von oligarchischen Anschauungen war, vgl. v. Fr. 13. 51. 186.

Als Lehrer und intimer Freund des Timotheos sucht er diesen gegen seine zahlreichen Feinde zu vertheidigen, setzt jene in der Weise attischer Redner nach Kräften herab und stellt den Timotheos so hoch wie möglich, preist dessen Verdienste und weist die Anschuldigungen zurück, als sei Timotheos μισόδημος καὶ ὑπερήφανος (Isokr. v. Umt. 131). Dieser Redner musste natürlich an geeigneten Stellen seiner Reden alles das vorbringen, was sich gegen die Seebundspolitik Athens, die Feinde des Timotheos und dessen Handlungsweise vorbringen liess. Er wird sich auch nicht, wie es überhaupt die attischen Redner pflegen, darauf beschränken alles für seine Ansicht sprechende Material zu sammeln und objectiv zusammenzustellen, sondern, wofür schon Beispiele angeführt sind, aus unsicherer Quelle Stammendes, sofern es dem Zwecke entspricht, wie thatsächlich Feststehendes erwähnen und vielfach übertreiben.

Wenn man daran denkt, dass Demosthenes und Aeschines häufig über dasselbe Ereigniss einen diametral entgegengesetzten Bericht geben, wie arg sie manche Thatsachen entstellen und geradezu lügen, so wird es nicht auffallen, wenn von einem zeitgenössischen Rhetor Aehnliches gilt.

Dazu macht Isokrates gern Phrasen, — er bittet an einigen Stellen selbst seine Schwätzerei zu entschuldigen — unter denen zwar, wie Körner unter Spreu, gesunde Gedanken zu finden sind, die aber oft in übertriebene Aeusserungen hinauslaufen. Zwei Beispiele werden als Probe genügen, wie Isokrates zu sprechen pflegt: τοὺϲ πονηροτάτουϲ τῶν ἐπὶ τὸ βῆμα παριόντων ἀϲκεῖτε καὶ νομίζετε (ὦ ἄνδρεϲ Ἀθηναῖοι) δημικωτέρουϲ εἶναι τοὺϲ μεθύονταϲ τῶν νηφόντων. (v. Fr. 13). Die πονηρότατοι sind die Redner der demokratischen Partei. Ferner: οὓϲ γὰρ ὁμολογήϲαιμεν ἂν πονηροτάτουϲ εἶναι τῶν πολιτῶν τούτουϲ πιϲτοτάτουϲ φύλακαϲ ἡγούμεθα πολιτείαϲ, v. Fr. 124. Dann heisst es v. Fr. 133: Παυϲώμεθα δημοτικοὺϲ μὲν εἶναι νομίζοντεϲ τοὺϲ ϲυκοφάνταϲ, ὀλιγαρχικοὺϲ δὲ τοὺϲ καλοὺϲ κἀγαθούϲ.

Natürlich wird man solche Phrasen als Aeusserungen eines Rhetors behandeln, die man nicht wörtlich aufzunehmen hat, am wenigsten wird man darnach die innern Zustände des athenischen Staates schildern können, dennoch werden ähnliche Aeusserungen des Isokrates über die bundesgenössische Politik Athens wörtlich citirt.[1])

Die Hauptmasse dieser Aeusserungen des Isokrates findet sich in der Rede 'über den Frieden', welche bei Gelegenheit der mit den abgefallenen Bundesgenossen stattfindenden Friedensverhandlungen geschrieben und bestimmt ist, den Athenern darzulegen, wie verderblich und fehlerhaft ihre bisherige Seebundspolitik gewesen sei. Isokrates meint, man müsse auf Seebund und Seeherrschaft vollständig verzichten und durch Frieden das materielle Wohl zu fördern suchen, dadurch werde sich auch der Staat wieder heben.

Ἐγὼ γὰρ ἡγοῦμαι καὶ τὴν πόλιν ἡμᾶϲ ἄμεινον οἰκήϲειν καὶ βελτίουϲ αὐτοὺϲ ἔϲεϲθαι καὶ πρὸϲ ἁπάϲαϲ τὰϲ πράξειϲ ἐπιδώϲειν ἢν παυϲώμεθα τῆϲ ἀρχῆϲ τῆϲ κατὰ θάλατταν ἐπιθυμοῦντεϲ. (v. Fr. 172) δεῖ γὰρ ἡμᾶϲ, εἴπερ βουλόμεθα διαλύϲαϲθαι μὲν τὰϲ διαβολὰϲ ἃϲ ἔχομεν ἐν τῷ παρόντι, παύϲαϲθαι δὲ τῶν πολέμων τῶν μάτην γιγνομένων, κτήϲαϲθαι δὲ τῇ πόλει τὴν ἡγεμονίαν εἰϲ τὸν ἅπαντα χρόνον μιϲῆϲαι μὲν ἁπάϲαϲ τὰϲ τυραννικάϲ[2]) ἀρχὰϲ καὶ δυναϲτείαϲ. Ἐξαρκέϲειεν ἡμῖν, εἰ τὴν πόλιν ἀϲφαλῶϲ οἰκοῖμεν, καὶ τὸν βίον εὐπορώτεροι γιγνοίμεθα καὶ τά τε πρὸϲ ἡμᾶϲ αὐτοὺϲ ὁμονοοῖμεν

---

1) Natürlich werden übertriebene Aeusserungen des Demosthenes ähnlich aufzufassen sein, wenn man auch Aeusserungen dieses vorzüglichen Redners rücksichtsvoller behandeln muss. Der gesunde Kern in den Aeusserungen des Demosthenes ist ein viel grösserer und meist sehr bedeutender. Wunderbar aber ist es, wie Grote aus dem spätern Machwerke περὶ ϲυντάξεωϲ ohne weitere Anmerkungen Belegstellen anführt.

2) Man erinnere sich, dass der griechische Begriff τυραννικόϲ nicht unser 'tyrannisch' deckt, dass eine τυραννικὴ ἀρχὴ nur eine wider Willen des Beherrschten erlangte Herrschaft ist, mag sie auch noch so gut sein.

καὶ παρὰ τοῖc Ἕλληcιν εὐδοκιμοῖμεν· ἐγὼ γὰρ ἡγοῦμαι τούτων ὑπαρξάντων τελέωc τὴν πόλιν εὐδαιμονήcειν.... ἀδεῶc γεωργοῦντεc καὶ τὴν θάλατταν πλέοντεc καὶ ταῖc ἄλλαιc ἐργαcίαιc ἐπιχειροῦντεc, αἳ νῦν διὰ τὸν πόλεμον ἐκλελοίπαcιν ὀψόμεθα τὴν πόλιν διαπλαcίαc μὲν ἢ νῦν τὰc προcόδουc λαμβάνουcαν μεcτὴν δὲ γιγνομένην ἐμπόρων καὶ ξένων καὶ μετοίκων, v. Fr. 19 fg. 133 fg. 142 fg.

Das sind die Grundsätze des Isokrates, die den politischen Doctrinen der meisten Staatsmänner des heutigen England nahe verwandt und schwer mit einer auf eine hervorragende Machtstellung des Staates gerichteten Bundespolitik vereinbar sind. Es ist sehr zu beachten, dass Isokrates seine Rede 'Ueber den Frieden' zu einer Zeit verfasste als der Krieg mit dem abgefallenen Bundesgenossen zu einem neuen Ruin des Staates geführt hatte, und eine grosse Reaction gegen das ganze bisherige politische System natürlich war. Die oppositionellen Kreise hörten ebenso gern die schärfsten Anschuldigungen und Verurtheilungen wie sie dieselben zu glauben und zu vertreten geneigt waren.

Man erwartet an irgend einer Stelle der Rede eine Sammlung von Fällen als Beispiele und Belege, wie sich die Athener über Recht und Gesetz hinweggesetzt haben, Fälle wie der, welchen Diodoros von den Handlungen des Chares auf Korkyra erzählt (XV, 95). Isokrates giebt aber nicht eine solche bestimmte Thatsache, sondern ergeht sich in unbestimmten, allgemeineren Aeusserungen, die man dahin zusammenfassen kann, dass die athenischen Feldherrn die Städte, welche die Bundesbeisteuer (cύνταξιc) verweigerten, nicht gerade schonend und nachsichtig, sondern streng behandelten, dass ferner Athen einen ungerechtfertigten Zwang übte, indem es die Bundesgenossen wider deren Willen anhielt Bundesbeisteuern zu zahlen und im Bunde zu bleiben. Von einer Willkürherrschaft und Bedrückung der Bundesgenossen ist nicht die Rede.

Wenn die athenischen Feldherren Zwangsmassregeln gegen Bundesstädte anwandten, so waren dieselben durch Verweigerung der dem Vororte nach Bundesrecht zustehenden Syntaxeis veranlasst und gerechtfertigt. Vgl. Isokr. v. Fr. 24: Ὁπότε Τιμόθεοc μέλλοι παραπλεῖν τῶν μὴ cυντάξειc διδουcῶν πέμψαc προηγόρευε τοῖc ἄρχουcιν, ἵνα μὴ πρὸ τοῦ λιμένοc ἐξαίφνηc ὀφθεὶc εἰc θόρυβον καὶ ταραχὴν αὐτοὺc καταcτήcειεν· εἰ δὲ τύχοι καθορμιcθεὶc πρὸc τὴν χώραν οὐκ ἂν ἐφῆκε τοῖc cτρατιώταιc ἁρπάζειν καὶ κλέπτειν καὶ πορθεῖν οἰκίαc κτλ. Eine gleiche Beziehung hat Plut. Phok. 11: Καὶ μὴν οἵ γε cύμμαχοι καὶ νηcιῶται τοὺc Ἀθήνηθεν ἀποcτόλουc (Erhebung der Syntaxis) ἑτέρου μὲν ἐκπλέοντοc cτρατηγοῦ πολεμίουc νομίζοντεc ἐφράγνοντο τείχη καὶ λιμέναc, ἀπεχώρεcαν καὶ κατεκόμιcαν ἀπὸ τῆc χώραc εἰc τὰc πόλειc βοcκήματα καὶ ἀνδράποδα καὶ γυναῖκαc καὶ παῖδαc· εἰ δὲ Φωκίων... διαλεχθεὶc ταῖc πόλεcιν καὶ cυγγενόμενοc τοῖc ἄρχουcιν ἐπιεικῶc καὶ ἀφελῶc κτλ.¹).

Dass ausser Phokion noch andere Strategen so milde verfuhren, ist sicher, Isokrates rühmt dasselbe von seinem Freunde Timotheos. Was aber die Verhandlung mit den bundesgenössischen Behörden über die Syntaxis betrifft, so war diese, da die Zahlung der Bundesbeisteuer einfach Bundespflicht war, nur in dem Falle möglich, dass die betreffende Bundesstadt nicht zahlen wollte. Es bezieht sich also die Stelle bei Plutarchos ebenfalls auf Steuerverweigerungen. Isokrates v. Fr. 36 führt eine Polemik gegen diejenigen, welche behaupten, ὡc χρὴ τοὺc προγόνουc μιμεῖcθαι καὶ μὴ περιορᾶν ἡμᾶc αὐτοὺc καταγελωμένουc μηδὲ τὴν θάλατταν πλέονταc τοὺc μὴ τὰc cυντάξειc ἐθέλονταc ὑποτελεῖν.

Es scheint uns heute sehr hart, dass die athenischen Feldherrn gleich mit der Verwüstung des Landes vorgingen und durch Plünderungen sich für Nichtzahlung der Syntaxeis schadlos hielten, allein nach den Anschauungen jener Zeit ist dieses nicht der Fall, und deshalb wird von den Lobrednern des Phokion und Timotheos ihr

---

1) Aus diesen Stellen geht auch hervor, dass durchaus nicht wie im ersten Bunde die Behörden in den Bundesstädten von den Athenern eingesetzt waren, sondern dass die Bundesstädte ihre eigenen Magistrate (ἄρχοντεc) hatten, so dass in dieser Beziehung die Autonomie der Bundesgenossen gewahrt blieb, vgl. auch die Urkunde des Handelsvertrages zwischen Athen und den Städten der Insel Keos: Ἔδοξε τῇ βουλῇ καὶ τῷ δήμῳ Ἰουλιητῶν.
Allerdings sind einige Fälle bekannt, dass athenische Besatzungen mit Stadthauptleuten in den Städten liegen, allein in allen diesen Fällen ist der betreffende Ort feindlichen Angriffen ausgesetzt, so dass eine Besatzung zu grösserer Sicherheit, die der Bund wesentlich bezweckte, nothwendig war. Besatzungen sind erwähnt: in Potidaia bei der Einnahme der Stadt durch Philipp, im Chersonesos und namentlich in Krithote (Dem. g. Arist. 188 und 190) zu einer Zeit als der ganze Chersonesos bis auf Elaius und Krithote verloren gegangen, und auch dieser Rest von thrakischen Dynasten und andern Feinden bedroht war, in Andros zur Zeit der Plünderungszüge des Dynasten von Pherai und während des Bundesgenossenkrieges, als Andros offenbar mit Athen in guten Beziehungen stand, vgl. den Volksbeschluss über die Auszahlung des Soldes an die Phylake in Andros, dazu Aesch. g. Tim. 126, wo Timarchos Archon in Andros genannt wird. Dass Timarchos diesen Posten durch Bestechung erlangt hatte und in Andros Unzucht mit den Frauen der andrischen Bürger trieb, wurde erst späterhin öffentlich bekannt, als diese Verbrechen Aeschines in der gegen Timarchos gerichteten Rede aufdeckte. Timarchos soll nach der Prothesis der Rede seiner gerechten Strafe nicht entgangen sein. Dass solche Leute zu derartigen Aemtern gelangen konnten, wird zu bedauern und zu tadeln sein, allein solche Fälle sind selbst in dem geordnetsten Staatswesen nicht zu vermeiden, am wenigsten aber bei den Hellenen, deren politische Moralität eine ziemlich geringe war. Man darf keineswegs diesen Fall als Moment einer willkürlichen, von Herrschsucht geleiteten Politik Athens gegen die Bundesgenossen betrachten, denn der Staat identificirte sich nicht mit dem Uebelthäter, sondern bestrafte ihn und that damit seine Pflicht.

abweichendes Verfahren hoch gepriesen. Es ist dieses das gebräuchliche Zwangsverfahren, welches man ebenso gegen steuerverweigernde Bundesgenossen, wie gegen feindliche Städte anwandte, von denen man die Zahlung einer Kriegscontribution vergeblich gefordert hatte. Man drohte mit Verwüstung der Felder und Fortführung des Viehes, um daraus die schuldige Steuer zu lösen, half die Drohung nicht, so wurde geraubt und geplündert, bis die Zahlung geleistet wurde oder nichts mehr zu nehmen war.

Bundesstädte, welche die verhältnissmässig niedrige Syntaxis zahlten, hatten solches Verfahren nicht zu erleiden, die andern zogen es sich wesentlich durch eigene Schuld zu. Zur Erläuterung des hier Gesagten dient sehr gut das, was Thuk. I, 99 vom ersten Bunde erzählt: Οἱ γὰρ Ἀθηναῖοι ἀκριβῶς ἔπραccον καὶ λυπηροὶ ἦcαν οὐκ εἰωθόcιν οὐδὲ βουλομένοιc ταλαιπωρεῖν προcαγαγόντεc τὰc ἀνάγκαc· ὧν αὐτοὶ αἴτιοι ἐγένοντο οἱ cύμμαχοι.

Wenn Timotheos und Phokion ausnehmend milde und nachsichtig verfuhren, die meisten Andern aber mit Härte und Strenge vorgingen, so thaten diese es nicht aus blosser Lust am Rauben und Plündern, sondern weil sie von der bei den Hellenen überhaupt herrschenden Ueberzeugung durchdrungen waren, dass nichts gefährlicher als Nachgiebigkeit gegen die Bundesgenossen sei. Perikles theilte durchaus diese Anschauung und rieth den Athenern 'die Bundesgenossen fest und streng in der Hand zu halten. (διὰ χειρὸc ἔχειν Thuk. II, 13). Eingehend wird über das gegen die Bundesgenossen einzuhaltende Verfahren bei der Debatte über das Schicksal der Mitylenaeer im Jahre 427 gesprochen, eine Erörterung, welche vortrefflich von Thukydides wiedergegeben ist, vgl. Thuk. III, 36 fg., dazu die Ausführungen Grotes (III, 510 fg. der Uebersetzung). In der ersten zur Behandlung dieses Gegenstandes angesetzten Volksversammlung entscheidet sich die Majorität, in der zweiten eine starke Minorität für den Antrag Kleons, ein furchtbares Strafgericht über die abgefallenen Bundesgenossen ergehen zu lassen, Tausende hinzurichten u. s. w. Und dass konnte in der anerkannt humansten Stadt von ganz Griechenland votirt werden. Wie würde Sparta, Theben oder gar Korkyra in einem ähnlichen Falle gehandelt haben? Die Geschichte darf Handlungen nicht sowohl von einem absoluten Standpunkte wie nach den allgemeinen Culturverhältnissen der Zeit beurtheilen, in welcher sie sich vollziehen. Man begreift z. B. die Abstimmung der Athener über die abtrünnigen Mitylenaeer, wenn man sich an die furchtbaren Bürgerkriege auf Korkyra, an die Wirthschaft der lakedaemonischen Harmosten und der lakonisirenden Oligarchien erinnert, wenn man daran denkt, dass sechzig Jahre nach der Bestrafung der Mitylenaeer bei einem Bürgerkriege in Argos in einem Strassenkampfe Tausende mit Knütteln erschlagen wurden.

Kleon forderte damals Gerechtigkeit, nichts weniger und nichts mehr, (Grote) weil nur dieses für Athen, den Vorort, zuträglich, Milde und Nachgiebigkeit dagegen höchst gefährlich und bedenklich sei, vgl. Thuk. III, 46: — μηδὲ τρία τοῖc ἀξυμφορωτάτοιc τῇ ἀρχῇ οἴκτῳ καὶ ἡδονῇ λόγων κεὶ ἐπιεικείᾳ ἁμαρτάνειν..... πειθόμενοι δὲ ἐμοὶ τὰ δίκαια καὶ τὰ ξύμφορα ἁμαρτάνειν κτλ.

Diodotos, der Sprecher der Gegenpartei gesteht ein, dass Kleon ohne Zweifel ein gerechtes Verfahren verlange, auch halte er selbst im Allgemeinen Mitleid und Nachgiebigkeit für durchaus nicht angebracht, in diesem Falle dürfte es nur ausnahmsweise nützlicher sein Gnade vor Recht ergehen zu lassen, vgl. Thuk. III, 44: δικαιότεροc ὢν Κλέωνοc ὁ λόγοc ..... ὑμεῖc, ὦ ἄνδρεc Ἀθηναῖοι, γνόντεc ἀμείνῳ τάδε εἶναι καὶ μήτε οἴκτῳ πλέον νείμαντεc μήτε ἐπιεικείᾳ, οἷc οὐδὲ ἐγὼ ἐῶ προcάγεcθαι κτλ. III, 48.

Wie man im Allgemeinen darüber dachte, dass ein Vorort seine Bundesgenossen bei einem Vergehen züchtigen dürfe, zeigt die höchst merkwürdige Aeusserung der Korinthier, die, obwohl zu jener Zeit mit den Athenern verfeindet und deren Rivalen, über das Verfahren der Athener gegen das abtrünnige Samos bei Thuk. I, 40. Folgendes sagen: Οὐδὲ γὰρ ἡμεῖc Cαμίων ἀποcτάντων (von Athen) ψῆφον προcεθέμεθα ἐναντίον ὑμῖν τῶν ἄλλων Πελοποννηcίων δίχα ψηφιcαμένων, εἰ χρὴ αὐτοῖc ἀμύνειν, φανερῶc δὲ ἀντείπομεν, τοὺc προcήκονταc cυμμάχουc αὐτόν τινα κολάζειν.

Man sieht hieraus, dass es der Anschauungsweise der Hellenen durchaus entsprach gegen widerspänstige Bundesgenossen Gewalt anzuwenden und dabei das gewöhnliche Verfahren einzuschlagen. Eine Erklärung, warum Timotheos, der von der Schlacht bei Leuktra bis zum Bundesgenossenkriege in den kriegerischen Operationen Athens hervorragendste Stratege, anderer Ansicht war, bietet der Umstand dar, dass er den Isokrates zum Lehrer und Freunde hatte. Natürlich rühmt dieser nun die Handlungsweise seines Schülers so viel als möglich und stellt das Verfahren anderer Feldherren, wie des Chares, in das schwärzeste Licht. So heisst es v. Umtausch 121: Τιμόθεοc ὁρῶν ὑμᾶc τούτουc μόνουc ἄνδραc νομίζονταc τούc τ' ἀπειλοῦνταc τὰc ἄλλαc πόλειc καὶ τοὺc νεωτερίζονταc ἐν τοῖc cυμμάχοιc οὐκ ἠκολούθει ταῖc ὑμετέραιc γνώμαιc. Isokrates giebt v. Umt. 116 zu, dass damit Timotheos sich im Widerspruche mit der Mehrheit des athenischen Volkes befand: περὶ cυμμαχικῶν πραγμάτων καὶ τῆc ἐπιμελείαc τῆc ταύτηc οὐ τὴν αὐτὴν ὑμῖν γνώμην εἶχεν.

Isokrates sagt, die Athener hätten nur diejenigen als Männer angesehen, welche den andern Städten drohten und in den Bundesstädten Neuerungen machten (νεωτερίζειν), d. h. Verfassungsveränderungen bewerkstelligten. Eine solche Einmischung zum Sturze einer bestehenden Verfassung wäre ohne Zweifel eine grobe Verletzung der Autonomie gewesen, und man müsste den Athenern mit Recht den Vorwurf machen, dass sie die Bundesstädte nach

Willkür behandelten und unterthänig machten. Es ist jedoch nur die eine bestimmte Thatsache bekannt, dass Chares die Verfassung auf Korkyra stürzen half, und es ist bereits ausgeführt, dass er bei dieser Gelegenheit eigenmächtig handelte oder dass wenigstens eine Mitschuld des athenischen Staates schwer nachzuweisen ist.

Es gehört in diesen Zusammenhang die Stelle bei Isokr. Panath. 99 fg. — — τὴν δ' ἡμετέραν πόλιν οὐδεὶς ἂν οὐδ' εἰπεῖν τολμήσειε πρὸ τῆς ἀτυχίας τῆς ἐν Ἑλλησπόντῳ γενομένης ὡς τοιοῦτον ἐν τοῖς συμμάχοις τι διαπραξαμένην. Ἐπειδὴ Λακεδαιμόνιοι κύριοι καταστάντες τῶν Ἑλλήνων πάλιν ἐξέπιπτον ἐκ τῶν πραγμάτων, ἐν τούτοις τοῖς καιροῖς στασιαζουσῶν τῶν ἄλλων πόλεων δύ' ἢ τρεῖς τῶν στρατηγῶν τῶν ἡμετέρων, οὐ γὰρ ἀποκρύψομαι τ' ἀληθὲς, ἐξήμαρτον περί τινας αὐτῶν ἐλπίζοντας, ἢν μιμήσωνται τὰς Σπαρτιατῶν πράξεις, μᾶλλον αὐτὰς δυνήσεσθαι κατασχεῖν.

Dass diese Eingriffe von zwei oder drei athenischen Feldherren Interventionen bei Parteikämpfen zu Gunsten der athenisch gesinnten Partei waren, geht aus dem vorhergehenden Paragraphen hervor: ἀλλὰ μὴν τὰς στάσεις καὶ τὰς σφαγὰς καὶ τὰς τῶν πολιτειῶν μεταβολὰς ἃς ἀμφοτέροις (Lakedaemoniern und Athenern) τινὲς ἡμῖν ἐπιφέρουσιν ἐκεῖνοι (die Lakedaemonier) μὲν ἂν φανεῖεν ἁπάσας τὰς πόλεις πλὴν ὀλίγων μεστὰς πεποιηκότας τῶν τοιούτων συμφορῶν. Wie die Lakedaemonier die oligarchische Partei ans Ruder zu bringen strebten, ebenso werden zwei oder drei athenische Feldherren in einigen Städten zu Gunsten der demokratischen Partei eingegriffen haben. Isokrates sagt weder Näheres über die Art und Weise dieser Interventionen, noch über die Zeit, in welcher sie geschahen. Die Zeit bestimmt er nur so weit, dass dieses in den Jahren geschah, als die Lakedaemonier wieder die leitende politische Stellung verloren und die andern Städte sich im Bürgerkriege befanden.

Es passt die Schilderung der politischen Verhältnisse, welche Isokrates an dieser Stelle giebt, auf die Zeit nach der Schlacht von Knidos, als sich die demokratischen Parteien in einer grossen Anzahl von Städten gegen die herrschenden Oligarchen mit Erfolg zu erheben begannen, so dass ein Theil der Städte unter athenischen Einfluss gerieth, während der andere noch sich vom lakedaemonischen bestimmen liess. Die Erwähnung der Schlacht bei Aigospotamoi (99) und der Niederlage bei Knidos (105) legen es nahe, dass nicht die Zeit nach der Schlacht von Naxos oder bei Leuktra gemeint ist. Noch vor der Niederlage der Lakedaemonier bei Knidos stürzten die Demokraten das oligarchische Regiment in Rhodos, dann erhoben sich die Oligarchen wieder, bemächtigten sich der Hauptstadt Rhodos, während die Demokraten das platte Land und die übrigen Städte der Insel behaupteten. Als sich in dem langen Bürgerkrieg die Entscheidung zu Gunsten der Demokraten hinneigte, wandten sich die Oligarchen an die Lakedaemonier, welche darauf ein Geschwader nach Rhodos abschickten. Athen konnte unmöglich zusehen, dass die attikizirende Demokratie von der mit den Lakedaemoniern verbündeten Gegenpartei niedergeworfen würde. Man wird es sicherlich nicht als ein politisches Vergehen tadeln können, dass die Athener eine grössere Streitmacht als die Lakedaemonier nach Rhodos schickten, eingriffen und der eigenen Partei zum Siege verhalfen. Dass dabei von den Intervenirenden die Regierung des Staates, in dessen innere Angelegenheiten man eingriff, nicht immer rücksichtsvoll behandelt wurde, und dass die athenischen Krieger sich manche Schädigungen der Insulaner zu Schulden kommen liessen, ist nach den damaligen Zuständen begreiflich, und Athen deshalb nicht besonders zu tadeln.

Ausser diesem Falle ist noch ein solcher aus derselben Zeit bekannt und kann in gleicher Weise dazu dienen, sich von dem Wesen und der Veranlassung der Eingriffe Athens in die innern Angelegenheiten der Seestädte eine Vorstellung zu machen. In Byzanz wurde die auf der Seite der Lakedaemonier stehende oligarchische Partei mit Hülfe des athenischen Strategen Thrasibulos gestürzt und eine demokratische Regierung eingesetzt.

Allerdings wäre es zu tadeln und der Autonomie zuwider gewesen, wenn die Athener in der Zeit des Friedens in die innern Angelegenheiten einer Bundesstadt eingegriffen und gewaltsam die Verfassung und Regierungspartei zu ihren Gunsten umgestaltet hätten, wie es die Lakedaemonier in Mantinea und Phlius thaten. Solche Interventionen verbot die Bundesverfassung und musste es verbieten, wenn nicht jede Selbstständigkeit der Bundesstaaten in Frage gestellt werden sollte. Darum erregte die Handlung des Chares, welcher der einen Partei die bestehende Regierungsform stürzen half, eine so grosse Entrüstung. Anders aber stand es, wenn z. B. mit Lakedaemon Krieg geführt wurde, und in einer Stadt (Isokrates sagt nicht Bundesstadt) die beiden Parteien in ziemlich gleicher Stärke schroff gegenüberstanden. Natürlich griff dann Athen bei passender Gelegenheit ein, damit nicht der Gegner dasselbe that und die Stadt in seine Gewalt brachte. Dass aber in jedem Falle, welche Partei auch siegen mochte, nach dem Siege σφαγαί, ἁρπαγαί, φυγαί etc. folgten, ist in Griechenland nicht Ausnahme, sondern Regel. Bei solcher Gelegenheit mögen einige Feldherren in der Weise der Lakedaemonier schroffer und rücksichtsloser aufgetreten sein, die am entschiedensten Attikizirenden ans Ruder gebracht und deren Vorgehen gegen die Unterlegenen, selbst wenn es nicht rechtgemäss war, ruhig mit angesehen oder gar gefördert haben. Indessen dürften einzelne solcher Fälle wohl schwerlich genügende Veranlassung geben, um das Verhältniss der Athener zu ihren Bundesgenossen als rohe Willkürherrschaft aufzufassen und darzustellen. Es sind Fälle, die mehr aus den kriegerischen Verhältnissen und der Lage der Parteien als beinahe unumgänglich gegeben zu begreifen, als zu harten Vorwürfen gegen Athen zu verwenden sind.

Es würde dieses Urtheil keine Aenderung erfahren, wenn sich das Isokrateische ἐξέπιπτον ἐκ τῶν πραγμάτων nicht auf die Zeit nach der Schlacht bei Knidos beziehen würde, wo es überhaupt noch keine Bundesstädte gab, in deren innere Angelegenheiten einzugreifen durch die Bundesverfassung verboten war, sondern auf die Zeit nach der Schlacht bei Naxos. Auch zu dieser Zeit gab es eine Reihe von Städten, in denen die Parteiverhältnisse derartige waren, dass wohl eine Reihe von Fällen denkbar ist, welche eine Intervention der Athener rechtfertigen konnten. Immerhin möglich ist es, wenn nicht sogar höchst wahrscheinlich, dass sich noch einige andere athenische Strategen ausser Chares Vergehen gegen Bundesstädte zu Schulden kommen liessen, konnte dieses der Staat nicht vollständig verhüten, so war es seine Sache diese Uebelthäter zu bestrafen. Dieses geschah aber in Athen, wie aus einzelnen Fällen, welche die höchst fragmentarische Ueberlieferung erhalten hat, ersichtlich wird.* Der Stratege Aristophon hatte sich aus Geldgier, wahrscheinlich bei der Erhebung der Syntaxeis, gegen die Einwohner von Keos Bedrückungen zu Schulden kommen lassen (vgl. Schol. z. Aesch. g. Tim. 66), er wurde aber von dem jungen Hypereides zu Athen angeklagt und entging nur mit zwei Stimmen Majorität der Verurtheilung, weil offenbar der junge Ankläger noch nicht geübt genug war, die Geschworenen (Dikasten) von der Schuld des Angeklagten zu überzeugen, oder weil diese überhaupt nicht zu erweisen war. Timarchos, der auf Andros unsittliche Handlungen gegen die Frauen von bundesgenössischen Bürgern verübt hatte, wurde in Athen vor Gericht gezogen und verurtheilt. Den einflussreichsten Männern liess man es nicht durchgehen, wenn sie sich derartige Vergebungen zu Schulden kommen liessen. Timotheos und dessen Schatzmeister wurden verurtheilt, weil sie mit den bundesgenössischen Geldern schlecht gewirthschaftet hatten. Dann hatte Timotheos die enorm hohe Geldstrafe von hundert Talenten zu erlegen, weil er die Beschuldigung, von Chios und Rhodos Geld genommen zu haben, nicht als ungerechtfertigt erweisen konnte (Dem. g. Dein. S. 94, 14).

Die athenischen Geschworenengerichte können auf einen hohen Grad von Unparteilichkeit ihrer ganzen Organisation nach Anspruch machen. Die Richter liessen sich durch alle Verdienste des Timotheos nicht bewegen, nicht streng nach dem Gesetze zu urtheilen und von ihrem Eide abzugehen (οὐδὲ τῶν ὅρκων, οὓς ὀμωμοκότες ἐφέρετε τὸν ψῆφον, ἀντικατηλλάξασθε τὰς τοιαύτας εὐεργεσίας). Indessen ist hier zu bemerken, dass Timotheos von den Chiern und Rhodiern nicht Geld erpresst hatte, sondern von diesen Inseln, die sich gegen Athen im Aufstande befanden und Krieg führten, offenbar bestochen worden war, so dass er im Jahre 356 unter günstigen Umständen in keinen Kampf sich einliess. Dieses mag, nebenbei gesagt, der Grund gewesen sein, warum Iphikrates, der wie Timotheos vor ein Kriegsgericht gestellt wurde, weil er die Flotte der Aufständischen nicht angegriffen hatte, frei ausging, während Timotheos verurtheilt wurde. Es ist gar nicht unwahrscheinlich, dass Timotheos in der That bestochen worden ist.

Noch in anderen Fällen ausser bei Parteikämpfen, Erhebung von verweigerten Bundessteuern hatten die athenischen Strategen Veranlassungen mit aller Strenge und Härte gegen Bundesstädte aufzutreten und zwar mit Recht. Es handelt sich darum, dass eine Bundesstadt Seeräuber aufnahm oder irgendwie unterstützte, was ein Bundesgesetz mit schweren Strafen ahndete. Bundesgenössische Städte, welche nicht nur Piraten aufnahmen, sondern sogar die Strafsumme verweigerten, hatten eine Execution zu erwarten, bei der es dem üblichen Verfahren nach nicht gerade milde zuging. Da die Seeräuberei einerseits eine grosse Ausdehnung hatte, andrerseits manche Bundesstädte mit den Seeräubern Beziehungen unterhielten, so darf es nicht auffallen, dass es häufig zwischen den Athenern, welche die Seepolizei mit aller Strenge übten, und gewissen Bundesstädten zu Reibungen und Conflicten kam. Wenn Strategen das Executionsverfahren einschlugen, so rechnete man dieses in gewissen Kreisen ohne Weiteres zu den Schädigungen und Bedrückungen, welche die Bundesgenossen von den Athenern zu leiden hatten. Man erzählte in den betreffenden Kreisen nur, dass der athenische Stratege Geldsummen erhob, das Vieh fortnahm u. s. w., ohne den Grund hervorzuheben und das Vergehen der Bundesstädte, weshalb dieses geschah. Vgl. g. Theokr. 60 fg. und 72 über Seepolizei und die Eintreibung von Strafgeldern für Vergehen gegen das Seerecht.

Nach dem, was bereits über Isokrates gesagt und über Theopompos hinlänglich bekannt ist, wird es nicht auffallen, wenn diese nur von der Thatsache des gewaltsamen Verfahrens sprechen, so dass es aussieht, als ob die Athener ein reines Plünderungsystem der Bundesgenossen befolgt hätten. Es fehlen vollständig die Belege dafür, dass die Athener, wie Isokrates (v. Fr. 134) sagt, den Feldherren gestatteten mit den Bundesgenossen zu thun, was sie wollten, es ist das eine von den Phrasen des Isokrates, von denen oben Beispiele angeführt sind. Wenn es nöthig war, rückständige Bundessteuern einzutreiben oder wegen Aufnahme von Seeräubern zu strafen, dann wird man den Feldherren weitern Spielraum in Bezug auf ihr Verfahren gelassen haben, so dass sie ihrem Charakter und ihrer Ueberzeugung nach beliebig mit Nachsicht oder Härte verfahren konnten.

In der Rede über den Frieden ergeht sich dann Isokrates vom Standpunkte seiner politischen Doctrin aus in heftige Angriffe gegen diejenigen, welche das Recht Athens unter Umständen Zwangsmassregeln gegen Bundesstädte anzuwenden, behaupten wollten. Wir glaubten, sagt Isokrates, Vortheil zu haben, ἢν βιαζώμεθα τὰς πόλεις cυντάξεις διδόναι καὶ cυνέδρουc ἐνθάδε πέμπειν, ἐχθρὰc ἡμῖν ἐξ αὐτῶν γεγόναcι εἰκότωc (v. Fr. 29). Wir sind lange Zeit durch Menschen verdorben, die nur leeres Geschwätz machen können, οἱ λέγειν τολμῶϲιν ὡϲ χρὴ τοὺϲ προγόνουϲ μιμεῖϲθαι καὶ μὴ περιορᾶν ἡμᾶϲ αὐτοὺϲ καταγελωμένουϲ μηδὲ τὴν θάλατταν πλέονταϲ τοὺϲ μὴ τὰϲ ϲυντάξειϲ ἐθέλονταϲ ἡμῖν ϲυντελεῖν (v. Fr. 36). Οὕτω χαίρομεν ταῖϲ τῶν ῥητόρων πονηρίαιϲ ὥϲθ' ὁρῶντεϲ διὰ τὰϲ ταραχὰϲ . . .. τούτουϲ ἐκ πενήτων πλουϲίουϲ γεγενημένουϲ οὐδὲ φθονοῦμεν ταῖϲ εὐπραγίαιϲ αὐτῶν ἀλλ' ὑπομένομεν τὴν μὲν πόλιν διαβολὰϲ ἔχουϲαν ὡϲ λυμαίνηται καὶ δεϲμολογεῖ τοὺϲ "Ελληναϲ (125). Er klage die Stadt an τῆϲ δυναϲτείαϲ τῆϲ ἐν τοῖϲ "Ελληϲι καὶ τῆϲ ἀρχῆϲ τῆϲ κατὰ θάλατταν, ἀποφαίνων αὐτὴν οὐδὲν διαφέρουϲαν οὔτε ταῖϲ πράξεϲιν οὔτε τοῖϲ πάθεϲιν τῶν μοναρχιῶν (v. Umtausch 64). Er erinnere an das viele Unheil, das dadurch über die Athener und Lakedämonier und Andere gekommen'sei. Wenn man einen Seebund bilde, so müsse man wenigstens die Seestädte nicht knechten und herrisch behandeln, sondern ihnen als Bundesgenosse vorstehen. Μηδὲ δεϲποτικῶϲ, ἀλλὰ ϲυμμαχικῶϲ ἐπιϲτατεῖν. Ἐγὼ γὰρ ἡγοῦμαι καὶ τὴν πόλιν ἡμᾶϲ ἄμεινον οἰκήϲειν καὶ βελτίουϲ αὐτοὺϲ ἔϲεϲθαι . . ἢν παυϲώμεθα τῆϲ ἀρχῆϲ τῆϲ κατὰ θάλατταν (v. Fr. 172). Allerdings lösen sich dadurch, dass Athen auf eine Seeherrschaft und Bundesgenossenschaft verzichtet, alle Schwierigkeiten und Uebelstände, welche eine bundesgenössische Politik mit sich bringt, schlägt man ein Glied ab, so thut es nicht mehr wehe, aber man wird das Glied selbst nicht entbehren können. Ebenso verhält es sich mit Athen und seiner Bundesgenossenschaft, in der Stellung als Vorort eines abhängigen Seebundes hatte es seine Blüthe gehabt, die Bundesgenossenschaft war mit den glänzendsten Epochen der athenischen Geschichte eng verflochten. Man konnte es keinem patriotischen Athener zumuthen, dass er der Bürgerschaft das Aufgeben der abhängigen, wenn auch autonomen Bundesgenossenschaft, unter gewöhnlichen Umständen empfehlen sollte. Recht hat aber Isokrates, wenn er darauf dringt, wenigstens ϲυμμαχικῶϲ ἐπιϲτατεῖν. Athen musste sich selbst als erstes Glied der Bundesgenossenschaft auffassen, durfte sich nicht, wie es bei den meisten hellenischen Bünden dieser Epoche geschah, als einen ausserhalb derselben stehenden Factor und herrschenden Staat betrachten.

Isokrates beklagt sich ferner an der angeführten Stelle, dass die Städte von den Athenern zur Errichtung von Bundesbeisteuern gezwungen würden. Es war allerdings durch die Bundesverfassung verboten, weil es die Autonomie verletzt hätte, Städte durch Belagerung oder sonst durch Gewalt zu zwingen bundesgenössisch zu werden, jede Stadt musste ἑκών beitreten, wenn auch nur 'freiwillig' in dem weiten Sinne hellenischer Staatsmänner. Es ist kein bestimmter Fall sicher überliefert, in welchem die Athener in dieser Hinsicht sich über die Grundsätze des Bundes hinwegsetzten. Der Ausdruck des Isokrates kann ebenso gut heissen (und zwar hat hier diese Bedeutung die grössere Wahrscheinlichkeit), dass die

Athener Städte, die bereits Bundesmitglieder waren, aber nicht weiter ihre Verpflichtungen erfüllen wollten, Bundessteuern zu zahlen und 'Mitsitzer' nach Athen zu schicken zwangen. Es stand aber nach den Anschauungen der Hellenen die Berechtigung der führenden Stadt fest, eine bundesgenössische zur Zahlung der Bundessteuern und Ableistung der übrigen Bundespflichten zu zwingen und bei einem Abfalle gegen sie vorzugehen. Selbst die Korinthier erkannten dieses Recht der Athener zu einer Zeit an, als sie deren heftigste Feinde waren, und sprachen sich deshalb gegen die Interventionsgelüste eines Theiles der Peloponesier mit Entschiedenheit aus.

Die übrigen, noch nicht angeführten Stellen, welche man als Belege dafür anzuführen pflegt, wie die Bundesgenossen unter der Herrschaft der Athener zu leiden hatten, wie die Athener nur auf Befriedigung ihrer Herrschsucht bedacht waren und sich um Schädigungen der Bundesgenossen nicht kümmerten 'und überhaupt ihrer Willkür freien Lauf liessen' (Schaefer), beziehen sich auf die Söldnerei.

Es ist bereits darauf hingewiesen, dass es Tadel verdient, wenn die Athener ihre Schwäche nicht überwinden konnten und sich immer mehr von dem allgemeinen Uebel der Söldnerei ergreifen liessen, allein dabei ist zu erwägen, dass dieses nicht ein besonderer Fehler der Athener, sondern eben allgemeines Uebel der Zeit war, das als solches auf die einzelnen Staaten fast unwiderstehlich einwirkte. Diese Söldnerschaaren fielen den Athenern selbst lästig, wenn auch ihrer Verwendung nach die bundesgenössischen Städte, welche den Kriegsschauplätzen nahe lagen, weit mehr zu leiden hatten. So lange man nicht das Uebel bei der Wurzel fasste und, wozu Demosthenes unaufhörlich räth, Bürgerheere an Stelle der Söldnerheere aufstellte, konnte man beim besten Willen und der geordnetsten Staatsverwaltung Schädigungen der Bundesgenossen nicht vermeiden. Isokrates, Demosthenes und Andere entwerfen die trübsten Schilderungen von diesen Schaaren. Sie seien aus Menschen zusammengesetzt, welche den Krieg zu ihrem Handwerk machten (Isokr. v. Umt. 115). Sie bestanden aus vaterlandslosem Gesindel, welches aus allen Theilen Griechenlands zusammengelaufen war und zum Feinde überging, sobald dieser höhern Sold bot, sich durch Plünderungen in Feindes- und Freundesland schadlos hielt, wenn die Löhnung nicht pünktlich oder nicht vollständig erfolgte. Nur Feldherren wie Timotheos, Iphikrates, Chabrias konnten diese Haufen in Zucht und Ordnung halten, aber auch nur zu einer Zeit, wo sie noch lange nicht so verwildert waren als späterhin, besonders nach dem grossen Bundesgenossenkriege. Namentlich kommt als Quelle für die Schädigungen durch das Söldnerwesen Demosthenes in Betracht. Zu den Stellen, welche im Folgenden besprochen werden, ist im Voraus zu bemerken, dass sie erstens sich sämmtlich zunächst auf die Zeit nach dem Bundesgenossenkriege beziehen, wo Athen bedeutend heruntergekommen und weniger als je im Stande war, Ausschreitungen der Söldner zu verhüten¹).

Ferner ist zu beachten, dass diese Stellen, da Demosthenes Redner ist, der nicht ungern stark aufträgt und besonders hier seinem Zwecke gemäss schwarz malt, Uebertreibungen enthalten. Will man also eine Anwendung seiner Aeusserungen auf die Periode vor dem Bundesgenossenkriege machen, so wird aus doppelten Gründen eine Abschwächung derselben nöthig sein. Dieses ist insofern auch wichtig als eben in der Zeit vor dem Bundesgenossenkriege die athenische Symmachie einen wichtigen Factor in der allgemeinen Geschichte der Hellenen bildet, während sie späterhin wegen der geringen Zahl und Bedeutung der Bundesgenossen eine unwichtigere Rolle spielt. Vor Allem kommt aber in Betracht, dass in diese Zeit die Ereignisse und Momente fallen, aus denen sich der Bundesgenossenkrieg entwickelte, nach denen man Athens Verhalten zu den Bundesgenossen und seine bundesgenössische Politik beurtheilen muss.

Besonders zieht Demosthenes auch in den philippischen Reden gegen die Söldnerei los, so heisst es Ph. I, 52: Οἱ μὲν ἐχθροὶ καταγελῶcι τοὺς τοιούτους ἀποcτόλους· οὐ γάρ ἐcτιν ἕνα ἄνδρα δυνηθῆναι πότε ταῦθ᾽ ὑμῖν πρᾶξαι παντ᾽ ὅcα βούλεcθαι; 22: φημὶ δεῖν μή μοι μυρίους ξένους, ἀλλὰ δύναμιν ἢ πόλεως ἔcται . . . κ᾽ ἂν ὑμεῖς τὸν δεῖνα cτρατηγὸν χειροτονήcετε τούτῳ πείcεται καὶ ἀκολουθήcει. Demosthenes sagt hier also ausdrücklich, dass der Staat und zunächst dessen Feldherren nicht im Stande waren die Disciplin in dem aus Söldnern zusammengesetzten Heere aufrecht zu erhalten und das, was gelegentlich an Bundesgenossen und Fremden verübt wurde, zu verhindern²). Demosthenes führt fort, früher, als wenigstens

---

1) Ueber den Zustand des athenischen Staates nach dem Bundesgenossenkriege vgl. Dem. v. Kr. 292 fg.; Isokr. v. Frd. 20, 44 fg.; Schaefer 'Dem. u. s. Z.' II, S. 165: Wenn wir von Kallistratos auf Eubulos, den leitenden Staatsmann in den ersten Jahren nach dem Frieden von 355, kommen, so bemerken wir bald, dass wir es mit einem andern Geschlecht zu thun haben. Selten war die Stadt in ärgere Verkommenheit gerathen als nach der Beendigung des Bundesgenossenkrieges (vgl. S. 157).

2) Arges mögen oft befreundete oder bundesgenössische Städte erduldet haben, aber so schlimm stand es doch nicht wie eine Phrase im pseudo-demosthenischen, περὶ cυντάξεως betitelten Machwerke späterer Rhetoren glaubhaft machen will. Es heisst in dieser Schrift, welche Schaefer, Dem. u. s. Z. III, Beilage 4, 2, S. 82 fg. eine Schrift 'voll leerer, geschwülstiger Declamationen' nennt: Οἱ cτρατηγοὶ ξένους ἔχοντες τοὺς μὲν cυμμάχους ἄγουcι καὶ φέρουcι, τοὺς δὲ πολεμίους μηδ᾽ ὁρῶcι. Es ist dieses offenbar eine verstärkte Auflage übertriebener Aeusserungen des Demosthenes. Grote führt sie jedoch wörtlich ohne weitere Anmerkung zur Charakteristik der Zeit und der athenischen Herrschaft an.

Ueber Gewaltthätigkeiten gegen Bundesgenossen, wenn der Sold nicht vollständig gezahlt wurde, vgl. Isokr. v. Fr. 44 und Dem. Ph. I, 33.

ein Theil des Heeres aus Bürgern bestanden hätte, sei es doch nicht
so schlimm gewesen, deshalb könne er nicht dringend genug rathen,
wieder Bürger zum Dienste im Landheere und auf der Flotte heranzuziehen, denn 'ἐξ οὗ δ' αὐτὰ καθ' αὑτὰ τὰ ξενικὰ ὑμῖν cτρατεύ
εται τοὺc φίλουc νικᾷ καὶ τοὺc cυμμάχουc' (§ 27). Es waren,
wie hier Demosthenes zeigt, die Söldner nicht eben eine specifische
Plage der Bundesgenossen, auch die befreundeten und verbündeten
Staaten (φίλουc) hatten darunter zu leiden. Man darf nicht ein
allgemeines Uebel zu einem besondern bundesgenössischen machen,
an welchem die athenische Herrschaft Schuld gewesen sein soll,
während es sich wesentlich aus den Zeitverhältnissen überhaupt
ergab, gegen welche die athenische Bürgerschaft aus Mangel an
Kraft und Energie nicht reagiren konnte.

Bei den fortwährenden Kriegen waren die Staatskassen leer
geworden, es fehlte oft an Mitteln den Söldnern die Löhnung auszuzahlen, und dann wurden diese den Freunden nicht minder gefährlich als den Feinden. Es hatten sogar die befreundeten Staaten
noch mehr zu leiden, weil sie eben von denjenigen, welche sie
schützen sollten, geschädigt wurden und zunächst keinen genügenden
andern Schutz bereit hatten. Eine Vorstellung von diesen Verhältnissen giebt die Thatsache, dass Söldnerschaaren unter dem
Hauptmann Charinos auf eigene Faust Städte des persischen Satrapen
besetzten, in dessen Solde sie standen.

Demosthenes legt einen Kriegsplan vor, der die Aufstellung
einer genügenden Streitmacht und wenigstens die Zahlung des vollständigen cιτηρέcιον ermöglichen soll. Er weist auf die Wichtigkeit hin, dass die Krieger wenigstens prompt das Verpflegungsgeld
erhielten, denn 'εἴ τιc οἴεται μικρὰν ἀφορμὴν εἶναι, cιτηρέcιον τοῖc
cτρατιώταιc ὑπάρχειν οὐκ ὀρθῶc ἔγνωκεν. ἐγὼ γὰρ cαφῶc οἶδα,
τοῦτ' ἂν γένηται, προcποριεῖ τὰ λοιπὰ αὐτὸ τὸ cτράτευμα ἀπὸ
τοῦ πολέμου, οὐδένα τῶν Ἑλλήνων ἀδικῶν οὐδὲ τῶν cυμμάχων
ὥcτ' ἔχειν μιcθὸν ἐντελῆ'.

In Athen wusste man wohl, dass nicht genügend oder überhaupt
nicht besoldete Söldnerschaaren recht lästig werden konnten. Man
war auch bedacht derartige Belästigungen ebenso von sich selbst
wie von den Bundesgenossen fern zu halten, und wenn man überhaupt Mittel hatte die Söldner zu befriedigen, so traf man die
geeigneten Vorkehrungen. Ein Beispiel ergiebt ein Volksbeschluss
aus dem Jahre 357/6 bei Rangabé Nr. 393. „Ὅπωc ἂν ἀναλγεῖc
ὦcι τῷ δήμῳ τῶν Ἀθηναίων καὶ τῷ δήμῳ τῶν Ἀνδρίων καὶ
ἔχωcι οἱ φρουροὶ οἱ ἐν Ἄνδρῳ μιcθὸν ἐκ τῶν cυντάξεων κατ'
ἄνδρα παρὰ τῶν cυμμάχων καὶ μὴ καταλύηται ἡ φυλακὴ ἑλέcθαι
cτρατηγὸν ἐκ τῶν κεχειροτονημένων ἕνα, ὃν αἱρεθέντα ἐπιμελεῖcθαι
Ἄνδρου . . . . . . Εἰcπρᾶξαι δὲ καὶ τὰ ἐγχρήματα Ἀρχέδημον τὸ
ὀφειλόμενα τοῖc cτρατιώταιc καὶ παραδοῦναι τῷ cτρατηγῷ ἐν
Ἄνδρῳ, ὅπωc οἱ φρουροὶ . . . . θῶcι μιcθῷ.

Vor dem Bundesgenossenkriege müssen übrigens die Bundesgenossen weit weniger von Söldnerhaufen gelitten haben, denn damals hatte Athen mehr Geld als nach dem grossen Kriege, und es führten den Oberbefehl zum grössten Theil jene grossen Feldherren, deren erfolgreiches Streben ihre Haufen in Zucht und Ordnung zu halten allgemein gerühmt und anerkannt wurde. Um die Jahre vor dem Frieden von 371, in welcher Zeit man keine Klagen hört, zu übergehen, befehligte, als Athen im Jahre 368 die Seeoperationen wieder aufnahm, 368 bis 365 Iphikrates an der thrakischen Küste, während Timotheos 366 bis 365 an der jonischen und hellespontischen, 365 bis 363 an der thrakischen, 363 bis 362/1 wieder an der hellespontischen Küste die Führung des Krieges hatte.

Manche Ausschreitungen liessen sich wohl auch die Mannschaften der kleinen Geschwader zu Schulden kommen, welche zur Sicherung des Meeres gegen die Seeräuber kreuzten. Vgl. Heges. v. Hal. 14 fg.: Ἡ ἐν τῇ θαλάττῃ φυλακή κτλ. . . . περιπλέων καὶ ὁρμιζόμενος εἰς τὰς νήσους ἐπὶ τῶν λῃστῶν φυλακῇ· — Φίλιππος cυμπέμπων τοὺς cυμπλευcαμένους μετὰ τῶν cτρατηγῶν ὑμετέρων κτλ. g. Theokr. 68 fg.; Phil. Brief. II, S. 159; Schaefer 'Dem. u. s. Z.' II, S. 220.

Wenn ein solches Geschwader auf einer der Inseln oder in einer Seestadt Station machte, so verübten, was kaum zu vermeiden war, die rohen Seeleute manche Gewaltthaten. Indessen steht das Uebel, welches mit diesen Kreuzfahrten verbunden war, gar nicht im Vergleich mit der Grösse des Nutzens, welcher sich aus dem Schutze gegen die so ausgedehnte Seeräuberei ergab. Vgl. die Rede des Hegesippos über Halonesos und Dem. g. Arist. 197.

Nun scheint eine Aeusserung des Demosthenes in der Rede vom Chersonesos 24 gerade im Gegentheil darauf hinzuweisen, dass sich die athenischen Feldherren arge Störungen des Handels zu Schulden kommen liessen, statt den Seeverkehr zu schützen und das Aufblühen der See- und Handelsstädte zu fördern. Es heisst hier: Πάντες ὅcοι πώποτ' ἐκπεπλεύκαcι παρ' ὑμῶν cτρατηγοὶ καὶ παρὰ Χίων καὶ Ἐρυθραίων καὶ παρ' ὧν ἂν ἕκαcτοι δύνωνται τούτων τῶν τὴν Ἀcίαν οἰκούντων χρήματα λαμβάνουcι· λαμβάνουcι δὲ οἱ μὲν ἔχοντες μίαν ἢ δύο ναῦc ἐλάττονα, οἱ δὲ μείζω δύναμιν ἔχοντες πλείονα καὶ διδόαcι οἱ διδόντες οὔτε μικρὰ οὔτε τὰ πολλὰ ἀντ' οὐδενὸς, ἀλλ' ὠνούμενοι μὴ ἀδικεῖcθαι τοὺς παρ' αὐτῶν ἐκπλέοντας ἐμπόρους μὴ cυλᾶcθαι, παραπέμπεcθαι τὰ πλοῖα τὰ αὑτῶν τὰ τοιαῦτα.

Diese Stelle hat jedoch auf die Bundesgenossenschaft keine Beziehung. Die Rede ist gehalten im März 341, d. h. fünfzehn Jahre nach dem Bundesgenossenkriege, in welchem Chios von Athen abgefallen und unabhängig geworden war. Es herrschte damals in Chios eine Oligarchie und es stand die Insel mit Athen bis in die Zeit, wo es darauf ankam Byzanz gegen die vordringende Macht

Philipps zu schützen, ziemlich schlecht. Ferner nennt Demosthenes ausser Chios ausdrücklich nur Seestädte der asiatischen Küste, welche auf diese Weise gebrandschatzt wurden. Diese Städte gehörten aber seit fast einem halben Jahrhundert dem Grosskönige, mit welchem Athen in den Jahren nach dem Bundesgenossenkriege verfeindet war. Allerdings war es schlimm, wenn athenische Strategen, weil sie weder von Athen die nöthigen Gelder erhielten, noch sich sonst dieselben auf bessere Weise verschaffen konnten, zu solchen Mitteln greifen mussten, allein ein derartiges Verfahren gegen Städte, mit denen man schlecht stand, war in den damaligen Zeitverhältnissen etwas Gewöhnliches. Sehr bezeichnend ist die Thatsache, dass in einem Friedens- und Bündnissvertrage, dem vom Jahre 346 zwischen dem athenischen Bunde und Philipp, es der besondern Bestimmung bedurfte „Keiner der an dem Vertrage Theilnehmenden solle die Handelsfahrzeuge eines andern Vertragsgenossen belästigen; τὴν θάλατταν πλεῖν τοὺς μετέχοντας τῆς εἰρήνης καὶ μηδένα κωλύειν μηδὲ κατάγειν πλοῖον μηδενὸς τούτων, ἐὰν δέ τις παρὰ ταῦτα ποιῇ πολέμιον εἶναι πᾶσι τοῖς τῆς εἰρήνης μετέχουσι."

Man denkt sich gewöhnlich, dass die athenischen Strategen ähnlich, wie sie hier bei nicht-verbündeten und feindseligen Gemeinden Contributionen erhoben, so auch im Kriege nach Willkür von bundesgenössischen Städten Steuern eintrieben und macht in Folge dessen den Athenern aus der Thatsache, dass athenische Strategen überhaupt Summen von den Bundesstädten einforderten, einen schweren Vorwurf. Man sagt: 'Die Athener verschleuderten die öffentlichen Einkünfte zu Belustigungsgeldern (θεωρικά), hatten keine Lust selbst direkte Vermögenssteuern zu zahlen, liessen in Folge dessen die Feldherren ohne Sold, was blieb nun diesen übrig, wenn sie nicht wie Timotheos in Athen ungerechter Weise verurtheilt werden wollten, als auf jede mögliche Weise sich Geld zu verschaffen und auch die Bundesgenossen in willkürlicher, ungesetzlicher Weise zur Steuerzahlung heranzuziehen'. Wäre dieser Vorwurf gerechtfertigt, erhob man wirklich 'bei den unglücklichen Inselbewohnern' nach reiner Willkür Steuern, so müsste man der gewöhnlichen Behauptung, dass die Athener 'ihrer Willkür freien Lauf liessen' Recht geben. Ohne an dieser Stelle auf eine genaue Untersuchung einzugehen, ob die Athener wirklich ihre Staatseinkünfte für Belustigungsgelder verschleuderten, mögen nur einige Thatsachen angeführt werden, welche zu einer etwas andern Auffassung beitragen.

Ohne Zweifel war die Ausgabe für die Theorika ein bedeutendes, aber nicht 'das bedeutendste Uebel, welches am Marke des athenischen Staates zehrte'. Vgl. Boeckh, Sth. II, S. 236; Schaefer, Dem. u. s. Z. I, S. 177. Man wird zu einer solchen Annahme allerdings durch durch das Eifern des Demosthenes gegen die Ausgabe verleitet, besonders wenn man, wie Schaefer, geneigt ist, alle Ereignisse und

Verhältnisse nach Demosthenes, der auf solche Weise die Kriegskasse am leichtesten zu füllen meint und, da die Athener anderer Ansicht sind, unaufhörlich auf diesen Punkt zurückkommt, in rhetorischer Weise natürlich den aus den Theorika dem Staate erwachsenden Schaden so gross als möglich darstellt. Schaefer nennt θεωρικά: 'Belustigungsgelder', Grote hat indessen wohl eine richtigere Anschauung, wenn er darauf hinweist, dass man sich einen ganz falschen Begriff von den Theorika mache, wenn man glaube, sie seien bloss zur Belustigung der Athener verwendet worden. Grote fasst das Resultat seiner Untersuchungen in folgendem Satze zusammen: 'Die Vertheilung war ein Grundsatz, ein natürliches Corollar der religiösen mit dem Feste verbundenen Ideen, nicht einfach, weil die Annehmlichkeit und Erholung eines jeden Bürgers dadurch befördert wurde' (V, S. 303 d. Uebers). Man müsse die Theorika als eine Art Etat des Cultusministeriums auffassen, zur Zeit des Demosthenes seien sie allerdings in missbräuchlichem Uebermass vertheilt worden. Dieser Ansicht wird man vollständig beipflichten, es wurde in missbräuchlicher Weise zu viel vertheilt, ob aber dieses so weit ging, dass die Ausgabe an dem Marke des Staates zehrte und mittelbar dadurch Bedrückungen der Bundesgenossen zur Folge hatte, ist eine andere Frage. Schaefer sagt selbst über die Theorika Folgendes: 'In Friedenszeiten wurden die Ueberschüsse des Staatshaushalts nicht zur Bildung einer Kriegskasse zurückgelegt, sondern man liess sie in die Theorikenkasse fliessen. Bei der jämmerlichen Zerrüttung der Verhältnisse können die Ueberschüsse nicht hoch gewesen sein' (Dem. u. s. Z. I, S. 177 fg.). Da nur Ueberschüsse zu den Theorika verwandt wurden, so folgt, dass auch die Theorika nicht hoch waren. Vgl. Boeckh, Sth. I, S. 196; Schaefer, Dem. u. s. Z. S. 177. Dann sagt Schaefer: 'Vor Eubulos (354—46) war durch die Kriege an Ueberschüsse nicht zu denken, es waren ausserordentliche Steuern nöthig, und mit der Vertheilung wird Mass gehalten sein. Die gute Finanzwirthschaft des Eubulos brachte es dahin, dass im Frühjahre 353 wieder Ueberschüsse vertheilt werden konnten. Uebrigens dürfen wir nicht glauben, dass die der Theorikenkasse überwiesenen Gelder ganz zur Vertheilung kamen, gewisse ausserordentliche Ausgaben wurden auf dieselbe angewiesen' (S. 180). In der That hat Eubulos als Vorsteher dieser Kasse das grossartige Seezeughaus und andere Bauten begonnen oder ausgeführt (Dem. u. Z. I, S. 189), reiche Vorräthe an Schiffsbauholz angekauft und eine Menge Kriegsschiffe erbaut (Schaefer, Dem. u. s. Z. I, S. 180).

Was aber zerrüttete in so 'jämmerlicher Weise' die Finanzen? Nicht die Theorika, welche nur aus Ueberschüssen bestritten wurden, sondern die fortwährenden und mit Söldnern geführten Kriege. Diese Kriege waren bedingt durch die von Isokrates verworfene, traditionelle Politik Athens. Zuerst verschlangen die Rüstungen zur Befreiung von der lakedämonischen Hegemonie und die Kosten der Begründung einer neuen Marine, dann die langen Kriegsjahre im Kampfe um die Existenz des neuen Seebundes und der maritimen Machtstellung so grosse Summen, dass man sich schon 374 finanziell erschöpft fühlte. Schon im Frühjahre 373 gab es dann einen neuen Krieg mit Sparta, und kaum war dieser zwei Jahre beendet, als Athen in die grossen Kämpfe der Lakedaemonier und Thebaner um die Hegemonie zu Lande hineingezogen wurde. Ob es möglich war bei einer klugen Politik in der Stellung zwischen den Streitenden neutral zu bleiben, ist sehr die Frage. Wie hoch die Summen waren, welche diese Kriege kosteten, ist an einer andern Stelle bereits gezeigt worden. In den Jahren von 378 bis 374 mussten jährlich von den Athenern und ihren Bundesgenossen für die Kriegskosten ungefähr 500 Tal. ($2^{1}/_{4}$ Millionen Mark) gezahlt werden, wovon wirklich von Athen allein ungefähr 200 Tal. (900,000 Mark) aufgebracht wurden. In dem einen und einem halben Jahre des Krieges von 357 bis 355 werden über 1200 Tal. ($5^{1}/_{2}$ Millionen Mark) verbraucht. Die Kosten der grossen Operationen in Arkadien im Jahre 362 waren sehr bedeutend. Natürlich war bei solchen Ausgaben im Herbst 356 der athenische Staatsschatz völlig erschöpft, die Steuerkraft der athenischen Bürger zu Ende und finanzielle Noth ein Hauptgrund der Friedensschlüsse von 374, 371, 355 und 346. Im Vergleiche mit diesen Summen waren die Ausgaben für die Theorika geringe. Sie betrugen nach Boeckh in Friedensjahren oder in solchen, wo nur unbedeutende kriegerische Bewegungen vorfielen, 20 bis 25 Tal. (90 bis 100,000 Mark), dazu wurden in den Jahren grösserer Kriege gar keine Theorika gezahlt. Vor dem Bundesgenossenkriege nun war die Theorikenvertheilung lange nicht in dem verderblichen Masse eingerissen als nach demselben und ausserdem waren in dieser Periode nicht Friedensjahre die Regel, sondern Jahre bedeutender Kriege. Von den ein und zwanzig Jahren von der Begründung des Bundes bis zum Bundesgenossenkriege gab es fünfzehn Kriegsjahre (Sommer 378 bis Frühjahr 374, Frühjahr 373 bis Sommer 371, 369 bis 365, 362 bis 361, wobei die Kriegsjahre um Amphipolis noch gar nicht als solche gerechnet sind). Man wird die Summe der vor dem Bundesgenossenkriege jährlich für Theorika verausgabten Gelder auf durchschnittlich 10 Tal. herabsetzen können, was gegen die Ausgaben für den Krieg wenig in Betracht kommt und eine Stadt wie Athen wohl leisten konnte, ohne dadurch zu einer Bedrückung der Bundesgenossenschaft genöthigt zu sein. Der Aufwand für Theorika war weder mittelbar noch unmittelbar ein Grund zum Bundesgenossenkriege, der im Wesentlichen den athenischen Seebund sprengte. Nach dem Bundesgenossenkriege gewann das Theorikenwesen grössere Ausdehnung. Es wäre natürlich stets besser gewesen, wenn man die 20 bis 25 Tal. Theorika in Friedenszeiten zur Sammlung eines Kriegsschatzes für die ersten Bedürfnisse des Krieges verwandt hätte, allein auch nach dem Bundesgenossenkriege war diese Ausgabe nicht so gross und verderblich, wie es Demosthenes darzulegen sucht und auf Grund von dessen Aeusserungen von Neuern dargestellt wird. Nicht die Theorika, sondern die Kriege und die Söldner zehrten an dem Marke des Staates. Das wurde auch allmählich einer Reihe von namentlich durch Kenntniss des Finanzwesens bedeutenden Staatsmännern wie Eubulos klar. Die Schrift περὶ πόρων kommt zu demselben Resultat wie Isokrates in seiner Rede über den Frieden. In dieser Schrift werden nicht die Theorika als 'Krebs der athenischen Staatswohlfahrt' (Boeckh, Sth. I, S. 235) hingestellt, sondern die 'πόλεμοι καὶ cτρατόπεδα ξενικά'. Der Verfasser, ein Anhänger der Politik des Eubulos[1]), sagt V, 12: 'Man wird finden, dass in früherer Zeit im Frieden sehr viel Geld in die Stadt eingeführt, im Kriege aber alles dieses verbraucht wurde. Dasselbe gilt von der jetzigen Zeit, denn durch den Krieg entstehen Ausfälle in den Einkünften und das, was einkommt, wird durch allerlei Kriegsausgaben verbraucht. Sobald Friede zur See herrscht, werden die Einkünfte vermehrt und stehen den Bürgern zur freien Verfügung'. Wenn man endlich Frieden halten wird, ὁ μὲν δῆμος εὐπορήcει, οἱ δὲ πλούcιοι τῆc εἰc τὸν πόλεμον δαπάνηc ἀπαλλαγήcονται μεγαλοπρεπέcτερον μὲν ἔτι ἢ νῦν ἑορτὰc ἄξομεν, ἱερὰ δ' ἐπιcκευάcομεν τείχη δὲ καὶ νεώρια ἀνορθώcομεν κτλ.

Aehnlich liest man bei Isokr. v. Fr. 44 und 47: cτρατεύεcθαι μὲν οὐκ ἐθελοῦμεν, πόλεμον δὲ μικροῦ δεῖν πρὸc ἅπανταc ἀνθρώπουc ἀναιρούμεθα . . . ἡ δημοκρατία ἐν μὲν ταῖc ἡcυχίαιc καὶ ταῖc ἀcφαλείαιc αὐξανομένη ἐν δὲ τοῖc πολέμοιc δὶc ἤδη καταλυθεῖcα κτλ. Vgl. ferner v. Fr. 51, 115, 128 fg.

Selbst Demosthenes der Führer der Kriegspartei, hält im Jahre 346 einen Frieden auf mehrere Jahre für durchaus nothwendig, damit sich der Staat von den schweren Wunden des Krieges erholen könne.

---

1) Der Verfasser gehört übrigens seiner politischen Stellung nach zu denjenigen, welche die Bundesgenossenpolitik, aus der sich zum grossen Theil die Kriege ergeben, entschieden verurtheilten, er stimmt daher in das Geschrei über die unrechtmässigen Bedrückungen der Seestädte durch Athen mit ein. Gleich am Anfange spricht der Verfasser diese Ansicht entschieden aus, doch muss man anerkennen, dass er sich sonst von den masslosen Declamationen gegen die bisherige athenische Politik fern hält. Es heisst I, 1: Man sage von einigen Leitern des athenischen Staates, dass sie ebenso wie andere Menschen wüssten, dass man ungerecht handele, dass sie aber der Meinung wären, wegen der Armuth der grossen Masse zu einem ungerechtern Verfahren gegen die Städte gezwungen zu sein — διὰ δὲ τὴν τοῦ πλήθουc πενίαν ἀναγκάζεcθαι ἔφηcαν ἀδικώτεροι εἶναι περὶ τὰc πόλειc. — Er habe in Folge dessen sich an die Untersuchung herangemacht, ob die Bürger von den Erträgen des eigenen Landes leben könnten. Wenn dieses möglich wäre, so würde sowohl der Nothstand als der gegen die Athener gehegte Argwohn aufhören.

Es dürfte somit klar sein, dass die Theorika keineswegs so hoch waren, als dass sich aus ihnen eine drückende Belastung der Bundesgenossen ergeben hätte. Allerdings würde die Athener trotzdem ein schwerer Vorwurf treffen, wenn sie diese, obschon nicht bedeutenden Ausgaben mit bundesgenössischen Beiträgen bestritten hätten, d. h. mit Geldern, die für die Zwecke des Bundes, nicht des athenischen Staates für sich bestimmt waren. Im ersten athenischen Bunde kam solche Verwendung bundesgenössischer Gelder vor, allein als dieses geschah, war fast die ganze Bundesgenossenschaft anerkanntermassen unterthänig und hatte ihre Autonomie verloren, während in Bezug auf den zweiten Bund Athen noch kurz vor dem Ausbruche des Bundesgenossenkrieges autonome Mitglieder aufnahm. Die athenische Politik erkannte in der Periode des zweiten Bundes die Autonomie der Bundesstädte an und operirte noch nach der Schlacht bei Leuktra mit der Autonomie gegen die Lakedämonier und Thebaner. Eine Verwendung der Syntaxeis zu besonderen Interessen des athenischen Staates als solchen setzt aber voraus, dass die Bundesgenossen thatsächlich wieder tributär oder nicht-autonom waren. Man hat, wie es scheint, nach Analogie des Verfahrens im ersten Bunde auch für diese Zeit den Athenern den Vorwurf gemacht, die Beisteuern der Bundesgenossen für ihre besondern Interessen verbraucht zu haben. Indessen fehlt es leider an jedem Quellenmaterial diesen nach sonstigen Erwägungen ungerechtfertigten Vorwurf zu rechtfertigen oder zu widerlegen. Man wird daher einen solchen Vorwurf durchaus zurückziehen müssen. Wenn ausserdem Schriftsteller die Syntaxeis als χρήματα ναυτικά oder cτρατιωτικά geradezu bezeichnen, so deutet dieses darauf hin, dass sie wesentlich für das Kriegswesen, welches aus der Bundeskasse zu bestreiten war, verwandt wurden. Vgl. Xen. Hell. VI, 2, 1; Ap. g. Polykl. 10; g. Tim. 49 fg. Ueber einzelne bestimmte Fälle, in denen mit Bundesbeisteuern Sold an Seeleute und Besatzungen bestritten wird, cf. das Psephisma bei Rangabé II, Nr. 398, Nr. 393, Ap. g. Tim. 9 fg. 49.

Neuere Darsteller werfen nun den Athenern weiterhin vor, dass sie selbst keine Lust zu zahlen hatten und die Feldherren ohne Sold liessen, so dass diese gezwungen wurden, zur Erhaltung des Heeres Contributionen bei den Bundesgenossen zu erheben. Dass die Athener ungern Steuern zahlten, ist natürlich, dass sie aber tüchtig zahlten, ist gewiss. Die Eisphorai, d. h. die direkten Vermögenssteuern, welche im Jahre 378/7 ausgeschrieben wurden, betrugen allein 300 Tal. Im nächsten Jahrzehend, in dem es drei Friedensjahre gab, und die Beute von Naxos und Leukas recht beträchtliche Summen einbrachte, zahlten die Athener 600 Tal. an direkten Vermögenssteuern. Dieses sind dazu nur die uns überlieferten Eisphorai, es mögen noch mehrere kleinere dazu ausgeschrieben sein. Hätten die Athener von 378/7 bis 374 nur die 300 Tal. (1,350,000 Mak) aufzubringen gehabt, so wäre dieses schon eine recht beträchtliche

Summe, würde jedoch nicht Xenophons Aeusserung rechtfertigen, die Athener seien durch direkte Vermögensteuern erschöpft gewesen (ἀποκναιόμενοι εἰcφοραῖc, Hell. VI, 2, 2). Am Ende des Bundesgenossenkrieges hatte die athenische Bürgerschaft die Grenze ihrer Steuerkraft erreicht. Isokr. v. Fr. 90, 128, vgl. Schaefer, Dem. u. s. Z. I, S. 168. fg.

Es wird allerdings in Frage kommen, was eigentlich geschah, wenn in Athen nicht genug Geldmittel vorhanden waren, um die Kosten der Kriegführung zu bestreiten. Diese Frage meinen neuere Darsteller einfach so zu beantworten, dass sie annehmen, Athen hätte die Bundesbeisteuer nach Belieben erhöht. Allein an keiner Stelle wird von einer solchen Erhöhung gesprochen, auch nicht bei Aesch. v. d. Trugges 78 und Dem. v. Kr. 293, wo es nicht unberührt bleiben konnte, wenn Athen in der höchsten Bedrängniss wirklich die Steuer erhöht hätte. Schaefer und Boeckh nehmen an, dass Athen mit Zustimmung des Bundesrathes während des Bundesgenossenkrieges die Steuer um den dritten Theil erhöhte. Wäre dieses der Fall gewesen, so würde die Erhöhung in Anbetracht der geringen Höhe der Steuer *nicht gerade* drückend gewesen sein, jedenfalls wäre sie nicht willkürlich auferlegt, sondern auf legalem Wege erfolgt. Es fand aber, wie nachgewiesen wurde, gar keine Erhöhung statt, sondern Athen erhob nur Steuern des folgenden Jahres im Voraus, weil der Krieg die Kassen vollständig geleert hatte. Weshalb aber Aeschines die Inselbewohner, von denen Chares und sein Anhang jährlich sechzig Talente erhoben, 'unglückliche' nennt, ist klar, weil nämlich Chares sein Gegner ist, den er auf jede mögliche Weise herabsetzt. Aeschines lügt bekanntlich nicht selten, um seinem Feinde etwas anzuhängen, er führt Thatsachen an, die weder einen Vorwurf verdienen, noch überhaupt der betreffenden Person vorzuwerfen sind, obwohl es der Ausdruck des Aeschines so erscheinen lässt. Dieses ist auch hier der Fall. Es mag in der Zeit des Krieges die Bundessteuer etwas drückender gewesen sein, allein die 60 Tal. waren keine willkürliche Erhöhung oder durch Vermittelung des Chares und seines Anhanges erpresste Summe, sondern die regelmässige Syntaxis, welche wahrscheinlich zur Zeit des Krieges durch Chares im Auftrage des Staates erhoben wurde, eine Thatsache, die Aeschines nach seiner Weise in einer solchen Form ausdrückt, als ob damit eine unrechtmässige Handlung verbunden war. Erhöhte man aber nicht einmal während des Bundesgenossenkrieges und trotz des grössten Geldmangels die Bundessteuer, sondern beschloss nur Steuern des folgenden Jahres im Voraus zu erheben, so ist nicht daran zu denken, dass jemals vorher in besserer Zeit die Syntaxis willkürlich erhöht wurde[1]).

---

1) Es ist auffallend, dass Rehdantz zur Begründung seiner Behauptung: 'Athenienses videntur tamen saepius supra certum debitumque exegisse' ausser Aesch. v. d. Trugges 69 fg.: Οἱ περὶ τὸ βῆμα καὶ τὴν

Noch weniger ist die Behauptung gerechtfertigt, dass die athenischen Strategen, weil sie von Hause kein Geld erhielten, nun nach Belieben bei den Bundesgenossen Steuern erhoben. Es ist allerdings Thatsache, dass athenische Strategen mit geringen Geldmitteln auszogen und dann bei den Bundesgenossen Syntaxeis erhoben, allein es geschah dieses durchaus nicht willkürlich, indem die Strategen nach eigenem Ermessen den Bundesstädten wie feindlichen Gemeinden Geldzahlungen contributionsweise auferlegten, sondern auf Grund eines Volksbeschlusses, welcher ihnen die Syntaxeis eines Bezirkes zur Erhebung und Verwendung anwies. Vgl. das Psephisma bei Rangabé Nr. 398: Ὅπως ἔχωσι οἱ φρουροὶ οἱ ἐν Ἄνδρῳ μισθὸν ἐκ τῶν συντάξεων εἰσπρᾶξαι τὰ ἐγ(λεκτέα) χρήματα Ἀρχέδημον κτλ. Ferner das Psephisma Nr. 393, wo den Feldherren die Syntaxeis von Lesbos überwiesen werden. Ap. g. Tim. 9 und 49. Isokr. v. Umt. 111, wo die Geldmittel, die sich Timotheos selbst verschaffte (αὐτὸς ἐπόρισε), unterschieden werden von den συντάξεις ἀπὸ Θρᾴκης, die ihm die Stadt zur Verpflegung des Heeres überwiesen hatte, die er nicht αὐτὸς ἐπόρισε. Ueber diese einem Strategen angewiesenen Gelder musste derselbe in Athen genau Rechnung ablegen. Ap. g. Polykl. 9 fg. 49 fg. , In Fällen, wo die Syntaxis verweigert wurde, trat natürlich die gewaltsame Erhebung im Wege der Execution ein. In Kriegszeiten, wenn die See unsicher war, wurde ebenfalls ein athenischer Stratege mit der Einziehung der Syntaxis und deren Ueberführung nach Athen beauftragt. Plut. Phok. 14.

Von Willkür ist also hier nicht die Rede, wenn bei der Lückenhaftigkeit der Quellen meist nur Thatsachen (z. B. die Erhebung von Geldern bei den Bundesgenossen durch athenische Strategen) ohne die Gesetze, wodurch sie legalisirt werden, überliefert sind, so darf man nicht ohne Weiteres schliessen, dass diese Thatsachen auf keinem Gesetze beruhen und Acte der Willkür sind, man muss vielmehr annehmen, dass, wenn in einzelnen Fällen zufällig kein Gesetz, das die Handlung rechtlich begründet, erhalten ist, die Quellen aus irgend welchen Gründen Lücken enthalten[1]).

Nach diesem Versuche die Vorwürfe gegen die innere Bundesgenossenpolitik Athens als unberechtigt zu erweisen, bleibt es noch übrig die Anklagen zu untersuchen, welche Athens äussere Politik betreffen. Es sagt Grote (VI, S. 177 d. Uebersetzung): 'Nach der

---

ἐκκλησίαν μισθόφοροι οἳ τοὺς ταλαιπώρους νησιώτας καθ' ἕκαστον ἐνιαυτὸν ἑξήκοντα τάλαντ' εἰσέπραττον σύνταξιν κτλ. nur noch anführt Xen. Hell. VI, 1, 4: Μὴ εἰς νησύδρια ἀποβλέποντες ἀλλ' ἠπειρωτικὰ ἔθνη καρπούμενοι würden die Athener reich werden, οἶσθα γάρ δήπου ὅτι καὶ βασιλεὺς ὁ Περσῶν οὐ νήσους ἀλλ' ἤπειρον καρπούμενος πλουσιώτατος ἀνθρώπων ἐστίν.

1) Grote bemerkt sehr richtig: 'Der Bundesrath muss den Verbündeten, wenn sie beeinträchtigt wurden, volle Gelegenheit verschafft haben, ihre Klagen zu Gehör zu bringen, um die Verwaltung der gemeinschaftlichen Fonds zu überwachen'.

Schlacht bei Leuktra wurde der Bund mehr und mehr in rein athenischem Interesse erweitert. Athen hatte Samos, Pydna, Potidaea, Methone, den Chersonesos erobert, was alles Eroberungen waren, die es für sich allein machte, ohne dass die Bundessynode davon einen Vortheil gehabt hätte'.

Vgl. dazu Schaefer, Dem. u. s. Z. I, S. 145: 'Sie unterjochten von Neuem hellenische Städte u. s. w.' Dass bis zum Jahre 371 die beiden Kriege gegen die Lakedaemonier im Interesse der Bundesgenossen geführt wurden, wird zugegeben und auch den Athenern daraus kein Vorwurf gemacht. Dann bildete im Jahre 370, als Theben sich zu einer äusserst drohenden Macht entwickelt hatte, Athen eine Coalition, wodurch den Bundesgenossen die Pflicht Hülfscontingente zu stellen auf einen neuen Fall erweitert wurde. Man wird unmöglich Athen wegen dieses Schrittes tadeln, welcher zunächst aus der Sorge für die eigene Sicherheit hervorging, wobei die Bundesgenossen insofern ebenfalls interessirt waren, als ihr *Vorort* nicht wenig durch die sich entwickelnde, mit Athen *rivalisirende* Macht bedroht wurde.

Eine besonders herrschsüchtige Politik wird man darin nicht finden, dass Athen im Jahre 370 die Gunst der politischen Verhältnisse benutzte, um eine massgebende und sichere Stellung einzunehmen. Insoweit ist der Egoismus eines Staates natürlich und berechtigt. Eine Consequenz der Eidgenossenschaft war, dass man den von den Thebanern bedrängten Lakedaemoniern Hülfe brachte. Ausserdem machte die Stellung Athens in der Mitte zwischen den beiden streitenden Mächten eine Neutralität kaum möglich. So wurde Athen und seine Bundesgenossenschaft in die grossen landstaatlichen Verwickelungen hineingezogen. Es war den Ruhe liebenden Bundesgenossen nicht sehr angenehm und in der That weniger in ihrem Interesse als in dem Athens. Allein sollte sich Athen den Bundesgenossen zu Liebe politisch bedeutungslos machen lassen? *Es konnte leicht der umgekehrte Fall vorkommen, wo Athen einen mehr im Interesse der Bundesgenossen geführten Kampf ausfechten musste.*

Die Operationen Athens mit dem persischen Satrapen und auf dem Chersonesos gingen allerdings die Bundesgenossen zunächst wenig an. Athen führte die Kriege höchst wahrscheinlich nicht als Vorort der Bundesgenossenschaft, sondern mit eigenen Mitteln. Im lakedaemonischen Bunde sind nicht wenige Fälle bekannt, in denen Lakedaemon oder ein Mitglied der Bundesgenossenschaft für sich besonders einen Krieg führte, der den Bund als solchen gar nichts anging. Vgl. Xen. Hell. V, 4, 37. Thuk. I, 27 fg. über den Krieg Korinths mit Korkyra und die Theilnahme einer Anzahl von Bundesgenossen an demselben; V, 115: Κορίνθιοι ἐπολέμησαν ἰδίων τινῶν διαφορῶν ἕνεκα τοῖc Ἀθηναίοιc. Daher ἰδίᾳ πολεμεῖν im Gegensatze zu den vom Bunde als solchen geführten Kriegen. Thuk. I, 105. V, 20.

Es berechtigt nichts ohne Weiteres anzunehmen, dass Athen zu der Belagerung von Samos, den Feldzügen auf dem Chersonesos, auch die Bundesgenossenschaft zu Leistungen heranzog, im Gegentheil muss man zu einer andern Annahme gelangen, wenn man Isokrates v. Umtausch 111 in Betracht zieht, wo ausdrücklich gesagt wird, Timotheos habe zu den Operationen auf und gegen Samos Syntaxeis nicht erhalten.

Der Gewinn von Samos und vom Chersonesos kam allerdings zunächst den Athenern zu gut, allein der Besitz des Chersonesos war wegen der Sicherung des Getreidehandels aus dem Pontos für Athen fast eine Lebensfrage. Indessen auch andern Seestädten musste viel daran liegen, dass der Pontoshandel ungestört blieb und gegen die sich auf Felsennestern gerade der chersonesischen Küste und der umliegenden Inselchen aufhaltenden Piraten mehr dadurch geschützt wurde, dass eine so bedeutende See- und Handelsmacht wie Athen hier festen Fuss fasste. Die Einnahme von Samos war überdies nicht nur ein athenischer, sondern auch ein nationaler Gewinn.

Was ferner den Angriff auf die Städte der thrakisch-makedonischen Küste betrifft, so erfolgte derselbe nicht bloss um Athens Herrschsucht zu befriedigen, die Veranlassung des Krieges war das berechtigte Streben Athens seinen von den Hellenen auf einem allgemeinen Congresse anerkannten Anspruch auf einen wichtigen Platz und frühern Colonialbesitz Amphipolis in wirklichen Besitz des beanspruchten Objectes zu verwandeln. Wäre Amphipolis in die Hände der Athener gekommen, so hätte es bei einiger Energie derselben ein weit besseres Bollwerk gegen das Vordringen der Makedonier und barbarischer Völkerschaften sein können, als wenn diese Stadt nur durch den Bund chalkidischer Städte gehalten wurde. Wie Athen in diesen Krieg die Bundesgenossen hineinzog (vgl. Isokr. v. Umtausch 113), muss fraglich bleiben. Indessen ist es nicht unwahrscheinlich, dass Athen in der Weise die Theilnahme der Bundesgenossen verlangte und erhielt, dass es Amphipolis als einen Theil seines rechtlichen Besitzes und Gebietes hinstellte und nun von Bundesgenossen Hülfe beanspruchte, denselben dem Feinde zu entreissen, weil nach der Bundesverfassung Schutz des Gebietes garantirt war.

Im Verlaufe des Kampfes um Amphipolis, für das die chalkidischen Städte gegen Athen eintraten, wurden diese Städte erobert. Man wird nicht einen besondern Vorwurf und ein Zeichen unberechtigter Herrschsucht darin finden, dass die Athener feindliche Plätze zu nehmen suchten und einnahmen. Allerdings hatten die Athener bei dieser Operation nicht so das bundesgenössische wie ihr eigenes Interesse im Auge. Es war aber dieses nicht nur ein Fehler Athens, sondern ein im hellenischen Nationalcharakter überhaupt tief begründeter, Lakedaemon und Theben gingen in der Stellung als Vorort in dieser Hinsicht viel weiter. Vgl. Isokr. Panath. 99 und 100.

Hat aber Athen zu egoistische auswärtige Politik getrieben, hat es die Bundesstädte nur in eigenem Interesse ausgesogen und in durchaus unberechtigter Weise die bundesgenössischen Gemeinden im Bunde festgehalten und gezwungen ihre Bundesverpflichtungen zu erfüllen? Hatten die Bundesgenossen keinen wesentlichen Nutzen von ihrer Vereinigung unter der Führung Athens? Einen Massstab wird man an der deutschen Politik Preussens finden. Wie diese Politik trotz der Zwangsmassregeln gegen eine Anzahl deutscher Staaten und trotz des Egoismus, der offenbar eine Haupttriebfeder dieser Politik war, als eine wohlberechtigte gilt, weil sie die in ihrer Vereinzelung keinen Halt habenden Klein- und Mittelstaaten zu einem, nationalen und politischen Aufgaben gewachsenen Staatsorganismus vereinigte, so wird ähnlich von einem solchen Gesichtspunkte die Seebundspolitik der Athener zu rechtfertigen sein. Die vielen kleinen Stadtgemeinden waren einzeln für sich nicht im Stande dem ernstlichen Angriffe einer barbarischen Macht Widerstand zu leisten, sie konnten so nicht erfolgreich die nothwendige Seemacht üben, kurz ohne ein föderatives Band waren die meisten dieser Politien leistungsunfähig.

Damit sind im Wesentlichen die Stellen und Momente besprochen, die zur Begründung von Vorwürfen gegen Athen gedient haben. Als Resultat der Untersuchung hat sich ergeben, dass das gewöhnliche, so ungünstige Urtheil über Athens Politik keine genügende Basis hat. Der Mangel einer eingehenden Untersuchung hat zum Theil dazu beigetragen dieses Urtheil zum geltenden zu machen. Bemerkenswerth ist, dass Schaefer zur Begründung seines Urtheils über die Bundespolitik nur folgende Belege anführt: Isokr. Fr. 29. 36. 125. 134.

Schwäche gegen die eindringende Söldnerei, zu geringes Verständniss für eine wirklich bundesgenössische Politik, Missgriffe in der Wahl von Beamten und eine zu engherzige und egoistische Handelspolitik[1]) wird man den Athenern vorwerfen müssen, aber nicht systematisches Ausgehen auf die Unterdrückung der hellenischen Seestädte, unersättliche Herrschsucht, unnützes Verschleudern der bundesgenössischen Gelder, unberechtigte und Willkürherrschaft.

Vor der Anführung von Belegen für eine von der gewöhnlichen Auffassung abweichende Beurtheilung wird es nöthig sein zu fragen,

---

1) Vgl. den Handelsvertrag Athens mit den Städten Julis, Koressos, Carthaea auf Keos bei Rangabé Nr. 677, dazu Boeckh, Stb. II, S. 349. Schaefer, De soc. Ath. S. 18. In diesem Handelsvertrage wird bestimmt, dass die Ausfuhr von Röthel oder Mennig nur nach Athen stattfinden darf und zwar auf von Athen bezeichneten Schiffen. Die Art der Ausfuhr ist genau geregelt und eine Reihe von Vorsichtsmassregeln und Strafbestimmungen gegen Schmuggelei aufgestellt.

woher es kommt, dass man bei Spätern eine ungünstige Beurtheilung der athenischen Politik findet, welcher Art die Tendenz der uns erhaltenen gleichzeitigen Ueberlieferung ist, ob nicht ein guter Theil der gegen Athen vorgebrachten Anklagen auf parteiisch gefärbte Darstellungen in dem grössern Theile der Quellen zurückzuführen ist. Man wird es ganz natürlich finden, dass von den mit Athen verfeindeten Staaten, namentlich den abtrünnigen Bundesstädten, die schlimmsten Vorwürfe gegen die Athener in Umlauf gesetzt und in den betreffenden Kreisen bereitwillig geglaubt wurden. Zu diesen Kreisen gehört Isokrates und seine Schüler, Isokrates ist principieller Gegner der traditionellen Politik Athens. Wenn er, wie in der panathenaeischen Rede, Athen preist, so muss er dem Zwecke einer Panegyrik seiner Vaterstadt gemäss die von ihm sonst gegen die athenische Politik gemachten Vorwürfe entschuldigen. Er thut dieses nun in der Weise, dass er sagt, Seeherrschaft bedinge Bundesgenossenschaft und die Unterthänigkeit und Schädigung hellenischer Städte, aber Athen habe sich in seiner Stellung als herrschende Stadt weit weniger als Lakedaemon zu Schulden kommen lassen und könne im Vergleich zu jenem äusserst günstig beurtheilt werden. (Panath. 65 fg.) Uebrigens verweilt in dieser Rede Isokrates vorzugsweise beim ersten Bunde (vgl. I, 54. 56. 63). Er spricht, was sehr bemerkenswerth ist, von Kreisen, denen solche Reden, welche Athen in dieser Beziehung entschuldigen und das Verfahren Athens mit den Bundesgenossen nicht so schlimm finden, höchst unlieb wären (τοὺς ἀηδῶς ἀκούοντας τῶν λόγων τούτων). Man würde, meint Isokrates, die Thatsachen, welche er zu Gunsten Athens im Vergleiche mit Sparta angeführt hätte, nicht als unwahre erweisen können, aber mit Beschuldigungen und Aufzählung von allerlei Schandthaten Athens antworten, wie man dieses längst gewöhnt wäre: Τοῖς μὲν εἰρημένοις οὐδὲν ἀντερεῖν ὡς οὐκ ἀληθέσιν οὖσιν ... κατηγορεῖν δὲ τῆς πόλεως ἡμῶν ἐπιχειρήσειν, ὅπερ ἀεί ποιεῖν εἰώθασι καὶ διεξιέναι τὰς δυσχερεστάτας τῶν πράξεων τῶν ἐπὶ τῆς ἀρχῆς τῆς κατὰ θάλατταν γεγενημένων καὶ μάλιστα διατρίψειν περὶ τὰ Μηλίων πάθη κτλ. (Panath. 64).

Einen ähnlichen Standpunkt wie Isokrates vertritt der Verfasser der Schrift περὶ πόρων (Xenophon). Schüler des Isokrates waren Ephoros und Theopompos, die Haupthistoriker dieser Periode, welche den erhaltenen secundären Quellen wesentlich zu Grunde liegen. Theopompos Vaterstadt war Chios, d. h. die Insel, welche an der Spitze der im Jahre 357 gegen Athen sich erhebenden Conföderation bundesgenössischer Städte sich befand, er selbst verfasste eine Panegyrik auf Mausolos, den heftigsten Feind der Athener. Vgl. Gell. X, 181, 1. Leben d. z. Redn. 838 b. Als Oligarch war er mit Theokritos, dem Führer der attikizirenden demokratischen Partei entschieden verfeindet. Vgl. Strabo XIV, S. 645. Müller Fragm. II, 86. Dass dieser Historiker, dessen κακοήθεια bekannt war, dessen Lob nach Plut. Lys. 30 mehr Glauben verdient als dessen Tadel, die bundesgenössische Politik der Athener in höchst ungünstigem Lichte darstellte, würde a priori anzunehmen sein, wenn es nicht noch ausserdem bei Athen. VI, 254 b gesagt würde. Trotzdem werden von Boeckh und Schaefer ohne weitere Bemerkung Stellen aus Theopompfragmenten wörtlich zur Beurtheilung von athenischen Zuständen und athenischer Politik angeführt.

Ephoros ist ebenfalls Schüler des Isokrates, er stammt aus Kyme und hat warme Sympathien für Theben, mit welcher Stadt die Athener seit dem Jahre 375 und 374 immer mehr zerfielen. Er hat nicht gerade Zuneigung zu den Athenern, die keine Miene machten gegen den Grosskönig zu ziehen (was Isokrates so empfiehlt) und seine Stadt von dessen Herrschaft zu befreien, im Gegentheil diese asiatischen Seestädte als Besitzungen des Königs anerkannt hatten und bei ihnen sogar gelegentlich, wenn sie mit dem Könige schlecht standen, durch die Feldherren Contributionen erheben liessen.

Der dritte Historiker dieser Periode, Xenophon, war von der leitenden Demokratie in Athen verbannt, officiöser Scribent im lakedaemonischen Lager und Gegner der ganzen von der Demokratie ausgehenden traditionellen Politik. Er ignorirt den athenischen Seebund, wo es angeht, nicht nur weil sein Gesichtskreis ausserordentlich einseitig und beschränkt ist, sondern weil er diesen Verhältnissen abgeneigt ist. Xenophon, der Freund des mehrere Male von athenischen Gerichten verurtheilten Timotheos, unterlässt es nicht, hier und da, wo er die maritimen Verhältnisse berührt, den Gegnern seines Freundes einen Seitenhieb zu versetzen. So schiebt er in den kurzen Bericht über den Gewinn der Insel Korkyra durch Timotheos die Bemerkung ein: οὐ μέντοι ἐφυγάδευcε, καὶ cφαγὰc καὶ πολιτειῶν μεταβολὰc ἐποίηcε, was offenbar auf Chares und dessen Verfahren auf Korkyra abgezielt ist. Zu diesen historischen Darstellungen kommt die rednerische Ueberlieferung, sie besteht hauptsächlich aus Isokrates, Aeschines, Demosthenes. Ihre Reden sind in einer Zeit gehalten, welche unmittelbar der grossen Katastrophe des athenischen Staates in Folge des Bundesgenossenkrieges folgte, und natürlich stark beeinflusst von der sich gegen die bisherige Politik mächtig erhebenden Reaction. Isokrates ist ausserdem principieller Gegner der bundesgenössischen Politik, Aeschines als Feind des Chares und Freund des Eubulos, welcher den die Unabhängigkeit der Bundesgenossen anerkennenden Frieden abschloss, mit dieser Strömung in enger Beziehung. Es bleibt noch Demosthenes übrig, der grösste und glaubwürdigste zeitgenössische Redner. Demosthenes aber macht den Athenern nur ihre Schwäche zum Vorwurf, dass sie nicht im Stande waren, sich aufzuraffen und von dem Söldnerwesen zu emancipiren, er schildert alle Uebel, welche sich aus diesem System ergaben, Uebel, zu denen auch Schädigungen der bundesgenössischen und verbündeten Städte durch die Söldnerhaufen gehörten. Schaefer führt an der oben erwähnten, die bundesgenössische Politik betreffenden Stelle nicht ein Citat aus Demosthenes an, während für eine andere Auffassung Belege aus Demosthenes zu entnehmen sind. Demosthenes bezeichnet die Anschuldigungen der bundesgenössischen Politik Athens als verleumderische Schmähungen. Vgl. v. d. Fr. d. Rhodier 9: Cυμβήϲεται ὑμῖν (wenn Athen die Rhodier unterstützen würde) τὰϲ παρὰ τῶν διαβαλλόντων τὴν πόλιν ἡμῶν βλαϲφημίαϲ ἔργῳ μετὰ δόξηϲ καλῆϲ ἀπολύϲαϲθαι. Man erinnert sich sofort an die ἀηδῶϲ ἀκούονταϲ τῶν λόγων τούτων, an die, welche gewöhnt sind κατηγορεῖν τῆϲ πόλεωϲ καὶ διεξιέναι τὰϲ δυϲχερεϲτάταϲ τῶν πράξεων τῶν ἐπὶ τῆϲ ἀρχῆϲ. Dann heisst es v. d. Fr. d. Rhod. 17: Ῥόδιοι εὖ πράττοντεϲ καὶ παρὸν αὐτοῖϲ ἐξ ἴϲου ϲυμμαχεῖν ὑμῖν κτλ. fielen demnach ab. Aehnlich liest man v. Kr. 116: Ὑμεῖϲ δ' οἱ καὶ καταμεμψάμενοι πολλὰ καὶ δίκαια ἐν Βυζαντίοιϲ. Hier erscheint Athen nicht als der Verklagte, sondern als der mit gutem Recht Anklagende. v. Kr. 123 fg: Τὸ τελευταῖον Εὐβοίαϲ ἔϲωϲεν ἡ πόλιϲ καὶ μετὰ ταῦτα ϲυμμάχουϲ ἐποιήϲατο ἕν τι καὶ αὐτὸ βουλομένη ϲῴζειν .... μηδὲν ὧν ἠδικήϲθε (Ἀθηναῖοι) ἐπιλογιϲάμενοι. In Bezug auf diese euboeischen Angelegenheiten muss auch Aeschines mit seinem Gegner übereinstimmen, es heisst g. Ktes. 85: Κύριοι τῆϲ Εὐβοίαϲ γενόμενοι καὶ τάϲ τε πόλειϲ αὐτὰϲ καὶ τὰϲ πολιτείαϲ ἀπέδοτ' ὀρθῶϲ καὶ δικαίωϲ οὐχ ἡγούμενοι δίκαιον εἶναι τὴν ὀργὴν ἀπομνημονεύειν κτλ. In die frühere Zeit des Bundes gehören die Kränze, welche g. Andros S. 616, 5 und g. Timokr. S. 756, 13 erwähnt werden, deren Halter Aufschriften trugen wie: Οἱ ϲύμμαχοι τὸν δῆμον ἀνδραγαθίαϲ ἕνεκα καὶ δικαιοϲύνηϲ, Οἱ ϲύμμαχοι ἀριϲτεῖον τῇ Ἀθηνᾷ, Οἱ δεῖνεϲ τὸν δῆμον ϲωθέντεϲ ὑπὸ τοῦ δήμου, wie: Εὐβοιεῖϲ ἐλευθερωθέντεϲ τὸν δῆμον. Vgl. Grote, Hist. of Gr. X, S. 152 und Schaefer, Dem. u. s. Z. I, S. 33, Anm. 1.

Durch die von Athen streng geübte Seewacht und die dadurch bewirkte grössere Sicherheit der Verkehrsstrassen hob sich bedeutend der Wohlstand der zum Bunde gehörigen Städte, namentlich auch der von Rhodos und Kos. Diod. XV, 76. Schaefer, Dem. a. O. Demosthenes sagt daher, die abtrünnigen Bundesgenossen hätten in ihrem Uebermuthe den Krieg gegen Athen begonnen. v. d. Fr. d. Rhod. 2: Τὰ τὴν αὐτῶν ὕβριν ὑμῖν πολεμήϲαντεϲ de Rhod. lib. 2.

Da es ferner, wie wir sehen werden, feststeht, dass trotz der für einen Abfall ausserordentlich günstigen Verhältnisse viele Inseln den Athenern treu blieben und gegen die Abgefallenen kämpften oder wenigstens an der Conföderation sich nicht activ betheiligten, dass ferner der Abfall überall, wo einige genauere Nachrichten erhalten sind, mit dem Umsturz oder der völligen Zerrüttung der Demokratie in den betreffenden Städten zusammenhing, so ist zu schliessen, dass zum Abfall ebensoviel oligarchisches Parteiinteresse beigetragen hat als Widerwille gegen Athen und das

Streben nach Unabhängigkeit überhaupt. Die Verdächtigungen wegen oligarchischer Gesinnung, denen diejenigen ausgesetzt waren, welche im Jahre 355 zum Frieden mit den abtrünnigen Bundesgenossen riethen (Isokr. v. Fr. 50) bestärkt die Auffassung des Bundesgenossenkrieges als eines wesentlichen Gliedes in der zur Zeit eintretenden allgemeinen oligarchischen Reaction gegen die bisherige demokratische Entwickelung, welche selbst im Peloponnesos (in Arkadien, Argos, Megalopolis) Wurzel geschlagen hatte. Demosthenes aber betont emphatisch, eine aufrichtige, dauernde Verbindung zwischen einer Demokratie und Oligarchien sei undenkbar. Der Bundesgenossenkrieg hat offenbar diese an mehreren Stellen entschieden ausgesprochene Ueberzeugung zur Reife gebracht. Vgl. v. d. Fr. d. Rhod. 21. 40: Πρὸς μὲν γὰρ τοὺς δήμους ἢ περὶ τῶν ἰδίων ἐγκλημάτων ἢ περὶ τῆς ὅρων ἢ φιλονεικίας ἢ τῆς ἡγεμονίας πρὸς δὲ τὰς ὀλιγαρχίας ὑπὲρ πολιτείας καὶ τῆς ἐλευθερίας.

War aber mit der oligarchischen Bewegung in den einzelnen Bundesstädten der Abfall verbunden, so darf man weiter schliessen, dass der Demos durchaus nicht mit Athen brechen wollte. Die Berechtigung zu einem solchen Schlusse findet man auch in den ganz analogen Verhältnissen zur Zeit des ersten Bundes. Vgl. Thuk. III, 47: νῦν μὲν γὰρ Ἀθηναῖος ὁ δῆμος ἐν ἁπάσαις ταῖς πόλεσιν εὔνους ἐστὶ καὶ ἢ οὐ συναφίσταται τοῖς ὀλίγοις ἢ ἐὰν βιασθῇ ὑπάρχει τοῖς ἀποστήσασι πολέμιος.

Welche Wohlthat für die einzelnen Seestädte die Zugehörigkeit zum athenischen Bunde war, ersieht man ferner mittelbar aus der üblen Lage, in welche sie nach dem Frieden von 355, der ihre Unabhängigkeit erklärte, geriethen. Sich selbst überlassen konnten sie den mannigfachen Feinden nicht widerstehen. Chios gerieth unter die Herrschaft einer oligarchischen Faction, welche sich auf eine persische Besatzung stützte. Erst Alexander machte diesem schlimmen Regimente ein Ende, wie es die Athener im Jahre 365 auf Samos beseitigt hatten. Vgl. Monatsb. d. Berl. Ak. 1863. S. 265 fg. Schaefer, Dem. u. s. Z. III, S. 157 und 162 bis 170. Die lesbischen Städte gelangten durch das Stadium der Oligarchie zur Tyrannis. In Mitylene wurde freilich 347 die oligarchische Regierung gestürzt und die Demokratie hergestellt, sofort trat aber der Demos unter den alten Bedingungen dem athenischen Bunde bei. Es ist dieses eine bemerkenswerthe Thatsache insofern als sie beweist, dass die Bemerkung des Thukydides in Bezug auf die politischen Verhältnisse des ersten Bundes auch für die des zweiten passt. Vgl. den Volksbeschluss über die Wiederaufnahme der Mitylenaeer, Rangabé Nr. 401 und Schaefer, Dem. u. s. Z. III, S. 40. Rhodos und Kos geriethen unter die Herrschaft einer von den karischen Dynasten abhängigen Oligarchie. Vgl. Dem. v. Fr. 25. Die blühende Insel Korkyra kam immer mehr und mehr herunter. Vgl. Schaefer, Dem. u. s. Z. III, S. 46.

Zum Schlusse dieser zum Theil gegen Schaefer, als einem Hauptkenner dieser Periode, gerichteten Ausführungen wird eine Aeusserung gerade Schaefers nicht unzweckmässig sein, da dieselbe mit seiner und der gewöhnlichen Auffassung der athenischen Bundespolitik schwer, mit der eben durchgeführten vortrefflich vereinbar ist. 'Im Allgemeinen war Athen der damals am besten regierte Staat Griechenlands. Milde und Menschenfreundlichkeit liegt in dem Charakter der athenischen Verfassung, nicht mit Willkür und Härte, sondern gemäss den Gesetzen wird der Staat verwaltet...... Die Vorliebe des Demosthenes für Herkommen und Verfassung seiner Vaterstadt kann uns nicht befremden, wenn wir die Zustände anderer hellenischer Staaten mit denen Athens vergleichen'. (Dem. u. s. Z. I, S. 475.)

Nicht willkürliche Behandlung und Bedrückung der Bundesgenossen durch ihren Vorort, nicht egoistische, rohe Herrschsucht der Athener ist die Veranlassung zur Auflösung der Bundesgenossenschaft, der Grund derselben ist ein anderer. Man wird ihn einerseits in den Charaktereigenthümlichkeiten der Hellenen überhaupt finden, zu denen gewisse Schwächen und politische Fehler der Athener im Besondern hinzutraten, welche eben das Ende dieser Symmachie schleuniger herbeiführten, als es die Macht der Verhältnisse sonst mit sich gebracht hätte. Andrerseits ist die Entwickelung des Bundes im engen Zusammenhange mit den allgemeinen vor und zurückschreitenden Bewegungen der beiden entgegenstehenden politischen Principien, dem oligarchischen und demokratischen, zu verstehen, in denen sich seit 2 Jahrhunderten die hellenische Geschichte vollzogen hatte. In einer allgemeinen demokratischen Action entstand der Bund, in einer oligarchischen Reaction musste er sein Ende finden.

VI. Capitel.
Der Bundesgenossenkrieg und seine Folgen.

Was den nächsten Anstoss, die ἀρχή, um mit Polybios zu reden, — im Gegensatz zu den αἰτίαι — des Bundesgenossenkrieges betrifft, so wird von Demosthenes der Dynast Mausolos als derjenige bezeichnet, welcher die ganze Conföderation der abfallenden Bundesgenossen hervorgerufen und eingeleitet habe. Vgl. v. d. Fr. d. Rhod. 3: 'πρυτανεύcαc ταῦτα καὶ πείcαc Μαύcωλοc'.

Mausolos, Dynast von Karien, hatte den Plan, zunächst die in seiner Nähe gelegenen Inseln von Athen loszureissen, sie unabhängig zu machen, um dann die sich selbst überlassenen Gemeinden desto leichter unter seine eigene Botmässigkeit zu bringen. Vor Allem conspirirte er zuerst in Rhodos, wo sich sein Einfluss immer mehr ausbreitete, bestimmender wurde und die Demokratie zersetzte. Vgl.

Dem. v. d. Fr. d. Rhod. 13. 23. v. d. Anordn. 8. Aristot. Pol. V, 2. V, 4. Die von Mausolos in Bewegung gesetzten Elemente traten bald mit andern Bundesstädten in Verbindung. Auf der Nachbarinsel Kos hatte auch bald die autonomistisch-karische Partei grosse Ausdehnung gewonnen. Vgl. Rehdantz, Vita Iph. S. 206. Anm. 15. Rhodos stand in enger Handelsverbindung mit Chios, eine Anknüpfung der in Rhodos bereits herrschenden oligarchischen, den Athenern feindlichen Partei mit Gleichgesinnten auf Chios war daher leicht zu erreichen. Die demokratische Regierung der Chier wurde durch eine Oligarchie ersetzt, welche sofort bereit war, sich der gegen die demokratische Bildung regenden Reaction anzuschliessen. Vgl. Dem. v. d. Fr. d. Rhod. 23: Ὀλεγαρχουμένων Χίων κτλ. Isokr. v. Umtausch 23. v. Fr. 16. Diod. XVI, 7.

Byzanz, bereits seit acht Jahren mit Athen im Kriege oder verfeindet, trat natürlich sofort der Conföderation der Aufständischen bei (Diod. XVI, 7). Den oligarchischen Charakter der ganzen Bewegung zeigt deutlich das, was Demosthenes in der im Jahre 352, d. h. sechs Jahre nach dem Ausbruch des Bundesgenossenkrieges, gehaltenen Rede über die Freiheit der Rhodier 23 sagt: es sei die athenische Demokratie gefährdet, weil überall oligarchische Regierungen beständen. Πάντων ὀλίγου δέω λέγειν εἰς ταύτην τὴν δουλείαν ὑπαγομένων, cυγκινδυνεύειν δὲ τὴν παρ' ἡμῖν πολιτείαν εἰ δι' ὀλιγαρχίας ἅπαντα cυcτήσεται.' Vgl. περὶ πόρων V, 8.

Als Glieder der Conföderation werden an allen Stellen, wo ihrer Erwähnung geschieht, nur Mausolos, Rhodos, Kos, Chios, Byzanz genannt. Nun steht es aber fest, dass am Ende des Bundesgenossenkrieges eine Reihe anderer Seestädte sich vom Bunde emancipirt hatte, wie Korkyra, Mitylene u. A. Vgl. Dem. v. Kr. 293: Ὅτ' εἰς τὰ πράγματα εἰcήειν (Sept. 355) οὔτε Κέρκυρα μετ' ἡμῶν ἦν κτλ. v. d. Fr. d. Rhod. 23: ὀλιγαρχουμένων καὶ Μιτυληναίων κτλ.

Es wird ferner nichts über die active Theilnahme dieser Städte am Kriege berichtet, obwohl Korkyra, wenn es sich betheiligt hätte, mit seinen fünfzig bis neunzig Trieren eine so hervorragende Rolle spielen musste, dass es unmöglich von allen Quellen übergangen sein würde. Endlich sind zu den Friedensverhandlungen des Jahres 355 nur Gesandte von Rhodos, Chios, Byzanz in Athen erschienen (Isokr. v. Fr. 6). Es lässt sich hieraus der Schluss ziehen, dass in dem Kriege eine grosse Anzahl von Städten den Athenern zwar nicht gegen die Conföderirten bundesgenössische Hülfe leistete aber auch nicht activ an der Conföderation theilnahm, um sich offenbar bei den äusserst schwankenden Verhältnissen nach keiner Seite hin zu stark einzulassen und mehr freie Hand zu behalten. Man konnte voraussehen, dass selbst, wenn Athen siegreich blieb, es jedenfalls einen grossen Krieg bestanden haben musste und zu ermattet sein würde, um mit entschiedenen Massregeln gegen die neutral gebliebenen Bundesgenossen vorzugehen. Siegten die Conföderirten, so hatte

man ohne Anstrengung die Unabhängigkeit errungen. Zu dieser
Kategorie von Bundesstädten, welche nur ihre Contingente verweigerten und damit thatsächlich unabhängig wurden, gehörten Perinthos und Selybria (v. d. Fr. d. Rhod. 33), Mitylene und die übrigen
Städte auf Lesbos. Vgl. Dem. g. Boeot. S. 1029, 11 bis 21. Rangabé
Nr. 401. Isokr. Brief VII. περὶ τῶν πρ. Ἀλεξ. cυνθηκῶν.

An der Conföderation nahm auch Maronea nicht Theil. Diese
Stadt führte seit Sommer 361 mit den Athenern, weil sie sich einem
Schiedspruche derselben nicht fügen wollte, Krieg und hielt sich
gegen die athenischen Angriffe, gerieth aber dann noch vor dem
Jahre 358 in die Hände eines thrakischen Dynasten. Dem. g. Arist.
219. Ap. g. Polykl. 14 fg. Phil. Br. 19.

Eine Anzahl von Inseln hielt treu zu Athen und erduldete im
Jahre 356 von der Flotte der Conföderirten arge Plünderungen.
Diod. XVI, 22, 2: πολλὰc καὶ ἄλλαc νήcουc οὔcαc Ἀθηναίων κτλ.

Mehr noch als Mausolos trug ein anderer Fürst zu den Erfolgen
der Conföderation bei, nämlich Philippos von Makedonien. Obwohl
die vorhandenen Quellen von einem Bündnisse Philipps und der abgefallenen Bundesgenossen nicht berichten und Demosthenes, wenn
irgend welche nähere Verbindung Philipps mit der Conföderation
bekannt gewesen wäre, sicherlich nicht unterlassen hätte, dieses
unter den Klagen gegen Philipp anzuführen, so ist doch jedenfalls
als höchst bedeutungsvoll hervorzuheben, dass zu gleicher Zeit die
Bundesgenossen losschlugen, und Philippos vorging. Dass zu derselben Zeit von zwei Seiten der Augriff erfolgte, trug nicht wenig zur
Niederlage Athens bei.

Im Hochsommer der Jahre 357, gerade als Chares mit seiner
Flotte vom Chersonesos zum Beistande des von Philipp im Frühjahre
augegriffenen Amphipolis eilen wollte, erfolgte der Ausbruch des
Bundesgenossenkrieges. Fast zu gleicher Zeit fiel Amphipolis in die
Hände Philipps, der sich mit den chalkidischen Städten verband und
gegen die athenischen Bundesstädte auf der thrakisch-makedonischen
Küste zu operiren begann.

Wir kommen jetzt in die Zeit, welche den eigentlichen Gegenstand des trefflichen Werkes von Schaefer, 'Demosthenes und seine
Zeit', bildet und von diesem Autor auf das Eingehendste untersucht
und dargestellt ist. Das Quellenmaterial wird reicher und umfassender, es würde die Aufgabe dieser Abhandlung überschreiten, eine
selbstständige Forschung auch über die Geschichte dieses Abschnittes
bis zu der Zeit zu geben, wo die letzte Seestadt von Athen losgerissen
ist. Eine solche eingehende Untersuchung passt auch um so weniger
in den Plan dieser Forschungen, als durch den Bundesgenossenkrieg
der Seebund der Hauptsache nach gesprengt wird und seine Bedeutung für die allgemeine Geschichte von Hellas verliert. Es möge
ein kurzer Ueberblick der Vervollständigung des Bildes wegen über
die Ereignisse bis zur Schlacht bei Chaeronea genügen, eine ein-

gehendere Erörterung soll nur da auf Grund der Quellen geführt werden, wo für den Seebund wichtige Ereignisse, wie der Friede von 355, eintreten.

Im Jahre 357/6 nahm Philipp Pydna, Sommer 356 Potidaea, welches zerstört wurde, während das Stadtgebiet an Olynthos kam. Zugleich begann der makedonische König mit dem Bau von Kriegsschiffen. Makedonische Kaperschiffe plünderten Lemnos und Imbros, occupirten die damals von Seeräubern besetzte Insel Halonesos und schädigten den athenischen Handel. Athen konnte den Fortschritten Philipps keinen ernstlichen Widerstand leisten, es war genug durch den Krieg gegen die Conföderation der abgefallenen Bundesgenossen beschäftigt. Während man in Athen energische Vorbereitungen zur Aufstellung einer neuen Flotte machte, erhielt der Stratege Chares den Befehl, gegen Chios, einen Hauptsitz des Aufstandes, vorzugehen. Zugleich wurden die für die Vermögenssteuer eingerichteten Symmorien auch auf die Trierarchie ausgedehnt. Vgl. Boeckh, Sth. I. S. 721 fg. II, S. 490 fg. Ein Psephisma enthält die Befugniss: Ληίζεσθαι τοὺς τὴν θάλατταν πλέοντας κ' ἂν ἔμποροι ὦσι τῶν πολεμίων. Dem. g. Meid. S. 570, 14. Vgl. Schaefer, Dem. u. s. Z. I, S. 148.

Es ist wunderbar, wie von einigen neuern Darstellern auch dieses Gesetz als Barbarei der Athener gegen die hellenischen Seestädte gebrandmarkt wird, man erinnere sich aber, wie es bis zur Convention zu Paris im Jahre 1856 über den Schutz des Privateigenthums zur See mit der Schonung der Privatleuten aus Feindesland gehörigen Handelsschiffe aussah.

Chares machte sich an die Belagerung von Chios. Es kam darauf an sich des Hafens zu bemächtigen, allein der Angriff auf denselben missglückte vollständig. Chabrias, der als Trierarch[1]) tapfer mitfocht, fiel am Bord seiner Triere. Es war unter den damaligen Umständen ein für Athen sehr empfindlicher Schlag. Im nächsten Winter 357/6 wurde auf beiden Seiten stark gerüstet, so dass im Frühjahre 356 Flotten in See waren, wie sie seit dem peloponnesischen Kriege von Staaten der östlichen Hellenenwelt nicht aufgestellt waren. Die Flotte der Conföderirten zählte hundert, die der Athener hundert und zwanzig Trieren in zwei Geschwadern, von denen das bereits im vorigen Feldzuge thätig gewesene Chares, das andere neu ausgerüstete Timotheos, Iphikrates, Menestheus befehligten.

Ehe sich die beiden Geschwader vereinigt hatten, machten die Conföderirten mit ihrer Flotte einen Streifzug nach den zu Athen haltenden Inseln, plünderten Lemnos, Imbros und andere Stadtgebiete

---

1) Grote (Uebers. VI, S. 179) nimmt an, Chabrias sei Befehlshaber der Flotte gewesen, während Chares das Landheer befehligte, indessen hat Rehdantz ohne Zweifel nachgewiesen, dass Chabrias nur Trierarch war.

der treuen Bundesgenossen und begannen endlich die Belagerung von Samos. Wahrscheinlich in den chiischen Gewässern vereinigten sich die athenischen Flottenabtheilungen, welche dadurch den Feinden vollkommen gewachsen wurden. Diese hoben in Folge dessen die Belagerung auf, besonders da die athenische Flotte in der Erwartung, dass die feste, von athenischen Bürgern vertheidigte Stadt Samos sich längere Zeit halten oder durch eine Diversion von der feindlichen Macht befreit werden könnte, Miene machte gegen das ziemlich entblössste Byzanz zu segeln.

Bei Embata trafen die Flotten der Athener und der Conföderirten zusammen.[1]) Chares drang in seine Collegen eine Seeschlacht zu liefern, diese jedoch erklärten den starken Wind für zu gefährlich und entschieden sich, nicht zu schlagen. Trotzdem griff Chares, in der Erwartung, man würde ihm, wenn einmal der Angriff geschehen sei, Beistand leisten, mit seiner Abtheilung an. Die Hülfe blieb jedoch aus, und Chares konnte froh sein mit dem Verluste einiger Trieren davonzukommen. Dieses Ereigniss führte zu einem grossen Process. Chares hatte ohne Zweifel sich der Insubordination schuldig gemacht, aber im Uebrigen war seine Ansicht die richtige, er berief sich auf das Urtheil des Heeres. Timotheos wurde, besonders da man ihn im starken Verdacht hatte, dass er von den Chiern und Rhodiern bestochen wäre, zu der enormen Summe von hundert Talenten verurtheilt, Iphikrates freigesprochen, doch des Commandos enthoben. Chares erhielt allein den Befehl über die ganze Marine, es war in seinen Händen eine bedeutende Kriegsmacht, aber es fehlte vollständig an Geld, um dieselbe zu unterhalten. Die letzten grossen Rüstungs- und Unterhaltungskosten der grossen Flotte hatten den finanziellen Ruin der Athener herbeigeführt. Zahlte aber Chares seiner Mannschaft den Sold nicht aus, so lief sie auseinander oder gar zum Feinde über. Chares musste sich unter allen Umständen Geld verschaffen, von Athen war nichts zu erwarten, und Plünderungszüge nach den jedenfalls schon mitgenommenen feindlichen Inseln konnten nicht zur Unterhaltung eines Heeres von 30,000 Mann ausreichen. Da bot ihm der aufständische Satrap Artabazos, wenn er eine Zeit lang mit seinem Heere bei ihm in Dienst treten würde, bedeutende Summen an. Wenn man erwägt, dass Chares keine andere Wahl hatte als Auflösung des grössten Theiles seiner Kriegsmacht oder Annahme des Anerbietens, so wird man diese Handlungsweise des Chares durchaus nicht tadeln, wie es

---

1) Grote (Uebers. VI, S. 180) theilt die gewöhnlichere Ansicht, welche sich auf Diodor gegen Polyän III, 9. 29. und Corn. Nep. Tim. 3. stützt. Nach dieser wäre die athenische Flotte von Athen direkt gegen Byzanz gesegelt, diese Diversion hätte die Aufhebung der Belagerung von Samos bewirkt, und beide Flotten seien im Hellespontos zusammengetroffen. Welche Ansicht die richtige ist, wird sich bei der Lückenhaftigkeit der Quellen wohl kaum entscheiden lassen.

Schaefer und Andere thun. In Athen fand Chares allgemeine Zustimmung (Diod. XVI, 21), man hatte überdiess während der letzten Jahre mit den aufständischen Satrapen stets Fühlung gehabt, während Mausolos in Uebereinstimmung mit dem Könige gegen die Athener Krieg führte. Chares erfocht über die Truppen des Grosskönigs einen glänzenden Sieg und erlangte grosse Beute, ausserdem zahlte der erfreute Satrap die ausbedungenen Summen, welche zum Unterhalt des Heeres auf eine Zeit lang ausreichten. Man jubelte in Athen und votirte dem Chares einen Ehrenkranz.

Diese Freude drückte bald eine Gesandtschaft des Grosskönigs nieder, welche am Anfang des Jahres 355 in Athen eintraf, lebhafte Beschwerde darüber führte, dass ein athenisches Heer in den Dienst eines aufständischen Satrapen getreten war, und die Nachricht brachte, der Grosskönig rüste dreihundert Trieren, um in die griechischen Verhältnisse einzugreifen. Die Kunde von dieser Rüstung rief nicht nur in Athen, sondern in allen Seestädten grosse Besorgniss hervor, man fürchtete nicht mit Unrecht, der Grosskönig werde sich die vielen Streitigkeiten benutzend zum Herrn von ganz Hellas machen. Man war bereits auf beiden Seiten durch den allgemeinen Krieg erschöpft, und 'diese Furcht vor dem Könige war stärker als der gegenseitige Hader'. vgl. Dem. v. d. Symmorien. 14. Οὔπω μεῖζον οὗτος ἔσθ' ὁ φόβος τῶν πρὸς ὑμᾶς καὶ πρὸς ἀλλήλους διαφορῶν.

Bereitwillig gingen die Conföderirten auf die Friedensvorschläge der Athener und ihrer Bundesgenossen ein. (Diod. XVI, 22.) Den Athenern kam es darauf an, so schnell als möglich abzuschliessen, man musste nicht den Grosskönige zuvorkommen, sondern auch unterhandeln, so lange noch Chares über Geldmittel verfügte und das starke Heer zusammenhalten konnte. Die Kriegspartei in Athen, geführt von Aristophon, wollte den Krieg bis aufs Aeusserste fortsetzen und hoffte ihn glücklich durchzuführen. v. Fr. 5. fg. 51.

Die Friedenspartei unter Eubulos drang nicht mit Unrecht — wie Schaefer meint — auf schnellen Abschluss. Isokrates war im Sinne dieser Partei thätig, in seiner bei dieser Gelegenheit gehaltenen Rede über den Frieden behandelt er den Gedanken an Fortsetzung des Krieges als reinen Unverstand (ἄνοια v. Fr. 7). Die Friedensverhandlungen mit den Abgesandten von Chios, Rhodos, Byzanz fanden zu Athen statt (v. Fr. 15. 25). Ueber den Inhalt des Friedensvertrages erfährt man weder bei Diodoros etwas, noch bei Isokrates, der nur erwähnt, der Senat hätte die Vorschläge der Conföderirten angenommen und in diesem Sinne ein Probuleuma abgefasst.[1)]

---

1) Gemistios Pletho erwähnt, die Athener hätten Frieden geschlossen ἐφ' οἷς οἱ νησιῶται ἐβούλοντο, allein dieser Humanist ist nicht, wie es Rehdantz thut, zu citiren, da er nur dieselben Quellen benutzte, die auch uns vorliegen.

Es heisst in dem Schol. 2. Dem. Ol. III, 33 der Friede sei geschlossen unter der Bedingung 'αὐτονόμουc ἐᾶcαι πάντας τοὺς cυμμάχους'. Schaefer meint, es sei abgeschmackt zu behaupten, auch die nicht-abgefallenen Bundesgenossen seien selbständig geworden, da noch lange Zeit nach dem Frieden ein Seebund der Athener bestanden hätte. Allein beides ist wohl vereinbar, Athen verpflichtet sich damit von Neuem die Autonomie seiner Bundesgenossen zu achten und die im Kriege besetzten Städte freizugeben, während es andrerseits darauf verzichtete, die während des Krieges unabhängig gewordenen Seestädte zum Eintritt in die Bundesgenossenschaft zu zwingen. Dass eine derartige Bestimmung in dem Friedensvertrage enthalten war, wird gewiss durch eine in der Rede für die Befreiung der Rhodier enthaltene Aeusserung. Demosthenes sagt. 'Indem die Byzantier Selybria byzantisch machen, handeln sie παρὰ τοὺς ὅρκους καὶ cυνθήκας, ἐν αἷς γέγραπται, αὐτονόμους τὰς πόλεις εἶναι,' was sich, wie auch Schaefer (Dem. I, S. 169) zugiebt, nur auf den Frieden von 355 beziehen kann.

Es mag auch Grote nicht Unrecht haben, wenn er (VI, S. 185 d. Ueber.) meint, die Athener hätten die vollständige Trennung und Selbständigkeit nur von Chios, Rhodos, Kos, Byzanz und den andern Mitgliedern der Conföderation anerkannt. Der Bundeseid dieser Städte sei für gelöst erklärt, während die übrigen Bundesstädte, welche sich wie Korkyra, die Lesbier u. s. w. ohne active Theilnahme an der Conföderation doch von Athen emancipirt hatten, als rechtmässige Angehörige des Bundes galten. Es hätte sich dann die Bestimmung, alle Bundesgenossen in ihrer Autonomie zu lassen, darauf bezogen, dass Athen sich verpflichtete die zur Conföderation gehörigen Städte, deren Unabhängigkeit es anerkannt hatte, nicht, was gegen die Autonomie gewesen wäre, zum Eintritt in den Bund zu zwingen, anderseits die Autonomie der noch übrigen Bundesgenossen zu achten. Galten die übrigen nicht zur Conföderation gehörigen, aber bereits von Athen unabhängig gewordenen Seestädte rechtlich noch als Bundesgenossen, so hatte Athen die Befugniss sie zur Erfüllung ihrer Bundespflichten zu zwingen, wenn nicht ein zwischen Athen und diesen Städten geschlossener Vertrag ihr Verhältniss zu Athen anders ordnete. Es fehlte den Athenern an Mitteln diesen Ansprüchen auf Hegemonie praktische Bedeutung zu geben, nur auf dem Chersonesos wurde in den nächsten Jahren ein solcher Versuch gemacht.

Athen hatte furchtbar durch den Krieg gelitten, Schaefer schildert den Zustand Athens unmittelbar nach dem Abschlusse des Friedens mit folgenden Worten: 'Ackerbau, Handel und Gewerbe liegen darnieder, die fremden Kaufleute haben sich fortgezogen, voll Jammers ist die Stadt, die Armen darben, die Reichen sind durch die beständigen Steuern und Liturgien erschöpft, dabei treiben

Redner und Feldherrn Unterschleif und bereichern sich auf die Kosten Anderer.'

Demostheues sagt (v. Kr. 292), im Herbst 355 sei Athen völlig ohnmächtig gewesen, 'δύναμιν μὲν τοίνυν εἶχε ἡ πόλις τοὺς νησιώτας οὐχ ἅπαντας ἀλλὰ τοὺς ἀσθενεστάτους'. Die Syntaxeis betrugen 45 Tal. und auch diese waren schon im Voraus erhoben, an Hopliten besass die Stadt ausser den Einheimischen auch nicht einen Mann. Es bleibt noch übrig festzustellen, welche Städte den Athenern blieben. Es gehören in diese Kategorie die euboeischen Städte, welche im Jahre 357 gewonnen waren und erst 349 verloren gingen, aber mit Athen bereits in gespannten Verhältnissen standen: vgl. Dem. v. Kr. 293. Ferner verblieben den Athenern: Ikos, Peparethos, Skiathos, (Dem. Phil. I, 33. Phil. Br. 12) Thasos, Tenedos, vgl. Dem. Phil. I, 36. Heges. v. Hal. 15, g. Theokr. 45. Dem. v. Kr. 373. Aesch. v. d. Trugges. 20. 126. Aenus gehörte gleichfalls dem Bunde noch weiterhin an, es fiel wahrscheinlich im Jahre 341 zu Philippos ab, vgl. g. Theokr. 49 und Schaefer, Dem. u. v. Z. III. Beilage 6 S. 277.

Methone und Abdera wurden erst im Jahre 354/3 an Philippos verloren, vgl. Schaefer Dem. u. s. Z. II, S. 28. Endlich blieb noch Prokonnesos Mitglied des Bundes (Dem. v. Kr. 373).

Welche Städte ausserdem noch bundesgenössisch waren, ist nicht mit Sicherheit auszumachen, doch konnte ihre Zahl und im Allgemeinen auch ihre Bedeutung nicht gross sein. Da ein Theil der Kykladen im Jahre 356 von den Conföderirten als feindliches Gebiet geplündert wird, und von Andros feststeht, dass es bundesgenössisch und mit Athen in guten Beziehungen war, so erstreckte sich auch nach dem Bundesgenossenkriege die athenische Bundesgenossenschaft ohne Zweifel über eine Anzahl von Kykladen, vgl. den Volksbeschluss bei Rangabé 393 aus dem Jahre 357/6. Ὅπως ἄν ἀναλγεῖς ὦσι οἱ φρουροὶ ἐν Ἄνδρῳ τῷ δήμῳ τῶν Ἀθηναίων καὶ τῷ δήμῳ τῶν Ἀνδρίων κτλ.

Während der Friede des Eubulos den Krieg mit den Conföderirten beendigte, ging der Kampf auf der thrakisch-makedonischen Küste fort. Ende des Jahres 354 eroberte Philipp Abdera und Maronea, im Frühjahre 353 nach harter Belagerung Methone. Im Sommer dieses Jahres und im Jahre 352 wurde Philippos weiteres Vordringen nach dieser Seite hin durch die schweren Kämpfe in Thessalien gegen die Phokier unter Onomarchos aufgehalten. Philipps anderweitige Beschäftigung benutzte Chares, um zu gleicher Zeit den Chersonesos, namentlich Sestos wiederzunehmen. Die Einwohner dieser Stadt, deren Besitz seit über einem Jahrzehend streitig war, wurden theilweise vertrieben, athenische Kleruchen sollten die Stadt und in dieser starken Position den Chersonesos überhaupt sichern, vgl. Schaefer, Dem. u. s. Z. I. S. 400. II, S. 28 fg.

Es war dieses eine Massregel, wie sie Athen zur Zeit des ersten

Bundes zu ergreifen pflegte, sobald es eine abgefallene Bundesstadt wieder in seine Gewalt bekam, sie passte nicht recht zu dem liberalen Geiste der Verfassung des zweiten Bundes und der Politik, welche die Athener gegen die Bundesgenossen einzuhalten für nöthig befunden hatten, allein sie entsprach den Anschauungen, welche man im Allgemeinen damals über das Kriegsrecht gegen eine eroberte und zwar noch abgefallene Bundesstadt hatte, und es scheint der Krieg wie viele Zustände in Athen, so auch die Anschauungen der Athener über bundesgenössische Politik geändert zu haben. Man hatte mit der nachgiebigen und milden Politik noch weniger erreicht, als zur Zeit des ersten Bundes, wo man stets mit aller Strenge und Härte des damaligen Kriegsverfahrens durchgriff. Epaminondas hatte dagegen mit grossem Erfolge ein System unterthäniger Bundesgenossen zu bilden begonnen, nur sein früher Tod hinderte vielleicht die Durchführung seiner grossen Pläne. Theben hielt die bootischen Städte fest, obwohl es dieselben rücksichtslos unterworfen hatte. Es wird erklärlich, warum man in Athen es nicht mehr für angebracht hielt, strenge Massregeln zu scheuen, um den Rest seiner Herrschaft und Symmachie zu sichern. Es kam den Athenern nicht sowohl darauf an, die auf den alten Bedingungen beruhende Bundesgenossenschaft zu erweitern, als für sich mit einzelnen Städten Bündnissverträge abzuschliessen, welche ihnen Contingente im Kriegsfalle sicherten, und die betreffenden Städte nach aussen hin von Athen vollständig abhängig machten.

Athen stellte sich nicht mehr einer geschlossenen Masse von Bundesgenossen, die sich in ihren Interessen gegenüber dem Vororte im Grossen und Ganzen solidarisch fühlte, gegenüber und nahm nicht mehr als Vorort einer Symmachie neue Mitglieder in die Bundesgenossenschaft auf, sondern schloss ohne Rücksicht auf das Schema des Bundesvertrages, welches nach der Bundesverfassung in gleicher Weise das Verhältniss des aufzunehmenden Mitgliedes zu Athen normirte, mit einer Anzahl von Städten Bündnissverträge unter verschiedenen Bedingungen ab. Diese Bündnissverträge brachten die betreffenden Städte in grössere oder geringere Abhängigkeit von Athen, liessen ihnen einen verschiedenen Grad von Selbstständigkeit, so dass Athens Politik, indem sie den verbündeten Städten verschiedene Stellungen gab, sich in dieser Hinsicht der föderalen Politik Roms näherte. Jede zur Symmachie gehörige Stadt musste sich dann weniger als Glied der Symmachie betrachten, sie hatte ihren eigenen Vertrag, dessen Bestimmungen sich nur nach ihrer Abmachung mit Athen richteten, sie stand für sich den Athenern gegenüber, wie Athen ihr. Ein solches Bundessystem war ohne Athen undenkbar, denn es bestand nur insofern als alle Fäden in Athen zusammenliefen, während an sich die Verbündeten Athens kein Band mit einander verknüpfte, sie hatten nur die gemeinsame Pflicht den Athenern, wenn sie angegriffen wurden, beizustehen, während Athen ebenfalls Hülfe brachte, wenn eine der verbündeten Städte einem Angriffe ausgesetzt war. Es heisst z. B. in einem Bundesvertrage, welchen Athen zu dieser Zeit mit Chalkis schloss, nicht mehr wie in dem Psephisma über den Grundbesitz vom Jahre 377: ἐάν τις βούληται τῶν Ἑλλήνων Ἀθηναίων cύμμαχος εἶναι καὶ τῶν cυμμάχων ἐξεῖναι αὐτῷ sondern μὴ διαcφαλῆναι τῆc Ἀθηναίων (nicht καὶ τῶν cυμμάχων) cυμμαχίαc; nicht mehr ἐάν τις ἴῃ ἐπὶ πολέμῳ ἐπὶ τοὺc ποιηcαμένουc τὴν cυμμαχίαν ... βοηθεῖν Ἀθηναίουc καὶ τοὺc cυμμάχουc sondern Χαλκιδέαc βοηθεῖν ἐάν τις ἴῃ ἐπ' Ἀθηναίουc (Aesch. g. Ktes. 93).

Athen war bestrebt in Bezug auf die auswärtige Politik, die Staaten, mit denen es gelang einen Bündnissvertrag abzuschliessen, so abhängig wie möglich zu machen. Während es, wie den Chalkidiern, Freiheit von der Syntaxis und der Theilnahme am Synedrion zugestand, d. h. gerade davon abging, was wesentliche Grundlagen des auf den alten Bedingungen noch fortbestehenden Restes der Bundesgenossenschaft waren, verlangte es die Beschwörung einer Formel, auf welche unterthänige Bundesgenossen verpflichtet wurden, deren Beschwörung bundesgenössische Städte als unterthänige kennzeichnete. Oreos und Eretria wurden, als sie mit Athen im Jahre 341/0 wieder in enge Beziehung und Symmachie traten, ebenfalls von der Verpflichtung zur Bundessteuer und zum Synedrion befreit. Oreos musste jedoch beschwören ʽτὸν αὐτὸν Ἀθηναίοιc φίλον καὶ ἐχθρὸν νομίζειν' Aesch. g. Ktes. 100). Athen hatte also jetzt neben dem Ueberreste der alten Bundesgenossenschaft, welche im Synedrion vertreten war und Syntaxeis zahlte, ein System von Verbündeten, das weniger ein Bundesstaat als eine Reihe von Staatenbünden war, das dadurch zusammengehalten wurde, dass Athen in jedem Bündnissvertrage den einen Factor bildete. Wie weit Athen dieses neue Föderalsystem ausgedehnt hat, ist deshalb noch weniger wie die Ausdehnung der eigentlichen Bundesgenossenschaft aus den Quellen ersichtlich, weil es sich hier nicht um Einfügung in feste bundesstaatliche Formen, sondern um einzelne Staatsverträge handelt. Wenn Athen die alte Bundesgenossenschaft nicht erweiterte, so musste der übrige Theil derselben, wegen seiner im Vergleich zur ganzen frühern Bundesgenossenschaft geringen Macht, immer mehr unter den bestimmenden Einfluss Athens gerathen. Athen durfte hoffen denselben allmählig ganz athenisch zu machen und so einen festen Kern zu erhalten, von dem aus es die Verbündeten leiten und näher heranziehen konnte.

Die Städte, welche in der letzten Zeit mit Athen ein solches Bündniss geschlossen hatten, wurden wesentlich durch eigenes Interesse veranlasst sich den Athenern anzuschliessen, denn, während sie sonst unabhängig blieben, erhielten sie gegen Angriffe von aussen her an Athen eine Stütze, ohne die sie sich schwerlich gegen einen kräftigen Angriff halten konnten, vgl. Dem. v. d. Fr. d. Rhod. 44.

Es darf daher nicht Wunder nehmen, wenn Demosthenes an der eben citirten Stelle sagt, die Athener hielten diejenigen Bundesgenossen, welche geschworen hätten τὸν αὐτὸν ἐχθρὸν καὶ φίλον νομίζειν Ἀθηναίοις, für die wohlgesinntesten (εὐνουστάτους). Da es nach der alten Bundesverfassung nicht gestattet war, dass eine bundesgenössische Stadt diesen Eid schwor, so geht aus dieser Aeusserung des Demosthenes hervor, dass die Athener bereits vier Jahre nach dem Bundesgenossenkriege eine Reihe von Städten in diese in gewisser Hinsicht als Vasallenverhältniss zu bezeichnenden Symmachie gebracht hatten. Ein gewisses Analogon bietet Preussen während der Jahre 1866 bis 1870 einerseits in seiner Stellung als Praesidium der zum norddeutschen Bunde gehörigen und einen festen Bundesstaat bildenden Staaten, andrerseits in seiner Stellung gegenüber den süddeutschen Staaten, die es durch einzelne Schutz- und Trutzbündnisse mit jedem derselben verpflichtet hatte, im Falle des Krieges ihre Truppen als Hülfscontingente zu schicken.

Kehren wir nun zu den Ereignissen zurück, welche sich nach der Niederwerfung der Phokier durch Philipp bis zur Schlacht von Chaeronea vollzogen. Im Spätherbste 352 drang Philipp bis Heraion Teichos vor und unterwarf Kersobleptes, der von Athen ohne Hülfe gelassen, sich nicht halten konnte. Eine schwere Krankheit zwang den unternehmenden Makedonerfürsten eine Zeit lang zu ruhen, indessen schon im Frühjahre 351 konnte er gegen Olynthos eine drohende Stellung einnehmen. Olynthos trat mit Athen, das es fast zwei Jahrzehende hindurch bekämpft hatte, in Verbindung. Athen sandte 350 ein Hülfscontingent nach Olynthos, allein dasselbe gewährte eine durchaus ungenügende Unterstützung. Am Ende desselben Jahres musste eine athenische Heeresmacht nach Euboea übersetzen. Der Demos von Eretria erhob sich nämlich gegen den mit Athen befreundeten Tyrannen Plutarchos, Philipps Agitationen waren bei dieser Erhebung unverkennbar. Die übrigen demokratisch regierten euboeischen Städte ergriffen gegen Plutarchos Partei, Athen musste sich beeilen hier mit einem Heere aufzutreten, um nicht auch diese Insel zu verlieren. Phokion, der die nach Euboea abgesandte Expedition befehligte, schlug die euboeischen Städte bei Tamynai und schien den Erfolg so gesichert zu haben, dass der grössere Theil des Heeres mit Phokion nicht lange nach dem Siege die Insel wieder verliess.

Plutarchos ging jetzt aber verrätherischer Weise zu den Gegnern über, das athenische Corps wurde eingeschlossen und zu einer Capitulation gezwungen, nach welcher es die Insel verlassen musste. Die Demokratie wurde in Eretria vollständig wieder hergestellt und an Philippos ein Rückhalt gesucht. Euboea war den Athenern verloren.

Bald traf die Athener ein neuer harter Schlag, Olynthos war für sich nicht im Stande die Angriffe Philipps auf die Dauer zurückzuschlagen, von Athen ungenügend unterstützt, musste es im Frühjahre 348 capituliren. Philipp nahm alle chalkidischen Städte und auch, wenn dieses bisher noch nicht geschehen war, die athenischen Bundesstädte auf Athos und Sithonia. Vergeblich versuchte Athen die hellenischen Staaten ähnlich wie im Jahre 370 zu einer Coalition zu vereinigen, man ging auf die athenischen Anträge nicht ein, es blieb für Athen nichts als Friede mit dem siegreichen Philippos übrig, denn es war, wie auch Demosthenes einsah, eine Zeit der Ruhe nöthig, damit Athen seine erschöpften Kräfte erholen konnte. Im April 346 wurde der Friede abgeschlossen, nach dessen Bestimmungen jeder Contrahent das behalten sollte, was er am Tage des Abschlusses hatte. Damit wurden dem Makedonerkönige die von ihm seit dem Jahre 357 eroberten Bundesstädte zuerkannt. Als Contrahenten des Friedens werden im Vertrage bezeichnet Philippos, Athen und die Bundesgenossen beider Theile. Die athenischen Bundesgenossen leisten wie 371 einzeln, ein jedes Bundesmitglied für seine Stadt, den Eid. Ausser dem Frieden wurde ein Bündniss abgeschlossen, welches gegenseitige Unterstützung bei einem Angriffe festsetzte.

In den folgenden Friedensjahren nahm der Handel und Wohlstand Athens wieder lebhaften Aufschwung. Die Marine konnte bedeutend verstärkt werden, was um so wichtiger war, als die Beziehungen zu Philippos sehr bald wieder gespannter wurden. Es gelang auch auf Euboen wieder einigen Einfluss zu gewinnen. Im Jahre 343/2 half eine Abtheilung makedonischer Söldner mehrere demokratische Verfassungen auf Euboea stürzen und dem makedonischen Könige völlig ergebene Tyrannen einsetzen. Die Demokratie neigte sich in Folge dessen wieder zu Athen hin. Es setzte sich im nächsten Jahre Kallias, der leitende Staatsmann von Chalkis, mit Athen auseinander.

Athen verzichtete auf die Vertretung im Bundesrathe und die Zahlung der Bundessteuer, verlangte aber dafür die Stellung eines Hülfscontingentes im Kriegsfalle. Noch in demselben Jahre vertrieb Kallias den Tyrannen von Oreos und stellte die Demokratie her, Oreos trat zu Athen in eine ähnliche, doch abhängigere Stellung wie Chalkis. Im Frühjahre 340 ging Phokion mit einer athenischen Heeresabtheilung nach Euboea ab und machte im Verein mit Kallias in Eretria der Tyrannenherrschaft ein Ende. Die eretrische Demokratie schloss mit Athen ein Bündniss ab. Alle euboeischen Städte wurden zu einem Bunde unter dem Vorsitz von Chalkis vereinigt.

Mit Philippos hatte es unterdessen neue Streitigkeiten über chersonesische Verhältnisse und die Insel Halonesos gegeben. Die Fortschritte des Makedonerkönigs waren jetzt so bedrohlich geworden, dass die hellenischen Staaten bereitwilliger auf die erneuerte Aufforderung Athens zur Bildung einer Coalition eingingen. Im März 340 kam eine grosse antimakedonische Coalition zu Stande, der ausser den Athenern, Achaeern, Korinthiern, Leukadiern auch ein Theil der abgefallenen Bundesstädte: Korkyra, Chios, Byzantion und Perinthos angehörte. Philippos ging nach der unter hartem Kampfe vollzogenen Vernichtung der Odrysen gegen Byzantion und Perinthos vor: Athen erklärte ihm den Krieg und unterstützte mit seinen Verbündeten so energisch die angegriffenen Städte, dass Philippos den Rückzug antreten musste. Die Ausrüstung von vierzig athenischen Trieren durch freiwillige Beiträge athenischer Bürger zeigt, dass zu Athen noch ein guter Theil Bürgersinn und Patriotismus vorhanden war, vgl. Schaefer Dem. u. s. Z. II, S. 463 fg. Bis zum Ende des Sommers 339 hatte Philippos mit den Stämmen des nördlichen Thrakiens zu thun. (Schaefer Dem. u. s. Z. II, S. 489.) Im Herbste konnte er sich gegen das eigentliche Hellas wenden. Demosthenes brachte sogar mit Theben das durchaus gebotene Bündniss zu Stande. Nach diesem Bündnisse sollen Athen und Theben die Führung zur See theilen, zu Lande sollen die Thebaner den Haupttheil der Leitung übernehmen, Athen trägt zwei Drittel, Theben ein Drittel der Kriegskosten.[1])

Am 7. Metageitnion 2. August oder 1. September 338 fiel bei Chaeroneu die blutige Entscheidung über das Schicksal Griechenlands.

Für Athen im Besondern ergab sich als nächste Folge der Friede des Demades, welcher den Athenern zwar den freien Besitz ihres Landes liess und sogar Oropos zurückgab, aber die Symmachie vollständig auflöste. Von kleruchischen Gebieten verblieben den Athenern: Samos, Lemnos und Imbros. Skyros und der Chersonesos kam an Makedonien, vgl. Pausan I, 25. 3: Φίλιππος 'Αθηναίοις νήσους τε ἀφελόμενος καὶ τῆς ἐς τὰ ναυτικὰ παύσας ἀρχῆς κτλ. Aesch. g. Ktes. 134. Diod. XXII. 34. Ueber den Verlust einzelner Inseln vgl. π. τ. πρ. 'ΑλεΞ. cυνθηκῶν 25. (Tenedos) Dem. v. Kr. S. 294. 10. (Thasos), vgl. überhaupt Schaefer Dem. III, S. 25 fg. Es wurde den Athenern gestattet an dem allgemeinen Frieden und Bundescongresse unter Philipps Vorsitz theilzunehmen. Die eigentliche Geschichte des freien Griechenland und auf längere Zeit die der grossen, nationalen Bündnisse hellenischer Städte und Gemeinden hat ihr Ende erreicht.

Was den Lakedaemoniern trotz ihrer ausgezeichneten Heeres-

---

1) Die Bestimmungen dieser Symmachie finden sich hauptsächlich bei Aesch. g. Ktes. 142 und Dem. v. Kr. 229. Die Athener sind scheinbar, wie es auch Aeschines darstellt, sehr zu kurz gekommen, allein dieses ist nicht der Fall. Was die Führung zu Lande betrifft, so war es in Griechenland Grundsatz, dass die Stadt, in deren Gebiet der Krieg geführt wurde, den Ehrenplatz in der Schlachtreihe und die Führung hatte, sofern die verbündeten Staaten ganz gleich gestellt waren, und nicht einem Vororte die Leitung zustand, vgl. Thuk. V, 47. 67. Boeotien war aber, wie vorauszusetzen war, der Kriegsschauplatz. Zwei Drittel mussten die Athener zu den Kriegskosten beitragen, weil in allen hellenischen Symmachien nach Vermögen gesteuert wurde.

verfassung und des 'gesetzmässigen Gehorsams' der Bürger nur auf sehr kurze Zeit und beinahe gelungen war, was die Athener trotz ihrer Bildung und fein organisirten Staatsverfassung, welche die freie Entwickelung aller Kräfte des Individuums erstrebte, vergeblich versucht hatten, was zuletzt die Thebaner unter der Führung eines Epaminondas nicht durchführen konnten, das gelang jetzt einem halbbarbarischen Könige der Makedonen. An der Spitze eines wohlgeschulten Heeres seiner makedonischen Bauern schlug er die durch das Unwesen der Söldnerei und die unkriegerische Entwickelung ausser Uebung gekommenen und den alten, kriegerisch-patriotischen Sinn zum grossen Theil entbehrenden Bürgerheere der hellenischen Städte. Rühriger Eifer, Wagen und kühne Entschlossenheit hatten einst die Athener in ihrer glänzendsten Epoche ausgezeichnet und ihnen die Hegemonie über die ruheliebenden, der Förderung ihrer materiellen Wohlfahrt ergebenen Insulaner verschafft, dieselben Eigenschaften gaben jetzt dem Makedonenfürsten die Hegemonie der hellenischen Gemeinden, in denen während eines vieljährigen Ringens unter einander politische Thatkraft und grosshellenischer Sinn ermattet war.

Inhalt.

Seite.

Einleitung. Zur Bedeutung der Autonomie in hellenischen
  Bundesverfassungen . . . . 646—660
Quellen und Literatur zur Geschichte des Bundes . . . . 660—663
Cap. I. Das Verhältniss Athens zu den Seestädten nach der
  Schlacht bei Knidos und die Gründung des Bundes . . 663—684
Cap. II. Die Bundesverfassung . . . . 684—737
Cap. III. Die Entwickelung des Bundes im Kampfe gegen die
  lakedaemonische Symmachie bis zur Anerkennung der See-
  Hegemonie Athens und das Bundesverzeichniss . . . . 737—783
Cap. IV. Der athenische Bund mit der lakedaemonischen
  Symmachie gegen Thebens Machtentwickelung; die An-
  zeichen des Verfalles; die maritimen Unternehmungen
  Athens und die weitere Entwickelung des Bundes bis zum
  Bundesgenossenkriege . . . . 783—821
Cap. V. Die Ursachen des Bundesgenossenkrieges und die
  Beurtheilung der bundesgenössischen Politik Athens . . 821—853
Cap. VI. Der Bundesgenossenkrieg und dessen Folgen . . . 853—866